Staat – Souveränität – Nation

Beiträge zur aktuellen Staatsdiskussion

Herausgegeben von
S. Salzborn, Göttingen, Deutschland
R. Voigt, Netphen, Deutschland

Zu einem modernen Staat gehören Staatsgebiet, Staatsgewalt und Staatsvolk (Georg Jellinek). In Gestalt des Nationalstaates gibt sich das Staatsvolk auf einem bestimmten Territorium eine institutionelle Form, die sich über die Jahrhunderte bewährt hat. Seit seiner Etablierung im Gefolge der Französischen Revolution hat der Nationalstaat Differenzen in der Gesellschaft auszugleichen vermocht, die andere Herrschaftsverbände gesprengt haben. Herzstück des Staates ist die Souveränität (Jean Bodin), ein nicht souveräner Herrschaftsverband ist kein echter Staat (Hermann Heller). Umgekehrt ist der Weg von der eingeschränkten Souveränität bis zum Scheitern eines Staates nicht weit. Nur der Staat ist jedoch Garant für Sicherheit, Freiheit und Wohlstand der Menschen. Keine internationale Organisation könnte diese Garantie in ähnlicher Weise übernehmen.

Bis vor wenigen Jahren schien das Ende des herkömmlichen souveränen Nationalstaates gekommen zu sein. An seine Stelle sollten supranationale Institutionen wie die Europäische Union und – auf längere Sicht – der kosmopolitische Weltstaat treten. Die Zustimmung der Bürgerinnen und Bürger zu weiterer Integration schwindet jedoch, während gleichzeitig die Eurokratie immer mehr Macht anzuhäufen versucht. Die demokratische Legitimation politischer Entscheidungen ist zweifelhaft geworden. Das Vertrauen in die Politik nimmt ab.

Wichtige Orientierungspunkte (NATO, EU, USA) haben ihre Bedeutung für die Gestaltung der Politik verloren. In dieser Situation ist der souveräne Nationalstaat, jenes „Glanzstück occidentalen Rationalismus" (Carl Schmitt), der letzte Anker, an dem sich die Nationen festhalten (können). Dabei spielt die Frage nur eine untergeordnete Rolle, ob die Nation „gemacht" (Benedict Anderson) worden oder ursprünglich bereits vorhanden ist, denn es geht nicht um eine ethnisch definierte Nation, sondern um das, was Cicero das „Vaterland des Rechts" genannt hat.

Die „Staatsabstinenz" scheint sich auch in der Politikwissenschaft ihrem Ende zu nähern. Und wie soll der Staat der Zukunft gestaltet sein? Dieser Thematik will sich die interdisziplinäre Reihe *Staat – Souveränität – Nation* widmen, die Monografien und Sammelbände von Forschern und Forscherinnen aus unterschiedlichen Disziplinen einem interessierten Publikum vorstellen will. Das besondere Anliegen der Herausgeber der Reihe ist es, einer neuen Generation von politisch interessierten Studierenden den Staat in allen seinen Facetten vorzustellen.

Samuel Salzborn
Rüdiger Voigt

Oliver Hidalgo (Hrsg.)

Der lange Schatten des Contrat social

Demokratie und Volkssouveränität bei Jean-Jacques Rousseau

 Springer VS

Herausgeber
PD Dr. Oliver Hidalgo
Universität Regensburg
Regensburg, Deutschland

ISBN 978-3-531-18642-9   ISBN 978-3-531-19162-1 (eBook)
DOI 10.1007/978-3-531-19162-1

Die Deutsche Nationalbibliothek verzeichnet diese Publikation in der Deutschen Natio-
nalbibliografie; detaillierte bibliografische Daten sind im Internet über http://dnb.d-nb.de
abrufbar.

Springer VS
© Springer Fachmedien Wiesbaden 2013

Gedruckt auf säurefreiem und chlorfrei gebleichtem Papier

Springer VS ist eine Marke von Springer DE. Springer DE ist Teil der Fachverlagsgruppe
Springer Science+Business Media.
www.springer-vs.de

Inhalt

Einleitung

300 Jahre Rousseau: Der *Gesellschaftsvertrag* in der Staats- und Politikwissenschaft

Oliver Hidalgo

1 Kritik der repräsentativen Demokratie

Kurz nach Rousseaus 300. Geburtstag im Juni und dem 250-jährigen Jubiläum des *Contrat social* im April dieses Jahres steht das Politische im Zeichen der Krise der demokratischen Repräsentativsysteme. Politiker- und Parteienverdrossenheit, die Legitimitätseinbußen des Parlaments infolge seiner schleichenden Entmachtung durch Expertenkommissionen bzw. die Entscheidungsverflechtung zwischen Bund, Ländern und EU, die scheinbare Ohnmacht der Politik gegenüber der (globalisierten) Wirtschaft sowie nicht zuletzt die Bürgerproteste und Demonstrationen gegen das Finanzsystem, die Atomkraft oder diverse Verkehrsprojekte – dies alles sind Beispiele dafür, dass das repräsentative Modell der Demokratie heute zunehmend unter Druck gerät. Im Rahmen der Politischen Theorie und Ideengeschichte wird diese Entwicklung begleitet von Warnungen vor der bevorstehenden „Postdemokratie" (Rancière 1996; Crouch 2008), von der Reanimation antiker Demokratievorstellungen und direkter Entscheidungsverfahren (Manin 2007), aber auch von Neuschattierungen des Demokratiebegriffs (Habermas 1994; Held 1995; Scharpf 1999), die einer Überschreitung der territorialen Grenzen des europäischen Staatensystems Vorschub leisten (und von Kritikern nicht selten als Ausverkauf der Demokratie gebrandmarkt werden).

Der Name Rousseau fällt in dieser Debatte, die von der Grundperspektive einer „Demokratisierung der Demokratie" sowie einer notwendigen Stärkung der Volkssouveränität geprägt ist (vgl. Offe 2003; Maus 2011), des Öfteren als Stichwortgeber für die klassische Kritik an Parlamentarismus und Repräsentation sowie eine direktdemokratische Reform, die den *demos* als souveränes, politisch handlungsfähiges Subjekt wiederbelebt. Mit Ausnahme des bereits in die Jahre gekommenen Ansatzes von Benjamin Barbers *Strong Democracy* (1984) finden sich diesbezüglich jedoch kaum ausführlichere Rekurse auf den Autor des *Contrat social*,[1] wie man überhaupt sagen muss, dass die vielschichtige Wirkungs-

---

1   Eine Ausnahme bedeutet hier Kevin Instons mutiger Versuch, den eher als antipluralistischen Einheitsdenker verschrienen Rousseau als Vordenker einer radikalen Theo-

geschichte Rousseaus innerhalb der Staats- und Politikwissenschaft bislang eher bruchstückhaft und selten zusammenhängend aufgearbeitet wurde.

In dieser Hinsicht bietet das oben genannte Doppeljubiläum einen willkommenen Anlass, jenem Manko zu begegnen und die Relevanz von Rousseaus Ideen der Volkssouveränität und (direkten) Demokratie – trotz oder gerade wegen ihrer Radikalität – für die politische Gegenwart dezidiert und umfassend zu überprüfen. Letzteres hat selbstredend in Auseinandersetzung mit den Autoren zu geschehen, die diese Ideen einst einer fundamentalen Kritik unterzogen. Zu nennen sind hier in erster Linie Joseph Schumpeter und sein Marktmodell der Demokratie, das sich gegen die Existenz einer (tendenziell angeblich totalitären) *volonté générale* wendete, oder Peter Graf Kielmansegg, der in ähnlicher Provenienz eine strikte Unterscheidung zwischen privater und politischer Autonomie vornahm – und damit den ideengeschichtlichen Gegensatz zwischen Repräsentation und Volkssouveränität zu überwinden trachtete, auf den Rousseau so vehement insistierte.

Gerade solche kritischen Positionen belegen indes zugleich, dass Rousseaus politisches Denken auf Probleme der Demokratie hinwies, die bis heute ungelöst sind. An Schumpeters Ausführungen in *Kapitalismus, Sozialismus und Demokratie* (1950)[2] fällt zunächst auf, dass seine ablehnende Darstellung der „klassischen Lehre der Demokratie" zwar mit den Kategorien Rousseaus – dem Gemeinwohl, dem allgemeinen Willen bzw. dem Volkswillen (volonté générale) – operiert (KSD: 397 – 401), den expliziten Bezug auf den Autor des *Contrat social* jedoch vermeidet. Dies dürfte damit zu tun haben, dass die vorausgeschickte klassische „Definition" der Demokratie – die Verwirklichung des Gemeinwohls durch Volksentscheid qua „Wahl von Personen, die zusammenzutreten haben, um seinen Willen [den Volkswillen, AdV] auszuführen" (KSD: 397) – bereits jenen repräsentativen Modus eingezogen hat, dem Rousseau entschieden entgegentrat. Insofern trifft Schumpeters Kritik eher die „Utilitaristen" vom Schlage Jeremy Benthams, die sich den Begriff „des Volkswillens oder der *volonté générale* zu eigen machten", um die „Existenz eines eindeutig bestimmten Gemeinwohls" zu indizieren, das aller demokratischen Politik als Zielvorgabe dienen sollte (KSD: 400). Ob Schumpeter in diesem Zusammenhang zur Kenntnis nahm, dass schon Rousseau selbst einer (utilitaristischen) Berechenbarkeit des Gemeinwillens skeptisch gegenüber-

---

rie der Demokratie im (postfundamentalistischen) Sinne von Claude Lefort, Ernesto Laclau oder Chantal Mouffe zu profilieren. Für das Unterfangen, den *Contrat social* demgegenüber für eine gemäßigte Form des liberalen Pluralismus zu gewinnen, siehe den Aufsatz von Hildebrand in diesem Band.

2   Das englische Original *Capitalism, Socialism, and Democracy* erschien bereits 1942.

stand (CS II 3), ist zumindest wahrscheinlich. Nicht nur, dass die Gleichsetzung des *allgemeinen Willens* des Volkes mit dem „Willen aller vernünftigen Individuen" (KSD: 397) offensichtlich Rousseaus Unterscheidung zwischen *volonté générale* und *volonté de tous* (CS II 3: 291) widerspricht, betont Schumpeter überdies den Gegensatz zwischen „Romantikern" und „Utilitariern" in der Frage der *volonté générale*. Während letztere gar „keine Vorstellung dieses halb-mystischen, mit einem eigenen Willen begabten Wesens – dieser *Volksseele"–* besessen hätten und daher unzulässigerweise den „Volkswillen" vom „Willen der Individuen" ableiteten, sei dem nicht-utilitaristischen Begriff zugute zu halten, dass er auf eine „Realität" bzw. „sozialpsychologische Tatsachen" anspiele, die jeder Analyse der Demokratie als „Vorbedingung" zu dienen hätten: dass nämlich eine Demokratie schlechterdings nicht jenseits eines vorhandenen kollektiven bzw. kollektiv verbindlichen Willens zu denken ist, den Schumpeter seinerseits als „Willen einer Nation" titulierte (KSD: 401). Nicht die Existenz eines wollenden und handelnden „Demos" bzw. die Möglichkeit und Notwendigkeit kollektiver Entscheidungsmethoden will er demnach in Frage stellen, sondern lediglich den Anachronismus, die Resultate von demokratischen Prozessen „mit Öl aus Krügen des achtzehnten Jahrhunderts zu salben" (KSD: 402). Das heißt, wenn Schumpeter generell von der Anwendung des Begriffs eines *Volkswillens* abrät, dann, weil er befürchtete, dass dieser Terminus der Entität des Volkes sowie den Ergebnissen demokratischer Entscheidungsprozesse ein Maß „an rationaler Einheit" oder „auch an rationaler Sanktion" unterstellt, das ihm nicht zukommt (ebd.).[3] Insofern plädiert er für die *realistische* Akzeptanz dessen, dass politische Streitfragen „normalerweise *für* das Volk gestellt und entschieden werden" (KSD: 420, Hervorh. d. Verf.). Seine „andere Theorie der Demokratie" (KSD: 427ff.), die die Regierung auf der Basis der numerisch größten Unterstützung im Volk ansiedelt (KSD: 430, 433), bildet somit zwar den Antipoden zu Rousseau, indem sie gerade das maximal ausreizt, was der *Contrat social* zurückdrängt: das Moment der (nicht proportionalen) Repräsentation. Ähnlich wie bereits John Stuart Mills *Considerations on Representative Government* (1861) will Schumpeter deswegen die Demokratie von ihrer wörtlichen Bedeutung als Volks*herrschaft* abschneiden[4] und die Rolle des Volkes darauf beschränken, durch die Wahl von Repräsentanten eine Regierung *hervorzubrin-*

---

3   In dieser Hinsicht nimmt Schumpeter Anleihen bei den Elitetheoretikern Pareto und Le Bon (KSD: 407ff.).

4   Dabei ging es Mill darum, die Nähe zwischen dem antiken Demokratieverständnis der „Herrschaft der Armen", wie es besonders Aristoteles geprägt hatte, und der sozialistischen Demokratie im 19. Jahrhundert aufzubrechen. Im Gegensatz zu Schumpeter war Mill hingegen gerade an einer möglichst proportionalen Repräsentation gelegen.

gen bzw. abzuwählen.[5] Auf der anderen Seite kommt jedoch auch Schumpeters
Demokratietheorie, die dem Bürger jegliche Mitsprache oder Kontrolle der politischen Führung jenseits der periodischen Wahl versagt, nicht umhin, Rousseaus
Prinzip der Volkssouveränität grundsätzlich zu akzeptieren. Mag sein Denkge-
bäude auch darin bestehen, dass qua Repräsentation und Majoritätsprinzip ein
politisch effizienter Wille „fabriziert" und damit das politische Kollektiv erst
handlungsfähig wird (KSD: 429 – 430), baut es doch auf einem demokratisch *veränderten* Repräsentationsverständnis auf, das den Einfluss Rousseaus erkennen
lässt. Demgegenüber hatte das Hobbessche Modell das Volk als genuine Quelle
der politischen Autorität noch doppelt in Frage gestellt: erstens, indem eine Menge von Menschen erst dann zum Volk (bzw. zur „Person" des Volkes) avanciere,
„wenn sie von einem Menschen oder einer Person vertreten wird" (Lev. XVI: 125);
und zweitens, indem der *Leviathan* die gewaltsame Aneignung der souveränen
Gewalt der zuvor behandelten Einsetzung des Souveräns durch Vertrag normativ
gleichstellt (Lev. XX). Bei Locke finden sich zwar wiederum schon fast alle faktischen Zutaten der modernen Repräsentativdemokratie – Mehrheitsprinzip, Wahl
der Regierung/der legislativen Gewalt, Kontrolle der politischen Macht durch das
Volk – terminologisch aber wird das Prinzip der parlamentarischen Repräsentation der Regierung dort nicht zufällig der Form der Oligarchie zugeordnet (ST §§
154, 157). Da Lockes Konzeption Hobbes zumindest darin folgt, Repräsentation
und Demokratie als *Gegenbegriffe* aufzufassen,[6] werden (basis-)demokratische
Gesetzgebungsverfahren im *Second Treatise* lediglich als theoretische Option
verhandelt. Praktisch gesehen stellen sie jedoch keine opportune Variante dar,
die Legislative zu organisieren.

Fast wie ein Treppenwitz der Ideengeschichte mutet es deswegen an, dass
sich erst im Gefolge von Rousseau das Verständnis durchsetzen konnte, legitime Herrschaft benötige beides, Volkssouveränität *und* Repräsentation, und dass
die Demokratie der geeignete Begriff sei, dieses offensichtlich widersprüchliche
Amalgam zu benennen. Die Idee der repräsentativen Demokratie[7] hatte sich

---

5 „Die demokratische Methode ist diejenige Ordnung der Institutionen zur Erreichung
   politischer Entscheidungen, bei welcher einzelne die Entscheidungsbefugnis vermittels
   eines Konkurrenzkampfes um die Stimmen des Volkes erwerben." (KSD: 428)

6 Ein Relikt dieser Lesart findet sich auch noch im ersten Definitivartikel von Kants
   Ewigem Frieden.

7 Als wichtige Voretappen auf diesem gedanklichen Weg wären – allerdings *avant la
   lettre* – die postantiken volksherrschaftlichen Ideen bei Marsilius von Padua, Nikolaus
   von Kues, Machiavelli oder den Levellers zu nennen sowie für die Idee der modernen
   Repräsentation – neben Locke – die Werke von Johannes Althusius und Baruch de
   Spinoza.

zuvor beim Marquis d'Argenson gefunden, der in seinen *Considérations sur le gouvernement de la France*[8] zwischen einer prekären (*fausse*) und einer gerechtfertigten (*légitime*) Form der Demokratie differenzierte: Davon sei die erste an die direkte Volksherrschaft der Antike angelehnt und ihrem Wesen nach anarchisch und revolutionär, während die „wahre" zweite Demokratie als Synonym für die Repräsentation der politischen Macht durch gewählte Volksdeputierte zu gelten habe (CGF: 7f.).[9] Und obwohl Rousseau dieser Position gleich in doppelter Hinsicht widersprach – insofern sein eigener Demokratiebegriff der *fausse démocratie* d'Argensons ähnelte (CS III 4) und sich der *Contrat social* bekanntlich prinzipiell gegen die Repräsentativverfassung wandte – trug die dortige kompromisslose Forderung der Volkssouveränität doch wesentlich dazu bei, den vormals desavouierten Begriff des „herrschenden Volkes" (demos, kratein) wiederzubeleben. In der weiteren ideengeschichtlichen Entwicklung konnte Rousseau nun einerseits als Verfechter einer utopischen Direktdemokratie identifiziert und kritisiert werden, mit seiner strikten Formulierung der *volonté générale* aber ließ sich andererseits die bis heute gängige Unterscheidung zwischen der direkten und repräsentativen Demokratie erst nachhaltig etablieren.[10] Bei d'Argenson war demgegenüber fraglich geblieben, worin die „Herrschaft des Volkes" eigentlich bestehen sollte, wenn die Macht doch wie zuvor in Lockes Oligarchie an Deputierte delegiert wird.

In Schumpeters späterer Attacke gegen Rousseau ging es folgerichtig nur noch darum, was die Macht bzw. die Souveränität des Volkes realiter umfassen, sprich: das Wort *Demokratie* bedeuten sollte. Dass das Volk jedweder politischer Autorität als Legitimationsquelle zu dienen hatte, ist zwischen ihnen völlig unstrittig. Rousseaus Position zeichnet sich in diesem Zusammenhang dadurch aus, dass in seinem Republikideal lediglich exekutive und judikative Befugnisse an bestimmte Personen und Herrschaftsinstitutionen übertragen werden, die legislative Gewalt jedoch in der Hand des Volkes (oder besser: dem gemeinschaftlich gebildeten politischen Körper, CS I 6: 281) verbleibt. Theoretisch verortet wird dieses Argument, indem Rousseau zwischen der Repräsentierbarkeit der Macht

---

8 Die *Considérations* d'Argensons kursierten etwa seit den 1730er Jahren in Frankreich. Vgl. Palmer 1953: 205.

9 Eine ähnliche, jedoch längst nicht so strikte Distinktion findet sich in der Zeit vor der Französischen Revolution in der *Deutschen Encyclopädie* von 1783. Nach 1789 waren es dann explizit Thomas Paines *Rights of Man* (1791/1992), die die zuvor von Burke reanimierte Vorstellung attackierten, Demokratie und repräsentative Regierung seien inkommensurabel (RM II 3).

10 Für eine umfassende Genealogie der demokratischen „Wiederentdeckung" der Repräsentation, die von Rousseau über Sieyès, Kant und Condorcet zu Paine führt, siehe Urbinati 2006.

und der Nichtrepräsentierbarkeit des Willens unterscheidet (CS II 1: 288; CS III 15: 350). Abgesehen davon ist Rousseau – wie oben angedeutet – gar nicht einmal so weit von Schumpeter entfernt, was die Existenz eines feststehenden *Maßstabes* für eine gemeinwohlorientierte Gesetzgebung angeht. Eine verlässliche Methode zur Ermittlung der *volonté générale* gibt es bei Rousseau gerade nicht, weswegen er zur Kenntlichmachung des Gemeinwillens auf jene „Mystik" – in seinem Fall in Person des gottähnlichen *Législateur* – zurückgreift, der Schumpeter im Kontext des Willens der Nation eine gewisse Relevanz zugestanden hatte. Mehr noch: Der empirisch-pragmatische Zugang, den Schumpeter wählt, um am Ende eben doch eine Art „Prüfstein einer Regierung für das Volk" zu suggerieren – die konkludente Zufriedenheit der Wähler mit der Politik der gewählten Repräsentanten (KSD: 406) – erinnert stark an die kantische Modifikation der Rousseauschen Vertragstheorie, wonach der Vertrag als *hypothetischer* Maßstab für das Regierungshandeln diene.[11] Vor diesem Hintergrund wird ersichtlich, dass Schumpeter letztlich bloß die Tradition der Aufweichungen des Rousseauschen Prinzips, die spätestens mit Kant und Fichte eingesetzt hatte, auf die Spitze trieb, ohne sich von dessen Grundlogik sowie den impliziten Dilemmata befreien zu können. Der Unterschied zwischen ihnen lässt sich jeweils daran festmachen, wie viel Vertrauen in die aktive politische Mitsprache des Volkes gesetzt wird.[12] Und weil Schumpeter diesbezüglich die politisch motivierte Meinung vertrat, dass die Regierung durch das Volk der Regierung für das Volk „oft nicht entsprechen" würde (KSD:

---

11 In einer Fußnote zum ersten Definitivartikel des *Ewigen Friedens* bezeichnet es Kant als rechtliche Freiheit des Bürgers, „keinen äußeren Gesetzen zu gehorchen, als denen [er] [s]eine Beistimmung habe geben *können*" (ZeF B 21: 60). Infolge des Plädoyers für Repräsentation und Gewaltenteilung (ZeF B 25 – 26: 62f.) ist damit offensichtlich eine *indirekte* Berücksichtigung des Volkswillens durch die staatlichen Repräsentativorgane sowie der grundsätzliche Respekt vor der öffentlichen Meinung gemeint. In dieser Hinsicht ist auch Rawls' parallele Bezugnahme auf Rousseau und Kant in der *Theory of Justice* zu verstehen (TdG: 27f.), die insbesondere Kants Entlastung der Vertragstheorie vom Akt der Staatsgründung (vgl. MS Rechtslehre, Allgemeine Anmerkung A: 437/B 203) und seine Auffassung des Vertrags als hypothetische Richtschnur für die Gesetze und Grundsätze des politischen Gemeinwesens übernimmt. Näher an Rousseau (und Locke) befindet sich hingegen Fichte, der in der *Grundlage des Naturrechts* einem an den *Contrat social* angelehnten basisdemokratischen Gründungsakt – dem Staatsbürgervertrag – die reguläre Regierungsorganisation durch Repräsentation aller drei Gewalten nachschaltet.

12 Zum Problem, dass Rousseau seinerseits zwischen einem zur Selbstgesetzgebung fähigen Volk (peuple) und einer lediglich gewalttätigen und gesetzlosen Menge (multitude) unterscheidet, siehe den Beitrag von Llanque in diesem Band.

406), reduziert sich bei ihm die Demokratie auf das, was Rousseau einst als Selbstbetrug des parlamentarischen Systems in England geschildert hatte:

> Das englische Volk glaubt frei zu sein; es täuscht sich sehr; frei ist es nur während der Wahl der Parlamentsmitglieder; sobald sie gewählt sind, ist es Sklave, es ist nichts. Der Gebrauch, den es in den kurzen Augenblicken seiner Freiheit von dieser macht, zeigt, dass es nichts anderes verdient, als sie zu verlieren. (CS III 15: 350)

Mit Recht können sich daher die Reformer der Demokratie, die heute mehr Mitsprache für das Volk, den Ausbau von Abstimmungen und Referenden, Bürgerbegehren und Volksentscheiden fordern, auf Rousseaus radikales politisches Denken berufen. In ihm finden sie den Referenzautor, der die Idee der Volkssouveränität tatsächlich ernst nimmt, anstatt sie zu einer Worthülse zu degradieren – und das, obwohl er wie gesehen durchaus Repräsentativorgane auf dem Feld der Exekutive und Judikative vorsah und in seinen Ausführungen in den *Lettres de la Montagne* oder den *Considérations sur le gouvernement de Pologne* ein sichtbares Bemühen um Kompromisse und Konzessionen im Hinblick auf die praktische Gestaltung der Legislativgewalt an den Tag legte. Grundsätzlich beharrte er darauf, dass nichts und niemand dem Volk, das heißt den „Mitgliedern" des souveränen *corps politique* (CS I 6: 281), die Befugnis und die Kontrolle darüber nehmen kann und darf, was diese für sich selbst als das Beste ansehen. Dies gilt umso eher, je mehr sich die politischen Entscheidungen in einem überschaubaren räumlichen Kontext bewegen, den Rousseau – in Anlehnung an Montesquieu – als operative Voraussetzung für seine staatsrechtlichen Prinzipien verstand (CS II 9).

Die Befugnisse des souveränen Volkskörpers sollten deshalb prinzipiell unbegrenzt sein, da der Gemeinwille „immer im Recht" ist und „der Bürger dem Staate" „alle Dienste", die er ihm „leisten kann", auch „schuldig" ist, „sobald der Souverän sie fordert". Rousseau ging davon aus, dass das souveräne Volk „den Untertanen keinen Zwang auferlegen" könne, „der dem Gemeinwesen nichts nützt", ja dieses „nicht einmal wollen" kann (CS II 3: 293). Verfassungsmäßige Grenzen, die die demokratische Verfügungsgewalt des Volkes von vornherein beschränken oder qualifizieren, befinden sich somit nicht im Fokus des *Contrat social*. Zu erklären ist dies nicht allein daraus, dass individuelle Ziele und Interessen dem Gemeinwillen strikt untergeordnet sind. Vielmehr lässt sich bei Rousseau die *volonté générale* exklusiv als das verstehen, was sich vom Willen der Individuen *unterscheidet*. Erläutert wird jener Gedanke anhand des paradoxen Zwanges, frei zu sein (CS I 7): Das Individuum bleibt frei als gleichberechtigter Teil der kollektiven Rechtsperson, weil es von dieser „gezwungen" wird, von seinen persönlichen Begierden abzulassen. Der Zwang, frei zu sein, findet immer dann statt, wenn der

Einzelne „als Mensch einen besonderen Willen" besitzt, „der dem Gemeinwillen, den er als Staatsbürger hat, widerspricht oder sich doch von ihm unterscheidet" und „sein besonderes Interesse" etwas „anderes von ihm verlangt als das Gemeininteresse" (CS I 7: 283).

Analog kann die *volonté générale*, die sich darüber definiert, das öffentliche Wohl zu bezwecken, nicht einfach aus der Summe der einzelnen Willensentscheidungen zusammengesetzt werden, sondern muss sich auf „die Summe der Unterschiede", „das Mehr oder Weniger" stützen, „das sich gegenseitig aufhebt" (CS II 3: 291).[13] Einzig, wenn *jeder* Bürger auf je eigene Weise mit seinen partikularen Interessen bricht, kann sich der Allgemeinwille als „Summe von kleinen Differenzen" ergeben. Mithin ist es keineswegs die individuelle Autonomie, die bei Rousseau in die kollektive Verfügungsgewalt des Volkes überführt wird. Dagegen spräche schon die totale Selbstveräußerung, die den Vertragspartnern abverlangt wird. Infolge der „Überantwortung ohne Vorbehalt" hat kein Mitglied des Gemeinwesens gegenüber der vollkommenen Vereinigung des politischen Körpers etwas zu fordern (CS I 6: 280). Umgekehrt aber kann der Wille des politischen Kollektivs durch keine Stimmenzählung abgebildet werden. Weil in der Teilnahme der Individuen an Wahlen und Abstimmungen stets ungewiss bleibt, ob ihr operationalisierbares Votum eine Differenz oder Übereinstimmung zu ihren Einzelwillen aufweist, bezweifelt Rousseau die Möglichkeit einer überzeugenden Methode, um den Inhalt der *volonté générale* intersubjektiv nachvollziehbar zu ermitteln.[14] Der Allgemeinwille ist zwar unfehlbar (CS II 3), doch bleibt jedem (normalsterblichen) Einzelnen die Einsicht verschlossen, wann es sich in concreto um eine Bekundung der *volonté générale* handelt und wann nicht.

Peter Graf Kielmanseggs plausible Feststellung, Volkssouveränität und *volonté générale* seien nicht als Summe individueller Autonomien zu verstehen, weshalb die Partizipation der einzelnen Bürger an kollektiven Entscheidungsprozessen mit der Unterdrückung des Individuums einhergehen kann und der Wille des Volkes folgerichtig als Legitimitätsprinzip der Demokratie nicht genügt (Kielmansegg 1977: 230–268), ist somit nicht etwa als „Befreiung von Rousseau" (Stein 2007: 213) zu bewerten. Vielmehr kommt darin die konsequente Fortführung der im *Contrat social* festgestellten Aporien zum Ausdruck. Weil es zur Verwirklichung von Rousseaus Republikideal einen quasi-göttlichen Gesetzgeber bräuchte, der

---

13 Rousseau ergänzt: „Es besteht oft ein großer Unterschied zwischen dem Willen aller und dem Gemeinwillen; dieser zieht nur das Gemeininteresse in Betracht, jener das Privatinteresse und ist nur die Summe der Einzelabsichten." (CS II 3: 291)

14 Auch hier lässt sich erneut eine überraschende Parallele zu Schumpeter herstellen, der zwischen dem Votum der Mehrheit und dem Willen des Volkes trennt (KSD: 432).

gleichsam die egoistische „menschliche Natur" verändert und dem Einzelnen den Sinn der „ständigen Entbehrungen" von seinem Eigeninteresse begreiflich macht, dieser „Gemeinsinn" aber, „der die Frucht der Verfassung sein soll, die Verfassung selbst ins Werk" setzen müsste, die Menschen also „schon vor den Gesetzen" das zu sein hätten, „was sie durch diese erst werden sollen" (CS II 7: 301, 303), ist ein konsistenter Ausweg aus dem Dilemma nicht möglich.[15] Die „Religion" müsste alsdann der „Politik" beim „Entstehen der Nationen" als „Werkzeug" dienen (ebd.: 304). Dies würde sich indes unweigerlich gegen die eigentliche Prämisse des modernen Kontraktualismus – die rechtliche und moralische Autonomie des Einzelnen – wenden und verurteilt den ursprünglichen Vertrag dazu, gleichermaßen „Herzstück" und „Fremdkörper" der Konzeption Rousseaus darzustellen (Kersting 1994: 101). Die direktdemokratische Legislativgewalt des Volkes, die der *Contrat social* installieren will – am Ende scheint sie das gleiche Verdikt zu treffen, wie es Rousseau explizit nur für die demokratische Exekutive einräumte: als „vollkommene Regierung" für den unvollkommenen „Menschen" nicht geeignet zu sein (CS III 4: 326).

2 Perspektiven und Herausforderungen der staats- und politikwissenschaftlichen Rousseauforschung

Wer sich heute neuerlich an Rousseaus *Gesellschaftsvertrag* heranwagt, muss wie gezeigt auf zahlreiche Widersprüche und Aporien vorbereitet sein. Diese verstärken sich nochmals immens, sobald man versucht, den *Contrat social* in Beziehung zu den anderen politischen, (geschichts- und sozial-)philosophischen oder auch pädagogischen Schriften des Genfer Philosophen zu setzen. Derartige Rekurse demonstrieren Rousseaus Zerrissenheit zwischen Antike und Moderne, Natur und Kultur, Universalität und Partikularität, Vernunft und Instinkt, christlicher Humanität und politischem Patriotismus. Sein unentschiedenes Changieren ist gleichermaßen von der Suche nach allgemeingültigen staatsrechtlichen Prinzipien wie dem Respekt vor den historisch gewachsenen Bedingungen bzw. der Erkenntnis der unüberwindlichen Hindernisse für das eigene politische Ideal geprägt. Dahinter steckt nicht zuletzt eine tief sitzende Skepsis gegenüber den selbst initiierten

---

15 Rousseau verrät in diesem Kontext selbst einen unzureichend reflektierten Widerspruch, indem er nach der völligen Selbstveräußerung des Individuums (aliénation totale) im Kapitel I 6 des *Contrat social* an anderer Stelle des Werkes auf einmal versichert, dass der Einzelne „uneingeschränkt über das verfügen kann, was ihm durch diese Übereinkünfte [über die souveräne *volonté générale*, AdV] von seinen Gütern und seiner Freiheit belassen wurde" (CS II 4: 295).

Therapievorschlägen für die diagnostizierte Pathogenese der Moderne, deren Bedeutung als Subtext in Rousseaus Gesamtwerk kaum hoch genug einzuschätzen ist.
Die vorliegende Publikation will indes aus der Not eine Tugend machen und
ihre Haupteinsichten und Erkenntnisse geradewegs dem Umstand abgewinnen,
dass Rousseau so offensichtlich Unvereinbares zusammenfügen wollte – und sein
Scheitern an mehreren Stellen auch unmissverständlich einräumte. Die Spannungen zwischen individueller und kollektiver Autonomie, Volkssouveränität
und Repräsentation, die im ersten Abschnitt angeklungen sind, verweisen diesbezüglich auf zentrale Problemkreise und Paradoxien, denen die Demokratie in
Theorie und Praxis unverändert unterliegt. Im besten Sinne zeigt sich anhand des
Beispiels Rousseaus folglich das Potential der Ideengeschichte, Kardinalfragen der
Staats- und Politikwissenschaft auf ihren Kerngehalt zu verdichten und in ihrer
Komplexität begreiflich zu machen. Der ausführliche Rekurs auf Schumpeter sowie die kursorischen Skizzen zu Kant, Fichte, Kielmansegg und anderen trugen
daher im ersten Punkt bereits der Tatsache Rechnung, dass die Bedeutung eines
ideengeschichtlichen Ansatzes von seiner Rezeptionsgeschichte nicht zu trennen
ist. Bei Rousseau, der einem politischen Lager schwerlich zuzuordnen ist, fällt die
Palette der Epigonen und Kritiker, die in seinen Werken Positives und Anstößiges
zur Sprache brachten, besonders bunt aus. Dies dürfte nicht zuletzt seinem Non-
konformismus entspringen, mit dem er die Selbstzufriedenheit der bürgerlichen
Gesellschaft in provokativer Manier erschüttern wollte. Indem er es niemandem
recht machte, konnten sich im Anschluss umso mehr geistige Strömungen auf ihn
berufen oder ihn verteufeln: Konservative und Revolutionäre, Aufklärer und Ro-
mantiker, Liberale und Sozialisten, Kommunitaristen und Verfechter der privaten
Intimität und politischen Obskurität. Die in diesem Band versammelten Beiträge
werden deshalb den Positionen, die seit nunmehr 250 Jahren in kritischer Auseinandersetzung mit dem *Contrat social* entfaltet wurden, ausreichend Raum bieten.

Mit Rousseau wird die Staats- und Politikwissenschaft zugleich mit dem
grundsätzlichen Problem konfrontiert, dass sich zwischen Faktizität und Geltung
staatsrechtlicher Prinzipien permanent ein Graben öffnet, der allenfalls unvoll-
ständig zu schließen ist. Das direktdemokratische Ideal des *Gesellschaftsvertrags*
hat darob in erster Linie als Kritikfolie zu dienen, anhand derer sich dem Interpreten das Für und Wider einschlägiger Reformschritte – beispielsweise in Richtung eines Zuwachses an politischer Freiheit, Gleichheit oder bürgerlicher Partizipation – erschließt.[16] Dass die von Rousseau verhandelten Kategorien insgesamt
zu keinem widerspruchsfreien theoretischen Konzept zu integrieren waren und

---

16 Für ein derartiges Projekt der Reform der modernen Demokratie im Gefolge (aber auch
    in Abgrenzung) von Rousseaus Schriften siehe Cohen 2010.

sind, legt immerhin den Bedarf an einer möglichst austarierten Balance in der politischen Praxis nahe.

In den Blick gerät überdies das Argument, dass die Entität eines politisch handlungsfähigen *Demos* nicht allein rationalen Prämissen folgt. Neben dem Imperativ der Einbettung von Staat und Demokratie in die allgemeinen Vorgaben der Sittlichkeit resultiert daraus eine eigenständige Perspektive auf die Menschen und Bürger als den fehler- und lasterhaften Protagonisten demokratischer Politik. Ihr Streben nach Anerkennung und Authentizität bringt sie als Akteure sowohl dazu, auf die Gemeinschaft angewiesen zu sein, als sie auch zum egoistischen Vorteil umzuformen.[17] Die Gefahr, dass der Einzelne das Gemeinwesen korrumpiert bzw. von einer nach sozioökonomischen Prioritäten eingerichteten Vergesellschaftung (die das Politische zur Verlängerung der wirtschaftlichen Verhältnisse degradiert) seinerseits korrumpiert wird, drängt sich insbesondere durch eine parallelisierte Lektüre des *Gesellschaftsvertrags* und der frühen Abhandlungen über die Wissenschaften und Künste bzw. über die Ungleichheit förmlich auf. Wie sehr Rousseaus Geschichtspessimismus am Ende seine politischen Ideale überlagert, gehört zu den gesicherten Erkenntnissen der Rousseauforschung (vgl. Fetscher 1999).

Dass deshalb der politisch musikalische Mensch und Bürger besonders bedroht ist, angesichts des rückläufigen Gemeinsinns, des verbreiteten Konkurrenzdenkens und der unvermeidlichen Enttäuschungen über die limitierten Veränderungs- und Gestaltungsmöglichkeiten in der modernen Gesellschaft den Rückzug ins innere Exil oder gegenwärtig gesprochen – in die Politikverdrossenheit anzutreten, verdeutlichen nicht zuletzt Rousseaus späte Bekenntnisschriften: die *Confessions, Rousseau juge de Jean-Jacques* oder die *Rêveries du promeneur solitaire*. Zugleich enthüllt sich hierin die eigentliche Paradoxie des menschlichen Daseins, noch in der größten Zurückgezogenheit für die eigene Selbsterkenntnis der (erinnernden) Auseinandersetzung mit den Mitmenschen sowie mit den getätigten Erfahrungen im Zusammenleben zu bedürfen (Meier 2011).[18]

Mit Albert O. Hirschman ist man deshalb geneigt zu denken, die wiederkehrende Konjunktur des politischen Werks von Rousseau folge der Logik des periodischen Schwankens des modernen Bürgers zwischen Privat- und Gemeinwohl. Hirschmans Zyklentheorie der alternierenden Antriebe des Egoismus und des Verantwortungsgefühls in der heutigen Gesellschaft (Hirschman 1984) korrespondiert mit der Gedankenbewegung Rousseaus vor allem darin, als dessen

---

17 Zu den ambivalenten Potentialen der *amour propre* und des menschlichen Strebens nach Anerkennung im Werk Rousseaus siehe vor allem die scharfsinnige Studie von Neuhouser 2010.

18 Zur Dialektik von Einsamkeit und Gemeinschaft bei Rousseaus bereits Baczko 1970.

Werk einen bleibenden Stachel für die auf Güterkonsum, Karriere und materielle Freuden zentrierte bürgerliche Moderne darstellt. Mit Rousseau manifestiert sich jenes nicht dauerhaft zu eliminierende Interesse der Bürger an einer aktiven Beteiligung am Gemeinwesen jeweils bis zu dem Punkt, an dem die unabwendbare Ernüchterung und Enttäuschung über die erzielbaren Ergebnisse die idealistische Triebfeder des sozialen und politischen Engagements immer wieder von Neuem untergräbt.

Rousseaus Schriften wirken in diesem Zusammenhang besonders authentisch, da sie die dahinter stehende Dialektik der Aufklärung nicht nur – lange vor Horkheimer/Adorno und anderen – tiefgreifend analysieren, sondern selbst von dieser Dialektik vollkommen durchdrungen sind. Trotz der kritisch-konstruktiven Aspekte, die man infolgedessen aus seinen Ausführungen bergen kann, hat man sich daher im Gegenzug stets die destruktiven Implikationen zu vergegenwärtigen, die Rousseaus Interpreten von Robespierre bis Carl Schmitt zu bisweilen höchst radikalen Schlussfolgerungen aus seinen Thesen einluden. Solcher Vielschichtigkeit auf ausgewogene Weise gerecht zu werden, ist ebenfalls eines der Grundanliegen des hier vorgelegten Sammelbandes.

3   Gliederung und Aufbau

Diese Aufsatzsammlung erscheint in der neu aufgelegten Reihe „Staat – Souveränität – Nation" des Springer VS-Verlages (Hg. Rüdiger Voigt/Samuel Salzborn) und trägt sich mit dem Unterfangen, anlässlich von Rousseaus Jubiläum die Bedeutung des *Gesellschaftsvertrags* für das aktuelle politische und staatsrechtliche Denken zu eruieren.

Der erste Teil ist dem thematischen Kristallisationspunkt der Reihe gewidmet. Die entsprechenden Innovationen Rousseaus aufgreifend, konzentrieren sich die Beiträge auf den Zusammenhang von Staat, Volkssouveränität und Demokratie im *Contrat social*.

In seinem Eröffnungsbeitrag macht *Marcus Llanque* in dieser Hinsicht darauf aufmerksam, dass die demokratietheoretische Applikation von Rousseaus Gedanken zur Souveränität und Selbstgesetzgebung des Volkes die vorherige Problematisierung seines Begriffs des *peuple* voraussetzt. Um demonstrieren zu können, was bei Rousseau ein Volk überhaupt als Volk qualifiziert, rekonstruiert Llanque das Grundanliegen des *Gesellschaftsvertrags* anhand einer Theorie politischer Verbindlichkeit, die er in die Optionen „Mitgliedschaft" und „Zugehörigkeit" auffächert. Als charakteristisches Merkmal von Rousseaus Vorstellung des souveränen Volkskörpers lässt sich anhand dieses Ansatzes belegen, dass der

Contrat social beide Elemente politischer Verbindlichkeit auf eigenwillige Weise miteinander verknüpft.

Daniel Hildebrand geht daraufhin der Frage nach, inwieweit sich in Rousseaus Souveränitätslehre staatliche und demokratische Sphäre funktional harmonisieren. Vor dem Hintergrund des *identitären* Demokratieverständnisses des Genfer Philosophen konzentriert er sich auf zwei zentrale, wenngleich unvollkommen ausgeführte Konzepte des *Contrat social*: die strikte Gemeinwohlorientierung sowie den Gemeinwillen (als dem verallgemeinerungsfähigen Interesse). Entgegen einem verbreiteten Vorurteil attestiert Hildebrand diesen beiden Chiffren nicht nur eine bleibende Affinität zum Totalitarismus, sondern ebenso zur parlamentarischen Demokratie mitsamt ihrem Mehrheitsprinzip und Pluralismus. Damit will er nicht nur den Graben schließen, den zahlreiche Interpreten nach wie vor zwischen Rousseau und den Vordenkern einer liberalen Demokratie vom Schlage Kants erkennen wollen (und die ihn hierzu wie z. B. Carl Schmitt zum Teil nonchalant instrumentalisierten); der *volonté générale* wird vielmehr sogar das Attribut zugeschrieben, als heuristisches Instrument zur Erklärung heutiger Politik vollkommen geeignet zu sein.

Einen Vergleich zwischen Bodin, Hobbes und Rousseau und damit zugleich eine Analyse der (demokratischen) Entwicklung der modernen Souveränitätsidee strengt *Olaf Asbach* an. Sein umfassender Zugriff, der die Perspektiven auf die Qualität, Funktionalität und Legitimität der souveränen Gesellschaftsregulierung vereint, ermöglicht es, entlang der Gemeinsamkeiten und Streitfragen zwischen den genannten Autoren empirische und normative Bausteine für ein adäquates Staatsdenken in der (sich zunehmend entgrenzenden, globalisierenden) Gegenwart bereitzustellen. Fernab von der (freilich bereits abflauenden) Mode, die Idee staatlicher Souveränität als obsolet anzunehmen, will Asbachs Rehabilitierungsversuch demonstrieren, dass gerade mit der *volonté générale* die Voraussetzungen für die politische Realisierung von individueller und kollektiver Autonomie sowie der interne Zusammenhang zwischen Freiheit und Herrschaft evident werden. Rousseaus Werk avanciert dadurch zum Bollwerk gegen die heute dominierende Output-Legitimation der Demokratietheorie.

Im zweiten Teil legt der Band sein besonderes Augenmerk auf eine Thematik, die im Hinblick auf die Stärkung demokratischer Ressourcen – aktive Bürgerschaft, Sozialkapital, Verantwortung für das Gemeinwesen, Wiedergewinnung des Politischen gegen die hegemoniale Stellung der Ökonomie – traditionell von großer Bedeutung ist: das Verhältnis von Politik und Religion, Staat und Kirche. In dieser Beziehung machte einst Karl Löwith die wichtigste Ursache der Spannungsmomente im Werk Rousseaus in der modernen Trennung von Religion und Politik aus und veranschlagte die Ausführungen zur Bürgerreligion im letzten

Kapitel des *Gesellschaftsvertrags* folglich als (gescheitertes) Unterfangen, die Widersprüche der Moderne auszutarieren (Löwith 1995: 256ff.). Auch wir erkennen im Verhältnis von Demokratie und Religion eines der Schlüsselthemen Rousseaus und behandeln es vor dem Hintergrund der aktuellen Debatten über die Zivilreligion, der Legitimität der Trennung der politischen und religiösen Sphäre im modernen Verfassungsstaat sowie der besonderen Bedeutung des Religiösen angesichts der unauflösbaren Paradoxien der Demokratie.

Maik Herold liest Rousseaus *Gesellschaftsvertrag* in diesem Kontext als politische Programmatik, deren praktische Umsetzung und Stabilisierung wesentliche Momente der Sakralisierung und Unverfügbarkeit benötigt. Angesichts der (kontraktualistischen) Aporie des Anfangs, wonach die abstrakten Prinzipien von Staat und Gemeinwesen mit den historischen Gegebenheiten notwendig divergieren, werde die grundlegende politische *Autonomie* des souveränen Volkes bei Rousseau vom Gegengewicht der *Heteronomie* flankiert. Letztere verhandelt Herold (in Anlehnung an Niklas Luhmann) im Ganzen als Frage des „Heiligen" in *sachlicher* (volonté générale), *zeitlicher* (législateur) und *sozialer* Dimension (religion civile). Das Religiöse avanciert dadurch zum zentralen Faktor der Konstitution politischer Ordnung.

Nach *Oliver Hidalgo* ist Rousseau hingegen eher als Autor zu verstehen, dem die Unauflösbarkeit der Widersprüche, auf denen er seine Theorie der Republik errichtete, nur allzu klar bewusst war. Mit Blick auf die Demokratie sind davon insbesondere die Antinomien zwischen Freiheit und Gleichheit, Volkssouveränität und Repräsentation, Qualität und Quantität sowie Individuum und Gemeinschaft betroffen. Die Religion bildet in diesem Kontext zwar de facto die Ressource, unter deren Geleit Rousseau das (Realisierungs-)Problem der Demokratie in Angriff nimmt. Sein kaum kaschiertes Scheitern ist jedoch als Eingeständnis zu bewerten, dass Natur und Gott auf der einen sowie Politik und Kultur auf der anderen Seite in der Moderne unweigerlich auseinander driften. Indes will der Beitrag zeigen, wie sehr die heutige Demokratietheorie von eben jener Unaufhebbarkeit der Spannungen und Gegensätze in Rousseaus Denken profitiert.

Zum Abschluss des zweiten Abschnitts diskutiert *Ahmet Cavuldak* die Frage nach der *Legitimität* der religionspolitischen Ordnung, wie sie Rousseau mit Blick auf die moderne Demokratie entworfen hat. Der Begriff der *Zivilreligion*, den die Zirkel der politischen Theorie seitdem kontrovers debattieren, benennt hier den expliziten Lösungsvorschlag, wie Rousseau dem identifizierten religionspolitischen Problem der Demokratie begegnen wollte: indem die unvermeidlichen politischen Sequenzen der „Lebensmacht" Religion nicht ignoriert, sondern konstruktiv in den Dienst des Gemeinwesens gestellt werden, um für Übereinstimmung zwischen Religion und Politik zu sorgen, anstatt wie im Christentum einen Konflikt zwischen weltlicher und religiöser Sphäre heraufzubeschwören. In kritischer Würdigung jenes zentralen Argumentationsstrangs des *Contrat social* gesteht Cavuldaks Beitrag Rousseau ein bemerkenswertes Verdienst zu: die seit der politischen Aufklärung im westlichen Erfahrungsraum gängige Legitimitätsformel für das Verhältnis zwischen Religion und Politik – die Trennung von Kirche und Staat – durch ein ausgereiftes Problembewusstsein in einer Weise herausgefordert zu haben, von der die Demokratietheorie unverändert zehrt, selbst wenn die Schwächen der Konzeption nicht zu übersehen sind.

Der dritte Abschnitt leuchtet abschließend wichtige Aspekte von Rousseaus komplexer Wirkungsgeschichte aus und porträtiert ihn auf dieser Basis als einen Autor, der auch noch in gegenwärtigen politischen Diskursen eine besondere Stellung einnimmt.

Barbara Zehnpfennig eröffnet diese Perspektive mit einem Vergleich der Entfremdungstheoreme von Rousseau und Marx. Dazu widmet sie sich dezidiert der Problemstellung, inwieweit Rousseau als gedanklicher Wegbereiter von Marx gelten kann und muss. Zehnpfennigs Aufsatz formuliert dazu die interessante These, dass die von Marx' propagierte wahre Emanzipation des Individuums durch dessen revolutionären Wandel zum Gattungswesen zwar einerseits deutlich radikaler, konsequenter und auch konsistenter ausfällt, als es beim Autor des *Contrat social* und des *Discours sur l'inégalité* der Fall war. Auf der anderen Seite stelle der Fortschritts- und Revolutionsskeptiker Rousseau aber weit mehr als eine Zwischenstufe des politischen Denkens dar, das Marx vollendet hat. Der Beitrag zeigt, dass sich hinter Rousseaus Einlassungen zur Entfremdung sowie seiner Kritik des Privateigentums weit mehr Ähnlichkeiten zum Sozialismus des 19. Jahrhunderts verbergen, als eine oberflächliche Lektüre vermuten lässt. In seinem Porträt erscheint Marx zugleich deutlich unorigineller, als er es offensichtlich selbst beanspruchte.

Die Rousseau-Rezeption in der ersten Hälfte des 20. Jahrhunderts, die ganz im Zeichen der Herausforderung der Demokratie durch totalitäre Ideologien und Systeme stand, hat *Alfons Söllner* im Visier. Aufbauend auf den gegensätzlichen Interpretationslinien, die zuvor bzw. parallel von den Schulen des Neo-Kantianismus, der Kritischen Theorie sowie der neoklassischen Politischen Wissenschaft (Strauss, Arendt) forciert wurden, gelingt es Söllner, das höchst widersprüchliche Bild, das vor allem Franz L. Neumann, Jacob L. Talmon und Ernst Fraenkel von Rousseau zeichneten, ideengeschichtlich zu rekonstruieren und zu kontextualisieren. Die (vagen) totalitären Fortschreibungsoptionen des *Contrat social* geraten dadurch ebenso in den Blick wie die signifikanten relativierenden Momente, die Rousseau heute vor einer Form der Dämonisierung, wie sie insbesondere Talmon an den Tag legte, bewahren sollten.

Söllners konzise Studie belegt einmal mehr, wie sehr die konkreten politischen Umstände einer Epoche die Lesart der Klassiker des politischen Denkens imprägnieren. Für die zweite Hälfte des 20. Jahrhunderts wäre es insofern zu erwarten gewesen, dass der *Contrat social* verstärkt als Ideengeber und Kritikfolie für eine politische Reform des Repräsentativsystems dient. Inwieweit Rousseau freilich überhaupt als Vorbild für eine *partizipatorische* Demokratie gelten kann, ist mit Blick auf seine Gegenposition zu Hannah Arendts Emphase für den öffentlichen Raum (vgl. Herb 2001) alles andere als sicher. Sein Souveränitätsbegriff, der sich ganz auf die Unmöglichkeit der (einheitlichen) Repräsentation der *volonté générale* konzentriert, vernachlässigt in jedem Fall die Momente einer faktisch gleichberechtigten *Inklusion* aller politisch und gesellschaftlich relevanten Gruppen (vgl. Young 2000; Urbinati 2006). Der Beitrag von *Urs Marti* kommt immerhin zu dem Ergebnis, dass die Sympathie, die Rousseau etwa in den partizipatorischen Modellen von Carol Pateman oder Crawford B. Macpherson entgegenschlug, durchaus ihre Berechtigung besitzt, selbst wenn ihm in den demokratietheoretischen Debatten seit den 1960er Jahren ansonsten eher marginale Bedeutung erwuchs und sich Autoren wie Rawls, Habermas oder Castoriadis lediglich unpräzise in die Tradition des *Contrat social* stellten. Wie fruchtbar demgegenüber das Potential von Rousseaus Positionierung zur liberalen repräsentativen Demokratie heute zu aktualisieren wäre, zeigt Marti am Schluss seines Beitrags anhand des Rekurses auf die Schriften von Benjamin Barber, Bernard Manin und Joshua Cohen.

Einen von der Rousseau-Forschung bislang eher wenig thematisierten Bereich greift *Verena Ibscher* auf. Ihr Aufsatz versucht, die unterschiedlichen und teilweise höchst inkonsistent anmutenden Äußerungen, die in Werken wie dem *Discours sur l'inégalité*, dem *Contrat social*, dem *Émile* oder auch dem Briefroman *Julie ou la Nouvelle Héloïse* zur Rolle der Frau in der privaten und öffentlichen Sphäre getätigt werden,[19] als logische Ausläufer von Rousseaus Gesamtperspektive auf das Politische transparent zu machen. Die stellenweise frappierende Mixtur aus Glorifizierung und Verachtung, Macht und Ohnmacht der Frauen rangiert dadurch als wesentlicher Pfeiler seines Gedankengebäudes. Eine klare Unterscheidung zwischen einer konservativen und progressiven Position lässt sich dabei wie so oft bei Rousseau nicht ausmachen Die Ambivalenz der Behandlung der Frauenfrage kann folglich als eine Art *Pars pro toto* des Rousseauschen Œuvres gelten.

Der Aufsatz von *Stefan Christoph* beschließt den Band mit einer Analyse von zentralen Kategorien der politischen Theorie Rousseaus im Hinblick auf ihr For-

---

19 In dieser Hinsicht ist allerdings bereits die Habilitationsschrift von Friederike Kuster hervorzuheben, die in Rousseaus Werken entsprechende Geschlechterordnungen und Genderkonstruktionen nachgewiesen hat (Kuster 2005).

mat für die Theoriebildung in den Internationalen Beziehungen. Dabei bestätigt sich der generelle Befund, dass es vor allem die Widersprüche und Paradoxien im *Contrat social* und anderen Schriften sind, die sich heute für die verschiedenen Disziplinen der Politikwissenschaft nutzbar machen lassen. Die aktuelle Friedens- und Konfliktforschung sieht Christoph in diesem Zusammenhang vor das bereits von Rousseau identifizierte Grundproblem gestellt, dass eine universale Idee wie der (Welt-)Frieden stets auf die Partikularität der (souveränen) Entscheidungen und Rechtsbeziehungen in konkreten demokratischen Systemen trifft. Eine adäquate Würdigung von Rousseaus Relevanz für den Kanon der theoretischen Grundlagentexte der IB wird entsprechend davon abhängen, ihn nicht länger vor dem Hintergrund einer einseitigen Gegenüberstellung von realistischem und idealistischem Paradigma zu interpretieren.

Der Herausgeber dankt den Autoren für ihre Mitwirkung und die äußerst produktive Zusammenarbeit, Rüdiger Voigt und Samuel Salzborn für die Aufnahme des Bandes in die Reihe „Staat – Souveränität – Nation", der Lektorin des Springer VS-Verlages, Verena Metzger, für ihre stets fachkundige und tatkräftige Unterstützung, sowie schließlich Carola Eckl und Lisa Kammermeier für ihre wertvolle redaktionelle Hilfe.

Regensburg, im November 2012
Oliver Hidalgo

4   Literatur

4.1   Quellen

Argenson, René Louis de: Considérations sur le gouvernement de la France (CGF), Amsterdam 1764.

Burke, Edmund: Betrachtungen über die Französische Revolution, 3. Aufl., Münster 2006.

Fichte, Johann Gottlieb: Grundlage des Naturrechts nach Prinzipien der Wissenschaftslehre (GdN) (1796/1797), in: Sämmtliche Werke Bd. 3. Zur Rechts- und Sittenlehre 1, Berlin 1965: 1 – 385.

Hobbes, Thomas: Leviathan oder Stoff, Form und Gewalt eines kirchlichen und bürgerlichen Staates (Lev.), hg. von Iring Fetscher, Frankfurt/Main 1984.

Kant, Immanuel: Über den Gemeinspruch (ÜdG). Das mag in der Theorie richtig sein, taugt aber nicht für die Praxis/Zum ewigen Frieden (ZeF), hg. von Holger Klemme, Hamburg 1992.

Kant, Immanuel: Metaphysik der Sitten (MS). Werkausgabe Bd. VIII, hg. von Wilhelm Weischedel, 11. Aufl., Frankfurt/Main 1997: 309 – 634.

Locke, John: Zwei Abhandlungen über die Regierung (ST), Frankfurt/Main 1977.

Mill, John Stuart: Betrachtungen über die repräsentative Demokratie (RD), hg. von Kurt L. Shell, Paderborn 1971.
Montesquieu, Charles de: Vom Geist der Gesetze (EL), 2 Bde, Tübingen 1992.
Paine, Thomas: Die Rechte des Menschen (1791/1792) (RM), hg. von Theo Stemmler, Frankfurt/Main 1973.
Rawls, John: Eine Theorie der Gerechtigkeit (TdG), Frankfurt/Main 1979.
Rousseau, Jean-Jacques: Vom Gesellschaftsvertrag oder Grundsätze des Staatsrechts (CS) (1762), in: Sozialphilosophische und Politische Schriften, 2. Aufl., Düsseldorf/Zürich: 267–418.
Rousseau, Jean-Jacques: Emil oder über die Erziehung (1762), Paderborn 1998.
Schumpeter, Joseph: Kapitalismus, Sozialismus und Demokratie (KSD), 7. Aufl., Tübingen/Basel 1993.

4.2   Weitere Literatur

Baczko, Bronislaw (1970): Rousseau. Einsamkeit und Gemeinschaft, Wien.
Barber, Benjamin (1994): Starke Demokratie. Über die Teilhabe am Politischen, Hamburg.
Cohen, Joshua (2010): Rousseau. A Free Community of Equals, Oxford.
Crouch, Colin (2008): Postdemokratie, Frankfurt/Main.
Fetscher, Iring (1999): Rousseaus politische Philosophie. Zur Geschichte des demokratischen Freiheitsbegriffs, Frankfurt/Main.
Habermas, Jürgen (1994): Faktizität und Geltung. Beiträge zur Diskurstheorie des Rechts und des demokratischen Rechtsstaates, Frankfurt/Main.
Held, David (1995): Democracy and the Global Order. From the Modern State to Cosmopolitan Governance, Cambridge.
Herb, Karlfriedrich (2001): Licht und Schatten. Zum Republikideal bei Jean-Jacques Rousseau und Hannah Arendt, in: Jahrbuch Politisches Denken: 59–68.
Hirschman, Albert O. (1984): Engagement und Enttäuschung. Über das Schwanken der Bürger zwischen Privatwohl und Gemeinwohl, Frankfurt/Main.
Inston, Kevin (2010): Rousseau and Radical Democracy, London.
Kersting, Wolfgang (1994): Die politische Philosophie des Gesellschaftsvertrags, Darmstadt.
Kielmansegg, Peter Graf (1977): Volkssouveränität. Eine Untersuchung der Bedingungen demokratischer Legitimität, Stuttgart
Kuster, Friederike (2005): Rousseau – Die Konstitution des Privaten. Zur Genese der bürgerlichen Familie, Berlin.
Löwith, Karl (1995): Von Hegel zu Nietzsche. Der revolutionäre Bruch im Denken des neunzehnten Jahrhunderts, Hamburg.
Manin, Bernard (2007): Kritik der repräsentativen Demokratie, Berlin.
Maus, Ingeborg (2011): Über Volkssouveränität. Elemente einer Demokratietheorie, Frankfurt/Main.
Meier, Heinrich (2011): Über das Glück des philosophischen Lebens. Reflexionen zu Rousseaus Rêveries, München.
Neuhouser, Frederick (2010): Rousseau's Theodicy of Self-Love. Evil, Rationality, and the Drive for Recogniction, Oxford.
Offe, Claus (Hg.) (2003): Demokratisierung der Demokratie. Diagnosen und Reformvorschläge, Frankfurt/New York.

Palmer, R. R. (1953): Notes on the Use of the Word *Democracy* 1789–1799, in: Political Science Quarterly 68: 203–226.

Rancière, Jacques (1996): Demokratie und Postdemokratie, in: Riha, Rado (Hg.): Politik der Wahrheit, Wien: 94–122.

Scharpf, Fritz (1999): Regieren in Europa, Frankfurt/New York.

Stein, Tine (2007): Peter Graf Kielmansegg: Volkssouveränität. Eine Untersuchung der Bedingungen demokratischer Legitimität, in: Kailitz, Steffen (Hg.): Schlüsselwerke der Politikwissenschaft, Wiesbaden: 210–214.

Urbinati, Nadia (2006): Representative Democracy. Principles and Genealogy, Chicago.

Young, Iris Marion (2000): Inclusion and Democracy, Oxford/New York.

I. Volkssouveränität

Der Begriff des Volkes bei Rousseau zwischen Mitgliedschaft und Zugehörigkeit

Marcus Llanque

Jean-Jacques Rousseau ist in der Politischen Ideengeschichte einer der wichtigsten Referenzautoren der Demokratietheorie, seine Vorbildlichkeit und heutige Anschlussfähigkeit bleiben freilich umstritten. Einerseits wird bezweifelt, Rousseaus politische Theorie könne in einem modernen Sinne demokratisch genannt werden (Cohen 2010), andererseits gilt er immer noch als Vater der radikalen Demokratie.[1] Diese Interpretationen leben meist aus dem Rezeptionshorizont unserer Gegenwart. Mit Blick auf Rousseaus Werks ist augenfällig, dass er zwar als moderner Begründer der Volkssouveränität und Verfechter der direkten Demokratie gilt, diese beiden Begriffe jedoch bei ihm selbst bekanntlich keineswegs so prominent sind, wie ein Teil der modernen Rezeption annimmt, die mit oder gegen ihn etwas über Demokratietheorie auszusagen vermeint. Der Demokratie als Regierungsform begegnete Rousseau mit großer Skepsis, er sprach dem Volk keineswegs die Rolle der Regierungsausübung zu, erachtete dies vielmehr eher als eine Regierungsform für Götter, zu anspruchsvoll seien die Anforderungen, die mit der direkten Demokratie verbunden sind (CS III 4). Immerhin sprach Rousseau dem Volk, auf welche Weise auch immer, die Souveränität zu und gilt daher als wichtigster Begründer der Theorie der Volkssouveränität. Davon ist bei Rousseau jedoch auch nie die Rede, vielmehr liegt die Souveränität beim *corps politique* (CS I 7), und die Frage stellte sich für ihn, welche Bedingungen erfüllt sein müssen, damit ein Volk einen *corps politique* bilden kann. Nicht jedes Volk ist dazu imstande, weshalb Rousseau die scheinbar tautologische Frage stellte, was ein Volk zum Volk macht (CS I 5).

Im Folgenden wird gezeigt werden, dass Rousseau nicht der Auffassung ist, dass jedes Volk im politischen Sinne „Volk" sein kann. Zum besseren Verständnis von Rousseaus Anliegen sollte man seine Überlegungen stattdessen in den Kontext einer Theorie politischer Verbindlichkeit stellen, in welcher auf zwei Wegen, Mitgliedschaft und Zugehörigkeit, politische Verbindlichkeit festgelegt werden kann. Anhand dieses Vorgehens ist zu ersehen, dass Rousseaus Theorie des Volkes auf eine spezifische Weise Elemente der Mitgliedschaft mit solchen der Zugehörigkeit verknüpft.

---

1 Zu dieser Debatte vgl. Inston 2010.

1   Begriffe des Volkes: Demos, Peuple und Multitude

Rousseau als Demokratietheoretiker wahrzunehmen, hieße zu vermuten, dass sein Volksbegriff dem Begriff des *demos* in der Theorie der Demokratie folgt.[2] Die athenische politische Ordnung der klassischen Zeit hatte Louis Chevalier de Jaucourt 1754 in der *Encyclopédie* gegen die Annahme in den Schutz genommen, Demokratie bedeute nur Anarchie und Chaos (Jaucourt 1754). Ein Jahr später verweigerte Rousseau im *Discours sur l'économie politique* Athen den Titel der Demokratie, weil sie in Wahrheit ein Schaukampf von Demagogen und Populisten gewesen sei, als Elitenkampf also eher tyrannische Aristokratie genannt werden müsste, in welcher Redner das Volk überredeten, einen Partikularwillen als Allgemeinwillen auszugeben (OC III: 246). Das Argument Jaucourts, wonach Athen immerhin bedeutende Politiker hervorgebracht habe, griff Rousseau erst gar nicht auf (Dippel 1986, zu Rousseau: 64–67; zu Jaucourt: 62–63). Im Zentrum von Rousseaus politischer Begrifflichkeit stand die Republik, nicht die Demokratie. Sein Hauptanliegen zielte auf die Schaffung von Gesetzesherrschaft, die in verschiedenen Regierungsformen, darunter der Demokratie, ausgeübt werden kann (CS II 6).[3] Rousseau ist insgesamt keinem politischen Diskurs eher zuzuordnen als dem des Republikanismus (Spitz 1995). Das Gesetz als Ausdruck des Gemeinwillens soll herrschen, im Gemeinwillen gibt sich ein Volk sein Gesetz. Das heißt aber auch, dass nicht jeder Demos, der nach eigenem Gutdünken herrscht, eine Republik ist und nicht jeder Beschluss, der von einer Bevölkerungsmenge verabschiedet wurde, in Rousseaus Terminologie Gesetz genannt werden kann. In der Fähigkeit zur Formung des Allgemeinwillens erkennt Rousseau die größte Leistung einer Bevölkerung, jene Leistung, die erst aus einer beliebigen Menschenmenge ein politisches Volk macht.

Unter der kollektiven Handlungsfähigkeit eines Volkes könnte man die bloße Versammlung, das Skandieren von Parolen, den Druck der Straße, die spontane Gewalttätigkeit verstehen, alles Mittel, auf die ein Volk zurückgreifen muss, wenn es beispielsweise unterdrückt wird. Auch Rousseaus Betonung, wonach das Volk als gesetzgebende Versammlung jederzeit den Gesellschaftsvertrag auflösen kann, deutet auf jene revolutionäre Unruhe hin, die er zu legitimieren schien. Die Ablösung der Ketten war Rousseaus erklärtes Ziel. Aber er machte sich in den *Considérations sur le gouvernement de Pologne* lustig über Autoren, die in der Abschüttelung der Ketten alleine bereits das Vorhandensein von Freiheit erblicken (Polen VI: 586). Die Befreiung alleine macht noch keine Freiheit, ihre Bewahrung

---

2   Zu den Problemen der Einordnung vgl. Silvestrini 2008.
3   Auch hierzu Silvestrini 2008: 64.

ist die Herausforderung. Rousseaus Sympathie für die anarchische Spontaneität des Volkes war sehr begrenzt.

Rousseau unterschied bei der Frage, wie eine Bevölkerung politisch tätig wird, sehr scharf zwischen der Qualifizierung als „peuple" verstanden als *corps politique*, das sich allgemeine Gesetze gibt, und solchen Zuständen, in welchen es zwar tätig wird, aber gesetzlos und gewalttätig. Im letzteren Falle spricht Rousseau von multitude, populace oder vulgaire. Die bloße Menge („multitude") bezeichnet meist wertneutral eine Art Aggregatzustand der Bevölkerung vor aller politischen Vereinigung (CS I 5, I 7, II 4, II 6, II 9, III 5, III 15, IV 4; *Fragments politiques*, OC III: 513; CS *Genfer Manuskript*, OC III: 282). Der Ausdruck „populace" ist dagegen stark abwertend und wird daher oft mit Pöbel übersetzt. Die „populace abrutie et stupide" (*Lettres de la montagne* IX, OC III: 489), die zur Anarchie neigt, hob Rousseau ausdrücklich gegen die Bevölkerung der Republik von Genf ab, welcher mehr Selbstdisziplin und Moderation zuzutrauen sei. Im *Discours sur l'origine et les fondements de l'inégalité* setzte Rousseau die *populace* mit der *canaille* in eins: „La populace s'assemble: c'est la canaille ce sont les femmes des Halles" (OC III: 156). Immerhin ist diese populace aber nicht so verbildet wie der „l'homme prudente" und sie ist wenigstens zum „sentiment de l'humanité" imstande, zeigt Mitleid mit den Wehrlosen und hilft ihnen; sie ist jedoch zur Bildung eines politischen Körpers außerstande, im Unterschied zu den „peuples libres" ist die „stupide populace" zur Selbstregierung unfähig (*Discours sur l'économie politique*, OC III: 251; *Contrat social* IV 4, OC III: 452).

Die Freiheit der Menschen als Volk zeigt sich laut Rousseau darin, dass sie den gemeinsam gegebenen Gesetzen Gehorsam erweisen, ein Umstand, den das Volk vom ungehorsamen Pöbel (vile populace) unterscheidet (vgl. Briefe vom Berge VIII: 461; OC III: 853). Laut Rousseau entstehen innere Unruhen und damit Anarchie, die Folgen des Ungehorsams, durch einen rohen und dummen Pöbel: empört durch Plagen, aufgehetzt durch geschickte Redner (Briefe vom Berge IX: 498), Despotismus und Anarchie setzt Rousseau dabei gleich (CS III 1).[4] Daher reicht der einmalige Akt des Gesellschaftsvertrags nicht aus, es bedarf der anhaltenden Versicherung der politischen Verbindlichkeit. Rousseaus Ablehnung der Bevölkerung als einer sich nicht-gesetzmäßig vereinenden Masse, das Volk der Straße, ist eindeutig und macht es um so dringlicher, seinen Begriff des Volkes, den er in all seinen Schriften in den Mittelpunkt stellte und dessen Anspruch auf Herrschaft er verteidigte, zu klären.

---

4 Die Anarchie sei entsprechend der Endzustand der Degeneration (CS III 10).

2   Volk im diskursiven Kontext: Kontraktualismus und Legitimationstheorie

Die Volkssouveränität zum Ausgangspunkt der Politischen Theorie zu erheben, ist keine Erfindung Rousseaus. Im legitimatorischen Sinne wurde auch nach der Antike immer wieder das „Volk" zum Fixpunkt der Herrschaft erklärt (Kielmansegg 1977; Koselleck/Gschnitzer 1992), etwa im Anschluss an die *lex regia* und die mit der *translatio imperii* auf das Reich übergegangene Herrschaftslegitimation. Das Volk wurde immer wieder zum Urspung der Herrschaft erklärt, von William von Ockham über Marsilius von Padua bis zu den Monarchomachen. Man sprach also prominent vom Volk (in den lateinischen Texten „populus" genannt), doch was darunter zu verstehen sei, blieb überwiegend offen. Sind die Bauern eingeschlossen und die Stadtbürger? Kann das Volk in eigenem Namen sprechen und tätig werden, sich selbst gegenseitig binden und verpflichten? Meist blieb das Volk nur der Referenzpunkt einer Legitimationskette, an deren anderen Ende die Regierung stand, zwar vom Volk eingesetzt, aber es im Ganzen repräsentierend, für es sprechend, dieses verpflichtend, es selten konsultierend, selten an der Entscheidung beteiligend.

Der neuzeitliche Kontraktualismus machte nähere Angaben über die innere Zusammensetzung des Volkes, das, im so genannten Naturzustand befindlich, sich vergesellschaftet und eine politische Ordnung gibt. Bei Hobbes ist es die individuelle Vernunft, bei Locke das Eigentum, das jene gegenseitige Bindung ermöglicht, auf deren Grundlage Herrschaft konstituiert werden kann. Während letztere bei Hobbes in einem Zuge auf die souveräne Regierung übertragen wird, bleibt bei Locke ein reziprokes Verhältnis des Vertrauens bestehen. Vernunft und Eigentum hat Rousseau nicht zum Kern seines Vertragsdenkens erhoben. Ihm geht es nicht um den entweder fiktiven, aber vernünftig erscheinenden, oder faktischen, aber exklusiven Akt der Selbstbindung, der wenigstens zum gedanklichen Ausgangspunkt der Legitimation politischer Ordnung erhoben werden kann. Rousseau wählte bekanntlich einen voluntaristischen Ansatz: Jeder muss tatsächlich im Gründungsakt einer politischen Ordnung diese wollen. Diese Zustimmung kann nicht fingiert werden. Sie ist zwar später durch tatsächliches Verhalten wie den Wohnsitz, hierin Locke folgend, anzunehmen, aber mit einem Willensakt nicht wieder rückgängig zu machen, wobei es bei ausbleibender Zustimmung dem Menschen immerhin frei steht, den politischen Körper zu verlassen.

Rousseau hat die im Kontraktualismus vorgenommene gedankliche Legitimation, die sich mit guten Gründen begnügt und nicht mit den praktischen Fährnissen politischer Gründungen plagt, in eine Frage des politischen Handelns umgewandelt. Legitimation ist bei Rousseau der Akt des Legitimierens selbst und kann nicht ersetzt werden durch Fiktionen und auch nicht durch Repräsentationen. Daher fügt er sich nur sehr schwer in das Schema des Kontraktualismus ein. Wolfgang Kersting hat beispielsweise Schwierigkeiten, Rousseau der Begrifflichkeit und Argumentationstradition des Kontraktualismus zuzurechnen (Kersting 1994). Er unterscheidet eine moderne von einer nicht modernen Variante des Kontraktualismus anhand des „Individualismus". Das erlaubt es ihm, den Beitrag Rousseaus als vermeintlich kollektivistische Theorie aus dem modernen Diskurs des Kontraktualismus auszuschließen, der seiner Ansicht nach teleologisch auf den Kontraktualismus von John Rawls zuläuft. Die Frage ist nur, ob eine solche Annahme ein Verlust für Rousseau oder für den Kontraktualismus ist, der damit auf eine Theorie der legitimatorischen Begründung reduziert wird, aller politisch-praktischen Aspekte der politischen Gründung beraubt. Der Aspekt der politischen Gründung mündete ideengeschichtlich in den Konstitutionalismus und damit in die moderne Republikgründung: Sie bedurfte nicht der Idee des Gesellschaftsvertrags als einer fiktiven Legitimation, sie gab sie sich in Gestalt einer Verfassung. Rousseau ist dem Konstitutionalismus näher als dem Kontraktualismus.

Rousseaus Verständnis des Vertragscharakters des Gesellschaftsvertrags schwankte. Im *Discours sur l'économie politique* folgte er Lockes Gesellschaftsbegriff (PÖ: 256). Im *Discours sur l'origine et les fondements de l'inégalité* sprach er vom Gesellschaftsvertrag als Einsetzung der Regierung (Discours II: 114), was aber den späteren Aussagen im *Contrat social* widerspricht, wonach der Akt der Einsetzung der Grundgesetze in Gestalt eines Gesellschaftsvertrags nur in der allgemeinen Gesetzgebung besteht, nicht aber in der Übertragung von Regierungsgewalt auf bestimmte Akteure. Die Regierung ist hier kein Vertragspartner des Volkes mehr (CS III 16–18), letzteres kann immer auf erstere verzichten, sie aufheben, sich einen neuen Gesellschaftsvertrag geben. Die Regierung wird nicht durch Vertrag, sondern durch Gesetz eingesetzt (CS III 17).

Rousseau geht nicht von der im Kontraktualismus üblichen Vorstellung von im Naturzustand zerstreuten Individuen aus, er hat im *Discours sur l'origine et les fondements de l'inégalité* statt dessen ein evolutives Modell der Entstehung von politischen Ordnungen gezeichnet. Im *Contrat social* spricht Rousseau weiterhin von der Gründung der politischen Ordnung durch den Gesellschaftsvertrag, meint damit aber keine legitimatorische Denkfigur, sondern einen konkreten Akt. Daher tritt nun die Frage in den Vordergrund, wie ein Volk beschaffen sein muss, um eine solche Gründung vorzunehmen und wie es beschaffen sein muss, um diese Gründung aufrecht zu erhalten. Rousseaus Volksbegriff bekam nun im *Contrat social* eine handlungstheoretische Wendung; wie ist eine Bevölkerung zu kollektiven Handlungen wie der Gesetzgebung imstande, in welcher sie die Grundlagen ihrer politischen Ordnung festlegt? Rousseaus Lösung bestand darin, zu sagen, dass der Vertrag selbst bereits Ausdruck einer existierenden gegenseitigen Verpflichtung ist.

3   Rousseau als Handlungs- und Institutionentheoretiker und das Volk als politisches Kollektivsubjekt

Rousseau beantwortete seine Frage, wie ein Volk zum Volk werde, mit der Theorie der „Gründung" eines Volkes (instituer un peuple, CS II 10, OC III: 390), so wie er in einem späteren Kapitel fragt, wie eine Regierung gegründet wird (institution du gouvernement, CS III 16 und 17). Kein Volk ist von selbst politisches Kollektivsubjekt, es muss sich dazu formen bzw. muss dazu geformt werden und Ausdruck dessen ist der Gesellschaftsvertrag.

Mit Volk bezeichnete Rousseau demnach den Aggregatzustand einer Bevölkerung, in welchem es zu kollektiven politischen Handlungen fähig ist. Rousseaus Frage lautet nicht: Wie ist Demokratie möglich?, sondern: Wie ist ein politisches Kollektivsubjekt möglich, das Freiheit und Gleichheit verbürgt? Rousseau wollte das Volk als ein solches politisches Kollektivsubjekt definieren oder wie er selbst sagt: Er wollte klären, wie ein Volk zum Volk wird (CS I 5). Diese Formulierung erinnert an eine Tautologie, spricht aber nur ein Dilemma im Volksbegriff selbst an, dem Rousseau auf der Spur war und das ihn weit über die bloße Legitimationstheorie hinausführte. Rousseau dachte das erste Mal in der Ideengeschichte nach der Antike das Volk als ein tatsächlich agierendes Kollektivsubjekt, das nicht – wie im Kontraktualismus – fiktiv einem Vertrag zugestimmt haben könnte, sondern sich willentlich politisch gründet, was später die Verfassung genannt wird, was Rousseau aber im Kontext des Kontraktualismus noch Grundvertrag oder Gesellschaftsvertrag nannte.

Rousseau formulierte das wie folgt: „Immer wird ein großer Unterschied zwischen der Unterwerfung einer Menge [multitude] und dem Regieren einer Gesellschaft bestehen bleiben. Geraten verstreut lebende Menschen nach und nach unter die Knechtschaft eines einzelnen, so sehe ich darin so zahlreich sie auch sein mögen, doch nur einen einzelnen Herren und seine Sklaven und mitnichten ein Volk [peuple] und ein Oberhaupt; es ist, wenn man so will, eine Ansammlung, nicht eine gesellschaftliche Vereinigung; es gibt dabei weder ein Gemeinwohl noch einen Staatskörper" (CS I 5: 278). Die in dieser Passage angesprochene „différence entre soumettre une multitude, et régir une société", zwischen „une aggrégation, mais non pas une association", zwischen „une maître et des esclaves" einerseits und dem „peuple et sons chef" (OC III: 359), benutzte Rousseau, um den Unterschied zwischen einer Bevölkerung im Sinne einer bloßen Menschenmenge und dem Volk als einem gegründeten Kollektivsubjekt herauszustreichen. Eine kollektiv bindende Festlegung darauf, ein Volk zu sein, setzte für Rousseau bereits einen erheblichen Organisationsgrad und gegenseitige Verbindlichkeit voraus. Volk zu sein, das ist entsprechend am Akt der Selbstbindung erkennbar, an der Fähigkeit einer Bevölkerung, jene kollektive Handlungsfähigkeit zu erreichen, die es dieser Bevölkerung ermöglicht, verbindlich zu bestimmen, dass diese Bevölkerung als Volk bestehen soll und wie es als Volk tätig wird.

4 Die politische Theorie der Verbindlichkeit und das Volk zwischen Mitgliedschaft und Zugehörigkeit

Ist das Anliegen Rousseaus damit vielleicht klarer, so verdunkelt er es selbst wieder durch die Art und Weise, die Bedingungen der Möglichkeit einer Bevölkerung zu bestimmen, ein politisches Volk zu sein. Um Rousseaus Fragestellung besser analysieren zu können, ist es erforderlich, zunächst von der Verwendung oder Nichtverwendung des Volksbegriffs abzusehen und eine Systematik zu erstellen, wie eine Menschenmenge als Volk, als politisches Kollektivsubjekt, gedacht werden kann. Rousseau ist in dem Bemühen der Klärung dieser Frage nicht der erste und nicht der einzige gewesen. Es handelt sich dabei um eine weit vor und auch nach Rousseau intensiv diskutierte Frage in der politischen Theorie, von Cicero über Hobbes bis zu Hermann Heller (Llanque 2011).

Mit der Gründung oder Konstruktion solcher Kollektivsubjekte wie einem „Volk" stellt sich die Frage nach dem Verhältnis des Individuums zu ihnen und der politischen Verbindlichkeit, die von solchen Kollektivsubjekten ausgeht. Diese Verbindlichkeit ist nicht naturwüchsig, sie ist selbst Gegenstand politischer Festlegung. Dabei zeigt sich, dass ein Volk als Mitgliedschaftsverband oder als Zugehörigkeitsgemeinschaft konzipiert werden kann. In der Praxis liegen zahlreiche Mischformen und Übergangsgestalten vor, die mittels der beiden genannten Typen aufgeschlüsselt werden können. Die Notwendigkeit einer Festlegung jener Verbindlichkeit, die politische Handlungsfähigkeit ermöglichen, sogar ein politisches Kollektivsubjekt begründen soll, erwächst aus der Beobachtung, dass der Mensch konkurrierenden Verbindlichkeitsansprüchen ausgesetzt ist, und zwar sowohl im Innern wie nach außen. Im Innern konkurriert die politische Ordnung in der Verbindlichkeit mit sozialen Ordnungen, religiösen Gemeinschaften (die als Kirche wiederum einen Mitgliedschaftscharakter aufweisen können) und Verwandschaftsbeziehungen, die von der kleinen Familie bis zu dynastischen Personenverbänden reichen und oft wie politische Klientelgemeinschaften wirken. Nach außen konkurrieren politische Ordnungen mit anderen politischen Ordnungen und umfassenderen Ordnungsmodellen wie der Idee des Reiches, ob transnational oder transzendent (Gottesreich) konzipiert.

Kollektivsubjekte wurden in der politischen Theorie durch die Festlegungen von Bindungen zwischen Menschen konstruiert. Der Begriff der Pflichten ist hierbei zentral, im klassischen Naturrecht, im Kontraktualismus und auch im Konstitutionalismus. Die Sprache der Pflichten ist in allen modernen Verfassungen noch heute präsent (Llanque 2010). Pflichten drücken die unterstellte Verpflichtung des Menschen als Teil einer politischen Ordnung aus. Legitimitätsfragen, Solidaritätsansprüche, Treueverhältnisse, Listen an individuellen Pflichten (vom Gesetzesgehorsam bis zur Wehrpflicht oder Steuerpflicht) bringen die Verbindlichkeit einer politischen Ordnung und die daraus folgenden Verhaltensanweisungen zum Ausdruck.

Die Festlegung der Verbindlichkeit erfolgt in zwei Wegen, durch die Festlegung des Verhältnisses des Menschen zur politischen Ordnung als dessen Mitglied oder als ihr Angehöriger. Verbindlichkeit kann also als Mitgliedschaft oder als Zugehörigkeit konstruiert werden. Mitgliedschaftsverhältnisse legen die Verhältnisse zwischen den Menschen als Bürgern und dieser zur politischen Ordnung als Kollektivsubjekt mittels eines Systems von Rechten und Pflichten fest. Die Bindungsintensität ist nicht immer hoch, oft kann ein rationales Nutzenkalkül das Mitgliedschaftsverhältnis bestimmen. Dafür besteht eine ganze Reihe an Organisationsmöglichkeiten, die komplexen politischen Ordnungen adäquate Gestalt geben. Insbesondere in föderalen Ordnungen kann die Mitgliedschaft des Bürgers schichten- und segmentweise festgelegt werden. Der Idee nach ist ein Mitgliedschaftsverhältnis voluntaristisch, wenngleich selten ein tatsächlicher Akt des Beitritts erwartet wird bzw. als erforderlich angesehen wird (tacit consent, sowohl bei John Locke wie bei Rousseau).

Verbindlichkeit als Zugehörigkeit dagegen begründet die Bindung des Menschen aufgrund ihm zugeschriebener Merkmale und Eigenschaften, von der Zugehörigkeit zu sozialen Schichten wie dem „Bürgertum" oder der „Arbeiterklasse" bis zur Zugehörigkeit zu religiösen Gemeinschaften. In solchen Zugehörigkeitsgemeinschaften wird meist eine hohe Intensität der Bindung unterstellt, vor allem dann, wenn der Mensch sich mit der Gemeinschaft, welcher er zugehört, identifiziert. Auch wenn solche Merkmale in Verbindlichkeitsdiskursen askriptiv angelegt sind, sind sie Ergebnisse von Zuschreibungen, haben Individuen doch oft genug ihre „Identität" gewechselt und damit bis zu einem gewissen Grad gewählt, weshalb auch Verbindlichkeitsfestlegungen des Typs Zugehörigkeit nicht einfach nur empirische Fragen sind, sondern immer auch appellativ-mobilisierenden Charakter besitzen. Darin ähneln sie dem Typus der Mitgliedschaft. Normen wie

Rechte und Pflichten sowie Merkmale und Eigenschaften sind die Instrumente, mit deren Hilfe jeder Verband und jede Gemeinschaft ihre Verbindlichkeitsvorstellungen für einen bestimmten Personenkreis festlegt. Die Politische Theorie beobachtet und analysiert diese Vorgänge, reflektiert und kritisiert sie, versucht jedenfalls, ihnen einen adäquaten begrifflichen Ausdruck zu verleihen.

Was als „Volk" in der politischen Theorie von der Antike bis zu heutigen Diskussionen behandelt wird, sind also Mitgliedschaftsverbände oder Zugehörigkeitsgemeinschaften. Die politische Ordnung als Mitgliedschaftsverband konstruiert eine ausgesprochen rationale Möglichkeit der Organisation von Verbindlichkeit, sie als Zugehörigkeitsgemeinschaft zu konstruieren verspricht ein hohes Maß an Verbindlichkeitsintensität. Zu diesem Diskurs der Theorie politischer Verbindlichkeit gehört auch Rousseau.

Rousseau hat keine konsequent mitgliedschaftliche Argumentation. Zwar ist der Grundgedanke der Republik mitgliedschaftlich: Es ist die freie Entscheidung der Menschen, sich zu Mitgliedern (associes) der Republik zu machen, die Zustimmung zum Gesellschaftsvertrag bezeichnet Rousseau auch als die freiwilligste Handlung der Welt (CS IV 2: 360). Ferner sollen die Mitglieder ihre Mitgliedschaft hauptsächlich durch Beteiligung an der Gesetzgebung ausüben. Diese Gesetzgebung wiederum soll praktisch jeden Lebensbereich ihrer Interaktionen regeln, einschließlich den der Religion. Das ermöglicht entgegen den Ansprüchen des Traditionalismus ein hohes Maß an autonomer wie rationaler Lebensgestaltung. Andererseits gelangt Rousseau zur Überlegung, dass die von ihm erhobenen Anforderungen der Selbstgesetzgebung zu hoch sind für mitgliedschaftliche Regelungen alleine. An einem anderen Ende seiner politischen Theorie verlangt er die Festlegung der Verbindlichkeit gemäß dem Typus der Zugehörigkeit: Die Bürger, gerade noch freiwillig partizipierend, sollen sich mit der von ihnen geschaffenen Republik identifizieren, und zwar vollständig.

Dieser Umstand wird durch einen kurzen Vergleich mit Montesquieu klarer, der fast durchweg eine mitgliedschaftliche Analyse des Funktionierens von Verbindlichkeit vornahm. Rousseau hat wesentliche Aspekte der Montesquieuschen Theorie aufgenommen, ihr aber in vielen Hinsichten eine Zuspitzung in Richtung der Zugehörigkeit verliehen, wie insbesondere der Begriff der „Liebe" zeigen wird.

5   Die politische Theorie der Verbindlichkeit bei Montesquieu und Rousseau

Montesquieu löst Probleme des Aufbaus einer freiheitlichen Regierung einerseits mit Mitteln der institutionellen Steuerung: Die Gewaltenteilung soll die Akteure zu einem gemeinwohlförderlichen und regierungskonstruktiven Verhalten anhalten. Andererseits diskutiert er die Handlungsmotivation und macht Angaben über das unterschiedliche Verhalten von Individuen mit unterschiedlicher sozialer Zugehörigkeit. So agieren Adlige gemäß dem Handlungsprinzip der Disziplin, Bürger dagegen müssen mit der Tugend ausgestattet sein. Sie definiert Montesquieu allgemein als Liebe zu den Gesetzen, auch Patriotismus genannt (EL IV 5), im besonderen Fall der Demokratie konkreter als Vorliebe für Gleichheit und Genügsamkeit (EL V 3).[5]

Montesquieus Argumentation ist jedoch handlungstheoretisch (Llanque 2012b: 55f.): Ihn interessiert nicht die Bewertung der Motivation, Tugend ist keine Charaktereigenschaft, er diskutiert auch nicht die Frage, wer ein guter oder schlechter Akteur ist. Selbst die Despotie kann er unter eingeschränkten Bedingungen rechtfertigen, wenn anders überhaupt keine Regierung möglich ist, was er besonders in sehr großen Herrschaftsgebieten für gegeben erachtet. Aus der Liebe zu den Gesetzen folgt auch keine Identifikation der Akteure mit ihrer politischen Ordnung als Voraussetzung ihres politischen Handelns, bestimmte Präferenzen erleichtern es allerdings. Die Liebe zur Genügsamkeit erleichtert in der Demokratie die von jedem abverlangte Leistungsbereitschaft für das Gemeinwohl. Ein solches Verhalten ist laut Montesquieu wahrscheinlicher, wenn der Aufwand zur Förderung des eigenen Wohls nicht erheblich ist, man beispielsweise keine privaten Reichtümer anstrebt, so dass genügend Aufmerksamkeit und Zeit für den Dienst an der Republik verbleibt. Voraussetzung hierfür ist eine gewisse Gleichheit der privaten Vermögen, wofür der demokratische Gesetzgeber sorgen soll. Ebenso sollen die Gesetze öffentliche Ehrungen vorsehen, um besondere Bürgerleistungen anzustacheln.

Der Natur der Republik entspricht laut Montesquieu ein kleines Territorium (Richter 1994: 41 – 54), da die Bürger in großen politischen Ordnungen zu große Kollektivgüter verwalten müssen, was zur Korruption einlädt (EL VIII 16). Große Territorien werden deshalb besser von Monarchen regiert. Montesquieu bevorzugte föderale Republiken wie das zeitgenössische Holland oder die Schweiz (EL IX 1-3), wo sich die Stärke der inneren Regierung mit der Verteidigungskraft großer Territorien nach außen vereint. Nach innen verbürgt die geringe Größe der

---

5   Montesquieu spricht hier von der „Liebe" zur Gleichheit.

politischen Ordnung die geringe Distanz zwischen Regierenden und Regierten. Nach außen können in einem Bündnis vereinte Republiken ihre Kräfte bündeln. Montesquieu hebt auch die hohe Flexibilität solcher Bündnisse von Republiken hervor: Verlust oder Aufnahme einer Republik stürzen den Bund nicht notwendig in eine Krise.

Rousseau übernahm offenkundig sehr viele Ideen und Begriffe von Montesquieu. Was er jedoch nicht übernahm, war Montesquieus konsequent mitgliedschaftlich angelegte Argumentation. Rousseaus Theorie des Volkes changiert vielmehr zwischen den Verbindlichkeitstypen von Mitgliedschaft und Zugehörigkeit. Das wird deutlich, wenn er behauptet, die Gründung eines Volkes gelinge am ehesten dort, wo die Bevölkerung bereits durch gemeinsame Herkunft, durch Interessen oder Verträge geeint sei: Herkunft zielt auf Verbindlichkeit des Typs Zugehörigkeit, Verträge aber auf Mitgliedschaft.

Ein ähnliches Changieren ist beim Begriff der Gleichheit erkennbar. Gleichheit bedeutet bei Rousseaus zunächst das Verhältnis der Menschen untereinander, das nur im Status des Bürgers und aufgrund der Mitgliedschaft zur Republik gleich sein kann, gemeint ist also die Gleichrangigkeit der Menschen als Bürger (CS III 14),[6] was die mitgliedschaftliche Argumentation unterstreicht. Dann bedeutet Gleichheit bei Rousseau aber auch die Zugehörigkeit zu einer bestimmten Lebensform der Frugalität und die Egalität der sozialen Lebensverhältnisse; nur unter diesen Bedingungen bleibe das gesellschaftliche Band existent, welches es erlaubt, den Allgemeinwillen zu bilden. Rousseau nimmt an, dass ohne die Identifikation mit der Republik keine Akzeptanz der Mehrheitsentscheidung erfolgen wird, also der Gehorsam gegenüber dem Gesetz, der auch dann geschuldet ist, wenn man vor der Gesetzesabstimmung ein anderes Gesetz angestrebt hatte. Der Gedanke der Liebe schließlich, bei Montesquieu eine Präferenz für bestimmte Merkmale einer Gesellschaft und menschlicher Verhältnisse, überträgt Rousseau auf die Republik als Ganze (Polen: 578).

Im Weiteren soll zunächst die Mitgliedschaftskomponente bei Rousseau genauer skizziert werden, bevor der Zugehörigkeitsaspekt thematisiert wird. In der Entwicklung seiner politischen Theorie dominiert anfangs der Mitgliedschaftsgedanke, insbesondere im *Discours sur l'economie politique*, der im *Contrat social* weiterhin wirksam ist, wo allerdings bereits die Verbindlichkeit als Zugehörigkeit erkennbar wird, die in den Abhandlungen zu einzelnen politischen Ordnungen, insbesondere in den *Considérations sur le gouvernement de Pologne* schließlich überwiegt.

---

6 So auch im *Projet de Constitution pour la Corse* (Korsika: 519).

6 Rousseaus Republik als Mitgliedschaftsverband

Die berühmt-berüchtigte Auffassung Rousseaus, man müsse den Menschen zum Gehorsam zwingen, denn dies sei nichts anderes als ihn zwingen, frei zu sein (CS I 7: 283), erklärt sich teilweise als Aussage im Kontext von Rousseaus Republiktheorie als Mitgliedschaftsverband, nicht als Zugehörigkeitsgemeinschaft. Sie steht nämlich im Zusammenhang mit seiner Assoziationstheorie, in welcher Rousseau auch das Problem der Konkurrenz von Verbindlichkeiten anspricht. Wie aus dem Folgesatz deutlich wird, erklärte Rousseau den Zwang mit dem Schutz vor jeder persönlichen Abhängigkeit (dépendance personnelle, OC III: 364). Ähnlich argumentierte er an anderer Stelle: Jeder Bürger soll von allen anderen völlig unabhängig sein (CS II 12), was nur dadurch gelingt, dass jeder Einzelne völlig von der Republik abhängig ist, ihr soll er sich völlig überlassen (aliénation totale, CS I 6: 280; OC III: 360). Nur der Zwang zum Gehorsam alleine gegenüber der Republik kann jedes Mitglied vor der Abhängigkeit anderer gegenüber schützen und macht ihn auf diese Weise erst politisch frei. Gemeint ist daher weniger der persönlich motivierte Ungehorsam des Nonkonformisten oder Abweichlers, dessen Position Rousseau ausdrücklich durch unveräußerliche Rechte wie die Meinungsfreiheit, das Initiativrecht und das Recht zur Debatte im Zusammenhang des Gesetzgebungsvorgangs des Volkes (CS IV 1: 359) schützt. Gemeint ist mit dem Zwang zur Freiheit als Gehorsam vor dem Gesetz der Republik die Ablösung von jeglichem Gehorsam gegenüber anderen Vereinigungen als der Republik.

Folgende Konstellationen konkurrierender Verbindlichkeit konstatiert Rousseau: die zwischen dem Individuum und dem Allgemeinwillen (CS III 10), zwischen dem Willen aller und dem Allgemeinwillen (CS II 3), zwischen den politischen Sonderwillen (den Parteien) und dem Allgemeinwillen (CS II 3) und zwischen dem Allgemeinwillen und der religiösen Gemeinschaft, zumal wenn sie wie die katholische Kirche auch eine gewisse institutionelle Verfestigung erlangt hat (CS IV 8). Hintergrund hierfür sind Erkenntnisse Rousseaus, die er im Enzyklopädieartikel zur *Politischen Ökonomie* aus dem Jahr 1755 ausführlicher erörtert hatte.

Im *Discours sur l'economie politique* sprach Rousseau dem Volk noch keine Akteursstellung zu. Das Verhältnis von Regierung und Volk stand hier im Mittelpunkt, und zwar als ein einseitiges Verhältnis: Mittels Weisungen, Erziehung, Steuerung der Bevölkerung formt die Regierung das Volk. So lange die Regierung gerecht ist, verbleibt das Volk auch in den Bahnen eines wohlgeordneten Gemeinwesens. Eine unmittelbare Beteiligung des Volkes an der Politik ist nicht erforderlich. Rousseau legte immerhin fest, dass das von der Regierung anzustrebende Gemeinwohl die Interessen des ganzen Volkes und nicht nur einer kleinen sozialen Schicht oder der politische Elite umfasst (PÖ: 243).

Allerdings erweitert Rousseau schon hier die Perspektive über die Regierung hinaus, denn er erwähnt in diesem Artikel zum ersten Mal die Idee des Gemeinwillens. Um kollektiv handlungsfähig zu sein, bedarf die Bevölkerung nicht erst der Regierung, konstatiert er. Personen sind ungeachtet der Regierung in vielen Gesellschaften miteinander verbunden: fortdauernde oder auch nur vorübergehende Gesellschaften. Den Ausdruck „Gesellschaften" (sociétes) benutzte Rousseau 1755 als allgemeinen Begriff, der sowohl die politische Gesellschaft wie soziale Gesellschaften umfasst, letztere nannte er „Assoziationen" oder „besondere Gesellschaften" („sociétés particulieres", OC III: 246). Eine Gesellschaft liegt schon dort vor, wo Personen durch gemeinsame Vorteile zusammengebracht werden (PÖ: 232).

Einige dieser Assoziationen präsentieren sich offen nach außen, darunter die Familie (was immer auch die dynastische Familie meint, also große Personengruppen einschließen kann) und die Kirche, im Ganzen alles Interessengemeinschaften mit einer gewissen Struktur und inneren Organisation. Sie sind es auch, die später im *Contrat social* als Quellen für die Ausbildung von besonderen Willen, von „volontés particulaires" verdammt werden. Im *Discours sur l'economie politique* konstatierte Rousseau zunächst einmal nur ihre unvermeidliche Existenz. Solche förmlichen und expliziten Assoziationen sah Rousseau zu diesem Zeitpunkt auch nicht als das eigentliche Problem an, denn immerhin seien sie mehr oder weniger öffentlich bekannt und man kann mit ihnen umgehen. Problematisch erscheinen ihm eher die unter der Ebene von Öffentlichkeit und Sichtbarkeit agierenden Assoziationen, die schon überall dort entstehen, wo einzelne Personen durch gemeinschaftliche Interessen verbunden sind. Sie zu erforschen, erfordert das Studium der Sitten einer Bevölkerung, wie Rousseau sagt. Diese beiden Ebenen zusammen beeinflussen nun die Politik und hemmen die Regierungstätigkeit: „Alle diese stillschweigenden oder förmlichen Vereinigungen sind es, welche durch den Einfluss ihres Willens die Erscheinung des öffentlichen Willens auf so vielerlei Weise verändern" (PÖ: 232). Diese Assoziationen formen nämlich ihrerseits einen Allgemeinwillen, und zwar gegenüber ihren Mitgliedern (membre) und können darin sogar legitim sein, aber gegenüber der großen Gesellschaft (grande société) sind die Assoziationswillen nur Partikularwillen und unrechtmäßig.

Rousseau ging davon aus, dass jeder Allgemeinwille Vorrang hat vor einem Sonderwillen. In dem formalen Hierarchieverhältnis der Verallgemeinerung habe der Mensch als Mensch Vorrang vor dem Menschen als Bürger, also als aktives Mitglied der politischen Ordnung. Der Bürger wiederum genießt einen Vorrang vor dem Amtsträger, letzterer aber steht in dieser Rangfolge höher als die Mitglieder der sozialen Assoziationen. Rousseaus Verallgemeinerungsgedanke hat später

Kant aufgegriffen. Anders als Kant beschreibt Rousseau auch einen grundsätzlichen Konflikt, in welchem der Mensch steht, denn die formalen Vorrangverhältnisse konfligieren mit der tatsächlichen Handlungsmotivation: Die Interessen sind nicht mit den Pflichten identisch. Das persönliche Interesse, das Rousseaus *Discours sur l'economie politique* in einen Zusammenhang mit der Bindung des Menschen zu einer der Assoziationen bringt, steht in einem umgekehrten Verhältnis zur Pflicht zur Allgemeinheit (PÖ: 232). Das Interesse wird mächtiger, je enger die jeweilige Bindung unter den Menschen ist und im gleichen Maße wird die Pflicht gegenüber den allgemeineren Gemeinschaften als schwächer empfunden. Rousseau geht davon aus, dass alle Verbindlichkeit an Intensität nachlässt, je größer der Personenkreis ist, gegenüber welchem sie bestehen soll. Daher lehnt er auch die Annahme ab, es sei möglich, Menschlichkeit gleichmäßig gegenüber allen Menschen auf Erden entgegen zu bringen (PÖ: 241f.). Rousseau geht davon aus, dass die unmittelbaren Bindungen am stärksten handlungsmotivierend sind, wogegen die ferneren, jedoch allgemeineren und deshalb ranghöheren, am Ende nur noch als heteronome Pflichten in Erscheinung treten. Solche Pflichten bedürfen daher einer zusätzlichen Verbindlichkeit, von Rousseau Heiligkeit genannt, um dennoch wirksam zu bleiben. Sie müssen letztlich mit Zwang durchgesetzt werden, und dies zu tun, ist die legitime Aufgabe der Regierung.

Rousseau beschreibt hier das Problem des Verbindlichkeitskonflikts. Die Problematik besteht darin, dass die Menschen gleichzeitig in unterschiedlichen Gesellschaften leben, die unterschiedliche Verbindlichkeiten festlegen und in einem permanenten Interessenkonflikt zueinander stehen. Formal gesehen ist das Gemeinwohl immer richtig, aber zum einen muss es sich bei seiner Bildung gegen die engeren Allgemeinwillen der kleineren Gesellschaften durchsetzen, zum anderen besteht das Problem, dass man es kennen muss. Die Erkenntnis ist laut Rousseau ein Akt größter Anstrengung und erfordert Tugend, der in den Vorgang der Gesetzgebung münden sollte. Der Gemeinwille dient dem Gesetzgeber als Leitschnur, er verknüpft ihn mit dem Gedanken der Gerechtigkeit und dem allgemeinen Nutzen für die ganze Gesellschaft (PÖ: 237). Die Gesetzgebung behält Rousseau 1755 aber der Regierung vor, nicht dem Volk.

Sieben Jahre später knüpfte der *Contrat social* an den *Discours sur l'origine et les fondements de l'inégalité* an, und zwar mit seinem berühmten ersten Satz, wonach der Mensch frei geboren ist, aber überall in Ketten liegt. Damit spielt er an seine in der Abhandlung zur Ungleichheit vorgenommene Analyse an, wonach sich erst im Laufe der Vergesellschaftung die Ungleichheit unter den Menschen ausbildete, an deren Ende dann die Ketten der Despotie stehen (Discours II: 121). Die Menschen haben nichts außer ihren Ketten zu verlieren, wenn sie der Gesellschaft entrinnen und ihre individuelle Freiheit in der kollektiven Freiheit der durch sie selbst errichteten Republik suchen. Rousseau hob daher immer wieder hervor, dass die schwierigste Aufgabe des ursprünglichen Gesetzgebers bei der Gründung eines Volkes weniger in dem Aufbau neuer Institutionen als in der Zerstörung alter besteht (CS II 10: 310). Der *Contrat social* greift also die Beschreibung der Abhandlung über die Ungleichheit als Ausgangspunkt für die Frage nach der Wiedergewinnung kollektiver Freiheit auf und schlägt hierzu die Schaffung einer künstlichen, politischen, nur durch Gesetz geschaffenen Gemeinschaft vor, die Republik, welche die Voraussetzungen dafür schafft, dass wenigstens zwischen den Menschen als Bürgern wieder Gleichheit herrscht. Die Aufgabe der individuellen Freiheit, die in der von Rousseau als ungleich beschriebenen Gesellschaft seiner Gegenwart ohnehin nur kaum ausgeprägt ist, ist demnach kein großes Opfer, der Zugewinn an Freiheit durch Teilhabe an der kollektiven Freiheit dagegen sehr groß. Die aus heutiger, liberaler Sicht harschen Bedingungen: die Unterwerfung unter das allgemeine Gesetz, der Zwang zum Glück, die Allmacht des Allgemeinwillens, die Verfügung über Leben und Tod, all das wirkt aus der Perspektive des Hobbesschen Gesellschaftszustandes und der ungleichen Gesellschaft weniger abschreckend.

Andererseits gewinnt das Individuum auch eine ungeheure Erweiterung seiner Handlungsmöglichkeiten hinzu. Selbst die Kooperation in den sozialen Gemeinschaften wird durch die politische Gemeinschaft der Republik noch überboten, definiert Rousseau doch den politischen Körper als einen erweiterten Körper des Individuums und das Mitgliedschaftsverhältnis als Solidarverhältnis, da nun niemand mehr für sich alleine kämpfen muss, jeder für jeden eintritt (CS II 4: 295).

Der Mensch tritt mit der Gründung eines Volkes in ein dreifaches Verhältnis (CS I 6: 281), er ist zugleich associé, citoyen und sujet. Die Differenz verläuft nicht entlang der Semantik von citoyen und bourgeois: Der bourgeois ist ja hier schon mit dem Zurücklassen des gesellschaftlichen Zustandes zu Gunsten des politischen Zustandes passé (CS I 6: 281, Anm.). Rousseau beklagt dabei die mangelnde Fähigkeit der zeitgenössischen französischen Publizistik, den Unterschied zwischen dem Bourgeois als Bewohner und dem Citoyen als aktivem Mitglied einer politischen Ordnung noch zu erkennen.[7]

Die im Gesellschaftsvertrag Assoziierten sind zugleich Subjekt und Objekt der von ihnen geschaffenen politischen Ordnung: Sie üben Herrschaft aus und sind ihr unterworfen. Wie ist dies möglich? Bedarf es hierzu einer homogenen Bevölkerung, deren Interessen so leicht aufeinander abstimmbar sind, dass keine Kom-

---

7 Diesem Hinweis ist Kylmäkoski 2001 gefolgt und analysierte die von Rousseau kritisierten französischen Wörterbücher seiner Zeit, wobei er zum Ergebnis kommt, dass Rousseaus Kritik zutrifft.

promisse, keine Verhandlungen (im Sinne von bargaining), keine Organisation der Interessen in Gestalt von Parteien nötig sind, sondern nur die Abstimmung zum Allgemeinwillen? Hier wird bereits die Umwandlung der Republiktheorie von einem Mitgliedschaftsverband in eine Zugehörigkeitsgemeinschaft erkennbar. Sie ist aber im *Contrat social* nicht an jeder Stelle vollzogen. Zwar betrachtet Rousseau die Einmütigkeit als Ideal der Bürgerschaft und Einmütigkeit ist jedenfalls für den Gesellschaftsvertrag unabdingbar (CS IV 2). Darüber hinaus ist Einstimmigkeit in Rousseaus Augen jedoch verdächtig; er verweist auf Tacitus, wonach die in der Geschichte bekannten Fälle der Einmütigkeit nur in Despotien praktiziert wurden, in welchen die Zustimmung aus Furcht erfolgt oder um dem Herrscher zu schmeicheln (CS IV 1). Die Formung von Sonderwillen soll vor den Abstimmungen (im Gegensatz zu den Deliberationen) zum Allgemeinwillen unterbleiben, aber sie bleibt Bestandteil der Gesellschaft und prägt die Debatten. Rousseau hebt neben dem Abstimmungsrecht des Einzelnen bei jedem Akt des Souveräns die Meinungsfreiheit, das Initiativrecht sowie das Recht zur Debatte als ebenso grundlegend hervor (CS IV 1). Ferner betont er an einer Stelle des *Contrat social*, dass der Einzelwille beständig gegen den Allgemeinwillen handelt, wie auch der Wille der Regierung in einem Spannungsverhältnis zu ihm steht (CS III 10: 341). Es kann also keine Rede sein von der Annahme, Rousseau ginge durchgängig von einer homogenen Interessenkohärenz aus, die keinerlei Aussprache bedürfte.

Einmütigkeit bleibt demnach nur ein Ziel freiheitlicher Ordnung, aber Rousseau widmete sich auch dem suboptimalen Zustand der Mehrheitsentscheidung. Der Gesellschaftsvertrag – verstanden als Verfassung – verlangt die Zustimmung der gesamten Bevölkerung, um bindend zu wirken. Für die einfachen Gesetze gilt laut Rousseau die Faustregel: Je bedeutender das Gesetz und je eher es Fragen der Verfassung berührt, desto eher sollte die Einmütigkeit angestrebt werden; andererseits: Je drängender die legislative Entscheidung ist, je größer die Notwendigkeit einer Regelung, desto legitimer sind allgemein bindende Entscheidungen, selbst wenn sie nur mit einer Stimme Mehrheit erzielt werden. Wenn Rousseau sagt, dass knappe Mehrheiten bei Zeitnot legitim sind, so heißt das umgekehrt, dass lange Debatten zur Erzielung möglichst großer Mehrheiten in Normalzeiten erwünscht sind (CS IV 2: 361f.).

Rousseau lehnt ferner grundsätzlich alle Parteibildung ab, ist sie aber unvermeidlich, so empfiehlt er ihre Vervielfältigung. Wie im *Discours sur l'economie politique* zuvor spricht Rousseau an dieser Stelle des *Contrat social* (CS II 3: 291f.) davon, dass solche Parteien gegenüber ihren Mitgliedern einen eigenen Allgemeinwillen ausbilden und eine solche Macht erlangen können, dass sie nicht nur den Allgemeinwillen der Republik verfälschen, sondern der Republik gefährlich werden können. Sind solche Teilverbindungen aber unvermeidlich, muss man verhindern, dass eine von ihnen das Übergewicht erlangt, wofür sich die Verviel-fachung ihrer Zahl eignet. Rousseau folgt hier Machiavellis Argumentation aus dessen 7. Buch seiner *Florentinischen Geschichte* und greift James Madisons Idee über den Nutzen pluraler Faktionsbildungen im *Federalist* Nr. 10 vor.

Eine andere Möglichkeit der mitgliedschaftlichen Lösung von Verbindlich-keitsproblemen, wie sie Rousseau behandelte, hatte Montesquieu in seiner Ge-waltenteilungstheorie geboten. Rousseau diskutierte sie aber nur kurz (CS III 7), nutzte den Gedanken der institutionellen Balancierung entgegen strebender In-teressen jedoch nicht weiter, wie er auch an späteren Stellen des *Contrat social* nicht mehr den eigenen Faden einer gezielten Pluralisierung von Parteibildungen aufgriff.

7   Rousseaus Republik als Zugehörigkeitsgemeinschaft

Die auf Mitgliedschaft beruhende Festlegung der Verbindlichkeit hielt Rousseau nicht durch. Er erwog die Möglichkeit, dass in einer wahren Republik „Politik" nicht weiter erforderlich ist, worunter er die Kunst des Überredens versteht, näm-lich dort wo eine bereits existierende Harmonie oder Homogenität der Bürger un-tereinander besteht (CS II 3: 291, Anm.). Die Vielzahl kleiner Differenzen ist dann nämlich nicht schädlich, sofern das Verbindende so stark ist, dass jeder Mensch wenigstens als Bürger, also im Augenblick seines Zusammentretens zur gesetzge-benden Versammlung, zur Erkenntnis des Allgemeinwillens noch imstande ist. Selbst wenn er bei seiner Auslegung dessen, was der konkrete Allgemeinwille sei, eine andere Meinung als die Mehrheit vertritt, so werde er dies nicht als Zeichen eines Interessengegensatzes zur Mehrheit werten, sondern als persönlichen Irr-tum. Rousseau macht selbst deutlich, dass er hier einen Idealfall skizziert, dessen bloße Möglichkeit er beweisen möchte. Im weiteren Verlauf wird er aber dieses Ideal zum Leitbild erheben.

Eine Selbstidentifikation des Bürgers mit der Republik sah Rousseau dort als wahrscheinlich an, wo die Bürger in einfachen Lebensverhältnissen unter-einander stehen. Hier sind alle zur Debatte stehenden Probleme, auf welche die Gesetze antworten sollen, jedem einsichtig und es kommt daher erst gar nicht zur Differenz zwischen dem Willen aller und dem Allgemeinwillen. Das würde es auch verhindern, dass sich ein Partikularwille erfolgreich als Allgemeinwille ausgeben kann. Bereits die Möglichkeit einer solchen Auslegung schätzt Rous-seau als Zeichen für das schwindende Band der Gesellschaft ein (CS IV 1). Die Notwendigkeit einer solchen Identifizierung als Voraussetzung des Allgemeinwillens resultiert aus einem an dieser Stelle von Rousseau erörterten Grundproblem seiner Theorie: Wie lässt sich in der Praxis die Differenz zwischen dem Willen aller und dem Allgemeinwillen erkennen? Das Verfahren der Gesetzgebung lässt dies nicht zu. Die angesprochene Möglichkeit des Mehrheitsbeschlusses beim Zustandekommen des Allgemeinwillens muss von einer Differenz zwischen Mehrheit und Minderheit ausgehen. Wo ist sie Ausdruck eines echten Interessenkonflikts, wo ist sie zufällig und muss keinem bedrohlich erscheinen, der der Minderheit angehört? Wie lässt sich ausschließen, dass sich ein Sonderwille als Allgemeinwille ausgibt, wenn auch jener mehrheitsfähig ist? Wie soll die Republik vorgehen, wenn es sich um eine strukturelle Minderheitsposition handelt? Zieht das nicht notwendig den Separatismus nach sich, die Teilung der Republik? Wie, wenn die anstehenden Entscheidungen in ihrer Komplexität und Undurchsichtigkeit nur die Komplexität der Interessenkonstellation in der Bevölkerung spiegeln?

Rousseau bedenkt nicht den Umstand, dass die Konkurrenz von Verbindlichkeiten nur der Ausdruck komplexer Gesellschaften ist, von denen er im Artikel zur *Politischen Ökonomie* noch ausgegangen war, die er zu Beginn des *Contrat social* auch noch zwischendurch vor Augen hat, im Laufe seiner Argumentation und dann vor allem in den politischen Schriften zu Genf, Korsika und Polen aber immer mehr vernachlässigte.

Statt nun die Möglichkeit des Missbrauchs des Allgemeinwillens durch Vorkehrungen im institutionellen Bereich wie Gewaltenteilung und Parteienvielfalt zu erschweren oder gar einzudämmen, etwa Montesquieus Gewaltenteilungsmodell hier anzuwenden, griff Rousseau zu einer anderen Lösung, die ihn am Ende immer stärker in die Festlegung von Verbindlichkeit qua Zugehörigkeit trieb. Er verlegte nämlich den Ort der Austragung der Verbindlichkeitskonflikte von den institutionellen Rahmenbedingungen kollektiven Handelns weg und in den Bereich der intrinsischen Motivation hinein: Sofern der Bürger sich nur mit der Republik identifiziert, wird er gar nicht erst in eine Situation der Differenz seines Einzelwillens mit dem des Allgemeinwillens geraten. Diese Identifikationsleistung ist nicht nur für den Akt der Verfassungsgebung nötig, sondern für die Aufrechterhaltung der kollektiven Freiheit im Unterschied zur Anarchie: Der Bürger muss nicht nur zustimmen, er muss Gehorsam leisten, und zwar auch dann, wenn er in seinem Einzelwillen dem Allgemeinwillen zunächst widersprochen hatte.

Keine Last wiegt so schwer wie die Freiheit. Die Freiheit ist ein nahrhafter, aber schwer verdaulicher Saft, sagt Rousseau (Polen VI: 586), und das Dilemma liege darin, dass die Gesetzgeber selbst dem Gesetz unterworfen sind, dass man also nicht nur Befehlen, sondern Gehorchen können muss. Die Fähigkeit zum Gehorsam ist Ausweis der Fähigkeit, sich selbst zu regieren. Das führte Rousseau bereits

im Artikel zur Politischen Ökonomie aus, behandelte es im *Contrat social* kurso-
risch und sprach es in den *Lettres écrites de la montagne* aus dem Jahr 1764 an:
„Ein freies Volk gehorcht (obeit), allein, es dient (sert) nicht. Es hat Oberhäupter (chefs), aber keine Herren (maîtres) [...] Ein Volk ist frei, wie seine Regierung
auch beschaffen sein mag, wenn es in dem, der es regiert, nicht den Menschen,
sondern das Werkzeug des Gesetzes sieht" (Briefe vom Berge VIII: 450). Es ist
also die subjektive Wahrnehmung des Bürgers, keine in der Institutionenordnung
verbürgte Gewähr, welche den Unterschied zwischen Gehorsam und Knechtschaft ausmacht. Das Joch des Gesetzes, das Joch des öffentlichen Glücks, von
dem Rousseau immer wieder spricht (CS II 7: 303), ist keine leicht zu tragende
Last. Deshalb verlangt er Maßnahmen der Republik, damit die Bürger sich durch
Selbstidentifikation darin üben, diese Last zu tragen und nicht aufzubegehren.
Die Republik muss bekanntlich fortwährend die Menschen zu Bürgern machen,
durch Erziehung, durch Festivitäten, durch die Zivilreligion.

Aus der ursprünglich freiwilligen Handlung der Selbstbindung wird immer
mehr eine durch die Republik geformte Verbindlichkeit. Dabei orientiert sich
Rousseau an den antiken Gesetzgebern, die mit Hilfe von religiösen Zeremonien,
durch Spiele und öffentliche Aufführungen (Polen II: 570) die Bindung („liens")
des Bürgers zur politischen Ordnung sowie der Bürger untereinander herzustellen trachteten. Rousseau wollte mit der Erinnerung an die Antike die modernen
Verhältnissen kritisieren, die so weit von der Antike entfernt sind, dass man selbst
den antiken Grundgedanken dieser Einrichtungen kaum mehr gedanklich erfassen könne, wie er an gleicher Stelle sagt. Solche Festivitäten sind zu seiner Zeit
Privatsache geworden und nicht mehr öffentliche Aufgabe. Theater und Feiern
dienen jetzt nur noch der Zerstreuung, sie erschöpfen das Herz, statt es zu ent-
flammen und vor allem: Sie dienen dazu, geheime Verbindungen zu knüpfen (Polen II: 571).

Die Rousseausche Republik wird vom Mitgliedschaftsverband endgültig dort
zur Zugehörigkeitsgemeinschaft, wo er die völlige Identifizierung des Menschen
mit der Republik verlangt. Er versteht nämlich Montesquieus Definition des Patriotismus als Liebe zu den Gesetzen nicht als Präferenz für die gesetzmäßige
Ordnung und den Sinn für die jeweils handlungsmotivierenden Prinzipien der
jeweiligen Regierungssysteme, sondern als Selbstidentifikation mit dem Kollektivsubjekt Volk (Llanque 2012a).

Rousseau diskutierte im *Contrat social* die unterschiedlichen Möglichkeiten
des Verständnisses von Gesetzen und erwähnte an vierter Stelle auch die Gesetze
des Herzens, worunter er die Gewohnheiten verstand und sie zu den wichtigsten erklärte. An gleicher Stelle stellte er aber auch klar, dass er sich mit diesem
vierten Typus von Gesetzen nicht weiter beschäftige (CS II 12). In den *Fragments*

politiques erhob er das Herz der Bürger zum wahren Wächter des Staates (OC III: 486). In den *Considérations sur le gouvernement de Pologne* wollte Rousseau die Republik in den Herzen der Bürger gründen (Polen III: 571), sie gründen sie also nicht mehr selbst. Das hatte in dieser Abhandlung sicher auch mit den sehr gering freiheitlich ausgeprägten Gewohnheiten der polnischen Bevölkerung zu tun, Rousseau hob beispielsweise die Untertanenkultur der Leibeigenschaft hervor, die in Polen zu diesem Zeitpunkt noch weit verbreitet war. Im Vergleich zu Genf oder Korsika, den anderen Fallstudien Rousseaus, bot Polen die schlechtesten Voraussetzungen dafür, eine Republik zu werden. Aber seine an dieser Stelle gemachten Äußerungen reichen weit über den polnischen Spezialfall hinaus. Rousseau schrieb: „Jeder wahre Republikaner hat die Liebe zu seinem Vaterland, das heißt zu den Gesetzen und zur Freiheit mit der Muttermilch eingesogen. Diese Liebe macht sein ganzes Sein aus; er sieht nur das Vaterland, lebt nur dem Vaterland; sobald er allein ist, ist er nichts; sobald er kein Vaterland mehr hat, hört er auf zu sein; und ist er dann nicht tot, so ist es noch schlimmer für ihn" (Polen IV: 578). Aus dem Mitgliedschaftsverband der Republik war endgültig die affektuale Identifikationsgemeinschaft geworden.

8   Fazit

Das Changieren von Rousseaus Theorie politischer Verbindlichkeit zwischen Mitgliedschaft und Zugehörigkeit zeigt nicht nur seine Unentschiedenheit. Sie spiegelt die Problematik des von ihm behandelten Stoffes wider, den er nicht einseitig wie Hobbes durch eine reine Mitgliedschaftsordnung oder wie Locke durch die Hervorhebung der Zugehörigkeit zum arbeitenden Bürgertum lösen wollte. Die Gründung einer Republik war für ihn mit dem einmaligen Akt nicht erledigt, das Fortwähren kollektiver Freiheit, den freiwilligen Gehorsam diskutierte er nie nur als legitimatorisches, sondern immer auch als politisch-praktisches Problem. Im Dickicht der damit verbundenen Einzelfragen setzte dann die Unklarheit seiner eigenen Position ein. Mag sein Modell auch nicht mehr überzeugen, schon wegen der darin angelegten Missbrauchsmöglichkeiten, die dann später totalitäre Regime bloß legten, so lehrt Rousseaus politische Theorie immerhin die Spannbreite der Probleme, die vorliegt, wenn man eine Republik nicht nur begründen, sondern gründen will.

9   Literatur

9.1   Quellen

Montesquieu, Charles de: De l'esprit des lois (EL), Genf 1748 (dt.: Vom Geist der Gesetze, hg. von Ernst Forsthoff [1951], Tübingen 1992).

Rousseau, Jean-Jacques: Œuvres complètes (OC), Bd. 3, Écrits politiques, ed. Bernard Gagnebin et al. (Pléiade), Paris 1964.

Rousseau, Jean-Jacques: Abhandlung über den Ursprung und die Grundlagen der Ungleichheit unter der Menschen (= Discours II), in: Sozialphilosophische und politische Schriften, 2. Aufl., Düsseldorf/Zürich 1996: 37 – 161

Rousseau, Jean-Jacques: Abhandlung über die Politische Ökonomie (PÖ), in: Sozialphilosophische und Politische Schriften, 2. Aufl., Düsseldorf/Zürich 1996: 223 – 265.

Rousseau, Jean-Jacques: Vom Gesellschaftsvertrag oder Grundsätze des Staatsrechts (CS), in: Sozialphilosophische und Politische Schriften, 2. Aufl., Düsseldorf/Zürich: 267 – 418.

Rousseau, Jean-Jacques: Briefe vom Berge (Zweiter Teil), in: Sozialphilosophische und Politische Schriften, 2. Aufl., Düsseldorf/Zürich 1996: 421 – 506.

Rousseau, Jean-Jacques: Entwurf einer Verfassung für Korsika (= Korsika), in: Sozialphilosophische und Politische Schriften, 2. Aufl., Düsseldorf/Zürich: 507 – 561.

Rousseau, Jean-Jacques: Betrachtungen über die Regierung Polens und über deren vorgeschlagene Reform (= Polen), in: Sozialphilosophische und Politische Schriften, 2. Aufl., Düsseldorf/Zürich: 563 – 655.

9.2   Weitere Literatur

Angeli, Oliviero (2004): Volk und Nation als „Zukunftsbegriffe". Politische Leitbilder im begriffsgeschichtlichen Kontext der Aufklärung, Münster u. a.

Cohen, Joshua (2010): Rousseau. A Free Community of Equals, Oxford.

Dippel, Horst (1986): Artikel Démocratie, Démocrates, in: Rolf Reichardt/Eberhard Schmitt (Hg.): Handbuch politisch-sozialer Grundbegriffe in Frankreich 1680–1820, Heft 6, München: 57 – 97.

Fehrenbach, Elisabeth (1986): Artikel Nation, in: Rolf Reichardt/Eberhard Schmitt (Hg.): Handbuch politisch-sozialer Grundbegriffe in Frankreich 1680–1820, Heft 7, München: 75 – 107.

Inston, Kevin (2010): Rousseau and Radical Democracy, London.

Jaucourt, Louis Chevalier de (1754): Démocratie, in: Encylopédie ou Dictionnaire raisonné des Sciences, des Arts et des Métiers, Bd. 4 Paris/Neuchâtel (ND Stuttgart 1966/1967: 816 – 818).

Kersting, Wolfgang (1994): Die politische Philosophie des Gesellschaftsvertrags, Darmstadt.

Kielmansegg, Peter Graf (1977): Volkssouveränität. Eine Untersuchung der Bedingungen demokratischer Legitimität, Stuttgart.

Koselleck, Reinhart/Gschnitzer, Fritz u. a. (1992): Volk, Nation, Nationalismus, Masse, in: Otto Brunner/Werner Conze/Reinhart Koselleck (Hg.): Geschichtliche Grundbegriffe.

Historisches Lexikon zur politisch-sozialen Sprache in Deutschland, Bd. 7, Stuttgart: 141 – 431.

Kylmäkoski, Merja (2001): The Virtue of the Citizen. Jean-Jacques Rousseau's Republicanism in the 18th Century French Context, Frankfurt/Main u. a.

Llanque, Marcus (2010): On Constitutional Membership, in: Petra Dobner/Martin Loughlin (Hg.): The Twilight of Constitutionalism: Demise or Transmutation?, London: 162 – 178.

Llanque, Marcus (2011): Populus und Multitudo: das Problem von Mitgliedschaft und Zugehörigkeit in der Genealogie der Demokratietheorie, in: Harald Bluhm/Karsten Fischer/Marcus Llanque (Hg.): Ideenpolitik. Geschichtliche Konstellationen und gegenwärtige Konflikte, Berlin: 19 – 38.

Llanque, Marcus (2012a): Liebe in der Politik und der Liberalismus, in: Gary S. Schaal/Felix Heidenreich (Hg.): Politische Theorie und Emotionen, Baden-Baden: 105 – 134.

Llanque, Marcus (2012b): Geschichte der politischen Ideen. Von der Antike bis zur Gegenwart, München.

Richter, Emanuel (1994): Die Expansion der Herrschaft. Eine demokratietheoretische Studie, Opladen.

Silvestrini, Gabriella (2008): Neither Ancient nor Modern: Rousseau's Theory of Democracy, in: Kari Palonen/Tuija Pulkkinen/José Maria Rosales (Hg.): The Ashgate Research Companion to the Politics of Democratization in Europe. Concepts and Histories, Aldershot: 55 – 74.

Spitz, Jean-Fabien (1995): La liberté politique: Essai de génealogie conceptuelle, Paris.

Die *volonté générale:* Funktionale Harmonisierung von Staat und Demokratie?

Daniel Hildebrand

1   Der heuristische Wert von Rousseaus Theorie des Gemeinwillens

Die *volonté générale* ist im Gegensatz zur *volonté de tous* durch eine Art allgemeiner Vernünftigkeit gekennzeichnet. Sie ist der Wille zum „allgemeinen Besten". Die *volonté générale* ist damit also niemals allein die Summe von Einzelwillen, sondern sie steht zum Einzelwillen, der *volonté particulière,* insofern im Gegensatz, als es niemals um ein konkretes privates Einzelanliegen geht, sondern immer um den Gesamtnutzen und die Optimierung eines ganzheitlichen Zustandes, also letztlich um das Gemeinwohl. Ist der durch Rousseau getroffene Unterschied soweit klar, so ist das Verhältnis zur Demokratie seitdem in der Rezeption hoch umstritten. Die einen sehen in dieser Konzeption einen entscheidenden Gegensatz zum Mehrheitsprinzip als angewandter Demokratie, könne doch die Mehrheit immer durch eine höhere Wahrheit, wie sie die *volonté générale* repräsentiei l, unterlaufen werden. Die anderen erachten die *volonté générale* gerade als Bestätigung von Demokratie als Volksherrschaft. Das Missverständnis liegt maßgeblich im Unterschied zwischen Mehrheitsprinzip und Volksherrschaft begründet. Demokratie formuliert dem Ideal nach die Herrschaft des gesamten Volkes. Dem entspricht das Rousseausche Verständnis der identitären Demokratie. Diese Identität von Herrschenden und Beherrschten steht jedoch im Widerspruch zum Mehrheits-, wie auch zum Repräsentationsprinzip. Es war vor allem der israelische Politikwissenschaftler und Historiker Jacob Talmon, der hierin einen Nukleus zum Totalitären ausmachte (Talmon 1961). Da Rousseau selbst jedoch ein realer Totalitarismus fremd war, ist diese Möglichkeit einer totalitären Herrschaft, die sich im Phänomen der *volonté générale* konkretisiert, nur als *eine* Lesart im Werk Rousseaus, insbesondere in „Du contrat social" möglich. Kein Zweifel: Die Möglichkeit des Totalitären ist bei Rousseau angelegt (Hildebrand 2011: 112, 404ff.). Daneben kann Rousseau auch als Wegbereiter der modernen westlichen Mehrheitsdemokratie angesehen werden. Diese Interpretation hat unter anderem auf das Entschiedenste Ingeborg Maus verfochten.[1]

---

1   Maus (1994: 48) spricht gar von der „falscheste[n] aller Verdächtigungen", Rousseau als Vordenker totalitärer Demokratie zu erachten. Zur Kritik an Jacob Talmon und

Es trifft zu, dass Rousseau die Möglichkeit eines Irrtums der Menge wie der Öffentlichkeit nicht ausschließt. Beispielsweise schreibt er: „Die Öffentlichkeit will das Gute und sieht es nicht". Daraus wird aber keinerlei unmittelbare Zwangsgewalt abgeleitet, die an der Mehrheit oder der Öffentlichkeit vorbei entscheidet: Vielmehr setzt hier die Aufklärung durch die öffentliche Meinung ein: „Dann führt die öffentliche Aufklärung die Einheit von Urteilskraft und Wille im Gemeinschaftskörper herbei, was das reibungslose Zusammenspiel der Teile und schließlich die höchste Kraft des Ganzen ergibt." (CS II 5) Darin steckt zunächst nicht mehr als die Erkenntnis, dass nicht das Mehrheitsprinzip an sich, sondern ein gewisses Maß an Möglichkeit kollektiver Koordinierung gegeben sein muss, um der *volonté générale* zum Durchbruch zu verhelfen. Ihre Ausbildung ist nicht nur ein Macht-, sondern auch ein Informationsproblem.

Der für die vorliegende Fragestellung entscheidende Satz aber, mit dem Rousseau Demokratie und Staat funktional synchronisiert, findet sich am Beginn des Zweiten Buches des *Contrat social*: „Die erste und wichtigste Folge der oben auf-

---

Peter Graf Kielmansegg siehe ebd.: 29 sowie auch den Aufsatz von Söllner in diesem Band. Eine heikle und zudem vom hiesigen Thema abführende Frage liegt indes darin aufgehoben, ob das Totalitäre als Genom, wie es bei Rousseau angelegt ist, namentlich die Vergesellschaftung von Staat, ein Phänomen ist, das sich auf dasjenige beschränkt, was mit dem Begriff des Totalitarismus bezeichnet wird (vgl. Hildebrand 2011: 401 und 404). Die in dieser Vergesellschaftung aufgehobene Durchmischung von Staat und Gesellschaft ist einerseits Realität. Andererseits fragt sich eben deshalb, ob sie ein unabwendbares Merkmal jeder (post-)modernen Gesellschaft darstellt. Wäre dem so, ließe sich freilich zwischen einer im weitesten Sinne „totalitären" Dimension des Politischen und Demokratie, und zwar auch in ihrer zivilisierten parlamentarischen Form, nicht ohne weiteres derjenige Widerspruch ausmachen, den wir immer mithören, weil wir an die Totalitarismustheorie erinnert werden. Immerhin lässt sich feststellen, dass sich die aus der Staatsrechtslehre des 19. Jahrhunderts überkommene Trennung von Staat und Gesellschaft spätestens nach dem Zweiten Weltkrieg nicht mehr halten ließ (vgl. Günther 2004: passim, dazu meine Rezension in: HZ 279/3 [2004]). Dies war aber maßgeblich gerade eine Folge parlamentarischer Demokratie und ihrer wiederum umgekehrt gesellschaftsformenden Wirkung. Kant indes nutzt die volonté générale, um die Trennung von Staat und Gesellschaft aufrechtzuerhalten: Die *volonté générale* sei eine „wirkliche historische Wahrheit". Denn die Gesellschaft sei Träger von Rechten und Pflichten, habe also eine eigene Persönlichkeit (Kant 1794: 2f.). Der Unterschied zur deskriptiv festzustellenden Auflösung der Trennung von Staat und Gesellschaft in der Wirklichkeit einer parlamentarischen Demokratie einerseits und dem Aufgehen des Staates in der Gesellschaft andererseits, wie es Rousseau konzeptionalisiert, besteht darin, dass in der heutigen Wirklichkeit der westlichen Welt die Verbindung zwischen Staat und Gesellschaft gerade durch sogenannte intermediäre Gewalten hergestellt wird. Eben die fehlen in Rousseaus Konzept: Darin besteht aber gerade eine „totale" Gesellschaft (Isensee 1968: 114; Isensee 1988: § 57, 92, zit. nach Randnummern).

gestellten Prinzipien ist, dass allein der Gemeinwille die Kräfte des Staates gemäß dem Zwecke seiner Errichtung, nämlich dem Gemeinwohl, leiten kann." (CS II 1) Gegenstand der folgenden Erörterungen ist nämlich auch nicht das Rousseau-sche Demokratiekonzept als solches, sondern vielmehr ein anderer, bislang wenig beachteter Aspekt. Wenn die *volonté générale* Wille zum Gemeinwohl ist, dann ist sie Wille des Staates.[2] Mit diesem Terminus soll nicht jener endlosen Debatte der Staatsrechtslehre des 19. Jahrhunderts das Wort geredet werden, was die Staatswillensbildung sei und wie es zu ihr komme.[3] Vielmehr wird davon ausgegangen, dass der Gegenstand der *volonté générale* dasjenige ist, was den Staat gleichermaßen konstituiert wie legitimiert. Wenn der Gemeinwille aber zugleich Mechanismus wie Manifestation von Demokratie ist, ohne damit Begriff und Art der Demokratie näher zu definieren, dann bedeutet dies, dass in der *volonté générale* als Institute Staat und Demokratie versöhnt, ja gleichgesetzt werden. Was auf den ersten Blick uns heutigen selbstverständlich erscheinen mag, ist es historisch nicht: Der Staat als Herrschaftsgefüge und die Demokratie als Herrschaftsform sind zumal in der deutschen politischen Ideengeschichte lange Zeit als Widersprüche wahrgenommen worden – mit zum Teil kuriosen Zwischen- und Übergangsformen wie etwa dem deutschen Konstitutionalismus. In der *volonté générale* mag nun aber vielleicht sogar die Demokratie als reine Herrschaftsform, der der Staat nach herkömmlichem Verständnis vorgeordnet und vorfindlich ist, diesen überwinden: Die Demokratie ist über die *volonté générale* vermittelt unmittelbare Herrschaft selbst, ihrer Gesetzmäßigkeit folgt letztlich auch derjenige Staat, der nominell nicht demokratisch verfasst ist, weil sich das Gemeinwohl als Sache des Staates auf Dauer stets durchsetzen muss, will der Staat bestehen: „Ich glaube es als eine unbestreitbare Maxime aufstellen zu können, dass allein die volonté géné-

---

2 Der Begriff des Staates wird hier im heutigen Sinne als Institutionenzusammenhang, der rationaler Gemeinwohlherstellung folgt, verstanden. Rousseau definierte als Staat die Körperschaft der ein Gemeinwesen konstituierenden Individuen (CS I 5). „Diese öffentliche Person, die so aus dem Zusammenschluss aller zustande kommt, trug früher den Namen Polis, heute trägt sie die der Republik oder der staatlichen Körperschaft, die von ihren Gliedern Staat genannt wird, wenn sie passiv […] ist." (CS I 6)

3 Zwar bleibt die Frage der Staatswillensbildung weiterhin virulent (vgl. das Handbuch des Staatsrechtes der Bundesrepublik Deutschland, Bd. 2, § 35 und 39). Sie dürfte sich aber zunehmend auf zweierlei Art erledigen: Zum einen durch das voranschreitende Obsiegen des Demokratieprinzips (Fraenkel 1973), zum anderen durch die realistische Einschätzung, dass die „Einheitlichkeit" des Staates zwar als Ideal bestehen bleibt, in der Realität aber nicht durchzuhalten ist.

rale die Kräfte eines Staates entsprechend dem Zweck seiner Institution, nämlich dem Gemeinwohl dirigieren kann."[4]

Für den vermeintlichen Widerspruch zwischen der *volonté générale* und dem *bien commun* als ihrem Zweck einerseits und dem für eine Demokratie konstitutiven Interessenpluralismus andererseits bietet sich indes eine Bewältigung an: Mehrheitsprinzip und parlamentarische Praxis als Methode der Gemeinwohlermittlung. Ob Rousseau das Gemeinwohl auf diese Art für ermittelbar erachtete, und ob dies im Widerspruch mit seiner Vorstellung eines gleichsam prästabilierten Gemeinwohlbegriffs steht, wird wohl auf alle Zeit Gegenstand interpretatorischen Streits bleiben. In jedem Falle bietet das Rousseausche System Möglichkeiten, Staat und Demokratie und diese wiederum in der spezifischen Form der parlamentarischen Demokratie des Mehrheitsprinzips miteinander zu harmonisieren: Über die Idee der *volonté générale* lassen sich die Funktionen von Staat und Demokratie verflechten – Staat und Demokratie sind letztlich unter dem Zeichen der Gemeinwohlherstellung identisch. Freilich, auch das Allgemeininteresse ist kein beliebig aushandelbarer Kompromiss zwischen einzelnen Partikularinteressen, dem jede allgemeine Vernunft abgeht. Dies ist häufig als Argument gegen die Verträglichkeit von *volonté générale* und parlamentarischer Mehrheitsdemokratie vorgebracht worden.[5] Solche Einwände verkennen jedoch über allem Pragmatismus, mit dem sie das Geschehen einer parlamentarischen Demokratie betrachten, dass das Ideal weder von Parlamentarismus noch von Mehrheitsprinzip in einer Art „Interessengeschacher" besteht. Gewiss, die Realität wird häufig so aussehen. Dieser Aspekt der Wirklichkeit soll auch in einer Abhandlung politischer Theorie nicht verleugnet werden. Entscheidend ist aber, dass derartige Entscheidungsfindungen nicht nur zur Idee des Allgemeininteresses und der *volonté générale* im Widerspruch stehen, sondern zur Idee des Parlamentarismus oder anderer Anwendungsformen des Mehrheitsprinzips als solchem. Der Parlamentarismus ist auch als *government by discussion* bezeichnet worden.[6] Sein Ideal beschreibt gerade durch das Argument und die Debatte gleichsam die Wahrheit herauszufinden. Wenn immer stärker durch sogenannte „konsensuale Formen der Normsetzung" (Becker 2005) im Vorfeld des parlamentarischen Prozesses wie auch der Transparenz von Wahlen entzogen, sich widerstreitende Interessen gleichsam außerparlamentarisch, ja nicht selten außerstaatlich am Gemeinwohl

---

4   Zit. nach C. E. Vaughan (Hg.): The Political Writings of J. J. Rousseau, Bd. 1, Cambridge 1915: 460.

5   Etwa von Badura 1988.

6   Diese Wendung geht auf John Stuart Mills *On Liberty* zurück.

vorbei einigen, beschreibt dies vielmehr eine Krise der Demokratie, vor allem aber des Parlamentarismus.

Entscheidend, einen Kompromiss als Ermittlung der *volonté générale* und mithin des *bien commun* zu erweisen, ist sein politischer Charakter: Alle Beteiligten sind sich in einem offenbar einig, nämlich darin, dass das verhandelte Problem kollektiv bewältigt werden, also Gegenstand einer politischen Entscheidung werden muss. Keine der Parteien sieht sich in der Lage, eine gegebene Situation völlig auf sich gestellt zu bestehen. So banal diese Einsicht in einer hochgradig durchstaatlichten Gesellschaft erscheinen mag, so hervorhebenswert ist sie. Das ergibt die nicht minder banale Gegenprobe: Die allermeisten Probleme werden nicht Gegenstand politischer Diskussion und Entscheidung. Der politische Streit ist Ausweis eines dahinterstehenden gemeinsamen Willens: „Denn worüber es erlaubt sein soll zu streiten, da muss Hoffnung sein, untereinander übereinzukommen; mithin muss man auf Gründe des Urteils, die nicht bloß Privatgültigkeit haben [...], rechnen können." (Kant 1960: 443) Dies mag weltfern in Verhältnissen anmuten, da bestimmte Interessen erst durch bestimmte politische Implikationen an den Verhandlungstisch gezwungen werden. Offensichtlich wird dann aber, dass sich eben auch solche Interessen nicht derart autonom realisieren lassen, dass dabei auf den Staat zu verzichten wäre. Damit ist bereits ein Interesse am Gemeinwohl gegeben.

Einen Versuch zu konkretisieren, was *volonté générale* ist, hat Jürgen Habermas deutlich von Kants kategorischem Imperativ geleitet unternommen, indem er verallgemeinerungsfähige und nichtverallgemeinerungsfähige Interessen von einander unterscheidet (Habermas 1973). Was verallgemeinerungsfähig sei, bilde die *volonté générale*. Maßstab für die Legitimität von nicht-verallgemeinerungsfähigen Interessen sei die Frage, ob sie verallgemeinerungsfähigen Interessen im Wege stünden. Freilich ist damit nicht soviel gewonnen, wie dieser Lehre bisweilen zugebilligt wird: Nicht nur, dass sich selbstverständlich nahezu jedem Partikularinteresse ein verallgemeinerungsfähiges Interesse entgegenstellen lässt, womit sich sodann tatsächlich eine totalitäre Tendenz zu realisieren droht. Nein, umgekehrt ist in einer durchstaatlichten und politisierten Gesellschaft eine zunehmende Zahl von Partikularinteressen von verallgemeinerungsfähigen Interessen abhängig und somit mit ihnen verknüpft: Eine wachsende Zahl von Partikularinteressen ist nämlich derart voraussetzungsreich, dass sie ohne Staat und Politik keine Realisierungschance hat. Das musste einem Denker, der vom Ideal der Genfer Bürgerschaft ausging, noch fremd sein, wobei die zunehmende Verflechtung und Unüberschaubarkeit nicht allein aus der zunehmenden Zahl der Beteiligten, sondern auch den sich ändernden Bedingungen ihrer Koexistenz resultiert. Insofern ist es weiterführend, davon auszugehen, dass demjenigen Interesse, das sich politisch äußert, in irgendeiner Form immer eine Anlage hin zur *volonté générale* und zum Gemeinwohl zu eigen ist, statt den Graben zwischen Partikularinteressen und Allgemeininteressen durch binäre Unterscheidungsmuster weiter zu vertiefen. Vielmehr ist in der Teilnahme am politischen Wettbewerb der Wille zum Gemeinwohl nolens volens enthalten. Rousseaus ursprüngliche Definition erscheint im Vergleich fast erhellender:

> Es gibt oft einen beträchtlichen Unterschied zwischen dem Gesamtwillen und dem Gemeinwillen; dieser sieht nur auf das Gesamtinteresse, jener auf das Privatinteresse und ist nichts anderes als eine Summe von Sonderwillen. (CS II 3)

Dass sich Partikularinteressen und Gemeininteresse eben doch nicht ohne weiteres separieren und opponieren lassen, sondern dass in der öffentlichen Artikulation eines Interesses bereits ein politischer Impetus liegt und ein Interesse als gemeinwohlabhängig, damit aber auch potentiell gemeinwohlorientiert einzuschätzen ist, zeigt folgende Beschreibung, die Rousseau dem Zivilisationsvorgang widmet: „Unsere Bedürfnisse nähern uns einander genau in dem Maße an, als unsere Leidenschaften uns trennen, und je mehr wir zu Feinden unseresgleichen werden, desto weniger können wir ohne sie auskommen.“[7] Das Einzelinteresse ist zunehmend gleichsam „eingestaatet“.

Auch Rousseau anerkennt immer wieder, dass in der „civilisation“ jeder von allen abhängig ist (Fetscher 1990: 115). In der Tat gingen sowohl Rousseau als auch Kant von Verhältnissen aus, die einen relativ niedrigen politischen Regelungsbedarf voraussetzten (Hildebrand 2011: 392). Das Spezifische der Rousseauschen *volonté générale* und des *bien commun* ist bedroht in Verhältnissen, in denen es nicht nur mit Carl Schmitt formuliert in der Eigenart des Politischen liegt, das alles und jedes politisch werden kann (Schmitt 1996: 24), sondern zunehmend alles und jedes auch tatsächlich politisch zu sein scheint. Doch auch damit ist Rousseaus Lehre von der *volonté générale* bei weitem nicht als heuristisches Instrument veraltet, heutige Politik zu erklären. Das beschriebene Phänomen bedroht nämlich nicht das Spezifische an Rousseaus Lehre, sondern vielmehr das Politische als Begriff schlechthin: Wer meint, sich von Erkenntniskategorien wie dem Gemeinwohl verabschieden zu müssen, der wird sich in letzter Konsequenz von Begriffen wie Politik und Staat allgemein verabschieden müssen.

Schwerer wiegt der Einwand, dass Rousseau Parteien als Vertretungen von Teilinteressen dem Gemeinwohl stets entgegengesetzt sah. Mehr noch: Weil sie

---

7   Zit. nach Jean-Jacques Rousseau: Politische Fragmente. Politische Schriften, Bd. 1, übersetzt und eingeleitet von L. Schmids, Paderborn 1977: 214.

sich nicht vom *bien commun* leiten ließen, handelten sie auch dem Interesse derjenigen zuwider, die sie vertreten. Selbst wenn sie sich untereinander einigten, führe dies zu suboptimalen Ergebnissen, da auf keiner Seite eine Vorstellung vom Gemeinwohl vorhanden sei. Diese These wirft zwei Fragen auf: Zum einen fragt sich, ob und inwieweit das, was Rousseau unter „partis" verstand, mit dem heutigen Typus der politischen Partei, zumal dem zugegeben in einer Krise befindlichen Typus der Volkspartei übereinstimmt.[8] Zum anderen, und das scheint ein weitaus schlagkräftigerer Einwand, gilt es zu bedenken, dass das politische System der parlamentarischen Demokratie Parteien zwingt, ihre Interessen, selbst wenn diese real eng definierte Klientelinteressen sein sollten, gleichwohl gemeinwohlförmig zu formulieren.[9] Es ist offensichtlich, dass das System der parlamentarischen Demokratie eine Art Gemeinwohldruck erzeugt.

Freilich ist dem Rousseauschen Demokratieverständnis tatsächlich eine Tendenz zu eigen, den Widerspruch zwischen Partikularinteressen und Allgemeininteresse mit Gewalt zu überwinden: Sein identitäres Demokratieverständnis verleugnet, dass es auch in einer Demokratie zu Herrschaft und das bedeutet, dass es zu Zwang kommt – Rousseau weiß aber sehr wohl um diesen Zwang. Sind Herrschende und Beherrschte identisch, löst sich Herrschaft auf – eine illusorische Vorstellung, die sich nur überwinden lässt, indem ein wahrer Wille der Unterlegenen, eben die *volonté générale* konstruiert wird; diesen Willen vermögen die Unterlegenen lediglich nicht zu erkennen. Genau darin liegt ein bevormundendes Moment. Für die hiesige Fragestellung ist jedoch noch entscheidender, dass damit

---

8 Jüngere Forschungen zum Phänomen der Volkspartei finden sich bei Wiesendahl 2011 und Kronenberg/Mayer 2009.

9 Wie groß dieser Druck ist, zeigt hierzulande ein ganz aktuelles Beispiel, nämlich das Neuauftreten einer Partei wie der Piraten (zum Phänomen dieser Partei als solcher Niedermayer 2012): Diese Kraft sieht sich unter dem bezeichnenden Vorwurf, andernfalls unpolitisch zu sein, enormem Druck ausgesetzt, ein „Programm" zu bieten. Damit ist aber real nicht die Formulierung von Einzelinteressen gemeint, sondern, wie im Wort des Programms mitschwingt, die Forderung nach einem umfassenden Staats- und Gesellschaftsentwurf. Der wiederum aber seiner Eigenart nach einen Begriff vom Gemeinwohl enthalten müssen. In der Vergangenheit ist vor allem sogenannten „Ein-Themen-Parteien" ihre allzu offensichtliche Klientel- und Interessenbindung zum Verhängnis geworden: Wer sich als Partei dauerhaft etablieren will, ist gezwungen, derart umfassende Vorstellungen zu entwickeln, dass diese gar nicht mehr auf isolierte Interessengruppen beschränkt sein können. Vielmehr erklärt sich die sodann wiederum kritisierte hohe Eigenmacht der politischen Parteien daraus, dass sie umfängliche Weltbilder entwickeln, die ohne einen Begriff des Gemeinwohls oder, mit Rousseau gesprochen, des *bien commun*, gar nicht nachzuvollziehen sind. Die politische Kulturforschung bestätigt dies, indem sie zeigt, dass bei Parteien mit der Zeit neben der Wähleranpassung Wählerkultivierung um sich greift (Rohe 1994: 82).

Demokratie, wie sie Rousseau definiert, in einen Widerspruch zu Staatlichkeit gerät. Staatlichkeit zeichnet sich nämlich ihrer Eigenart nach immer auch durch Zwangsgewalt und Einseitigkeit des Handelns aus. Herbert Krüger hat die Einseitigkeit sogar als „de[n] staatlichste[n] Zug der Staatsgewalt" bezeichnet (Krüger: 1966: 880). Die *volonté générale* lässt aber kein Gegenüber mehr, und sie leugnet auch jede Willensbrechung. Denn ein Wille wäre ja Ausdruck von Verstand. Eine Verstandesleistung spricht Rousseau aber gerade denjenigen ab, die von der *volonté générale* abweichen. Dieser Harmonismus birgt nicht nur ein totalitäres Potential, sondern weicht auch von einer entscheidenden Funktionsweise des Staates insofern ab, als Staatlichkeit mit ihrer Einseitigkeit und Zwangsgewalt anerkennt, dass es abweichende Willen gibt.[10] Seit Hobbes ist es Grundlage des Herrschaftsvertrags, dass sich jeder Bürger diesen Willen bewahren kann und in seinem Gewissen frei ist. Darin liegt auch die Einbruchstelle, seinen Willen künftig doch noch umsetzen zu können: Die Akzeptanz von Zwang begründet gleichsam Freiheit.

War das Problem Rousseau freilich durchaus bewusst, lässt er sich insofern auch nicht einfach als eine Art Kollektivist abtun. Es gelte, so Rousseau, vielmehr der Grundsatz: „Finde eine Form des Zusammenschlusses, die mit ihrer ganzen gemeinsamen Kraft die Person und das Vermögen jedes einzelnen Mitglieds verteidigt und schützt und durch die doch jeder, indem er sich mit allen vereinigt, nur sich selbst gehorcht und genauso frei bleibt wie zuvor." (CS I 6) In dieser Formel ist letztlich weniger eine Überforderung des konzipierten Gemeinwesens als vielmehr des Individuums angelegt. Insofern handelt es sich zwar um eine veritable theoretische Bewältigung der Widersprüche von Demokratie und der Rechtfertigung von Staat. Mit der Frage der Praktikabilität dieser ausgerechnet als Imperativ gefassten Formel lässt Rousseau aber den Leser allein.

Ein weiteres nicht aufzuhebendes Problem bleibt darin bestehen, dass die *volonté générale* nicht zwangsläufig im *bien commun* enden muss: Vorstellbar ist auch, dass Gemeinwille und Gemeinwohl auseinanderfallen. Ein solcher Gedanke konnte einem Vertreter der Aufklärung indes nicht kommen, denn ein Wille, der nicht auf das Wohl gerichtet ist, läuft der Vernunft zuwider. Da der Wille jedoch als vernünftig gedacht wird, kann er nur auf das Gemeinwohl gerichtet sein.

Zwar hält Rousseau auch im Rahmen einer Monarchie die Realisierung des Gemeinwillens für möglich, musste er doch in der Realität des französischen

---

10 Angesichts dieser schieren Leugnung von Herrschaft stellt sich freilich die Frage, ob eine psychologisierende Deutung, wie sie Talmon vornimmt, wirklich diffamierend und abwegig oder nicht doch als Erklärung unerlässlich ist: Talmon sieht Rousseau als paranoid an (Talmon 1961: 35).

Ancien régime anerkennen, dass seine republikanische Genfer Heimat nicht die einzige Möglichkeit von Staat darstellte. Doch es lässt sich die These vertreten, dass die Demokratie für ihn die eigentliche Form von Staatlichkeit ist und die Monarchie eine eher abgeleitete, die allenfalls in Gestalt des absolutistischen Gesetzesstaates vorstellbar ist:

> So ist der beherrschende Wille des Fürsten nichts anderes oder soll nichts anderes sein als der Gemeinwille oder das Gesetz, seine Stärke ist einzig die in ihm versammelte öffentliche Gewalt: Sobald er aus sich selbst heraus unabhängig und selbständig tätig werden will, beginnt die Verbindung des Ganzen sich zu lockern. (CS III 1)

Der Monarch ist also gerade keine absolute Größe, sondern eine Art Mandatar des Gemeinwillens. Gewiss, da die Mehrheit ebenso wie der Fürst Rousseau zufolge irren können, lässt sich nirgendwo explizit ausmachen, dass der eigentliche Staat eine Demokratie sei. Aber das „car tel est notre plaisir" dürfte ebenso wie die Herrschaftslegitimation „deo gratia" einem Staatskonzept, das zentral auf den Gemeinwillen abstellt, fremd sein.[11] Rousseaus Welt war eben die der Genfer Republik.

2   Die staatsrechtliche Bedeutung von Rousseaus identitärer Demokratie

Rousseau aufgrund seines Konzepts der identitären Demokratie des Totalitarismus zu zeihen und mit ihm gegen die auf Interessenausgleich gründende parlamentarische Demokratie zu opponieren, folgt zumal in Deutschland seit dem zweiten Weltkrieg einer Tradition, die vor allem in der alten Bundesrepublik tragend war. Namentlich die einflussreiche Staatsrechtslehre war zentral in zwei Lager gespalten: Es gab zum einen die Integrationisten, die zunehmend orientiert an der neuen Politikwissenschaft und mit ihr kooperierend den parlamentarischen Prozess einer pluralistischen Gesellschaft gleichermaßen erforschten wie postulierten. Dem standen die Dezisionisten der Schule Carl Schmitts gegenüber. Schmitt als einer der wohl scharfsinnigsten Parlamentarismuskritiker versuchte immer wieder, der parlamentarischen Demokratie ihren demokratischen Charakter streitig zu machen. Zentrales methodisches Instrument war ihm dabei die

---

11 Rousseau ist Realist genug, um die Monarchie als die „gewöhnlichste" Regierungsform zu bezeichnen, aber er nennt sie an dritter Stelle nach Demokratie und Aristokratie (CS III 3).

Rousseausche Lehre von der Identität der Regierenden und der Regierten (Günther 2004: 85 und 252). Es spricht freilich für die Interpretationsoffenheit der Denkfigur der *volonté générale*, dass Gerhard Leibholz, also ein gerader Widerpart zu Carl Schmitt, diese Theorie dazu nutzte, um den Parteienstaat zu legitimieren (ebd.: 201). Wie auch immer dieser inzwischen weithin überwundene, aber für die Rousseau-Rezeption in Deutschland nach wie vor nachhallende Streit beurteilt wird – eines lässt sich feststellen: Es fällt auf, dass diejenigen Denkrichtungen, die Rousseaus Identitätslehre und mithin die *volonté générale* zum Maßstab von Demokratie machten, zugleich fervente, wenn auch zunehmend pessimistische Verfechter von Staatlichkeit als tragendem politischen Organisationsmodus waren. Wie auch immer deren konkretes Demokratiebild zu beurteilen ist, so bleibt zu konstatieren, dass sich just die entschiedenen Fachvertreter, die den Staat als zentrale Größe ihres Denksystems ansahen, die Staatsrechtslehre Rousseaus zu eigen machten: Die Rezeptionsgeschichte Rousseaus zeigt, dass die Lehre von der *volonté générale* dazu angetan ist, mit dem zentralen Funktionsmechanismus von Staat zu konvergieren. Sie ist ein Modus, Gemeinwohl zu operationalisieren und vor allem zu legitimieren – und zwar als Form von Demokratie. Um es nochmals zu betonen: Es ist weder das Ziel der vorliegenden Betrachtung zu entscheiden, ob und inwieweit Rousseaus potentielles eigenes Verhältnis zur heutigen parlamentarischen Demokratie einzuschätzen ist, noch gar darüber zu handeln, ob Carl Schmitt und seine Schüler Demokraten waren – diese vielerörterte Frage wird sich angesichts des heterogenen Personenkreises kaum befriedigend beantworten lassen.[12] Für heutige politische und Staatstheorie ist vielmehr auffallend, dass in der *volonté générale* und ihrem Verhältnis zum *bien commun* als ihr Ziel und Gegenstand eine funktionale Gleichsetzung von Demokratie und Staat liegen. Dies zu erkennen, hat die Schmitt-Schule bei all ihrer Fragwürdigkeit gegenüber der parlamentarischen Demokratie einen Beitrag geleistet. Letzterer ist auch für eine Lehre von der parlamentarischen Demokratie verwertbar, gründet sie doch letztlich – venia sit verbo – ungeachtet des Repräsentationsprinzips auf der Idee der Volksherrschaft und geht auch diese Idee – ungeachtet des Mehrheitsprinzips als Praktikabilitätserscheinung – von der Herrschaft des gesamten Volkes aus. In der repräsentativen Demokratie mag kein Raum für die Identitätslehre bestehen, wohl aber für die Idee einer *volonté générale*: Das Mehrheitsprinzip ist als Modus der Gemeinwohlermittlung und nicht nur des Interessenausgleiches anerkannt – sogar in bundesdeutschen verfassungsgerichtlichen Urteilen.

---

12 Stellvertretend für die unüberschaubare Fülle an Literatur zu dieser Frage van Laak 1993.

Rousseau stellt sich die *volonté générale* als Addition der Einzelwillen vor, wodurch das Partikulare wegsubtrahiert werde. Deswegen sei es auch wichtig, dass einzelne Partikularinteressen nicht zu stark würden und diesen Effekt verfälschten: „Aus der großen Anzahl der Differenzen" entsteht „immer der Gemeinwille" (CS II 3). Zeigen sich hier doch Parallelen zur kompetitiven Gemeinwohlermittlung heutiger Gesellschaften in Rousseaus Denken? Die Frage zu bejahen ist Vorsicht geboten. Aber es fällt in jedem Falle auf, dass Rousseau sich immer wieder an dem Problem des Interessenwiderstreits stößt, von dem aber nun einmal jede Demokratiekonzeption ausgehen muss.

Die scharfe Abgrenzung von Gemein- und Partikularinteresse resultiert dabei nicht zuletzt aus Rousseaus Auseinandersetzung mit dem Arzt Bernard de Mandeville: Dieser war davon ausgegangen, den westlichen zivilisatorisch fortgeschrittenen und in anonyme Größen entwachsenen Gesellschaften wohne eine Tendenz inne, die den Einzelnen zu Eigennutz und Betrug zwinge. Aus diesen „private vices" ergäbe sich der „public benefit" (Fetscher 1990: 24). Dem kontrastiert Rousseau bekanntlich sowohl den Naturzustand als auch die vollendete Zivilisation, in der die Gesellschaftsglieder das Gemeinwohl nicht um der persönlichen Anerkennung, sondern um seiner selbst willen erstreben. Nun ist aber zu fragen, ob Rousseaus Sicht, wohl stark beeinflusst von Mandeville, die Verhältnisse nicht ebenso wie dieser grob vereinfacht. Der Gedanke, dass Gemeinwohlermittlung und -erreichung auch kompetitive Formen annehmen kann, muss nicht unbedingt in einem Zwang zum Laster enden. Vielmehr kann dieses kompetitive Verhalten auch aus der Begeisterung für die Idee des Gemeinwohls resultieren. Diese Einsicht ist aber entscheidend, will die pluralistische Wettbewerbsdemokratie mit der Idee der *volonté générale* versöhnt werden.

Rousseau kennt auch eine Art Zwitter von Partikular- und Gemeinwillen: Den Regierungswillen. Er hält diesen zwar für „allgemein in Bezug auf die regierenden Individuen". Aber auch der Regierungswille ist eben in Bezug auf den Staat als ganzen partikular.

Rousseau hat bereits das Problem reflektiert, dass der Staat selbst wiederum nur ein Teilinteresse eines Teils der Menschheit widerspiegelt, das zu anderen Staaten in Widerspruch geraten kann. Somit muss auch die Allgemeinheit des Willens abgestuft werden (Fetscher 1990: 121). Das wiederum gilt auch innerhalb eines Staates, womit der Genfer Philosoph *avant la lettre* das Problem von Bundesstaaten erfasst hat. Die sich daraus ergebenden Konflikte hat Rousseau eindeutig gelöst: Der jeweils umfassendere Gesamtwille genießt Vorrang. Insofern ist in Rousseaus Denken letztlich ein Weltstaat angelegt, womit er sich einmal mehr als Wegbereiter Kants erweist. Gleichwohl hat Rousseau an die Realisierbarkeit eines solchen Weltstaates wohl nicht geglaubt.

Ein weiteres, entscheidendes Moment der Harmonisierung von Demokratie und Staat liegt in der weitgehenden funktionalen Äquivalenz von Gemeinwille als Triebkraft von Demokratie und Gesetz als staatlicher Herrschaftstechnik: Das Gesetz gilt „allein dadurch, dass es ist, immer schon ist, was es sein soll",[13] schreibt Rousseau im ersten Entwurf des Contrat social. Das Gesetz wird also wie der Gemeinwille als unhintergehbare und irreduzible Wahrheit postuliert. Daraus resultiert, dass das Gesetz allein aus dem Gemeinwillen hervorgehen kann. Demokratie und Staatlichkeit bilden also letztlich ein funktionales Zusammenspiel. Beiläufig bemerkenswert ist übrigens, dass Rousseau letztlich nicht nur Staatlichkeit als solche, sondern auch zumindest Grundlagen der Rechtsstaatlichkeit über die *volonté générale* mit Demokratie synchronisiert. Es ist nämlich der Gemeinwille, aus dem heraus Rousseau die Unzulässigkeit rückwirkender Gesetze erklärt: Der Gegenstand eines Gesetzes darf niemals individuell sein. Das setzt aber Zukunftsoffenheit voraus. Wirkt ein Gesetz rückwärtig, sanktioniert es notwendig ein „partielles Faktum" und nicht einen allgemeinen Handlungstypus, der eben erst nach Inkrafttreten eines Gesetzes durch individuellen Willen ein individueller Akt im Sinne eines gesetzlich erheblichen Begehens werden kann.[14] Das Rückwirkungsverbot, das uns als Inbegriff von Rechtsstaatlichkeit erscheint, ist für Rousseau Geschäftsgrundlage von Staatlichkeit überhaupt. Denn nur durch die Allgemeinheit des Gegenstands, der wiederum auf der fehlenden Rückwirkung gründet, kann das Gemeinwohl erreicht werden.

Was als unaufhebbarer Widerspruch zu Demokratie als Mehrheitsprinzip begriffen bleibt, ist Rousseaus Auffassung von der Möglichkeit einer irrenden Mehrheit. Was aber die Möglichkeit der *volonté générale* anbetrifft, zwischen Demokratie, die eben nicht als reine Mehrheitsherrschaft aufgefasst wird, und dem Prinzip von Staatlichkeit als solcher harmonisierend zu wirken, so lässt sich eine solche harmonisierende Wirkung als gegeben ansehen.

3   Schlussbemerkung: Die *volonté générale* als funktionale Harmonisierung von Staat und Demokratie?

Die Ausgangsfrage lässt sich dann bejahen, wenn davon abgesehen wird, die Art der Demokratie, die Rousseau beschreibt, näher bestimmen zu wollen. Demokratie als Idee der Volksherrschaft im abstraktesten Sinne begriffen, ist tatsächlich

---

13 Zit. nach Vaughn (Anm. 4) Bd. 1: 492
14 Zit. nach Vaughn (Anm. 4) Bd. 1: c. Note 5.

zunächst und ganz allgemein auf ein Prinzip wie die *volonté générale* zu reduzieren. Da Staatlichkeit sich jedoch über Gemeinwohlherstellung definiert, muss ein angenommener Gemeinwille dasjenige sein, was nach Maßstäben der Vernunft zum Gemeinwohl führt. Die Vernunft ist aber für einen Aufklärer wie Rousseau entscheidendes Momentum: Staat und Demokratie sind harmonisiert.

4   Literatur

Badura, Peter (1988): Parlamentarische Gesetzgebung und gesellschaftliche Autonomie, in: Das Recht in einer freiheitlichen Industriegesellschaft. Veröffentlichungen der Walter-Raymond-Stiftung, Bd. 26, Köln: 115–135.

Becker, Florian (2005): Kooperative und konsensuale Strukturen in der Normsetzung, Tübingen.

Fetscher, Iring (1990): Rousseaus politische Philosophie. Zur Geschichte des demokratischen Freiheitsbegriffs, Frankfurt/Main.

Fraenkel, Ernst (1973): Möglichkeiten und Grenzen politischer Mitarbeit der Bürger in der modernen parlamentarischen Demokratie, in: Falk Esche/Frank Grube (Hg.): Ernst Fraenkel, Reformismus und Pluralismus, Hamburg.

Günther, Frieder (2004): Denken vom Staat her. Die bundesdeutsche Staatsrechtslehre zwischen Dezision und Integration 1949–1970, München.

Habermas, Jürgen (1973): Legitimationsprobleme im Spätkapitalismus, Frankfurt/Main 1973.

Hildebrand, Daniel (2011): Rationalisierung durch Kollektivierung. Die Überwindung des Gefangenendilemmas als Code moderner Staatlichkeit, Berlin.

Isensee, Josef (1968): Subsidiaritätsprinzip und Verfassungsrecht. Eine Studie über das Regulativ des Verhältnisses von Staat und Gesetz, München.

Isensee, Josef (1988): Gemeinwohl und Staatsaufgaben, in: ders./ Paul Kirchhof: Handbuch des Staatsrechts, Bd. III, Heidelberg.

Kant, Immanuel (1794): Beantwortung der Fragen über das Verhältnis der Politik zur Moral, o. O.

Kant, Immanuel (1960): Kritik der Urteilskraft, in: Werke in sechs Bänden, Bd. 4, Darmstadt.

Kronenberg, Volker/Mayer, Tilman (Hg.) (2009): Volksparteien. Erfolgsmodell für die Zukunft? Konzepte, Konkurrenzen und Konstellationen, Freiburg/Br.

Krüger, Herbert (1966): Allgemeine Staatslehre, Stuttgart.

Laak, Dirk van (1993): Gespräche in der Sicherheit des Schweigens. Carl Schmitt in der politischen Geistesgeschichte der frühen Bundesrepublik, Berlin.

Maus, Ingeborg (1994): Zur Aufklärung der Demokratietheorie. Rechts- und demokratietheoretische Überlegungen im Anschluss an Kant, Frankfurt/Main.

Niedermayer, Oskar (2012): Die Piratenpartei, Wiesbaden.

Rohe, Karl (1994): Politik: Begriffe und Wirklichkeiten, Stuttgart/Berlin/Köln.

Rousseau, Jean-Jacques (2011): Vom Gesellschaftsvertrag oder Grundsätze des Staatsrechts (CS), hg. von Hans Brockard, Stuttgart.

Schmitt, Carl (1996): Der Begriff des Politischen, Berlin.

Talmon, Jacob (1961): Die Ursprünge der totalitären Demokratie, Köln.

Wiesendahl, Elmar (2011): Volksparteien. Aufstieg, Krise, Zukunft, Opladen/Berlin/Farmington Hills.

Politische Herrschaft und Autonomie: Souveränität bei Bodin, Hobbes und Rousseau

Olaf Asbach

1 Staat und Souveränität am Ende?

Haben Begriff und Wirklichkeit von ‚Staat' und ‚Souveränität' im 21. Jahrhundert noch eine Bedeutung? Folgt man den Diskursen, die vor allem in den vergangenen beiden Jahrzehnten in der politischen und wissenschaftlichen Öffentlichkeit dominierten, sind ernsthafte Zweifel daran angebracht. Viele einschlägige Diagnosen gehen dabei von der Tatsache aus, dass sich inmitten von innergesellschaftlichen, transnationalen und globalen Transformationsprozessen die Rolle des Staates als Institution und Akteur entscheidend verändert habe. Die kontinuierlich wachsende Komplexität der aktuellen politischen, ökonomischen, ökologischen und soziokulturellen Problemlagen, die mit dem Verlust staatlicher Durchsetzungsfähigkeit sowie mit der Notwendigkeit einhergeht, zahlreiche Akteure, Interessen und Prozesse zu berücksichtigen, die sich staatlicher Kontrolle entziehen, habe insofern einen *qualitativen* Bruch in Theorie und Praxis des modernen Staates bewirkt. Diese Entwicklungen scheinen jenen Anspruch zu unterminieren, durch den sich der moderne Staat im Gegensatz zu allen anderen gesellschaftlichen Organisationen ehedem ausgezeichnet und definiert hat: seine Souveränität.[1] Wenn aber der Staat wesentlich durch Souveränität charakterisiert ist, diese jedoch durch die gesellschaftlichen Entwicklungen aufgelöst und zum „Anachronismus" wird,[2] zur Fassade ohne substantiellen Gehalt, dann ist in der Tat zu konstatieren, dass das Ende des Staates in der Weise, in der er seit dem 16. und 17. Jahrhundert in Theorie und Praxis konstruiert wurde, gekommen ist.

Wird in diesen Diagnosen von ‚Souveränität' gesprochen, umfasst sie zwei Dimensionen. Souveränität impliziert zum einen die *formale und rechtliche Dimension*: Dem Staat kommt als einzigem Akteur das Recht zu, allgemeinverbindliche Regeln zu geben und Konflikte im Inneren verbindlich zu entscheiden; hiermit korreliert im Außenverhältnis die Undurchlässigkeit im Sinne „negativer" Souve-

---

1 Camilleri/Falk (1994) sprechen etwa von „The End of Sovereignty", Albrow (1998) vom „Abschied vom Nationalstaat".
2 So schon Czempiel 1969; vgl. auch Schmitt 1963: 10.

ränität, die dem Staat als Subjekt des internationalen Rechts mittels des Interventionsverbots die Handlungsfreiheit garantiert. Im Zentrum der meisten Diagnosen steht jedoch zum anderen die Dimension der *materiellen* oder der *positiven* Souveränität als dem faktischen Vermögen, die rechtlich gegebene Handlungsfreiheit auch wirksam zur Geltung bringen zu können, d. h. die Verfügung über „the means which enables states to take advantage of their independence" (Jackson 1990: 29).[3]

Beide Dimensionen der so verstandenen Souveränität scheinen durch die Entwicklungen der letzten Jahrzehnte in die Krise geraten zu sein. Wenn das Vermögen des Staates, politische und sozioökonomische Prozesse wirksam zu beeinflussen, soweit reduziert wird, dass von „materieller" oder „positiver" Souveränität mangels realer Handlungschancen nicht mehr sinnvoll gesprochen werden kann, so wird das juridische Konzept von Souveränität zu einer leeren Hülle. Und wenn die Befugnis, Normen zu setzen und verbindliche Entscheidungen zu treffen, zunehmend aus den staatlichen Institutionen ausgelagert und auf supranationale Institutionen – wie die Europäische Union – oder auf andere transnationale, aber auch subnationale Organisationen, Handlungs- und Entscheidungsräume transferiert wird, bedeutet dieser „Verlust der *formalrechtlichen* Souveränität des Nationalstaates" (Jessop 1997: 52) auch einen Verlust faktischer Handlungsmacht. Nicht nur die Verkopplung dieser beiden Dimensionen der Souveränität, sondern die genannten Dimensionen selbst und mit ihr die Souveränität als solche werden auf diese Weise aufgelöst. Der König ist dann nicht nur nackt (Vernon 1971: 3; Beck/Grande 2004: 123), sondern er existiert überhaupt nicht mehr, insofern dem Begriff keinerlei tatsächliche oder imaginierte Wirklichkeit mehr entspricht. Die Konsequenz aus diesen Diagnosen der Dynamiken heutiger Nationalstaaten ist daher die Feststellung, dass der klassische Souveränitätsbegriff völlig neu zu fassen oder, was folgerichtiger erscheint, gänzlich auf ihn zu verzichten ist, sofern sich angesichts der Neuartigkeit der bestehenden Strukturen politischer und sozioökonomischer Regulierung und Steuerung seine sachliche Unangemessenheit erwiesen hat.

Die Diagnosen zu Größe und Elend des souveränen Staates folgen damit einem dualistischen Schema, das seinen Dreh- und Angelpunkt in einem Verständnis

---

3 Die hier angesprochenen Dimensionen werden in unterschiedlichen Terminologien und Bestimmungen vorgenommen; so spricht Jackson vor allem mit Bezug auf die internationalen Beziehungen von der Spannung zwischen positiver und negativer Souveränität; Goldmann 2001: 62f. stellt der rechtlichen Souveränität die „autonomy" als Inbegriff der „action possibilities" gegenüber; Beck/Grande 2004: 123 unterscheiden schließlich zwischen „legaler" und „materieller" Souveränität im Hinblick auf die Performanz staatlichen Handelns. Siehe auch Krasner 1999.

von Souveränität hat, das wesentlich durch die Form, den Grad und die *Effektivität* seiner Organisations- und Steuerungsleistung definiert ist. Demnach befinden wir uns an der Schnittstelle zwischen zwei historischen Zeitaltern: Unterstellt wird *erstens* das zumindest absehbare Ende eines Modells politischer Herrschaft, das durch die Souveränität eines Staates geprägt wurde, der als autonomer Akteur wirksam ist. Der souveräne Staat als Inhaber des Monopols der Setzung und Durchsetzung positiven Rechts und legitimer Gewaltanwendung ist diesem Verständnis zufolge der gegenüber der Gesellschaft ausdifferenzierte und ihr entgegengesetzte Apparat, der nach innen und außen für Sicherheit sorgt und die für das Funktionieren der Gesellschaft notwendigen Leistungen erbringt. Die Logik dieses Modells souveräner Staatlichkeit ist demnach die eines „steuerungspolitischen Zentrismus ‚staatlicher Politik'", insofern „durch die Politik von einem Zentrum her eine vernünftige Problemlösung und Gesellschaftsgestaltung möglich sei" (Greven 1999: 148 u. 149f.). Der Staat operiert mittels des Steuerungsmediums ‚Hierarchie', indem er über politische Ziele und Zwecke verbindlich entscheidet und diese Entscheidungen durch Recht, Befehl und (legitimen) Zwang umsetzt. Obgleich die unterschiedlichen Aufgaben, deren Erfüllung vom staatlichen Apparat erwartet wird, erst im Laufe der Jahrhunderte immer weiter ausgedehnt wurden, ist der moderne „Interventionsstaat", wie er mit dem demokratischen Rechts- und Wohlfahrtsstaat des 20. Jahrhunderts und dem damit verbundenen Steuerungs- und Planungsoptimismus zur Geltung kam, demnach im Begriff der Souveränität prinzipiell bereits angelegt, d.h. Souveränität wird hier verstanden als das Vermögen, „die gesamtgesellschaftliche Entwicklung zu steuern und im Verbund mit seinesgleichen die Weltgeschichte zu rationalisieren" (Roth 2003: 31f.).[4]

Indem heute unverkennbar werde, dass der Glaube an die Möglichkeit einer solchen zentralen Steuerung gesellschaftlicher Prozesse ein „Mythos" und eine „Illusion" sei,[5] wird dieser Konzeption jetzt *zweitens* ein neues Modell entgegengesetzt, das sich von der Struktur souveräner Staatlichkeit verabschiedet. Der Staat verliert demnach definitiv seine herausgehobene Position, womit die strukturelle Differenz zwischen Staat und Gesellschaft eingeebnet wird: Vom souveränen bleibt allenfalls noch der „kooperative" oder „verhandelnde" Staat. Als solcher kann er den gesellschaftlichen Akteuren nicht mehr ‚von oben' seinen Willen aufzwingen, sondern versteht sich als ein gesellschaftlicher Akteur unter anderen,

---

4   Eine historisch-typisierende Skizze der Dimensionen des modernen Staates, wie er im demokratischen Rechts- und Interventionsstaat des zweiten Drittels des 20. Jahrhunderts sein „Golden Age" erfahren habe, entwerfen Leibfried/Zürn 2005: 4–11.

5   So Greven 1999: 157f.

dem keine überragende Stellung mehr zukommt.[6] Dieser Wandel im politik- und sozialwissenschaftlichen Verständnis des Staates drückt sich im Aufschwung des schillernden Begriffs der „Governance" aus. Regieren ist nicht mehr eine den Institutionen des souveränen Staates exklusiv zukommende Funktion, sondern vollzieht sich in unterschiedlichen, mehr oder weniger institutionalisierten Formen, unter Beteiligung von staatlichen und nicht-staatlichen Akteuren, auf sub- und supranationalen Ebenen, zuweilen noch als „governance *by* government", immer öfter aber nur noch als „governance *with*" oder gänzlich „*without* government".[7]

Dieser Übergang vom „souveränen" zum „kooperativen Staat" ist in vielen politischen Analysen nicht nur ein *deskriptives* Modell, sondern nimmt oftmals implizit oder explizit den Charakter eines *präskriptiven* Programms an.[8] Im Rahmen einer immer unübersichtlicher gewordenen Gesellschaft, die in eine Vielzahl von verselbständigten Subsystemen und Handlungslogiken mit unzähligen Akteuren, Problem- und Interessenlagen differenziert ist, ist die Einschmelzung der Souveränität in Strukturen der Governance demnach nicht nur notwendig, sondern auch wünschenswert. Dies gilt zum einen unter Gesichtspunkten der Effektivität, denn diese Strukturen kompensieren die faktische Unmöglichkeit, komplexe gesellschaftliche Funktionssysteme hierarchisch steuern zu können. Zugleich erscheint die Wandlung zum kooperativen oder Verhandlungsstaat auch für den depotenzierten Souverän vorteilhaft. Indem sich der Staat als Akteur spezifischer Organisations- und Dienstleistungen im Rahmen der Funktionslogik gesellschaftlicher Subsysteme neu bestimme, bleibe er als Akteur erhalten und gewinne neue Wirkungsmacht.[9] Selbst der Verzicht auf das Monopol der Rechtsetzung zugunsten transnationaler Institutionen könne als Versuch verstanden werden, auf nationaler Ebene verlorengegangene Entscheidungs- und Wirkungs-

---

6   Vgl. den Überblick bei Braun 1997: 31–42.

7   Vgl. zu einem Überblick Zürn 1999: 166–171; Rosenau/Czempiel 1992; Benz 2004; Schuppert 2006; vgl. kritisch jetzt Grande 2012.

8   Nicht selten stammen entsprechende Konzepte auch direkt aus den Büros und ‚think tanks' solcher Akteure, so etwa im Falle des Begriffs ‚Governance', der „aus einem normativ-pragmatischen Terminus der Weltbank, des IWF und anderer politischer Akteure bis hin zum ‚White Paper' der Europäischen Kommission inzwischen ubiquitär unkritisch in der Wissenschaft herkömmliche Begriffe des Regierens ersetzt, damit aber auch die mit Letzterem verbundenen traditionellen Ansprüche an Autorität und Legitimität regelmäßig vernachlässigt" (Greven 2004: 143). Dazu auch Beisheim/Brunnengräber 2003: 112–136.

9   Der Staat überlebt dann mittels der Funktion der indirekten Kontextsteuerung etwa als ‚local hero'; vgl. Willke 1994: 705–709.

macht zurückzugewinnen.[10] Zum anderen scheint die Verabschiedung staatlicher Souveränität auch unter normativen Gesichtspunkten nur positiv zu sein. Denn in der Tat: Hört man, dass Souveränität historisch „das gouvernementalistische Verständnis von Staat und Politik" gegenüber emanzipatorischen Bewegungen ebenso zementiert habe wie die „nationalstaatlich ausgerichtete Außen-,Macht'-Politik, wie sie z. B. im Kolonialismus, in innereuropäischen Konkurrenzkonflikten und in faschistischen Hegemonialmodellen zum Ausdruck kam" (Seidelmann 2004: 865), wird man nicht anders können, als ihr Ende zu begrüßen. Wer würde nicht einem souveränen Staat, der auf Hierarchie, Rechtsbefehl und Zwang basiert, eine politische Ordnung vorziehen, die die Eigenlogik der gesellschaftlichen Akteure und Teilsysteme respektiert und den „Rückzug des Staates auf eine Moderator-, Ordnungs-, Kommunikations- oder Vermittlungsfunktion" (Braun 1997: 30) bedeutet? Wer würde nicht das Ende von Nationalstaat und Souveränität begrüßen, wenn dadurch soziales Handeln nicht länger durch zwangsbewehrte Gesetze und Gewalt, sondern nur mehr auf der Basis von Freiwilligkeit, persönlicher Überzeugung und Konsens erfolgt?[11]

Bevor man diese Fragen endgültig beantwortet, sollte man sich der Angemessenheit, Implikationen und Konsequenzen dieser Diagnosen und der ihnen zugrundeliegenden Konzepte versichern. Sind sie tatsächlich historisch und systematisch zutreffend? Implizierte Souveränität jemals die faktische Steuerungsfähigkeit des Staates im Hinblick auf die politischen und sozialen Verhältnisse? Ist ein Weniger an Staat und Souveränität ein Mehr an individueller Freiheit? Um dies zu klären, soll im Folgenden auf die Grundlagen des Souveränitätsbegriffs eingegangen werden, wie sie vor allem in den Schriften von Jean Bodin, Thomas Hobbes und Jean-Jacques Rousseau in ihren systematischen und normativen Eigentümlichkeiten geprägt wurden. In ihren rechts- und staatstheoretischen Schriften wird Souveränität als spezifisches Charakteristikum des modernen Staates begründet. Diese Schriften repräsentieren nicht nur wichtige Etappen im Prozess der theoretischen und normativen Reflexion und Legitimation des zwischen dem 16. und 18. Jahrhundert entstehenden modernen Staates. Bei allen Unterschieden im Einzelnen werden in diesen Werken Bestimmungen über Struktu-

---

10 Vgl. Beck/Grande 2004: 123f., die ein Positivsummen-Spiel post-nationalstaatlicher Souveränität erkennen, da „ein Verlust auf legale Souveränität nicht zwangsläufig einen Verlust an staatlicher Handlungs- und Problemlösungsfähigkeit zur Folge [habe] – unter bestimmten Bedingungen kann diese, ganz im Gegenteil, sogar erweitert werden. Kurz gesagt: Der Staat verzichtet auf einen Teil seiner legalen Souveränität, um dadurch seine materielle Souveränität zurückzuerlangen. Noch kürzer, und ins Paradoxe gewendet: Souveränitätsverzicht führt zu Souveränitätsgewinn."

11 Entsprechend Albrow 1998: 288.

ren und Probleme wie auch Aufgaben von Politik, Staat und Recht in der Moderne geprägt, die keinesfalls vorschnell ad acta gelegt werden können.

In einem ersten Schritt wird rekonstruiert, inwiefern der Stellung der souveränen Gewalt in diesen Theorien mit Blick auf die von ihr regulierte Gesellschaft in der Tat eine absolute Qualität zukommen muss (Kap. 2). Der anschließende Blick auf die gesellschaftliche Funktion souveräner Staatlichkeit zeigt jedoch, inwiefern damit eine Struktur politischer Herrschaft begründet wird, die gerade mit dem „Übergang zur modernen, funktional ausdifferenzierten Gesellschaft" relevant wird (Bahlke 2011: 306)[12] (Kap. 3). Besonders bei Hobbes und Rousseau wird deutlich, inwiefern gerade der vermeintliche ‚Absolutismus' moderner Souveränität zu den Ermöglichungsbedingungen individueller und kollektiver Freiheit und Selbstbestimmung zu rechnen ist (Kap. 4). Von daher verbietet sich ein leichtfertiger, mit Hinweis auf empirische oder normative Gründe vertretener Verzicht auf die im Konzept der Souveränität enthaltenen Potentiale politischer Autonomie (Kap. 5).

2   Der Absolutismus moderner Souveränität

Mit dem Konzept der Souveränität, wie es von Bodin geprägt und von Hobbes und Rousseau übernommen und fortgebildet wurde, vollzieht sich ein Paradigmenwechsel in der Begründung politischer Herrschaft und der Beziehung zwischen Staat und Gesellschaft, die dadurch als solche erst möglich werden.[13] Bodins berühmte Definition – „Unter Souveränität ist die dem Staat eignende absolute und zeitlich unbegrenzte Gewalt zu verstehen" (ÜS I 8: 205)[14]– ist mehr als eine bloß technische Neubestimmung staatlicher Herrschaft: Sie steht für ihre spezifisch moderne Begründung. Der moderne Staat unterscheidet sich von vorhergehenden Herrschaftsformen nicht durch ein quantitatives „Mehr" an zentralisierten Herrschaftsrechten, Kompetenzen und Mitteln effektiver Herrschaftsausübung. Im Hinblick auf Geltungsgrund und Bezugspunkt aller legitimen Herrschaft liegt vielmehr eine völlig neuartige Struktur vor. In der mittelalterlichen Ordnung kommen Herrschaftsrechte und rechtmäßige Ausübung von Gewalt einer

---

12 Der Autor sieht freilich umgekehrt die Souveränität mit diesem zeitlich bei ihm nicht
     weiter präzisierten Übergang in die Krise kommen.

13 Zur Vorgeschichte Roth 2010.

14 Der von Bodin verwendete Terminus „République" wird korrekterweise durchgehend
     mit „Staat" übersetzt; der von den Übersetzern jeweils angefügte Hinweis darauf wird
     hier und im Folgenden fortgelassen.

Vielzahl von Akteuren in je spezifischer Weise zu, legitimiert aus der Ordnung der Dinge, wie sie sich von Gott, der Natur oder der Tradition herleitet. Hierauf gründen die vielfältigen Rechteinhaber ihre Überzeugung, unabhängig über sie verfügen und als je besondere gegeneinander verteidigen zu können. *Rechte* und *Freiheiten* sind Privilegien, die man von Geburt, als Mitglied eines Standes, einer Korporation oder aus anderen Quellen anderen gegenüber besitzt. *Recht* und *Freiheit* existieren nicht als *allgemeine*, sondern nur im Plural, als *partikulare* Rechte und Freiheiten spezifischer gesellschaftlicher Akteure und Institutionen (vgl. Blickle 1981: 25).

Das Prinzip der Souveränität zerschlägt dieses gänzlich ineinander verknotete Gewühl partikularer, mit der Position in der sozialen, ständischen oder geistlichen Hierarchie verflochtenen Rechte. Sie sammelt sie nicht einfach ein, addiert sie und beansprucht sie für sich – auch wenn dies historisch-empirisch meist der Weg gewesen sein mag, auf dem sich Fürsten den Rückhalt ihres reklamierten Herrschaftsrechts verschafften –, sondern stellt sie auf ein neues Fundament, auf den einen, allgemeinen Willen des Souveräns. Souveränität ist kein kumulatives, sondern ein konstitutives Prinzip: Alle legitime Herrschaft, alles Recht und alle rechtmäßige Ausübung von Gewalt in den gesellschaftlichen Beziehungen haben ihren Ursprung und Geltungsgrund im Willen des Souveräns als dem Träger der Souveränität.[15] Die gesellschaftliche Ordnung erhält auf diese Weise eine völlig neue Grundlage und Gestalt, die in der Tat nunmehr durch eine klare Hierarchie gekennzeichnet ist. Die „puissance souveraine" des Staates ist die einheitliche, zentralisierte, allgemeine Gewalt, die allen anderen Akteuren im gesellschaftlichen Zusammenhang gegenübersteht und ihnen prinzipiell übergeordnet ist. Bei allen Unterschieden in Begründungsstruktur, Ausprägungen und Konsequenzen des Souveränitätskonzepts stimmen Bodin, Hobbes und Rousseau in der Begründung der Notwendigkeit dieser ‚absoluten' Position wie auch zentraler Bestimmungen, die damit verbunden sind, vollständig überein. Weder neben noch gar über der souveränen Gewalt kann und darf es eine Gewalt geben, die ihr gleichkäme. Wenn Hobbes bereits auf dem Titelkupfer seiner wohl berühmtesten Schrift über dem Haupt des dort abgebildeten Leviathan schreiben lässt: „Non est potestas super terram quae comparetur ei",[16] so bestätigt er damit Bodins Erklärung, dass derjenige „absolut souverän ist, wer außer Gott keinen Höheren über sich an-

---

15 Max Weber spricht von der „Einschmelzung aller anderen Verbände, welche Träger einer ‚Rechtsbildung' waren, in die *eine* staatliche Zwangsgewalt, welche nun für sich in Anspruch nimmt, Quelle jeglichen ‚legitimen' Rechts zu sein" (Weber 1980: 397).

16 Diese der Bibel entstammende Aussage findet sich im Buch Hiob (41, 24 – 25); dort auch das Bild des Leviathan selbst (Hiob 40, 25ff.); vgl. hierzu Lev. XXVIII: 244.

erkennt" (ÜS I 8: 207). Souveräne Gewalt ist absolute und unbeschränkte Gewalt –
„völlig unumschränkt, geheiligt, unverletzlich", wie Rousseau unterstreicht (CS
II 4: 73)[17] –, eine Gewalt, die gerade dadurch definiert und identifizierbar ist, dass
sie ihren Willen unbeschränkt und ohne Einspruchsrecht Dritter zur Geltung
bringen kann.

Die Kennzeichen der Souveränität sind analytisch mit der Existenz und den
Verwirklichungsbedingungen staatlicher Herrschaft verbunden.[18] Dass „das Wesen souveräner Macht und absoluter Gewalt vor allem darin besteht, den Untertanen in ihrer Gesamtheit ohne ihre Zustimmung das Gesetz vorzuschreiben" (ÜS
I 8: 222),[19] ist hierbei von zentraler Bedeutung. Das Vermögen und die Befugnis,
Gesetze geben und letztinstanzlich durchsetzen zu können, umfasst, so präzisiert
Bodin, „sämtliche anderen Hoheitsrechte und Souveränitätsmerkmale. Genau ge-
nommen könnte man daher sagen, daß sie das einzige Souveränitätsmerkmal ist,
weil sie eben alle anderen in sich einschließt" (ÜS I 10: 294).[20] Denn die Souveräni-
tät besteht letztlich in nichts anderem als dem Vermögen, den *einen* (souveränen)
Willen zur Geltung zu bringen, d. h. anzugeben und durchzusetzen, was in der
Gesellschaft gelten soll, was ge- und verboten ist, was Recht und Unrecht ist. Es
ist dieser rechtsetzende Wille, der die Differenz zwischen Sein und Nicht-Sein des
Staates ausmacht. So besteht auch bei Hobbes die Differenz zwischen *libertas* und
imperium, zwischen dem Zustand von natürlicher Freiheit und jenem staatlicher
Herrschaft, in genau diesem Umstand: Anders als im *status naturalis* gibt es im
status civilis eine Instanz, die den zentralen Widerspruch des Naturzustands –
dass hier jeder „selbst entscheidet [...], ob das, was er tut, mit Recht oder Unrecht
geschieht" (De Cive I 10, Anm.: 82), so dass Rechtskonflikte nicht nur empirisch
wahrscheinlich, sondern logisch notwendig sind – aufhebt, indem der *eine* Wille

---

17 Siehe auch Rousseaus Definition der Souveränität einer politischen Körperschaft als
    „unumschränkte Gewalt über alle seine Glieder" (CS II 4: 65).

18 Zu den „marques de la souveraineté" vgl. ÜS I 10; zur Bestimmung der „Kennzeichen
    (*marks*)" der Souveränität bei Hobbes vgl. Lev. XVIII sowie De Cive VI.

19 Vgl. auch ÜS I 10: 292.

20 Bodin fährt hier mit der zusammenfassenden Aufzählung der Souveränitätsrechte
    fort: „das Recht über Krieg und Frieden zu entscheiden, die Entscheidung in letzter
    Instanz über die Urteile aller Magistrate, das Recht zur Ernennung und Absetzung der
    höchsten Beamten, das Recht, den Untertanen Steuern und Abgaben aufzuerlegen oder
    sie davon zu befreien, das Recht von der Härte des Gesetzes durch Gnadenakte oder
    Dispense abzuweichen, die Befugnis, über die Bezeichnung der Währung, Anhebung
    und Senkung des Geldwerts und des Münzfußes zu bestimmen und das Recht, von den
    Untertanen und ligischen Vasallen verlangen zu können, daß sie demjenigen, dem sie
    den Treueid zu leisten haben, uneingeschränkte Treue halten."

an die Stelle der *vielen*, einander widersprechenden Willen gesetzt wird. Es gilt in letzter Instanz das Wort des Souveräns; nur ihm kommt rechtliche Verbindlichkeit zu.[21] Treffend hat Rousseau mithin Gesetze als „Verzeichnisse" des souveränen Willens bezeichnet (CS II 6: 83): Sie geben an, welchen Regeln die Gesellschaftsmitglieder unterliegen und woran sie ihr Handeln auszurichten haben.

An diesen Bestimmungen sind Struktur und Minimalbedingungen souveräner Staatlichkeit ablesbar: Es handelt sich um eine politische Körperschaft, die ihre Einheit und Struktur dadurch gewinnt, dass sie dem formierenden Willen der souveränen Gewalt unterliegt, der Recht stiftet und vorschreibt, gegen das es, da der Urheber allen positiven Rechts nicht selbst wieder rechtlich gebunden sein kann, kein Recht geben kann. Diese Position wird dadurch gestärkt, dass auch und gerade bei den Vertragstheoretikern Hobbes und Rousseau der Souverän den Willen der ihm unterworfenen Individuen repräsentiert. Hobbes' Theorie der Autorisation, wonach die Herrschaftsunterworfenen aufgrund des Gesellschaftsvertrags jede Handlungen des Souveräns „als eigene Handlung anzuerkennen und sich als ihr Autor an[zu]sehen" haben (Lev. XVIII: 136),[22] korrespondiert bei Rousseau „die völlige Entäußerung jedes Mitglieds mit allen seinen Rechten" zugunsten des souveränen Willens (CS I 6: 33). Dies bedeutet nichts anderes, als dass den Individuen im gesetzgebenden Willen des Souveräns ihr eigener allgemeiner Wille gegenübertritt, gegen den jeder Widerstand nicht nur faktisch, sondern rechtslogisch ausgeschlossen und daher widersinnig ist. Bodin, Hobbes und Rousseau zufolge ist diese rechtliche Begründung und Stellung der souveränen Gewalt die Grundlage für ihre freie Verfügung über alle ihr erforderlich scheinenden Mittel der Organisation und Regulierung der gesellschaftlichen Beziehungen: von der Monopolisierung des Rechts auf legitime Gewaltausübung über die Bestimmung der exekutiven, juridischen und administrativen Einrichtungen und Befugnisse bis zur Entscheidung über die soziale, ökonomische und normative Grundordnung der Gesellschaft. Denn die Existenz der Souveränität als „puissance absolue" setzt die Verfügung über die Mittel voraus, die erforderlich

---

21 Ebenso ist Bodin zufolge das Gesetz das Resultat der Willensentscheidung des Gesetzgebers, da „ein Gesetz [...] seine Kraft [jeweils] von dem herleitet, der die Macht hat, allen zu befehlen", und „auf Grund von Macht und oftmals gegen den Willen der Untertanen befohlen und verkündet wird" (ÜS I 10: 293). Siehe hierzu auch Hobbes' entsprechende, mit äußerster Prägnanz formulierte und oft als positivistisch missverstandene Wendung im Kap. 26 der lateinischen Fassung des ‚Leviathan': „authoritas, non veritas, facit legem"; hierzu Waas 2011: 576ff.

22 Zur Theorie der Autorisation Lev. XVI: 123–126; hierzu Hüning 1998: 213ff.

sind, um ihre Willensbestimmung in der je für notwendig und wünschenswert erachteten Weise um- und durchzusetzen.[23]

Diese knappen Hinweise scheinen zu bestätigen, was in den gegenwärtigen Debatten als Ursache der historischen Stärke und aktuellen Schwäche des Konzepts souveräner Staatlichkeit gilt: Dass die Souveränität einer der Gesellschaft prinzipiell gegenüberstehenden und übergeordneten Macht zukommt, die in ihrer Existenz von ihrem Vermögen abhängt, die gesellschaftlichen Verhältnisse mittels ihres politisch-administrativen und militärischen Apparates effektiv zu organisieren und zu steuern. Verliert der Staat die so verstandene „puissance souveraine", indem soziale Mächte und Akteure auf gesellschaftlicher oder internationaler Ebene an Einfluss gewinnen, geht damit auch die Daseinsberechtigung des souveränen Staates selbst verloren.

3   Der soziale und normative Gehalt des modernen Begriffs der Souveränität

So sehr die bisher skizzierten Bestimmungen zentrale Elemente und Funktionen der souveränen Staatsgewalt bezeichnen, so wenig ermöglichen sie schon ein hinreichendes Verständnis dieser Struktur politischer Herrschaft. Erst eine Reflexion auf die historisch-gesellschaftliche und die systematische Funktion dieses Souveränitätskonzepts macht deutlich, auf welche gesellschaftlichen Konstellationen, systematischen und normativen Probleme und Anforderungen diese Konzeptionen antworten, die ihnen dadurch gleichsam ‚eingeschrieben' sind. Entscheidend ist dabei, die systematische Bedeutung dieser historisch-gesellschaftlichen Verortung der genannten Konzepte angemessen zu fassen. Aus dem Umstand, dass sich ihre jeweilige Bestimmung der Notwendigkeit einer souveränen Gewalt aus historisch konkreten Problemlagen heraus ergeben hat, machen die frühneuzeitlichen Theoretiker keinen Hehl. Bodin schreibt inmitten der religiösen Bürgerkriege und sucht ausdrücklich nach einem Heilmittel, um das Staatsschiff, das zu zerschellen droht, wieder unter Kontrolle zu bringen.[24] Ebenso ist für Hobbes die staatsrechtliche Konstruktion des ‚Leviathan' das einzige Mittel, um dem

---

23 Denn, so Hobbes: „Da das Recht auf einen Zweck demjenigen nichts nützt, dem das Recht auf die dazu erforderlichen Mittel verweigert wird", muss wie der Einzelwille im Naturzustand der Souverän im Zustand politischer Vergesellschaftung das Recht haben, „alle Mittel zu gebrauchen und alle Handlungen zu tun, ohne die er sich nicht erhalten kann" (De Cive I 8: 81).

24 Siehe ÜS: 93 (Vorwort): „Seit aber ein wütender Sturm unser Staatsschiff mit solcher Heftigkeit zu erschüttern begonnen hat, daß sein Kapitän selbst und die Steuerleute wie

Bürgerkrieg zwischen Krone und Parlament ein Ende bereiten zu können.[25] Und auch wenn Rousseau, anders als seine beiden Vorläufer, keine Hoffnung auf die Verwirklichung seiner „Grundsätze des Staatsrechts" hegte,[26] so nimmt dies doch nichts von der Schärfe, mit der er den von ihm als korrupt erachteten politischen und sozialen Verhältnissen seiner Zeit die im ‚Gesellschaftsvertrag' entfalteten Prinzipien der einzig legitimen Gestalt politischer Herrschaft entgegenstellte. Historisch-gesellschaftliche Situierung dieser Konstruktionsformen souveräner Herrschaft bedeutet jedoch weit mehr als das Konstatieren dieser Zeitbezüge, denn ihre Bedeutung geht in diesen historisch konkreten Erfahrungen, Zielsetzungen und zeitgenössischen Diskursen nicht auf.[27] Ihre zugleich historische *und* systematische Relevanz ergibt sich vielmehr daraus, dass sie die gesellschaftlichen Problemlagen, Strukturen und Entwicklungen, die in diesen zeitgenössischen Auseinandersetzungen in Theorie und Praxis ausgehandelt und ausgefochten wurden, reflektieren und ihnen dabei eine theoretische Gestalt verleihen, die sowohl zur Analyse, zum Verständnis und zur praktisch-normativen Orientierung innerhalb der hier entstehenden neuen Sozialordnung geeignet ist. Es geht somit nicht allein um die pragmatische Lösung je spezifischer politischer und soziokultureller Konflikte, sondern es wird gleichsam versucht, über ihre Tiefenstruktur aufzuklären, um mittels „genaue[r] und feste[r] Angaben der Grundsätze" und „ihre[r] wissenschaftliche[n] Erkenntnis [...] große Vorteile" für die künftige Gestaltung politischer und sozialer Institutionen zu erreichen (De corp. I 7: 11).[28]

---

von pausenloser Arbeit müde und erschöpft sind, ist es nunmehr an der Zeit, daß die Passagiere mit Hand anlegen".

25 Bekanntlich hat Hobbes die erste, bereits alle wesentlichen Argumente enthaltende Fassung seiner Staatsphilosophie – die ‚Elements of Law, Natural and Politic' – 1640 als direkte „Kampfschrift" zur Abwehr des heraufziehenden Bürgerkriegs verfasst.

26 Auch Hobbes freilich zeigte sich im ‚Leviathan' (XXXI: 281) durchaus skeptisch, ob seine politischen Schriften auf Gehör stoßen würden; dies ist aber nicht zu vergleichen mit dem systematischen, geschichtsphilosophisch und kulturkritisch unterfütterten Pessimismus Rousseaus, dem er auch im ‚Gesellschaftsvertrag' Ausdruck verleiht (vgl. z. B. CS II 8: 97f. oder CS II 10: 110f.).

27 Hier liegen die Schranken des diskurstheoretischen Vorgehens der Art, wie es von der sog. ‚Cambridge School' um John G. A. Pocock und Quentin Skinner entwickelt worden ist; vgl. Asbach 2002a; mit Blick auf Rousseau Asbach 2011, v. a. 138ff.

28 So entwickelt auch Bodin, wenngleich noch auf metaphysisch-theologischer Grundlage, eine allgemeingültige, rationale Theorie des Staates, seiner Elemente, Aufgaben und Wirkungsweisen. Und Rousseau grenzt seine Untersuchung der ‚Grundsätze des Staatsrechts (*principes du droit politique*)' ausdrücklich von Montesquieus empirisch-soziologisch vorgehender Methodik ab und weist darauf hin, dass es ihm um Rechts-, nicht um empirische Fragen geht (*Émile*: 836f.). Siehe auch CS I 2.

Nur wenn dies gelingt, besitzen diese Konzepte analytisch und/oder normativ eine Bedeutung, die ihre Entstehungskontexte transzendieren. Die Bestimmungen des modernen Staates in der politischen Theorie des 16. bis 18. Jahrhunderts als souveräne Gewalt gründen in den neuartigen Erfahrungen einer prinzipiellen Konflikthaftigkeit und Regelungsbedürftigkeit der gesellschaftlichen Beziehungen. Die konfessionellen Bürgerkriege, die politischen und sozialen Auseinandersetzungen zwischen aufstrebenden Fürsten, feudalen, lokalen oder korporativen Akteuren sind Ausdruck des Umstandes, dass das Ordnungssystem der mittelalterlichen Welt seine Bindewirkung verloren hat. Die normativen und institutionellen Ordnungen der christlich, feudalrechtlich und traditional legitimierten Welt sind nicht mehr in der Lage, als gemeinsames Bezugssystem des Denkens und Handelns zu wirken und den neuen gesellschaftlichen Anforderungen und Interessen zu genügen. Die Institutionen und Ideen des modernen Staates resultieren aus einer Neubestimmung des Politischen in einer neuartigen Form von Gesellschaft, die mit Begriffen wie ‚Pluralisierung' und ‚Säkularisierung' gekennzeichnet werden kann.[29] Das Phänomen der *Pluralisierung* als grundlegendes Faktum der modernen Gesellschaft kommt nicht zufällig zuerst in Gestalt der konfessionellen Religionsparteien zur Geltung. Da die mittelalterliche Sozialordnung wesentlich auf dem Christentum beruhte und durch die Institutionen der einen, mit universalem Anspruch auftretenden Kirche vermittelt war, wird sie im Zuge der Reformation durch die Pluralisierung von religiös begründeten Parteien, die je eigene, absolute, transzendent verbürgte Wahrheits- und Glaubensansprüche vertreten, gesprengt. Mit ihnen nämlich verbinden sich je spezifische Vorstellungen über die Organisation des individuellen und gesellschaftlichen Lebens, Vorstellungen, in denen sich unterschiedliche soziale Interessen und Kräfte zu Gehör bringen und Anerkennung beanspruchen.

Diese Entwicklungen ziehen eine *Säkularisierung* des Politischen nach sich. Dabei geht der Säkularisierungsprozess nicht notwendig bereits mit einer Abwendung von der Religion einher; dies zeigt schon der Umstand, dass noch lange Zeit hindurch gerade religiöse Gehalte und Legitimationsformen politischer und gesellschaftlicher Institutionen von zentraler Bedeutung bleiben. In dem Maße jedoch, in dem die Widersprüchlichkeit religiöser Wahrheitsansprüche und die prinzipielle Unmöglichkeit, sich über ihre Wahrheit und Verbindlichkeit zu einigen, praktisch hinreichend deutlich wird, tritt das Politische als eigenständige Sphäre und Tätigkeit auf den Plan.[30] Religiöse Werte, Organisationen und Prakti-

---

29 Vgl. hierzu auch Greven 1999: 20ff.

30 Zur Geburt des ‚säkularen Staates' aus dem Ungeist der Religionskriege, wie sie etwa von dem Kreis der ‚Politiques', dem auch Bodin zuzurechnen ist, während des franzö-

ken werden sukzessive aus ihrer bisherigen Position im Zentrum der gesellschaftlichen Ordnung verdrängt. Insofern sie Teil der gesellschaftlichen Parteien und
Interessenkämpfe werden, muss über ihre soziale Geltung, Stellung und Bedeutung selbst politisch entschieden werden. Damit aber werden die Entscheidungen über die Grundlagen und Ausrichtung des Gesellschaftszusammenhangs in
neuartiger Weise transparent: Sie sind erstmals in ihrer Kontingenz erkennbar.
Institutionen, Normen und Zwecke des gesellschaftlichen Zusammenhangs verlieren damit den Charakter eines von Tradition und Transzendenz her notwendig
Vorherbestimmten. Sie sind nunmehr etwas, über das – so oder auch anders und
immer wieder neu – *entschieden* werden muss, über das von spezifischen Menschen oder Gruppen entschieden wird und das dadurch konkret zurechenbar
wird.[31] Diese Entscheidungen sind folglich auf radikal neue Art und Weise legiti-
mationsbedürftig.

Der moderne Staat mit seiner souveränen Gewalt wird historisch von seinen
Verfechtern durch genau diese Funktion gesellschaftlicher Ordnungsstiftung begründet und im politischen Diskurs legitimiert. In systemischer Perspektive wird
in der sich ausdifferenzierenden Gesellschaft seit der frühen Neuzeit, die durch
eine wachsende Zahl von sozialen, religiösen, kulturellen, ökonomischen und anderen Akteuren, Interessen, Praktiken und Funktionssystemen gekennzeichnet
ist, die politische Entscheidung schrittweise externalisiert und zentralisiert. Der
Staat garantiert mittels seines Gewaltmonopols den gesellschaftlichen Frieden, generiert und sichert mittels der allgemeinen Rechtsordnung die Bedingungen und
Schranken individueller und kollektiver Interessenverfolgung und schafft durch
seine Maßnahmen die Voraussetzungen für sozialen Fortschritt und Prosperität.
Diese Beziehung zwischen Staat und Gesellschaft ist als Vermittlungszusammen-
hang zu sehen. Der moderne Staat und die moderne Gesellschaft entstehen und
funktionieren in einem wechselseitig konstitutiven Verhältnis: Der Staat ist Voraussetzung und funktionale Erhaltungsbedingung, aber auch Produkt der durch
Pluralität und Heterogenität charakterisierten Gesellschaft, er ist Bedingung und
Bedingtes zugleich. Seitdem damit begonnen wird, die sich ausbildenden Zentral-
gewalten in Begriffen des Staates zu beschreiben, zu denken und zu organisieren,
ist legitimationstheoretisch – und damit immer auch praktisch – die Raison die-

---

sischen Bürgerkrieges seit den 1560er Jahren befördert wurde, siehe Böckenförde 1991:
100ff.

31 „Kontingenz in der Moderne zeichnet sich dadurch aus, daß jegliches Handeln unter
den Wissenshorizonten der Handelnden selbst betrachtet werden muß, die ihrerseits
wissen, daß es anders ausfallen konnte oder könnte. [...] Folglich wohnt allem Handeln
unvermeidlich eine Entscheidung inne, die auch anders hätte getroffen werden können." (Greven 2003: 120)

ses Staates immer schon ihr Anderes, nämlich die Sicherung und Erhaltung des gesellschaftlichen Funktionszusammenhangs gegenüber den desintegrierenden Tendenzen und Kräften, die in ihr wirken.[32] Die moderne Gesellschaft entfaltet als bürgerliche, als ein auf marktvermittelter Konkurrenz, privater Produktion und Aneignung wie auf religiöser und kultureller Pluralisierung und Individualisierung basierender Zusammenhang – um mit Hegel zu sprechen – das Prinzip der „Differenz" oder der „Besonderheit" (GPR §§ 181, 186: 338, 343), das doch „nur als durch die Form der *Allgemeinheit, das andere Prinzip, vermittelt*" existieren kann, nämlich durch den Staat (GPR § 182: 339).[33]

Die so bedrohlich und absolutistisch wirkende souveräne Gewalt des Staates ist demnach notwendig und auf mehrdeutige Weise auf die Gesellschaft bezogen und von ihr her bestimmt. Auf der einen Seite ist sie zentralisierte Herrschaftsausübung. Der aus pluralen Akteuren und Handlungssystemen bestehenden Gesellschaft werden seitens des Staates spezifische Regeln und Forderungen auferlegt, die für alle gleichermaßen gültig und verpflichtend sind und gegebenenfalls erzwungen werden. Insofern jede dieser Entscheidungen eine Entscheidung für und gegen spezifische Normen, Werte, Interessen und Zwecke ist, ist staatliche Herrschaft als solche immer partikular. Denn in einer von unaufhebbaren Gegensätzen der Interessen und Normen charakterisierten Gesellschaft, der die ihre Einheit stiftenden und garantierenden Überzeugungen und Institutionen gerade nicht vorgegeben und unhinterfragbar eingeschrieben sind, stellt jede Allgemeinheit immer zugleich eine ihr aufgezwungene Partikularität dar. Entscheidend jedoch ist dabei die Art und Weise der Generierung der Strukturen und Inhalte dieser Form zugleich allgemeiner und partikularer staatlicher Herrschaft. Indem *politische* Herrschaftsausübung nunmehr ausgelagert und in den Institutionen *staatlicher* Herrschaft zentralisiert wird, wird sie *sichtbar gemacht*: Herrschaft wird einerseits *sichtbar* gemacht und somit zuschreibbar, insofern sie nichts unhinterfragt Geltendes mehr ist, das verstreut und mit sozialen und persönlichen Beziehungen verkoppelt existieren würde, sondern sie hat ihren Ursprung in spezifischen, identifizierbaren Institutionen und Akteuren. Herrschaft wird damit andererseits sichtbar *gemacht*: Es werden spezifische Entscheidungen – sei es im

---

32 Dies ist spätestens von Machiavelli klar erkannt worden, für den die *virtù* des Fürsten sich in seinem Vermögen zeigt, die Erhaltung der Herrschaft – *lo stato* – gegen die inneren und äußeren Gefahren und Desintegrationstendenzen – die innere und äußere *necessità* – zu sichern; vgl. Münkler 1982: 395.

33 Siehe dort auch den Zusatz: „Die bürgerliche Gesellschaft ist die Differenz, welche zwischen die Familie und den Staat tritt, wenn auch die Ausbildung derselben später als die des Staates erfolgt; denn als Differenz setzt sie den Staat voraus, den sie als Selbständiges vor sich haben muß, um zu bestehen." (GPR § 182: 339)

Arkanum der absolutistischen Kabinettspolitik[34] oder im offenen demokratischen Prozess – getroffen und als allgemeiner Wille der Gesellschaft aufoktroyiert. Dieses doppelte Sichtbarmachen politischer Herrschaft in den Institutionen und Verfahren des modernen Staates geht mit der Notwendigkeit ihrer Rechtfertigung und Generalisierung einher: Herrschaft und die damit notwendig verbundene Durchsetzung *bestimmter* (und somit immer partikularer) Entscheidungen beziehen ihre Legitimität nicht aus Quellen, die der Gesellschaft transzendent wären, sondern aus ihrem konstitutiven Bezug auf eben jenes Faktum der sozialen Pluralität und der daraus erwachsenden Ansprüche und Erfordernisse der besonderen Interessen.

Auf der anderen Seite ist die souveräne Gewalt des Staates somit gerade *als* Sphäre der Ausübung gesellschaftlicher Herrschaft zugleich auch die Sphäre der Allgemeinheit. Die Verselbständigung und Verabsolutierung des Staates ist Resultat und Funktion des Umstandes, dass Herrschaft nicht länger in die sozialen Beziehungen eingelassen ist. Die wechselseitige Anerkennung der pluralen gesellschaftlichen Akteure und Strukturen in ihrer Eigenwertigkeit und Eigenlogik setzt voraus, dass sie nicht durch äußerliche Herrschaftseffekte der je anderen gesellschaftlichen Akteure negiert werden. Die Konstruktion einer von der Gesellschaft geschiedenen, im Staat zentrierten Sphäre öffentlich-rechtlicher Herrschaft stellt eine hierfür geeignete Form der Organisation, Generierung und Legitimierung von Herrschaft dar, und die Souveränität ist die Voraussetzung für diese Struktur. Nur eine von allen partikularen gesellschaftlichen Interessen *rechtlich* (nicht faktisch) unabhängige Instanz kann als Garant für die *allgemeinen* Bedingungen der Konstitution, Erhaltung und Realisierung der gesellschaft-

---

34 Richtig ist zwar, dass absolutistische Kabinettspolitik insofern ‚prämodern' ist, als das Politische hier dem öffentlichen Widerstreit entzogen und als eifersüchtig umhegter Bereich herrschaftlicher Verfügung monopolisiert wird, so dass erst mit der Aufklärung das Anheben der Epoche der modernen politischen Gesellschaft anzusetzen wäre. Andererseits ist schon der absolutistische Versuch, politische Gewalt und Entscheidung in den Händen des „Staates" zu zentralisieren, Resultat der gesellschaftlichen Pluralisierung und Kontingenz der Moderne und als solche auch erkannt und gerade im Prozess der absolutistischen Ausschließung anerkannt worden. Wenn Ludwig XIV., wie es in der zwar nicht authentischen, aber trefflich erfundenen Wendung „L'État c'est moi" zum Ausdruck kommt, den Staat mit seiner eigenen Person identifiziert und wenn die Politik zum Arkanum gemacht wird, heißt dies eben für alle, die es zu deuten wissen: *Hier* – in dieser Person oder in dieser ‚black box' absolutistischer Entscheidung – ist es, wo man politisch verbindliche *Entscheidungen trifft* und *Politik macht*; dass diesem ‚modernen' Anspruch ein weitgehendes Unvermögen des absolutistischen Staates, es tatsächlich zur Geltung zu bringen, entsprach, sollte die Vertreter der These eines im Gegensatz zu heute einst allmächtigen Staates aufmerken lassen.

lichen Akteure, ihrer Interessenverfolgung und Kämpfe um soziale, ökonomische und andere Zwecke Anerkennung finden. Als Sphäre der Vermittlung werden die Institutionen des modernen Staates als jener Raum und jene Kanäle konzipiert, mittels derer die gesellschaftlichen Akteure ihre eigenen Existenz- und Handlungsbedingungen zum einen generieren – durch eine rechtlich strukturierte Sozial- und Verfassungsordnung –, mittels derer sie zum anderen in je spezifischer Weise mittels legislativer und exekutiver Maßnahmen auf sie einwirken. Gerade dadurch, dass es sich um eine souveräne, verselbständigte Sphäre der Vermittlung handelt, wird verhindert, dass spezifische gesellschaftliche Interessen und Akteursgruppen – Religionsparteien, Kapitalinteressen, mächtige Warlords usw. – ihre sozialen Machtpositionen unmittelbar als politische und rechtliche Herrschaft zur Geltung bringen können. Sie bleiben vielmehr auch als *faktisch* denkbar stärkste soziale Mächte von politischen Entscheidungen, in denen sich der allgemeine Wille ausdrückt, *rechtlich* abhängig.[35]

Im Anspruch auf Souveränität verbinden sich also Effektivität und Legitimität von Strukturen politischer Herrschaftsausübung in spezifischer Weise. Im Unterschied zu den eingangs zitierten Auffassungen hat sich die Effektivität staatlicher Souveränität *niemals* am Vermögen bemessen, beliebige *materielle* Zwecke der gesellschaftlichen Steuerung im Inneren und im Außenverhältnis faktisch durchsetzen zu können oder gar frei von Handlungsschranken zu sein.[36] Sie bezeichnet vielmehr die Existenz und das Funktionieren einer gesellschaftlich ausdifferenzierten Sphäre von Institutionen und Verfahren, in welcher Prozesse politischer Willensbildung und zurechenbarer politischer Entscheidungen stattfinden, die

---

35 Dies meint nicht voluntaristische Lenkung. Der Staat als Sphäre der Vermittlung kann vielmehr als struktureller Mechanismus der Austragung und Verarbeitung gesellschaftlicher Interessenkämpfe angesehen werden, als *Feld* oder *Raum* solcher Auseinandersetzungen über Hegemonie und spezifische *policies* im Hinblick auf die Wahrnehmung, Interpretation und Organisation der politischen, sozialen und ökonomischen Verhältnisse und Institutionen. Der Staat ist insofern zwar „vielheitlich bewirkte, aber einheitlich wirkende Macht", aber es ist „die Staatsgewalt als Wirkungseinheit nur durch das Zusammenwirken aller Beteiligten kausal zu erklären und eben deshalb [...] auch nur diesem Zusammenwirken zuzurechnen". Man hat „in der objektiven Wirkungseinheit der Staatsgewalt die Resultante aller von außen und innen wirkenden Kräfte, einschließlich der Widerstrebenden zu erkennen" (Heller 1983: 270, 272).

36 Unter diesen Voraussetzungen wäre es unmöglich, in Bezug auf empirische Staaten der Vergangenheit oder Gegenwart überhaupt von Souveränität zu sprechen, da jeder denkbare Staat faktisch zahllosen restringierenden Bedingungen und Beschränkungen seiner Handlungsfreiheit unterliegt. Diese Differenz von Souveränität und Handlungsfreiheit betonen mit Recht etwa Kreile 1999: 613 oder Narr/Schubert 1994: 155f.

die Rahmen- und Verwirklichungsbedingungen der vielfältigen gesellschaftlichen Akteure und ihrer Interessenverfolgung unter den jeweiligen Verhältnissen und Problemlagen anzugeben und zu bestimmen vermögen. Es geht mithin weniger um abstrakte Handlungsfreiheit als vielmehr um die Möglichkeit politischer Willensbildung unter wie auch immer restringierten Bedingungen. Die Effektivität der souveränen Gewalt ist folglich intern auf die gesellschaftliche Legitimität bezogen. Die der souveränen Herrschaft Unterworfenen müssen sich in ihr wiedererkennen und von ihr repräsentiert sehen, den Staat auch und gerade als souveränen, also als den ,Staat der Gesellschaft' verstehen können. Hierzu zählt zuvörderst der Konsens darüber, dass die ,Allgemeinheit' der institutionell ausgelagerten souveränen Willensbildung tatsächlich Ausdruck und Funktion der je eigenen Partikularität ist, d. h. nichts ihr Äußerliches, Fremdes, heteronom Gegenüberstehendes. Die Souveränität des modernen Staates steht und fällt nicht so sehr mit dieser oder jener Form von Effizienz oder ab einem bestimmten Grad der (Nicht-)Erfüllung spezifischer Zwecke und Wünsche, sondern mit dem Willen und dem Vermögen, als Sphäre der Vermittlung der pluralen, heterogenen und teils antagonistischen gesellschaftlichen Kräfte die allgemeinen Bedingungen ihrer Existenz und Beziehungen zu generieren und zu garantieren.

4 Souveränität und die Konstitution politischer Freiheit

Es ist diese Struktur von Einheit *und* Differenz von Staat und Gesellschaft in der Moderne, die in den Staatstheorien von Bodin, Hobbes und Rousseau mit ihrer Konzeption einer ,absoluten Souveränität' entwickelt wird. Sie ziehen die systematischen Konsequenzen aus dem historisch zu konstatierenden Prozess der Ausbildung einer durch Pluralität gekennzeichneten, d. h. von widersprüchlichen Interessen durchzogenen und somit aus strukturellen Gründen Konflikte produzierenden Gesellschaft. Diese Pluralisierung der normativen Ausrichtung und Präferenzordnungen der Akteure ist Ausdruck und Ursache des Umstandes, dass der gesellschaftliche Zusammenhang nicht mehr auf der Basis traditionaler oder transzendenter, präpolitisch vorgegebener Wertüberzeugungen und der sie repräsentierenden Institutionen und Verfahren zusammengehalten wird. Die normativen und institutionellen Grundlagen der sozialen Integration und Kooperation müssen nunmehr auf der Basis dieser strukturellen Bedingungen und Probleme selbst begründet werden. Bodin, vor allem aber Hobbes und Rousseau liefern hierfür das paradox scheinende Modell: eine prinzipiell säkulare, gesellschaftszentrierte und pluralitätsorientierte Begründung der Notwendigkeit der souveränen Gewalt als dem Inbegriff des ,unifizierenden Etatismus'. Entscheidend dabei ist,

dass die so konzipierte souveräne Staatsgewalt *keine* die gesellschaftliche Pluralität und Partikularität – also das moderne Prinzip der Freiheit von Individuen
– *negierende*, sondern umgekehrt eine sie erst *ermöglichende* und *begründende*
Struktur aufweist. Nur als solche kann sie Anerkennung beanspruchen, insofern,
wie Rousseau es prägnant formuliert hat, „der Widerstreit der Einzelinteressen
die Gründung von Gesellschaften nötig gemacht hat", wobei dieser Zusammenhang aber durch den „Einklang derselben Interessen" ermöglicht wird (CS II 1:
55). Aufgabe und Legitimation der souveränen Gewalt besteht deshalb nicht in
der Aufhebung, sondern in der Herstellung und Sicherung der *allgemeinen* Bedingungen subjektiver Freiheit und Interessenverfolgung. Ein Blick auf die zentralen Bestimmungen der souveränen Gewalt bei Bodin, Hobbes und Rousseau
zeigt schnell, dass es sich bei allen sonstigen Unterschieden hierbei doch sachlich
um nichts anderes handelt als um den Versuch, diese Konstitutions- und Funk-
tionsbestimmungen der bürgerlichen Gesellschaft zu sichern und als solche –
gerade vermittels der staatlichen Souveränität – als autonome Sphäre zu organisieren und zu garantieren.

Obgleich Bodin als Vater des modernen Souveränitätsverständnisses gilt, ist
bei ihm die Begründung der Notwendigkeit staatlicher Herrschaft noch in eine
universalistisch-theologische Metaphysik eingebunden. Sie ist ihm zufolge diejenige Organisationsform des politischen Zusammenhangs, durch die sich Menschen und Gesellschaft in die göttliche Schöpfungsordnung einfügen und ihr
Zusammenleben dieser Bestimmung und ihren Erfordernissen gemäß organisieren; die Souveränität des Herrschers entspricht hierbei seiner Rolle als „Ebenbild
Gottes" auf Erden und seiner Funktion, die Gerechtigkeit wirklich werden zu
lassen (ÜS I 8: 239).[37] Dennoch ergeben sich bei Bodin die Struktur und Funktion staatlicher Souveränität ganz aus ihrer Beziehung auf die Gesellschaft, wie
sie sich auf der grundlegenden Unterscheidung zwischen dem Öffentlichen und
dem Privaten gründet. Diese Unterscheidung ist analytisch mit der Definition
des Staates als „die am Recht orientierte, souveräne Regierungsgewalt über eine
Vielzahl von Haushaltungen und das, was ihnen gemeinsam ist", verbunden (ÜS
I 1: 98). Obgleich Bodin mit dem Ausgang vom traditionellen Begriff der Familie
als sozioökonomischer Grundeinheit mit dem ‚pater familias‘ an der Spitze noch
nicht vom individualistischen Konzept der bürgerlichen Gesellschaft ausgeht, bildet seiner Bestimmung zufolge doch die private Verfügung über das Eigentum
den Grund, Zweck und die interne Schranke der souveränen Staatsgewalt. Dem
Staat kommt es demnach zu, *über* die Pluralität der Haushalte zu regieren, wäh-

---

37 Zu Bodins ambivalenter Position zwischen Tradition und Moderne vgl. Goyard-Fabre
   1989: 9 – 16.

rend *in* ihnen selbst der ‚pater familias' die höchste Gewalt innehat, so dass sich die souveräne Gewalt aus dieser Sphäre des Privaten heraushalten muss. Diese Differenz muss der Staat Bodin zufolge um seiner eigenen Existenz willen beachten, insofern er als Sphäre des Öffentlichen nur in Bezug auf das Private gedacht werden kann.[38] Der Staat findet seine absolute Schranke demzufolge in der freien Verfügung über das dem Privaten Zugehörige, d.h. im Privateigentum. Diese Sphäre und dieses Eigentum zu schützen, ist für Bodin das oberste und einzige Kriterium legitimer Staatlichkeit, „la seule marque de Republique", denn ihm zufolge gilt, „dass man mit der Ausrottung jener beiden Begriffe ‚mein' und ‚dein' die Grundlage jedes Staates zerstört, der in erster Linie ja dazu da ist, jedem zu geben, was ihm zusteht" (ÜS I 2: 110; VI 4: 403). Die Souveränität des Staates ist Bodin zufolge ganz auf diese Gewährleistungsfunktion für ihr „Anderes" gegründet, nämlich für die Sicherung und Erhaltung des Privaten, des Eigentums der Familien; seine Aufgabe ist der Schutz vor den selbstzerstörerischen Kräften, die zwischen den partikularen Akteuren wirken.[39] Der Staat als die Sphäre des Öffentlichen fungiert als genau jene Instanz der Vermittlung des Partikularen: „das einzige einigende Bindeglied der Familien, Korporationen und Kollegien und aller Individuen" (ÜS I 2: 110). Die Legitimität der souveränen Gewalt beruht also auf der Regulierung und Sicherung dieses Allgemeinen, insofern es Bedingung der friedlichen und produktiven Entwicklung des gesellschaftlichen Ganzen und seiner Teile ist; in dieser konstitutiven Beziehung des Allgemeinen auf das Besondere liegt der Grund für ihren Anspruch auf Anerkennung und Gehorsam.

Bei Hobbes und Rousseau wird die Souveränität des modernen Staates vollständig auf die Grundlagen einer durch Säkularität und Pluralität charakterisierten Gesellschaftsstruktur gestellt. Die Legitimität des souveränen Staates wird von Hobbes auf geradezu provokante Weise von jeder transzendenten Begründung abgeschnitten, wenn er die Erschaffung des Leviathan mit der eines „künstlichen Menschen" vergleicht, bei der jenes „‚Fiat' oder ‚Laßt uns Menschen machen', das Gott bei der Schöpfung aussprach", hier allein den Menschen zukomme: „*Werkstoff* und *Konstrukteur*; beides ist der *Mensch.*" (Lev.: 5) Der von Hobbes initiierte moderne, auf rein individualistischer Grundlage aufbauende Kontraktualismus begründet staatliche Herrschaft unter den Bedingungen der Moderne auf gänz-

---

38 Vgl. ÜS I 2: 110f.: „es gibt kein öffentliches Eigentum, wenn es nicht auch privates Eigentum gibt. Öffentliches Eigentum ist ohne Privateigentum nicht vorstellbar."

39 Dazu Bodins Bemerkungen zum vorstaatlichen Naturzustand (ÜS I 6: 158f.), die freilich, anders als im modernen Naturrecht seit Hobbes, keine begründungstheoretische Funktion einnehmen, sondern den historischen Ursprung bezeichnen sollen und postulieren, „daß Macht und Gewalt der Anfang und Ursprung der Staaten gewesen sind" (ebd.: 159).

lich neue Weise, indem gezeigt wird, dass Freiheit und Herrschaft, subjektives Recht und souveräne Gewalt, die Sicherung des Rechts der Besonderheit und die Absolutheit der Staatsgewalt sich nicht ausschließen, sondern im Gegenteil einander bedingen.

Die Theorie des Naturzustands als nicht-historische, juridische Fiktion dient dabei dem Nachweis, dass ein Gesellschaftszusammenhang, der auf den von Natur aus freien und gleichen Akteuren basiert, prinzipiell instabil und selbstdestruktiv ist. Es ist ein Zustand, der gerade aufgrund der unbeschränkten subjektiven Rechtsansprüche ein Zustand struktureller Rechtlosigkeit ist und somit identisch mit der Permanenz von Konflikten und potentieller Gewalt. Diese von Hobbes als „Krieg aller gegen alle" beschriebene Struktur des Naturzustands gründet demnach nicht in dem vielbeschworenen Mythos seiner vermeintlich ‚negativen Anthropologie'.[40] Vielmehr bezeichnet sie präzise die rechtliche Widerspruchsstruktur der modernen Gesellschaft, die auf der von Natur aus unhintergehbaren, durch keine natürliche Herrschaft beschränkten Freiheit subjektiver Rechtsbestimmung beruht und die – als plurale – prinzipiell eine Sphäre der Differenz, des Antagonismus und Widerstreits ist. Die Erzeugung des ‚Leviathan' und seiner absoluten Gewalt ist deshalb der Theorie des Gesellschaftsvertrags zufolge ein Produkt des freien Willens der Akteure selbst. Durch den Gesellschaftsvertrag wird die Sphäre des Öffentlichen und Allgemeinen generiert, d.h. jener Institutionen und Verfahren zur Schaffung und Umsetzung der allgemeinen Regeln, Strukturen und Bedingungen, derer es zur Existenz und Verwirklichung der Individuen als freier Rechtssubjekte und Eigentümer bedarf. Hierbei handelt es sich gleichsam um Emanationen jener als natürliche Gesetze bezeichneten Regeln, wie sie bereits im Naturzustand existieren, insofern sie sich aus der eigenen Vernunft der freien Akteure selbst heraus ergeben, denen aber erst in ihrer positivierten Gestalt rechtlich widerspruchsfreie Geltung verliehen werden kann.[41] Damit diese Regeln allgemein und verbindlich sind, muss die staatliche Gewalt souverän sein, d.h. letztinstanzlich über diese Regeln entscheiden können; würden die gesellschaftlichen Akteure weiterhin über ihre jeweilige Rechtmäßigkeit

---

40 Diesem Mythos zufolge gilt, dass Hobbes „pensa que la nature de la nature humaine était mauvoise, & de là toute sa fable ou son histoire de l'état de nature"; so Diderot 1765: 233. Zur Kritik Geismann/Herb 1988: 25ff. u. Scholien 4, 94, 166, 177.

41 Zu den natürlichen Gesetzen vgl. De Cive II u. III; Lev. XIV u. XV. Die natürlichen Gesetze sind Produkte der auf die Bedingungen des Naturzustands reflektierenden Vernunft selbst, also nicht der Freiheit der Individuen vorgegeben, sondern durch sie selbst ermittelte Bedingungen ihrer Verwirklichung. Somit sind – wie Hegel schreibt – auch hier Gesetz und ‚natürliche' Schranken der Freiheit das Resultat des „freie[n] Wille[ns], der den freien Willen will" (GPR § 27: 79).

und Verpflichtung urteilen können, gäbe es kein objektives, alle gleichermaßen *verpflichtendes* Recht.

Die souveräne Stellung der staatlichen Gewalt bedeutet dennoch alles andere als ihre Abkopplung von den Interessen und dem Konsens der Gesellschaft, die ihr diese absolute Gewalt verliehen hat. Es ist ein verbreitetes, doch darum nicht weniger groteskes Missverständnis, den Hobbesschen Leviathan in dieser Weise zu interpretieren und anzunehmen, er reduziere Souveränität letztlich auf die Aufgabe der Erhaltung des nackten Lebens, die Schaffung von Sicherheit zwecks Selbsterhaltung. Hobbes versteht demgegenüber unter ‚Sicherheit' die Gewährleistung all jener *allgemeinen* Bedingungen, die sich mit dem Willen zur Verwirklichung der partikularen Zwecke und Interessen der gesellschaftlichen Akteure selbst verbinden:[42] innere und äußere Sicherheit, Geltung einer allgemeinen, die individuelle Freiheit garantierenden Rechtsordnung einschließlich ihrer Umsetzung durch eine unabhängige und unparteiische Judikative,[43] eine die Produktivität fördernde und freisetzende Politik sowie eine Vielzahl von Maßnahmen, die in der heutigen Politikwissenschaft unter Kategorien wie denen von ‚Responsivität' oder ‚good governance' subsumiert werden.

Die vertragstheoretische Begründung des ‚Leviathan' läuft insofern auf den Nachweis hinaus, dass Legitimität und Stabilität von Strukturen politischer Herrschaft im Rahmen einer auf pluralen, konkurrierenden Akteuren beruhenden Gesellschaft nur dadurch begründet und gesichert werden können, indem die Herrschaftsunterworfenen in der souveränen Gewalt keinem fremden, sondern ihrem eigenen, intern mit ihren partikularen Interessen verknüpften allgemeinen Willen unterliegen – und sie dies auch faktisch erfahren und anerkennen.[44]

---

42 Zu Beginn des 30. Kapitels des ‚Leviathan', in dem die Aufgaben der souveränen Gewalt dargelegt werden, schreibt Hobbes ausdrücklich, mit der Bestimmung des Staatszwecks „Sorge für die *Sicherheit des Volkes*" sei „nicht die bloße Erhaltung des Lebens gemeint, sondern auch alle anderen Annehmlichkeiten des Lebens, die sich jedermann durch rechtmäßige Arbeit ohne Gefahr oder Schaden für den Staat erwirbt" (Lev. XXX: 255). Siehe hierzu besonders auch Lev. XXI sowie De Cive XIII.

43 Auf das notorische Unverständnis vieler Interpreten gegenüber dem Unterschied zwischen der – von Hobbes, aber auch Rousseau oder Kant aus systematisch wohlerwogenen Gründen ausgeschlossenen – Teilung der Souveränität und der nicht nur für möglich, sondern sogar für notwendig erachteten Gewaltenteilung kann an dieser Stelle nur hingewiesen werden. Neuere Versuche, die rechtsstaatlich-liberale Dimension des ‚Leviathan' deutlich zu machen, sind z. B. Campagna 1998; Waas 2002; Owen 2005; Waas 2011: 549ff.

44 Daher rührt die große – mit der Publikation der Schriften selbst bereits zum Ausdruck kommende – Bedeutung, die Hobbes wie alle Vertreter kontraktualistischer Begründung von Recht und Staat der Aufklärung und Verbreitung des Wissens um die Grund-

Es ist evident, dass Rousseau mit dem ‚Gesellschaftsvertrag' deshalb trotz seiner polemischen, methodisch meist unzutreffenden Wendungen gegen Hobbes' Naturzustands- und Staatskonzept systematisch auf dessen Grundlagen aufbaut und durch die spezifische *Gestalt*, die er selbst ihm verleiht, die freiheitsverbürgenden Intentionen dieser Begründung von Herrschaft in der Moderne weiterführt. Denn was Rousseau unternimmt, ist der Versuch, die von Hobbes bereits intendierte Verknüpfung von Freiheit und Herrschaft, von partikularem und allgemeinem Willen gleichsam prozedural und institutionell abzusichern.

Wie für Hobbes ist auch für Rousseau der Ausgang aus dem Zustand natürlicher Freiheit und die Unterwerfung unter eine allgemeine Rechts- und Zwangsgewalt nicht Negation, sondern Bedingung der Möglichkeit für die Verwirklichung von Freiheit, Recht und Sicherheit der Individuen.[45] Rousseau sucht aber zu verhindern, dass den Herrschaftsunterworfenen ihr eigener allgemeiner Wille als ein ihnen fremder entgegentritt, insofern er, wie bei Hobbes, durch einen Dritten verkörpert werden kann, d.h. durch den vom Gesellschaftsvertrag begünstigten und autorisierten *empirischen* „Inhaber der höchsten Gewalt und der höchsten Herrschaft oder Souveränität" (De Cive V 11: 129). Für Rousseau kann deshalb nur eine solche Konstruktion politischer Herrschaft mit dem unverzichtbaren Freiheitsrecht der Individuen[46] kompatibel sein, in der die Individuen ausschließlich selbstgegebenen Gesetzen unterworfen sind, so dass der gesetzgebende *allgemeine* Wille der Souveränität und die ihm zu Gehorsam verpflichteten *besonderen* Willen identisch sein müssen. Nur in diesem Falle „gehorchen sie niemandem außer ihrem eigenen Willen" (CS II 4: 71). Rousseaus republikanische Konstruktion der Souveränität, in der die Individuen selbst der Souverän ‚sind', dessen Wille

---

lagen legitimer Herrschaft beimisst. Dabei richtet sich die Darstellung der Gründe der Notwendigkeit, sich dem allmächtigen Leviathan zu unterwerfen, nicht nur an den „Untertan", sondern auch an die Inhaber der Staatsgewalt, die über Sinn und Zweck ihres Amtes aufgeklärt werden; vgl. etwa Lev. XXXI: 281, oder den Schluss des Kap. 47 der lateinischen Version des Werkes, wo er explizit betont, alle Bürger seien „verpflichtet, ihres eigenen, nicht aber des Vorteiles ihres Oberherren wegen zur Erhaltung und Beschützung des Staates nach allen ihren Kräften beizutragen" (Lev. XLVII: 533, Anm.).

45 Es kann hier nicht auf die unterschiedlichen Ausprägungen der Freiheits- und Gesellschaftskonzepte bei Hobbes und Rousseau eingegangen werden; für die hier diskutierte begründungstheoretische Ebene ist dies jedoch auch nicht von Relevanz.

46 Siehe die berühmte Passage in CS I 4: 21ff.: „Auf seine Freiheit zu verzichten heißt auf seine Eigenschaft als Mensch, auf seine Menschenrechte, sogar auf seine Pflichten verzichten. Wer auf alles verzichtet, für den ist keine Entschädigung möglich. Ein solcher Verzicht ist unvereinbar mit der Natur des Menschen; seinem Willen jegliche Freiheit nehmen heißt seinen Handlungen jegliche Sittlichkeit nehmen."

sich in allgemeinen Gesetzen äußert,[47] stellt somit die konsequenteste Ausformulierung des modernen Prinzips subjektiver Freiheit als Grundlage von Recht und Staat dar. Es ist *kein substantieller Inhalt oder Zweck*, durch den sich die absolute Gewalt des Staates rechtfertigen könnte, sondern einzig der Umstand, dass es sich bei ihr um eine Konstruktion handelt, die sich als politisch-rechtliche Transformation und Existenzweise des freien Willens der Herrschaftsunterworfenen beschreiben lässt. Nur diese Konstruktions- und Legitimationsstruktur kann „das große Problem der Politik" in der modernen Gesellschaft, wie es Rousseau im Brief an Mirabeau vom 26. Juli 1767 benennt (CG XVII: 157), lösen: Zur Realisierung der Integration und Koordination einer unhintergehbaren Pluralität von freien und gleichen Akteuren bedarf es für die Handlungs- und Konfliktregelung zwar notwendig Strukturen politischer Herrschaft, die Akteure sind aber weder einem fremden noch einem partikularen, sondern nur dem eigenen und allgemeinen Willen unterworfen, der die Freiheit und Gleichheit aller Subjekte nicht zerstört, sondern begründet und verwirklicht.

5 Ein schwieriges Erbe: Souveränität und politische Autonomie

Die Rekonstruktion grundlegender Ansprüche, die sich mit dem modernen Souveränitätsbegriff bei Bodin, Hobbes und Rousseau verbinden, lenken den Blick auf einen blinden Fleck, der in den eingangs angesprochenen aktuellen Debatten über den Zustand und die Zukunft von Souveränität erkennbar ist. Ein Denken, das auf die Effektivität systeminduzierter Problembewältigung auf gesellschaftlicher oder globaler Ebene fixiert bleibt, droht wesentliche Grundlagen und Ansprüche des modernen Freiheits- und Rechtsverständnisses, wie sie sich seit dem Übergang zur Neuzeit ausgebildet haben, im Einklang mit einer übermächtig scheinenden Praxis nun auch theoretisch und normativ von der Agenda zu streichen.[48] Die Konstruktion von Souveränität kann, so hat sich gezeigt, als Antwort auf die Ambivalenzen der neu entstehenden gesellschaftlichen Verhältnisse im Übergang zur bürgerlichen Gesellschaft gelten. Die Kehrseite der hier aufbrechenden Tendenzen zur Säkularisierung, Pluralisierung und Individualisierung bildet die damit einhergehende Unvermeidlichkeit der Existenz von Konflikten und Antagonismen der Werte und Interessen. Kann und soll die gesellschaftliche

---

47 „Das den Gesetzen unterworfene Volk muss deren Urheber sein; die Bedingungen der Gesellschaft zu regeln, kommt nur denen zu, die sich vergesellschaften" (CS II 6: 85).
48 Vgl. auch Foisneau 1999.

Pluralisierung auf Dauer gestellt und gesichert werden, bedarf es einer Sphäre der
Vermittlung, die das Handeln der verschiedenen Akteure so gestalten kann, dass
ihre jeweiligen Tendenzen zur Verabsolutierung ihrer Partikularität gebremst, in
Bahnen gelenkt und auf ein Maß reduziert werden, das ihre Existenz und Potentiale nicht gefährdet. Die Souveränität der entstehenden Staatsgewalten bezieht
ihre Legitimation aus genau diesem Vermögen, allgemeine Regeln zu geben, Konflikte zu lösen und jene Leistungen zu erbringen, die zur Erhaltung und Entwicklung des antagonistischen Gesellschaftszusammenhangs erforderlich sind.

Die Trennung des Öffentlichen und des Privaten vermittels der konstitutiven
Ausdifferenzierung des Staates aus der Gesellschaft darf dabei nicht hypostasiert
werden: Sie bedeutet keine *empirische* Ablösung der Institutionen und Akteure
des Staates, seiner Willensbildung und Entscheidungsfindung von den gesellschaftlichen Kräften.[49] Die institutionelle Ausdifferenzierung der öffentlichen
Gewalt ist eine Funktion der Existenz heterogener gesellschaftlicher Gruppen
und der Etablierung nicht-destruktiver Formen ihrer Auseinandersetzungen um
Anerkennung und Durchsetzung ihrer widerstreitenden Interessen und Werte.
Als solche ist sie prinzipiell zur Gesellschaft hin offen und durchlässig, wenn auch
die Erscheinungsformen in den unterschiedlichen historischen Gestalten staatlicher Herrschaft erheblich voneinander abweichen.[50] Die Auszeichnung und Ausdifferenzierung des Staates als Sphäre des Allgemeinen und der Vermittlung des
Partikularen bedeutet deshalb nicht die Stiftung einer absoluten, von den gesellschaftlichen Institutionen und Einflüssen unabhängigen Sphäre der Freiheit und
zwanglosen Kommunikation: Der souveräne Staat ist von jeher gerade eine Sphäre des Kampfes um Anerkennung, Hegemonie und Interessendurchsetzung vermittels seiner Institutionen, Instrumente und Mechanismen, was faktisch immer
die Möglichkeit und Wirklichkeit der Repression spezifischer sozialer Akteure,
Werte und Interessen in sich birgt.

Von entscheidender Bedeutung ist dabei jedoch, dass sich die Legitimität dieser Sphäre und der hier wirkenden souveränen Gewalt nicht allein, in gewisser
Weise nicht einmal primär im Erbringen spezifischer materieller Leistungen für
die Gesellschaft erweist. Die Anerkennung der Legitimität staatlicher Herrschaft
steht und fällt mit der Überzeugung der ihr Unterworfenen, dass dieser staatli-

---

49 Eine Vielzahl von politik- und sozialwissenschaftlichen Diagnosen über die vermeintlich ganz neuartige Beziehung zwischen Staat und Gesellschaft heute beruht auf der
Verkennung der Differenz zwischen empirischen und normativen Perspektiven auf
diese Unterscheidung.

50 Dies reicht von ständischen Gremien oder Räten in den frühneuzeitlichen Monarchien
bis hin zu Parteien oder korporativen Verbände- und Netzwerkstrukturen der Gegenwart.

che Wille, dem man nicht nur aufgrund seiner Zwangsmittel faktisch unterliegt, sondern dem gegenüber man zum Gehorsam *verpflichtet* sein soll, die je eigenen Ansprüche auf Selbsterhaltung und Selbstbestimmung ermöglicht und nicht dadurch negiert, dass sie dem Willen anderer unterworfen werden.[51] Die Legitimität staatlicher Souveränität speist sich folglich daraus, dass die Unterordnung der gesellschaftlichen Akteure und Interessengruppen unter Bedingungen strikter Reziprozität und der Sicherung der jeweiligen Autonomie erfolgt. Die theoretische Begründung der Souveränität des Staates setzt genau hier an und kommt zu der Bestimmung, dass legitime Herrschaft unter den Bedingungen der neuartigen gesellschaftlichen Verhältnisse erstens diejenige *eines* Willens sein muss, dass dieser Wille zweitens ein *allgemeiner* Wille und dass er drittens schließlich der *eigene* allgemeine Wille der Herrschaftsunterworfenen sein muss. So bestimmt Bodin die Souveränität als jenen einheitlichen und allgemeinen Willen, der die Existenz der Sphäre des Privaten und die freie Verfügung der sozialen Akteure über ihr Eigentum ermöglicht und vor den Ansprüchen und Verabsolutierungstendenzen aller anderen gesellschaftlichen Gruppen und Interessen schützt. Hobbes und Rousseau stellen diese souveräne Gewalt begründungstheoretisch auf das Fundament der natürlichen Freiheit und Gleichheit der Individuen. In einer Gesellschaftsordnung, in der keine natürliche, vorpolitische Ungleichheit und Herrschaftsrechte existieren und allgemeine Akzeptanz finden, kann sich die Legitimität von Herrschaft und die Verpflichtung zum Gehorsam nur aus dem freien Willen und der Zustimmung der Subjekte selbst herleiten. Hobbes beschränkt diesen konstitutiven Rückbezug von Herrschaft auf den Willen der Herrschaftsunterworfenen vor allem auf die legitimationstheoretische Fiktion der Begründung souveräner Herrschaft auf ihre Autorisation durch die Vernunftidee eines

---

51 Denn beide – Selbsterhaltung und Selbstbestimmung – gehören wesentlich zusammen: Die reine Reduktion von Selbsterhaltung auf die Erhaltung der bloßen Existenz negiert jenes Selbst, das es zu erhalten gilt; Selbsterhaltung impliziert deshalb notwendig die Sicherung der Selbstbestimmung. Dies wird nicht erst bei Rousseau oder Kant, sondern bereits bei Hobbes dargelegt, der klarstellt, dass Herrschaft und „Gesetze zu nichts anderem eingeführt [wurden] als um die natürliche Freiheit der Einzelmenschen dergestalt zu begrenzen, damit sie sich nicht gegenseitig schaden" (Lev. XXVI: 205f.), und dass die bürgerliche Freiheit, die Freiheit unter Rechtsgesetzen, die einzig reale ist, da sie im Unterschied zur natürlichen keine selbstdestruktive Gestalt der Freiheit darstellt (vgl. Lev. XXI: 165; ebenso Bodin, ÜS I 6: 158; Rousseau, CS I 8: 43ff., Kant, MSR § 47: 316). Dementsprechend dürfen die gesetzlichen Regeln die individuelle Handlungsfreiheit nur auf das je für „das Wohl der Bürger und des Staates unbedingt erfordert[e]" Maß beschneiden (De Cive XIII 15: 214) – wodurch sie eine solche Sphäre individueller und gesellschaftlicher Freiheit als gesicherte allererst *schaffen*.

ursprünglichen Gesellschaftsvertrags.[52] Rousseau generalisiert sie demgegenüber zum Verfahrensprinzip legitimer Herrschaft selbst, indem er der legitimen Souveränität die Notwendigkeit von Strukturen republikanischer Selbstherrschaft unauflöslich einschreibt.

Aufgabe, Charakteristikum und rechtfertigender Grund der Souveränität besteht dabei unter den Bedingungen der modernen pluralen Gesellschaft nicht in der Erfüllung spezifischer Zwecke und Leistungen, sondern in der gelingenden politischen Organisation individueller und kollektiver Selbstbestimmung, aus der sich Form und Inhalte jener Institutionen ergeben.[53] Dieser Anspruch auf Selbstbestimmung ist nicht eine Staatsaufgabe unter anderen, sondern qualitativ allen besonderen Inhalten und Zwecken staatlichen Handelns über- und vorgeordnet. Denn erst dadurch wird dem Prinzip politischer Autonomie Geltung verschafft, wonach die Entscheidungen über die politischen, sozialen und ökonomischen Existenz- und Rahmenbedingungen einzig und allein durch ihre konstitutive Beziehung auf den Willen der von ihnen Betroffenen gerechtfertigt werden können. Wenn, wie in vielen gegenwärtigen Diskursen, in der politischen Theorie und Praxis der Fokus vor allem auf das Faktum effektiver Problemlösungen in unterschiedlichsten Institutionen und Arenen dies- und jenseits der Nationalstaaten gelegt wird, geht dieser fundamentale Impuls unhintergehbarer politischer Freiheit und Selbstbestimmung verloren. Dann wird die Zukunftsperspektive effektiven politischen Entscheidens und Regierens in sub- oder transnationalen Verhandlungsnetzwerken, in supranationalen Institutionen, innergesellschaftlichen und internationalen Regimes, in Expertengremien, an Runden Tischen und den anderen „vielfältigen informellen Kommando- und Koordinati-

---

52 Hobbes macht jedoch schon klar, dass diese Form souveräner Herrschaft durchaus auch in demokratischer Gestalt zu realisieren ist; er macht dies allerdings, anders als Rousseau, nicht zu einer Existenzbedingung legitimer Herrschaft. Hobbes steht hierin Kant näher, für den dann in Abgrenzung zu Rousseau die Idee eines ursprünglichen *contractus originarius* wieder vornehmlich zum „Probierstein" für die Legitimität staatlicher Herrschaft wird (Kant, ÜG: 297); hierzu Kersting 1993: 401–403.

53 Wie bei Rousseau die Freiheit als oberster Grund und Zweck legitimer Herrschaft gilt und durch keinen anderen Zweck ersetzt werden kann, gilt dies, wie oft übersehen wird, sachlich bereits für Hobbes. Insofern ihm zufolge die Glückseligkeit der Individuen, da es für sie „kein *finis ultimus*, d.h. letztes Ziel, oder *summum bonum*, d.h. höchstes Gut" gibt, allein als „ein beständiges Fortschreiten des Verlangens von einem Gegenstand zum anderen [zu verstehen ist], wobei jedoch das Erlangen des einen Gegenstandes nur der Weg ist, der zum nächsten Gegenstand führt" (Lev. XI: 75), kann der Staat nicht paternalistisch als effektiver Lieferant und Garant spezifischer Güter verstanden werden, sondern als Struktur zur Ermöglichung und Sicherung der freien – d.h. selbstbestimmten – Interessenverfolgung.

onszentralen des politischen Prozesses" (Greven 1999: 154) gesehen. Insofern die „autoritative[n] Entscheidungen über die Geltung immaterieller oder die Zuteilung materieller Werte"[54] in dieser Weise in vielfältigste verselbständigte Arenen und Zirkel verstreut und ausgelagert vorgenommen werden, gewinnen sie einen Charakter, der den in der frühen Neuzeit entwickelten Anforderungen an legitime Herrschaft diametral zuwiderläuft. Allgemeinverbindliche Entscheidungen werden zunehmend von partikularen Akteuren und Kreisen getroffen, deren Zusammensetzung nicht repräsentativ, sondern von unterschiedlichsten Faktoren ihrer sozialen Position und Machtressourcen abhängig ist, und wo die Prozesse der Entscheidungsbildung unüberschaubar, intransparent und nicht mehr verantwortlich zurechenbar sind. Der interne Zusammenhang zwischen Freiheit und Herrschaft, zwischen den partikularen Herrschaftsunterworfenen und dem allgemeinen, Herrschaft ausübenden Willen wird hier aufgelöst. Die Individuen unterliegen damit Willensbestimmungen, die sich über die – zumindest erfolgreich als solche kommunizierte – Effektivität ihrer Problemlösungskompetenzen rechtfertigen.[55] Erkauft wird diese Effektivität jedoch damit, Entscheidungen und Herrschaftseffekten zu unterliegen, die prinzipiell heteronomen und partikularen Ursprungs sind, also mit dem Prinzip subjektiver Freiheit und Gleichheit als *Grundlage aller* legitimen politischen Herrschaft brechen.[56]

Diese Entwicklungen sind ‚nicht nur' aus demokratietheoretischer Perspektive problematisch, sondern drohen auch die angestrebte Effektivität politischer Herrschaft selbst zu unterminieren. Indizien dafür sind zahlreiche, aus einer rein effektivitätsorientierten Perspektive gern als „irrational" etikettierte und unverstanden bleibende Phänomene, so etwa die Ablehnung des EU-Verfassungsvertrages, die Abwehr neoliberaler Politikmodelle oder die Skepsis gegenüber der Globalisierung bis hin zu Erscheinungen wie Politikverdrossenheit, nationalistischen Abwehr- und Gegenbewegungen, religiösen, kulturellen oder ethnisch-rassistischen Partikularismen und Fundamentalismen. Solche Phänomene sind in einem nicht geringen Maße Ausdruck des Umstandes, dass in der heutigen *condition (post)moderne,* in der die Prinzipien der Freiheit und Selbstbestimmung

---

54 So nach Greven 1999: 153 der theoretisch und analytisch angemessene Begriff des Regierens in der politischen Gesellschaft.

55 Dies kommt auch in den verschiedenen Varianten des gegenwärtigen Wechsels von der Input- zur Output-Legitimation in der gegenwärtigen Demokratietheorie zum Ausdruck.

56 Aus diesem demokratietheoretischen Grunde muss etwa Rousseau trotz prinzipieller Anerkennung der für internationale Institutionen und Rechtsverhältnisse sprechenden Notwendigkeiten ihnen gegenüber skeptisch bleiben; vgl. Asbach 2002b, v. a. Kap. IV.2-IV.4. Siehe auch den Aufsatz von Christoph in diesem Band.

einer Pluralität sozialer Akteure und Entitäten mit all ihren Ambivalenzen auf globaler Ebene Wirklichkeit geworden sind, politische Herrschaft nicht auf Dauer heteronom legitimierbar ist. Es scheint sowohl aus normativer wie auch aus realpolitischer – ‚effektivitätsorientierter‘ – Perspektive heraus unverzichtbar, den mit der „Fiktion der Souveränität" verbundenen Ansprüchen unter den veränderten gesellschaftlichen Bedingungen zu praktischer Geltung zu verhelfen: keinem partikularen und keinem fremden, sondern nur dem eigenen Willen unterworfen zu sein.

6   Bibliographie

6.1   Quellen

Bodin, Jean: Sechs Bücher über den Staat (ÜS). Übersetzt und mit Anmerkungen versehen von Bernd Wimmer. Eingeleitet und herausgegeben von Peter Cornelius Mayer-Tasch, Bd. 1: Buch I-III, München 1981.

Bodin, Jean: Sechs Bücher über den Staat (ÜS). Übersetzt und mit Anmerkungen versehen von Bernd Wimmer. Eingeleitet und herausgegeben von Peter Cornelius Mayer-Tasch, Bd. 2: Buch IV-VI, München 1986.

Hegel, Georg Wilhelm Friedrich: Grundlinien der Philosophie des Rechts oder Naturrecht und Staatsrecht im Grundrisse (GPR). Mit Hegels eigenhändigen Notizen und den mündlichen Zusätzen, Theorie-Werkausgabe, hg. von Eva Moldenhauer und Karl Markus Michel, Bd. 7, Frankfurt/Main 1970.

Hobbes, Thomas: De Cive/Vom Bürger (De Cive), in: ders.: Vom Menschen/Vom Bürger. Elemente der Philosophie II/III, hg. von Günther Gawlick, Hamburg 1959: 57–327.

Hobbes, Thomas: De corpore/Vom Körper (De corp.). Elemente der Philosophie I, hg. von Max-Frischeisen-Köhler, Hamburg 1967.

Hobbes, Thomas: Leviathan oder Stoff, Form und Gewalt eines kirchlichen und bürgerlichen Staates (Lev.), hg. u. eingel. von Iring Fetscher, Frankfurt/Main 1984.

Kant, Immanuel: Metaphysik der Sitten. Rechtslehre (MSR), in: Kants gesammelte Schriften. Akademie-Ausgabe, Bd. VI, Berlin 1914.

Kant, Immanuel: Über den Gemeinspruch: Das mag in der Theorie richtig sein, taugt aber nicht für die Praxis (ÜG), in: Kants gesammelte Schriften. Akademie-Ausgabe, Bd. VIII, Berlin 1923.

Rousseau, Jean-Jacques: Lettre à Mirabeau, 26 juillet 1767, in: Correspondance générale (CG), éd. par Théophile Dufour, vol. XVII, Paris 1932: 155–159.

Rousseau, Jean-Jacques: Émile ou de l'éducation. Œuvres complètes (Bibliothèque de la Pléiade), Bd. IV, Paris 1969: 239–868.

Rousseau, Jean-Jacques: Vom Gesellschaftsvertrag/Du Contrat social (CS). Franz./Dt. Übers. u. hg. von Hans Brockard, Stuttgart 2010.

6.2 Weitere Literatur

Albrow, Martin (1998): Abschied vom Nationalstaat. Staat und Gesellschaft im Globalen Zeitalter, Frankfurt/Main.

Asbach, Olaf (2002a): Von der Geschichte politischer Ideen zur ‚History of Political Discourse'? Skinner, Pocock und die ‚Cambridge School', in: Zeitschrift für Politikwissenschaft 12: 637 – 667.

Asbach, Olaf (2002b): Die Zähmung der Leviathane. Die Idee einer Rechtsordnung zwischen Staaten bei Abbé de Saint-Pierre und Jean-Jacques Rousseau, Berlin 2002.

Asbach, Olaf (2011): Rousseau und das politische Denken der Moderne. Ein Lehrstück der politischen Ideengeschichte und Intellectual History, in: Zeitschrift für Politische Theorie 2: 129 – 150.

Balke, Friedrich (2011): Art. „Souveränität", in: Martin Hartmann/Claus Offe (Hg.): Politische Theorie und Politische Philosophie. Ein Handbuch, München: 306 – 309.

Beck, Ulrich/Edgar Grande (2004): Das kosmopolitische Europa. Gesellschaft und Politik in der Zweiten Moderne, Frankfurt/Main.

Beisheim, Marianne/Achim Brunnengräber (2003): Zaubertrank ‚Global Governance'? Eine diskursanalytische Annäherung, in: Thomas Fues/Jochen Hippler (Hg.): Globale Politik. Entwicklung und Frieden in der Weltgesellschaft, Ulm: 112 – 136.

Benz, Arthur (Hg.) (2004): Governance – Regieren in komplexen Regelsystemen. Eine Einführung, Wiesbaden.

Blickle, Peter (1981): Von der Leibeigenschaft in die Freiheit. Ein Beitrag zu den realhistorischen Grundlagen der Freiheits- und Menschenrechte in Mitteleuropa, in: Günter Birtsch (Hg.): Grund- und Freiheitsrechte im Wandel von Gesellschaft und Geschichte. Beiträge zur Geschichte der Grund- und Freiheitsrechte vom Ausgang des Mittelalters bis zur Revolution von 1848, Göttingen: 25 – 40.

Böckenförde, Ernst-Wolfgang (1991): Die Entstehung des Staates als Vorgang der Säkularisation, in: ders.: Recht, Staat, Freiheit. Studien zur Rechtsphilosophie, Staatstheorie und Verfassungsgeschichte, Frankfurt/Main: 92 – 114.

Braun, Dietmar (1997): Die politische Steuerung der Wissenschaft. Ein Beitrag zum ‚kooperativen Staat', Frankfurt/New York.

Camilleri, Joseph A./Falk, Jim (1994): The End of Sovereignty? The Politics of a Shrinking and Fragmenting World, Aldershot.

Campagna, Norbert (1998): Leviathan und Rechtsstaat, in: Archiv für Rechts- und Sozialphilosophie 84: 340 – 353.

Czempiel, Ernst-Otto (Hg.) (1969): Anachronistische Souveränität. Zum Verhältnis von Innen- und Außenpolitik, Köln/Opladen.

Diderot, Denis (1765): Hobbisme, in: Encyclopédie, ou Dictionnaire raisonné des sciences, des arts et des métiers, Bd. 8, Neuchâtel.

Foisneau, Luc (1999): De Machiavel à Hobbes: efficacité et souveraineté dans la pensée politique moderne, in: Alain Renaut (Hg.): Histoire de la philosophie politique, Bd. II, Paris: 203 – 279.

Geismann, Georg/Herb, Karlfriedrich (1988): Hobbes über die Freiheit, Würzburg.

Goldmann, Kjell (2001): Transforming the European Nation State: Dynamics of Internationalism, London.

Goyard-Fabre, Simone (1989): Jean Bodin et le droit de la république, Paris.

Grande, Edgar (2012): Governance-Forschung in der Governance-Falle? – Eine kritische Bestandsaufnahme, in: Politische Vierteljahresschrift 53: 565–592.

Greven, Michael Th. (1999): Die politische Gesellschaft. Kontingenz und Dezision als Probleme des Regierens und der Demokratie, Opladen.

Greven, Michael Th. (2003): Hannah Arendts Handlungsbegriff zwischen Max Webers Idealtypus und Martin Heideggers Existentialontologie, in: Winfried Thaa/Lothar Probst (Hg.): Die Entdeckung der Freiheit. Amerika im Denken Hannah Arendts, Wien: 119–139.

Greven, Michael Th. (2004): Zur Situation der Politikwissenschaft in Deutschland, in: Politikwissenschaft. Rundbrief der Deutschen Vereinigung für Politische Wissenschaft 131: 141–158.

Heller, Hermann (1971): Die Souveränität. Ein Beitrag zur Theorie des Staats- und Völkerrechts [1927], in: ders.: Gesammelte Schriften, Bd. II, Leiden: 31–202.

Heller, Hermann (1983): Staatslehre. Hg. von Gerhard Niemeyer, 6. Aufl., Tübingen.

Hüning, Dieter (1998): Freiheit und Herrschaft in der Rechtsphilosophie des Thomas Hobbes, Berlin.

Jackson, Robert H. (1990): Quasi-States: Sovereignty, International Relations and the Third World, Cambridge.

Jessop, Bob (1997): Die Zukunft des Nationalstaats: Erosion oder Reorganisation? Grundsätzliche Überlegungen zu Westeuropa, in: Steffen Becker (Hg.): Jenseits der Nationalökonomie? Weltwirtschaft und Nationalstaat zwischen Globalisierung und Regionalisierung, Berlin: 50–95.

Kersting, Wolfgang (1993): Wohlgeordnete Freiheit. Immanuel Kants Rechts- und Staatsphilosophie, Frankfurt/Main.

Krasner, Stephen D. (1999): Sovereignty. Organized Hypocrisy, Princeton.

Kreile, Michael (1999): Globalisierung und europäische Integration, in: Wolfgang Merkel/ Andreas Busch (Hg.): Demokratie in Ost und West, Frankfurt/Main: 605–623.

Leibfried, Stephan/Zürn, Michael (2005): Reconfiguring the National Constellation, in: dies. (Hg.): Transformation of the State? Cambridge.

Münkler, Herfried (1982): Machiavelli. Die Begründung des politischen Denkens der Neuzeit aus der Krise der Republik Florenz, Frankfurt/Main.

Narr, Wolf-Dieter/Schubert, Alexander (1994): Weltökonomie. Die Misere der Politik, Frankfurt/Main.

Owen, J. Judd (2005): The Tolerant Leviathan. Hobbes and the Paradox of Liberalism, in: Polity 37: 130–149.

Rosenau, James N./Czempiel, Ernst-Otto (Hg.) (1992): Governance without Government: Order and Change in World Politics, Cambridge.

Roth, Klaus (2003): Der Staat als Zentrum des neuzeitlichen politischen Denkens, in: Gotthart Breit/Peter Massing (Hg.): Der Staat. Ideengeschichtliche Grundlagen, Wandel der Aufgaben, Stellung des Bürgers, Schwalbach/Ts.: 10–41.

Roth, Klaus (2010): Die Wende zum Staat – von Gregor VII. bis Hobbes, in: Samuel Salzborn/Rüdiger Voigt (Hg.): Souveränität. Theoretische und ideengeschichtliche Reflexionen, Stuttgart: 23–41.

Schmitt, Carl (1963): Der Begriff des Politischen, Berlin.

Schuppert, Gunnar Folke (Hg.) (2006): Governance-Forschung: Vergewisserung über Stand und Entwicklungslinien, 2. Aufl., Baden-Baden.

Seidelmann, Reimund (2004): Art. „Souveränität", in: Dieter Nohlen/Rainer-Olaf Schultze
(Hg.): Lexikon der Politikwissenschaft. Theorien, Methoden, Begriffe. Zweite, überarb.
Aufl., München: 865 – 867.

Vernon, Raymond (1971): Sovereignty at Bay. The Multinational Spread of U.S. Enterprises,
New York/London.

Waas, Lothar R. (2002): Der ‚gezähmte' Leviathan des Thomas Hobbes. Oder ist der Theoretiker des Absolutismus eigentlich als ein Vordenker der liberalen Demokratie zu verstehen?, in: Archiv für Rechts- und Sozialphilosophie 88: 151 – 177.

Waas, Lothar R. (2011): Kommentar, in: Thomas Hobbes: Leviathan oder Stoff, Form
und Gewalt eines kirchlichen und bürgerlichen Staates, Teil I u. II, Frankfurt/Main:
363 – 703.

Weber, Max (1980): Wirtschaft und Gesellschaft. Grundriß der verstehenden Soziologie.
Fünfte, revidierte Aufl., besorgt von J. Winkelmann, Tübingen.

Willke, Helmut (1994): Die Steuerungsfunktion des Staates aus systemtheoretischer Sicht.
Schritte zur Legitimation einer wissensbasierten Infrastruktur, in: Dieter Grimm (Hg.):
Staatsaufgaben, Frankfurt/Main: 685 – 711.

Zürn, Michael (1999): Regieren jenseits des Nationalstaates. Globalisierung und Denatio-
nalisierung als Chance, Frankfurt/Main.

II. Demokratie und Religion

Die Republik und das Heilige[1]

Maik Herold

1 Ambivalenzen der Selbstbestimmung bei Rousseau

> Finde eine Form des Zusammenschlusses, die mit ihrer ganzen gemeinsamen Kraft die Person und das Vermögen jedes einzelnen Mitglieds verteidigt und schützt und durch die doch jeder, indem er sich mit allen vereinigt, nur sich selbst gehorcht und genauso frei bleibt wie zuvor. (CS: 17)

Mit diesen Worten beschreibt Jean-Jacques Rousseau im 6. Kapitel des I. Buches des *Contrat social* das grundlegende politiktheoretische Problem, dessen Lösung der Gesellschaftsvertrag sein soll. Viele seiner späteren Interpreten nahmen ihn diesbezüglich beim Wort und verliehen ihm entweder die Lorbeeren des Visionärs oder das Stigma des Radikalen. Während die einen ihn für seine emanzipatorische Inanspruchnahme aufklärerischer Freiheits- und Gleichheitsvorstellungen feierten und in ihm den geistigen Vater des modernen demokratischen Verfassungsstaates sahen, galt er bei anderen gerade als Scheinaufgeklärter, der sich dank zahlreicher vormoderner Vorstellungen auch die totalitäre Option bewusst offen hielt, um unwillige Bürger notfalls „zur Freiheit zwingen" zu können.[2]

Gelegentlich übersehen wurde dabei jedoch, dass Rousseau seine grundlegende Idee der Konstituierung eines vertragstheoretisch begründeten Modells der Verwirklichung demokratischer Freiheit durch ein System institutionalisierter Selbstgesetzgebung nicht nur im Hinblick auf die *abstrakt-theoretische Rechtfertigung* von Herrschaft, sondern auch im Rahmen einer *konkret-praktischen Verwirklichungsperspektive* diskutierte. Das Rousseausche *„problème fondamental"* wird im *Contrat social* deshalb an vielen Stellen insgeheim durch ein anderes, ebenso grundlegendes Problem in den Schatten gestellt, denn im Grunde, so befand Jean-Jacques Rousseau, brauchte man „Götter, um den Menschen Gesetze zu geben" (CS: 43). Dieser Ausspruch ist zwar eher metaphorisch zu verstehen, verweist aber doch auf eine

---

1   Dieser Beitrag entstand im Rahmen des Teilprojekts „Demokratische Ordnung zwischen Transzendenz und Gemeinsinn" am DFG Sonderforschungsbereich 804 „Transzendenz und Gemeinsinn" an der TU Dresden.
2   Dazu Lübbe 1986: 308f., Kersting 2002: 196, Boss 1971: 193 sowie die alternative Interpretation von Plamenatz 2012: 69ff. Für einen kurzen, aber gelungenen Überblick über die Rezeptionsgeschichte Rousseaus siehe Wright 2012.

grundlegende Frage: „Wie nämlich war die Aporie zu lösen, nach der die Gründung eines politischen Gemeinwesens das voraussetzte, was es erst schaffen sollte,
nämlich ein *corps moral et collectif*?" (Vorländer 2012: 119) Dieses – so könnte man
analog formulieren – *„problème de la practicabilité"* verweist ganz allgemein auf die
Frage nach der Gründung, Geltung und Stabilisierung einer politischer Ordnung.

Auch auf diese Frage gibt Rousseau eine Antwort, die sich in einem eigentümlichen Spannungsverhältnis zwischen modernen und vormodernen Lösungsansätzen zu bewegen scheint. Denn während er einerseits auf eine „vollständig autonome Begründung des Staates" abzielt, „die weder auf theologisch-patriarchale,
noch unmittelbar auf naturrechtliche Argumentationen zurückgreift" (Asal 2007:
98), bedient er sich andererseits spezifischer Techniken der Objektivierung, der
Sakralisierung und der Konstruktion von Unverfügbarkeit. Er nimmt damit ganz
gezielt eine Dimension in Anspruch, die in einer sozialwissenschaftlichen Inter-
pretationslinie mit dem *Begriff des Heiligen* wohl treffend umschrieben werden
kann. Den Stellenwert und die Bedeutung dieses Heiligen für die Rousseausche
Republik soll im Folgenden in drei Schritten skizziert werden. Zunächst: indem
die Rahmenbedingungen jener Frage nach der Konstituierung und Stabilisierung
politischer Ordnungen angesprochen werden, die in der Rousseauschen Argumentation mit gezielt ins Spiel gebrachten Formen und Mechanismen der Sakralisierung beantwortet wird (Kapitel 2); zweitens: indem mit einigen kurzen Bemerkungen der Begriff des Heiligen selbst präzisiert wird (Kapitel 3); und drittens:
indem konkret der Frage nachgegangen wird, wo Rousseau diese Dimension des
Heiligen sozusagen am auffälligsten in der Architektur seines Modells republikanischer Ordnung in Anspruch nimmt (Kapitel 4).

2   Vom „Problème Fondamental"
zum „Problème de la Practicabilité"?

Wie zahlreiche Denker vor und nach ihm, ging auch Jean-Jacques Rousseau davon aus, dass die Stabilität einer politischen Ordnung nicht selbstverständlich ist.
Keine noch so überzeugend erscheinende, logisch, moralisch oder metaphysisch
begründete Idee ist demnach in der Lage – sozusagen aus sich selbst heraus – zu
garantieren, dass eine auf ihr gegründete Ordnung nicht spontan wieder zerfällt
oder langsam degeneriert. Auch in Rousseaus Republik ist Stabilität folglich eine
prekäre Ressource, die es im politischen Prozess immer wieder neu zu generieren
bzw. zu regenerieren gilt. Auf die Frage, wie genau dies zu bewerkstelligen sei,
wurden in der Geschichte des politischen Denkens gewiss unterschiedliche Antworten gegeben. In Rousseaus *Contrat social* stoßen dabei, vereinfacht dargestellt,

mindestens zwei verschiedene Traditionen aufeinander – eine soziomoralische und eine institutionelle Antwortvariante.[3]

Die erste argumentiert ganz im Sinne antiker Vorstellungen: „Eine gute und gerechte politische Ordnung, will sie dauerhaft bestehen, muss von der Tugend ihrer politischen Führer und ihrer Bürger getragen sein" (Vorländer 2012: 126).[4] Die andere geht davon aus, dass die Stabilität der politischen Ordnung weniger von den moralischen Dispositionen des Einzelnen, sondern vielmehr von den richtigen Institutionen und Gesetzen abhängig ist. Im Mittelpunkt steht dabei die Idee des Interesses und deren schrittweise konzeptuelle Verselbstständigung in den Diskursen der beginnenden Neuzeit. Die rationale Verfolgung eigener Vorstellungen zwingt hier zu ganz anderen, „nämlich institutionellen und kontraktualistisch-rechtlichen Begründungsmustern von Staatlichkeit". In diesem Sinne konstruierte Thomas Hobbes *more geometrico* einen Begriff ungeteilter Souveränität des Staates, der mittels seines Machtmonopols in der Lage sein sollte, „die egoistischen Individuen zum Gehorsam zu zwingen, ihnen aber zugleich durch seinen Schutz den Raum friedlicher Interessenverfolgung und Handlungskoordinierung bereitzustellen". In diesem Sinne entwarfen bekanntlich auch die amerikanischen *Federalists* ein Konkurrenz-, Kontroll- und Verschränkungsmodell politischer Gewalten, indem sie auf John Lockes vertragstheoretisch fundierte Konzeption gebrochener Souveränität und auf Montesquieus Konzept wechselseitiger Machtkontrolle zurückgriffen (Vorländer 2012: 127f.).

Und doch, so muss man sagen, bleibt auch in dieser zweiten Perspektive ein Rest, der nicht in der rechtlich-institutionellen Begründungsstruktur aufgeht und der auch die frühneuzeitlichen Vertragstheoretiker beunruhigte. Wie sonst könnte der erwähnte Thomas Hobbes seinen künstlichen, vertraglich begründeten Leviathan einerseits als „sterblichen Gott" inszenieren und andererseits das den staatsbürgerlichen Gehorsam verbürgende Dispositiv im dritten Teil des Buches mit der Formel „Jesus is the Christ" zusammenfassen (etwa: Lev.: 530)?[5] Wie sonst könnte John Locke in seinem „Toleranzbrief" ein christlich-religiöses Grundbe-

---

3 Zu dieser Unterscheidung siehe Vorländer 2003.

4 Dies hatten bereits Machiavelli (Disc.: 58ff.) und Montesquieu (EL: 144ff.) festgestellt. Ähnlich auch Rousseau (CS: 60).

5 Die politische Gewalt wird bei Hobbes grundsätzlich als Einheit von weltlicher und geistlicher Macht gedacht und – insbesondere im dritten Teil seines Buches – als vollständig vereinbar mit einem „christlichen" Staatsverständnis dargestellt. Diese Strategie der politisch-theologischen Legitimierung war nicht nur den religionspolitischen Zwängen seiner Zeit geschuldet, sondern entsprang auch einer tiefen persönlichen Überzeugung. Zur christologischen Auslegung des Leviathan siehe etwa Taubes 1985. Auch Rousseau bezeichnet Hobbes als „christlichen Autor" (CS: 145).

kenntnis zur Minimalvoraussetzung eines freiheitlichen Staatswesens erklären und die politisch gebotene Intoleranz gegenüber jenen rechtfertigen, die die Existenz Gottes leugnen?[6] Wie sonst könnte schließlich Jean-Jacques Rousseau solch massive Zweifel an der Leistungsfähigkeit seines Vertragsmodells haben, dass er – ganz ähnlich wie vor ihm Spinoza, Machiavelli oder auch Montesquieu – „auf die Religion glaubt zurückgreifen zu müssen, um seinem politischen Gemeinwesen Stabilität zu geben" (Vorländer 2012: 128)?

Von einer modernen, liberalen und säkularen Perspektive mag man dies so beurteilen, wie etwa Simon Critchley es getan hat, der Rousseaus republikanisches Gemeinwesen als ein „trauriges System" bezeichnet, das sich – vermutlich der historischen Epoche und seiner beschränkten Horizonte des Vorstellbaren oder Erlaubten geschuldet – durch „eine Reihe alptraumhafter Verschlingungen von Politik und Religion" auszeichne. Obwohl Rousseau einerseits über ein „modernes Verständnis von Politik" verfüge, das mit traditionellen Naturvorstellungen breche und stattdessen „auf Ideen von Volkssouveränität, Zusammenschluss, völliger Gleichheit und kollektiver Autonomie" baue, so Critchley, könne sein republikanischer Ordnungsentwurf nur mit Hilfe gewisser Momente wirksam werden, die man wohl oder übel als *Sakralisierung* bezeichnen müsse (Critchley 2008: 12f.). Lässt man den entsprechenden Defätismus hier beiseite, dann heißt das konkret, dass moderne politische Ordnungen scheinbar mit der Ambivalenz leben müssen, einerseits auf das Primat der Autonomie zu verweisen, andererseits aber auch gewisse Heteronomien zu benötigen (vgl. ebd.: 11).[7] Auch und gerade für Jean-Jacques Rousseau wird das „problème fondamental" damit von der Frage überlagert, wie eine freiheitlich-republikanische Ordnung ihre Existenz, Einheit und Stabilität dauerhaft gewährleisten kann. Die Antwort, die Rousseau auf dieses „problème de la practicabilité" gibt, verweist auf das Moment des Heiligen, auf Formen der Sakralisierung und eine Funktionalisierung des Religiösen, ohne die eine – oder zumindest *seine* – republikanische Ordnung scheinbar nicht auskommen kann. Aus moderner Sicht und nach dem Selbstverständnis moderner Demokratien können diese Begriffe eigentlich nur irritieren. Was ist unter dem angesprochenen „Moment des Heiligen" also zu verstehen?

---

6   „Promises, Covenants, and Oaths, which are the Bonds of Humane Society, can have no hold upon an Atheist" (Letter: 51). Siehe hierzu auch die Spannung zwischen einer vernunftbasierten und einer theologischen Grundlegung des Naturrechts im „Second Treatise of Government" (vgl. ST: etwa 29ff.).

7   Eine substantialistische Umdeutung dieser Ambivalenz findet sich in der bekannten Formel von Ernst-Wolfgang Böckenförde (1992: 112).

3 Das Heilige und seine soziale Funktion

Der französische Soziologe Roger Caillois sah den sozialen Sinn des Heiligen in seinem 1988 zum ersten Mal auf Deutsch erschienenem Buch „Der Mensch und das Heilige" vor allem in dessen Vermögen alltagspraktischer Differenzierung: „Eigentlich", so Caillois, „kann man über das Heilige im allgemeinen nur eines verbindlich aussagen, und das ist bereits in der Definition des Terminus enthalten: nämlich dass es das Gegenteil des Profanen ist" (Caillois 1988: 12, Original von 1939). In der theologischen und religionssoziologischen Tradition wurde der Begriff des Heiligen vor allem in zwei wesentlichen Bedeutungszusammenhängen gebraucht. Auf der einen Seite waren es Religionswissenschaftler wie William James, Rudolf Otto oder Mircea Eliade, die dem Begriff eine eher ontologisch-substantialistische Bedeutung zuschrieben. Entsprechend sollten „religiöse Erfahrungen" (James), „elementare" und „kosmische Hierophanien" (Eliade) oder die heiligkeitskonstitutive Kategorie des „Numinosen" (Otto), jene Formen der Ergriffenheit, Entzogenheit und Feierlichkeit beschreiben, die „dem Rationalen [...] begrifflicher Erfassung völlig unzugänglich ist" (Otto 1991: 5; Eliade 1989: 15). Auf der anderen Seite hat vor allem Émile Durkheim den Begriff des Heiligen geprägt, indem er Religion in ganz grundlegender Weise als soziales Phänomen begriff und auf die gesellschaftlich vermittelte Unterscheidung zwischen *sakral* und *profan* zurückführte (Durkheim 2007: 76).[8] Diese eher soziologisch-funktionalistische Bedeutungsdimension des Begriffes beschrieb Roger Caillois wie folgt: „Das Wesen und der Gegenstand, die eine solche Heiligung erfahren, sind möglicherweise überhaupt nicht verändert. Trotzdem sind sie von diesem Augenblick an vollkommen verwandelt. Man verhält sich ihnen gegenüber anders, kann nicht mehr beliebig mit ihnen umgehen." Stattdessen, so Caillois weiter, rufen sie Gefühle des Erschreckens und der Verehrung wach, werden für unantastbar oder unverfügbar gehalten (Caillois 1988: 21).

Ohne übermäßige Inanspruchnahme theologischer oder anthropologischer Großthesen hat eine breite religionssoziologische Diskussion an diese Durkheimsche Begriffsbestimmung angeknüpft. Peter L. Berger und Thomas Luckmann beispielsweise haben in diesem Sinne das Konzept des Heiligen als Analysekategorie präsentiert, die eine ganz bestimmte Art und Weise der Errichtung eines gemeinsamen Wissens- und Ordnungshorizontes beschreibt. In seinem 1967 erstmalig erschienenem Buch „The Sacred Canopy" schreibt Berger entsprechend, dass erst die Konstituierung eines „heiligen Kosmos" den absoluten Höhepunkt sozialer

---

8 Zur Aufnahme und Diskussion des Begriffes des Heiligen in der Soziologie siehe Joas 2004: 64ff.

Konstruktionsleistung darstelle. Sie sei „im wortwörtlichen Sinn deren Apotheose" (Berger 1973: 28). Auch Berger fundiert den Begriff zunächst anthropologisch. Für ihn schwingt in allen Formen der Welterrichtung nämlich immer die zentrale Leitunterscheidung zwischen Ordnung und Chaos mit. Mit jeder Konstruktion von Wirklichkeit im Allgemeinen (und von politischer Ordnung im Besonderen) sei der Mensch in gewissem Sinne auch bemüht, das sprichwörtliche Grauen des Chaotischen im Schach zu halten (ebd.).[9] Derartig errichtete Sinnzusammenhänge statten subjektive Erfahrungen mit Sinn aus, greifen dabei stets auf historisch vermittelte Reservoirs zurück und verdichten sich zur „Weltansicht", sobald sie ein fester Bestandteil der gesellschaftlichen Wirklichkeit werden. Durch weitere Prozesse sozialer Objektivierung können Elemente einer solchen Weltansicht schließlich „eine weitere Stufe der Transzendenz" erreichen und über ihre orientierende Funktion hinaus, „ohne Rücksicht auf Person, Ort und Situation" einen „objektiv verpflichtenden Charakter" erhalten (Luckmann 2005: 89). Spezifikum derartiger heiliger Topoi sei deshalb gerade die ihnen *zugeschriebene* Unverfügbarkeit, ihre behauptete Unantastbarkeit, Verbindlichkeit und Objektivität.

4 Dimensionen des Heiligen in Rousseaus Republik

In Rousseaus *Contrat social* wird der Begriff des Heiligen vor allem in metaphorischer Absicht aufgegriffen. So sei der Anspruch auf eine freiheitssichernde gesellschaftliche Ordnung ein „geheiligtes Recht" (CS: 6), die souveräne Gewalt „völlig unumschränkt, geheiligt und unverletzlich" (CS: 35) und das „Dasein" des Souveräns der „Heiligkeit des Vertrags" (CS: 20) geschuldet. Hinsichtlich der beschriebenen Funktion sozialer Sakralisierungs- und Objektivierungsprozesse macht Rousseau jedoch in signifikantem Maße auch von der hinter dem Begriff des Heiligen stehenden Idee Gebrauch und versetzt auf diese Weise seine Republik mit einer eigentümlichen Spannung aus Autonomie und Heteronomie. Scheinbar im diametralen Gegensatz zu einem wirksam zur Schau gestellten politischen Modell demokratischer Selbstermächtigung konstruiert er ein feines Netz der gleichzeitigen Implementation von Momenten des Unverfügbaren. Auf diese Weise projiziert Rousseau die wichtigsten Eckpfeiler der politischen Ordnung in ein Absolutes hinein, das auch für den Volkssouverän in jeglicher Form dem Zu-

---

9   „Religion ist das Unterfangen des Menschen, einen heiligen Kosmos zu errichten. Anders ausgedrückt: Religion ist Kosmisierung auf heilige Weise. Als heilig bezeichnen wir eine numinose, furchterregende Mächtigkeit, die der Mensch anders als sich selbst und doch mit ihm verbunden erlebt [...]" (Berger 1973: 26).

griff entzogen bleibt. Die legitimatorische Architektur seiner Republik erscheint, wie Hannah Arendt schrieb, stellenweise „in etwas verankert, was die menschliche Vernunft übersteigen mag, aber dennoch eine ihm eigentümliche Rationalität besitzt" (ÜR: 265).

Wo aber werden entsprechende Aspekte der Sakralisierung in der Logik des *Contrat social* konkret in Anspruch genommen? Auf welche Weise versucht Rousseau mit ihrer Hilfe die politisch-institutionelle Ordnung seiner Republik auf Dauer zu stellen? Mit einer gewissen heuristischen Anleihe bei Niklas Luhmann kann hier eine *sachliche*, eine *zeitliche* und eine *soziale* Dimension der Konstitution von Ordnung unterschieden werden, die von Rousseau unabhängig voneinander und doch in ähnlicher Art und Weise adressiert werden.[10] Nach dieser Logik rücken nacheinander sein zentrales *Imaginaire* der *volonté générale* (v. a. I. Buch 6. Kapitel – II. Buch 4. Kapitel), seine Figur des *législateurs* (II. Buch 7. Kapitel) sowie seine Konzeption einer *religion civile* (IV. Buch 8. Kapitel) ins Zentrum der Aufmerksamkeit. Nicht nur in entstehungsgeschichtlicher,[11] sondern auch in inhaltlich-systematischer Hinsicht scheinen die entsprechenden Argumentationsfiguren und Kapitel damit in enger Verbindung zu stehen.

4.1   Die sachliche Dimension des Heiligen in der Republik: *La Volonté Générale*

In *sachlicher Hinsicht* steht zunächst und vor allem die Figur der *volonté générale* im „systematischen Zentrum" der politischen Philosophie Jean-Jacques Rousseaus (Kersting 2003: 81). Sie gilt per definitionem als unfehlbar, unteilbar, unrepräsentierbar, unveräußerlich, und als Garant für die moralische Qualität des Gemeinwesens.[12] Als „Lex absolutus" kennt die Herrschaft des Gemeinwillens nach innen keine Grenzen und ist dabei nicht einmal an sich selbst und die eigene Entscheidungspraxis gebunden.[13] Aufgrund seiner theoretischen Herleitung, seiner

---

10 Niklas Luhmann unterscheidet bekanntlich zwischen einer Sachdimension, einer Zeitdimension und einer Sozialdimension von Sinn. Vgl. Luhmann 1987: 111ff. Diese Kategorien werden hier allerdings nur in heuristischer Absicht aufgegriffen.

11 Im sogenannten „Genfer Manuskript" des Contrat social findet sich auf den Rückseiten des Kapitels zum *législateur* eine erste Version von Rousseaus Gedanken zur *religion civile*. Vgl. Derathé 1964: LXXXIX.

12 Nach Rousseau resultiert der „Hang zur Entartung" einer politischen Ordnung gerade aus der natürlichen Dynamik des Einzelwillens (CS: 27).

13 Es sei schlichtweg „unsinnig", so Rousseau, anzunehmen der Gemeinwille könne sich mit Blick auf die Zukunft irgendwelche „Ketten" anlegen (CS: 28).

zentralen Bedeutung für die Legitimität der politisch-institutionellen Ordnung und seiner Relevanz für die Legitimierung politischen Handelns in der Republik steht er einerseits in unmittelbarem Kontakt mit den konkreten politischen Entscheidungsprozessen. Als symbolische Repräsentationsfigur verweist er andererseits gerade auf jenen abstrakten Mehrwert, der die politische Gemeinschaft als Ganzes, gegenüber der Summe ihrer Teile ausmacht.

Im *Contrat social* wird die *volonté générale* in vielfältiger Weise umschrieben. Sie ist das „Lebendige" innerhalb des politischen Körpers, welcher nach ihrer Maßgabe „Antrieb und Willen" erhält (CS: 20). Als Signifikant verweist sie auf jenen idealtypischen Punkt, an dem alle Einzelinteressen zu einer moralisch und epistemologisch höherwertigen Perspektive verschmelzen. Aufgrund seiner qualitativen Suprematie sei allein der Gemeinwille in der Lage „die Kräfte des Staates gemäß dem Zweck seiner Errichtung, nämlich dem Gemeinwohl", zu leiten (CS: 27). Nur so könne eine politische Gemeinschaft mit jener „allumfassenden, zwingenden Kraft" agieren, die notwendig sei, „um jedes Teil auf die für das Ganze vorteilhafteste Art zu bewegen und auszurichten" (CS: 32). Dank der *volonté générale*, so Rousseau, sei der Volkssouverän, „allein weil er ist, immer alles, was er sein soll" (CS: 21).

Bereits aus einer *theoretisch-ideellen* Perspektive scheinen sich damit die beschriebenen Widersprüche zwischen autonomer und heteronomer Qualität in der Figur des Gemeinwillens in besonderem Maße zu bündeln – Widersprüche, die letztlich in der Frage gipfeln, ob denn der Gemeinwille nicht auch irren könne (CS: 30f.). Im Hinblick auf ihre *praktisch-soziale* Funktion für die institutionelle Struktur und die politische „Lebenswirklichkeit" (Rudolf Smend) der Republik fällt hier jedoch auf, dass Rousseau die Figur der *volonté générale* mit einer komplexen Rhetorik der Rechtfertigung verbindet und sie in diesem Zusammenhang auf andere Geltungsgründe ausrichtet. Durch den kursorischen, nicht weiter erläuterten Verweis auf verschiedene, als unantastbar geltende Bezugspunkte versucht Rousseau bereits in der Argumentation des *Contrat social* seiner Figur der *volonté générale* jene Aura des Erhabenen, des Objektiven, des Absoluten und Unverrückbaren zu verleihen, die ihre besondere Leitfunktion für die politische Ordnung der Republik überhaupt erst zu ermöglichen scheint. Aus welchen Quellen speisen sich also moralische Qualität und absolute Geltung des Gemeinwillens?

Zunächst bringt Rousseau bekanntermaßen die *Vernunft* ins Spiel. Nach ihrem Gesetz „geschieht nichts ohne Grund" (CS: 33) und auch die „allumfassende Gerechtigkeit", an der sich der Gemeinwille orientiert, sei letztlich aus den Quellen dieser Vernunft entsprungen (CS: 39). Das Zustandekommen des Gesellschaftsvertrags, die Entscheidung jedes Einzelnen, seine eigene Freiheit wiederherzustellen, indem man sich mit anderen nach den Rousseauschen Maßgaben zu einem republikanischen Gemeinwesen zusammenzuschließt, wird ebenfalls als Akt höherer Vernunft bewertet.[14] Um „die Gesetze der Gerechtigkeit" unter den Menschen durchzusetzen, gilt es einerseits die natürlich entstandenen Herrschaftsverhältnisse zu überwinden, andererseits aber bescheinigt Rousseau dem Gemeinwillen, der durch den Gesellschaftsvertrag zur Herrschaft gelangt, selbst eine „natürliche Richtigkeit" (CS: 33).[15] Damit gewinnt auch der Verweis auf die *Natur* für die *volonté générale* eine eigene legitimatorische Qualität: „Was gut ist und der Ordnung entspricht, ist es durch die Natur der Dinge und unabhängig von menschlichen Satzungen" (CS: 39). Auf die Gründung einer Republik und entsprechend auf die Wahrung seiner eigenen Freiheit verzichten, hieße letztlich auch, „seine Eigenschaft als Mensch" zu verleugnen. Ein solcher Verzicht auf die Herrschaft der *volonté générale* sei deshalb „unvereinbar mit der Natur des Menschen" (CS: 11).[16] Das Argument der höheren Vernunft und natürlichen Erhabenheit der *volonté générale* wird schließlich noch um ein drittes Element der Rechtfertigung erweitert, denn, so bekräftigt Rousseau, „alle Gerechtigkeit" komme letztlich „von Gott, er allein ist ihre Quelle". Weil aber die Menschen mangels naturgegebener Sanktionierungsmechanismen nicht in der Lage sind, diese göttliche Gerechtigkeit „von so hoch oben zu empfangen", seien künstliche Abmachungen und Gesetze nötig, um ihr „unter den Menschen" dennoch zur Durchsetzung zu verhelfen (CS: 39).[17] Ähnlich dem ‚Heiligen Geist' in der christlichen Theologie wird die *volonté générale* in Rousseaus ‚republikanischer Transzendenznarration' damit indirekt zum Übermittler göttlicher Maßgaben.[18]

---

14 Für Rousseau impliziert dies bekanntlich auch, dass Einzelne notfalls gar „gezwungen werden, ihren Willen der Vernunft anzupassen" (CS: 42).

15 Im Original: „A considérer humainement les choses, faute de sanction naturelle les loix de la justice sont vaines parmi les hommes; elles ne font que le bien du méchant et le mal du juste, quand celui-ci les observe avec tout le monde sans que personne les observe avec lui. Il faut donc des conventions et des loix pour unir les droits aux devoirs et ramener la justice à son objet" (OC III: 378).

16 Zu den unterschiedlichen Naturbegriffen bei Rousseau siehe demnächst Schulz 2013b.

17 „Toute justice vient de Dieu, lui seul en est la source; mais si nous savions la recevoir de si haut nous n' aurions besoin ni de gouvernement ni de loix" (OC III: 378).

18 Nicht nur in systematischer, sondern auch in begriffsgeschichtlicher Hinsicht dürfte Rousseau eine derartige Assoziierung von Gemeinwillen und der Kategorie des Heiligen wohl nicht als sonderlich abwegig empfunden haben, denn schließlich wurde der Begriff der *volonté générale* wahrscheinlich selbst einem frühneuzeitlichen theologischen bzw. politisch-theologischen Diskurskontext entlehnt (siehe hier etwa Riley 2001 sowie Asal 2007).

Vernunft, Natur, Gott – durch diese dreifache Strategie ihrer argumentativen Objektivierung und symbolischen Überhöhung trägt die Figur des Gemeinwillens wesentlich zur begründungslogischen Schließung des Rousseauschen Modells bei.[19] Weil es unmöglich erscheint, den Gemeinwillen mit bestimmten Mitteln, Techniken oder Verfahren zuverlässig und eindeutig zu entschlüsseln, basiert der Zugang zu seiner übergeordneten Weisheit dabei de facto auf dem Prinzip der ‚Offenbarung'.[20] In politischer Hinsicht wird die Frage nach dem Gemeinwillen damit zur Frage nach seinen ‚Hohepriestern', nach derjenigen Instanz also, die ermächtigt ist, seine jeweils aktuell relevante Ausprägung verbindlich auszudeuten. Diese Frage hat Rousseau jedoch bekanntlich weniger beschäftigt, denn seiner Logik nach schienen die hohen organisatorischen, epistemischen, moralischen und sittlichen Vorrausetzungen für eine angemessene Bestimmung des Gemeinwillens im Großen und Ganzen überwindbar zu sein.[21] Für die politische Ordnung der Republik aber gewinnt die *volonté générale* einen sakralen Stellenwert und wird zum objektiv-verbindlichen Maßstab für politische Entscheidungsprozesse. Die beschriebene Mechanik der *Sakralisierung des Gemeinwillens* ist zudem eng mit einer *Sakralisierung der republikanischen Ordnung* durch den Verweis auf den Gemeinwillen verbunden. Sie wird durch jene Formen feierlicher Inszenierung des „gemeinsamen politischen Willens" unterstützt, die – wie Rousseau in seinen „Betrachtungen zu Regierung und Verfassung Polens" schreibt – „in den Augen oberflächlicher Menschen müßig sind, die aber doch teure Gewohnheiten und unbesiegbare Bindungen hervorbringen" (Polen: 567).[22]

---

19 Dies zeigt sich symptomatisch auch an Rousseaus Bestimmung des Republikbegriffs. Demnach ist allgemein jede Regierung republikanisch, „die vom Gemeinwillen geleitet wird" (CS: 41).

20 Lediglich eine *volonté de tous* könne durch entsprechende Entscheidungspraxen verlässlich bestimmt werden. Die Bedingungen, die Rousseau für die gezielte Ermittlung der *volonté générale* aufführt, erscheinen hingegen unspezifisch, idealistisch und zum Teil utopisch: „Si, quand le peuple suffisamment informe délibére, les Citoyens n'avoient aucune communication entre eux, du grand nombre de petites différences résulteroit toujours la volonté générale, et la délibération seroit toujours bonne" (OC III: 371).

21 Vgl. hierzu Chwaszcza 2003: 127ff.

22 Man denke etwa an den *Culte de la Raison et de l'Être suprême* in Frankreich, der gelegentlich auch eine sakrale Verehrung und Überhöhung der Person Jean-Jacques Rousseaus mit einschloss. Dazu demnächst Schulz 2013a.

4.2   Die zeitliche Dimension des Heiligen in der Republik: *Le Législateur*

Im Zuge der beschriebenen Sakralisierungstendenzen und Sakralitätsaspekte wird die Figur der *volonté générale* im Rousseauschen Modell nicht nur im politischen Alltag eingefordert, sondern auch in grundsätzlicher Weise für die Rechtfertigung der ursprünglichen Notwendigkeit eines Gesellschaftsvertrags herangezogen. Gerade in ihrer symbolischen Überhöhung verweist sie dabei zurück auf den Akt ihrer Inthronisation. Sie schöpft ihre legitimitätsstiftende Kraft aus dem Anfang des politischen Gemeinwesens, dem Gedanken an einen realen oder fiktiven Vertragsschluss als Akt der Gründung der republikanischen Ordnung und der Konstituierung des Volkssouveräns. Zum Einen kann die Sakralisierung des Gemeinwillens somit gleichzeitig als Form der Unverfügbarstellung dieser fortwährend geltenden Vereinbarung interpretiert werden, zum Anderen scheint das von Rousseau in Anspruch genommene Moment des Heiligen in der Republik auf diese Weise auch *in zeitlicher Hinsicht* eine Klärung einzufordern.

In diesem Sinne konserviert und kommuniziert die *volonté générale* die Ideen und Grundsätze einer ursprünglichen Autorität in einer zeitlich „zerdehnten Situation" (Konrad Ehlich) und regt sie von Gelegenheit zu Gelegenheit, von Generation zu Generation zur wiederholten Einübung und Einweisung an (Assmann 1988: 9). Sie bindet das politische Institutionengefüge zurück an ihren eigenen Ursprung und dessen „heiligen Schauder", ein Phänomen, das bei Hannah Arendt explizit durch den Begriff der *Religion* zum Ausdruck gebracht wird.[23] Auch das Rousseausche Problem der „practicabilité" gewinnt auf diese Weise eine weitere Dimension: „Damit ein werdendes Volk die gesunden Grundsätze der Politik schätzen und den grundlegenden Ordnungen der Staatsräson folgen kann, wäre es nötig, dass die Wirkung zur Ursache werde, dass der Gemeinsinn, der das Werk der Einrichtung sein soll, der Errichtung selbst vorausgehe und dass die Menschen schon vor den Gesetzen wären, was sie durch sie werden sollen". (CS: 46)[24] Mit diesem Satz, so kommentiert der Rousseau-Übersetzer Hans Brockard, beschreibe Rousseau „die Schwierigkeit jeder Theorie über den Anfang": „Ein Anfang ist nicht deduzierbar, er setzt sich in gewisser Weise immer schon selbst

---

23 Vgl. ÜR: 255, wo Arendt den Begriff der Religion „im römischen Sinne" verstehen will und ihn vom Verb „religare" als Bezeichnung des „Zurückbindens" an einen Anfang herleitet. Sie folgt damit der Interpretation von Laktanz (*Divinae Institutiones*) über den möglichen Ursprung des Begriffs.

24 Im Original: „[I]l faudroit que l'effet put devenir la cause, que l'esprit social qui doit être l'ouvrage de l'institution présidât à l'institution même, et que les hommes fussent avant les loix ce qu'ils doivent devenir par elles" (OC III: 383).

voraus. Anders gesagt: ein Anfang ist eine eminent historische Angelegenheit, die erst im Nachhinein als Anfang erkennbar wird und theoretisch nie ganz eingeholt werden kann." (CS: 162) Wie aber kann bzw. konnte das republikanische Gemeinwesen dann überhaupt zustande kommen? Eine Anwendung von Zwang gilt als ausgeschlossen, das hätte der moralischen Zielsetzung widersprochen; die Inanspruchnahme machtgestützter Souveränität ebenfalls, denn diese war ja erst durch den Gründungsakt entstanden. Rousseaus Lösung für dieses Problem ist offenkundig die Figur des *législateurs*, die er im 7. Kapitel des II. Buches präsentiert und im Wesentlichen von Niccolò Machiavelli übernimmt.[25] Auch sie wird durch verschiedene Argumentationsweisen mit einer *Aura des Heiligen* ausstattet.

Dem Gesetzgeber sind erstens übermenschliche Fähigkeiten zugeschrieben. Mit außergewöhnlicher Begabung ausgestattet, müsse er sich „imstande fühlen, die menschliche Natur zu ändern", um den Einzelnen „in den Teil eines größeren Ganzen" zu verwandeln sowie „an die Stelle eines natürlichen, physischen und unabhängigen Daseins" ein „moralischen Dasein" zu setzen. Mit außergewöhnlicher Macht ausgestattet, dürfe er außerdem kein politisches Amt anstreben, denn „andernfalls würden seine Gesetze als Diener seiner Leidenschaften oft nur seine Ungerechtigkeit verewigen" (CS: 43f.). Seine „große Seele", so beschreibt es Rousseau in Anlehnung an die historischen Vorbilder von Moses und Mohammed bis zu Solon, Lykurg oder Numa, sei folglich „das eigentliche Wunder", denn „[e]itle Blendwerke bilden ein vergängliches Band, nur die Weisheit macht es dauerhaft" (CS: 47). Auch nach Wolfgang Kersting ist der *législateur* deshalb „dem Demiurgen nachgebildet, der die Welt als einheitliches Werk geschaffen hat. Er ist ein irdischer Demiurg, ein *deus mortalis*, der mit dem vorfindlichen Menschenmaterial arbeitet, es formt, gestaltet" (Kersting 2002: 168).

Zweitens geht diese Form der besonderen *Überhöhung des Gesetzgebers* stets mit einer *Sakralisierung der republikanischen Ordnung* einher, denn aus der Heiligkeit des Gesetzgebers folgt direkt die „Heiligkeit seines Werkes" (CS: 44). Dieser *Sakralitätstransfer* wird dadurch besiegelt, dass der *législateur* nicht nur als Stifter der bürgerlichen Sitten, als großer „Ingenieur" der republikanischen „Maschine" (CS: 43), sondern auch als Stifter des Zugangs zu jenen transzendenten Ressourcen auftritt, aus denen die Republik ihre Legitimität bezieht. Um nämlich seinen übermenschlichen Anforderungen zu entsprechen, so Rousseau, sei es für den „großen Gesetzgeber" unumgänglich, „dass er seine Zuflucht zu einer Autorität anderer Ordnung nimmt, die ohne Gewalt mitreißen und ohne zu überreden überzeugen kann" (CS: 46). Nur dann werde ein Volk „das Joch des öffentlichen Glückes tragen, ohne zu murren" (ebd.). Dieses Bedürfnis nach

---

25 Vgl. Vorländer 2012: 119f.

Heteronomie, nach unverfügbar erscheinenden Bezugspunkten sei es, „was die Väter der Nationen zu jeder Zeit zwang, ihre Zuflucht zum Himmel als Mittler zu nehmen" (ebd.).[26] Die Notwendigkeit des *législateurs*, die eigenen Entscheidungen „den Unsterblichen" in den Mund zu legen, „um durch göttlichen Machtspruch diejenigen mitzureißen, die menschliche Klugheit nicht zu bewegen vermöchte", wird allerdings nicht als vorrationale Pathologie, sondern als „erhabene Vernunft" beschrieben, „die sich über das Fassungsvermögen der gewöhnlichen Menschen erhebt". Während „philosophischer Hochmut oder blinder Parteigeist" in der Figur des *législateurs* nur einen „glücklichen Betrüger" sieht, „bewundert der wahre Politiker in ihren Gründungen jenen großen und mächtigen Geist, der über dauerhafte Einrichtungen herrscht" (CS: 46f.).

4.3 Die soziale Dimension des Heiligen in der Republik: *La Religion Civile*

Mit der erfolgreichen Überwindung der „Aporie des Anfangs" (Hannah Arendt) und der nachhaltigen Unverfügbarstellung ihrer Leitidee ist das konkrete Verwirklichungsproblem der Rousseauschen Republik aber noch längst nicht gelöst. Es setzt sich vielmehr genau dann fort, wenn es gilt, das einmal Gegründete zu erhalten und auf Dauer zu stellen. Eine Reihe von Rahmenbedingungen, die es zumindest erleichtern, diese Stabilität in institutioneller Hinsicht zu gewährleisten, werden im *Contrat social* zwar explizit genannt,[27] insbesondere die anspruchsvollen *soziomoralischen* Möglichkeitsbedingungen seines Modells freiheitlich-republikanischer Selbstregierung aber haben Rousseau zu weitergehenden Überlegungen veranlasst. Im Hinblick auf die hierbei in den Blick geratende *Sozialdimension* politischer Ordnungskonstitution greift er spätestens im Kapitel über die „bürgerliche Religion" erneut auf Formen der gezielten Sakralisierung scheinbar unverfügbarer Geltungsbedingungen der Republik zurück. Die Spannung zwischen Autonomie und Heteronomie wird zugleich auf das Feld staatsbürgerlicher Ge-

---

26 Vgl. hier analog Niccolò Machiavelli: „Es gab tatsächlich noch nie einen außergewöhnlichen Gesetzgeber in einem Volk, der sich nicht auf Gott berufen hätte, weil seine Gesetze sonst nicht angenommen worden wären; denn es gibt viel Gutes, das zwar von einem klugen Mann erkannt wird, aber doch keine so in die Augen springenden Gründe in sich hat, um andere von seiner Richtigkeit überzeugen zu können. Kluge Männer nehmen daher zur Gottheit ihre Zuflucht um dieser Schwierigkeit Herr zu werden" (Disc.: 45).

27 Etwa eine begrenzte räumliche Ausdehnung der Republik (CS: 50ff.) oder ein Verbot von Parteiungen (CS: 31).

sinnung projiziert.[28] Die „eigentliche Verfasstheit des Staates", so Rousseau, sei nämlich in entscheidendem Maße in den passenden freiheitlichen „Sitten und Gebräuchen" begründet, die „weder auf Marmor noch auf Erz, sondern in die Herzen der Bürger" zu schreiben seien (CS: 60). Wie aber lässt sich die dauerhafte Existenz einer solchen republikanischen politischen Kultur garantieren?

Rousseau gibt auf diese Frage eine religionspolitische Antwort, weil er in deren „Sozialform" (Thomas Luckmann) sowohl die Lösung, als auch die größte Bedrohung für eine dauerhafte Bindung des Einzelnen an das gemeinsame Ganze vermutet. Unter der Maßgabe, dass alles, was die soziale Einheit zerstöre und „die Menschen mit sich selbst in Widerspruch" bringe, abzulehnen sei (CS: 146), wählt Rousseau als Ausgangspunkt für seine Überlegungen eine eigene religionssoziologische Typologie, die zwischen einer „religion de l'homme", einer „religion du Citoyen" und einer „religion du Prêtre" unterscheidet.[29] Während die beiden erstgenannten Formen im Lichte seiner Fragestellung sowohl Fehler als auch Vorteile zu besitzen scheinen, sei die „bizarre" Priesterreligion „so offensichtlich schlecht, dass es Zeit vergeuden hieße, es auch noch aufzeigen zu wollen". So führe insbesondere das „römische Christentum" dazu, dass sich die Menschen „zwei Gesetzgebungen, zwei Häupter[n] und zwei Vaterländer[n]" und damit „widersprüchlichen Pflichten" unterwerfen, die sie letztlich daran hindern, „gleichzeitig fromm und Staatsbürger sein zu können" (CS: 146).[30] Dieses Christentum predige „nichts als Knechtschaft und Abhängigkeit". Sein Geist leiste „der Tyrannei zu sehr Vorschub, als dass diese daraus nicht immer Nutzen zöge. Die wahren Christen sind dazu geschaffen, Sklaven zu sein" (CS: 149). Für die Stabilität einer freiheitlich-republikanischen Ordnung habe dies katastrophale Folgen. Weil die Anhänger dieser Religionsform „einzig mit den himmlischen Dingen beschäftigt" seien und ihr Vaterland „nicht von dieser Welt" stamme, zeichnen sie sich durch eine „tiefe Gleichgültigkeit gegenüber Erfolg oder Misserfolg" der irdischen, politischen Gemeinschaft aus. Dies wiederum mache „in den christlichen Staaten jede gute Staatsordnung" de facto unmöglich (CS: 143), denn anstatt „die Herzen der Bürger an den Staat zu heften, entfernt sie sie davon wie von allen irdischen Dingen" (CS: 147ff.). Wolle man demgegenüber ein *sentiment de sociabilité* stiften, gelte es stattdessen die jeweiligen Vorteile von „religion de l'homme" und „religion du Citoyen" zu verbinden.

---

28 Damit ist in erster Linie die Tugendhaftigkeit ihrer Bürger gemeint sowie insbesondere die „teuerste" dieser Tugenden: die Vaterlandsliebe (so beschrieben bereits bei Cicero, De off.: 34).

29 Vgl. hierzu Fetscher 1990: 184ff.

30 Ähnlich bekanntlich bereits die Position Lockes im *Letter concerning Toleration*.

Als Ergebnis dieser Überlegungen präsentiert Rousseau seine *religion civile*.
Sie soll den Einzelnen in die Lage versetzen „die Gesetze und die Gerechtigkeit
ernstlich zu lieben und sein Leben im Notfall der Pflicht zu opfern" (CS: 151).
Gerade im 8. Kapitel des IV. Buches des *Contrat social* wird indes die Spannung
zwischen autonomer Selbstermächtigung und heteronomer Orientierungsnot-
wendigkeit deutlich. So können die entsprechenden „Dogmen" der bürgerlichen
Religion zwar prinzipiell durch den Volkssouverän frei bestimmt werden. Damit das dadurch entstehende, kollektiv verpflichtende „bürgerliche Glaubensbekenntnis" aber tatsächlich die ihm zugesprochene Integrations- und Stabili-
sierungskraft entfaltet, sind nach Rousseau zwingend bestimmte formale sowie
inhaltliche Bedingungen zu berücksichtigen. Denn nur wenn die einschlägigen
Dogmen „einfach", „gering an Zahl", „klar ausgedrückt" und „ohne Erklärungen
und Erläuterungen" formuliert werden, sind sie in der Lage, die ihnen zugewie-
sene ordnungsstabilisierende Funktion zu erfüllen. Nur wenn sie die Existenz
einer „allmächtigen, allwissenden, wohltätigen, vorhersehenden und sorgenden
Gottheit, das zukünftige Leben, das Glück der Gerechten und die Bestrafung der
Bösen sowie die Heiligkeit des Gesellschaftsvertrags und der Gesetze" sowie den
Grundsatz der Toleranz bezeugen, sind sie imstande, der Republik eine dauerhafte „Gesinnung des Miteinander" zu gewähren (CS: 151).

Die Geltung dieser Grundsätze, „ohne die es unmöglich ist, ein guter Bürger
und ein treuer Untertan zu sein" (CS: 151), gilt es im Alltag folglich durch jene
Formen narrativer, symbolischer und ritueller Vergegenwärtigung einzuüben,
die von späteren Autoren unter dem Begriff der *Zivilreligion* diskutiert wurden.[31]
Dass Rousseau mit seinen Dogmen bürgerlicher Gesinnung nicht in politischer,
sondern lediglich in funktionaler oder gar ,logisch-konkludenter' Hinsicht die
soziomoralischen Geltungsbedingungen der Republik vorgibt und deshalb die
Gestaltungsmacht des Volkssouveräns unangetastet bleibt, scheint – gerade im
Lichte seiner Machbarkeitsüberlegungen – nur schwer vorstellbar.[32] Weniger die
unbedingte „Bekenntnispflicht" der Rousseauschen *religion civile*, sondern vor
allem die inhaltliche Festschreibung ihrer Leitsätze steht im Konflikt mit den ide-
ellen Grundlagen freiheitlicher Selbstgesetzgebung, zumal der republikanische
Gesinnungstest ausdrücklich nicht den beim Vertragsschluss noch maßgeblichen

---

31 Vgl. klassisch: Bellah 1967.

32 Anders argumentiert hier etwa Michaela Rehm, für die die innerweltlich definierten
Dogmen der *religion civile* keine Frage ihrer Durchsetzung aufwerfen, da sie – Rousseaus Logik entsprechend – von den Bürgern quasi automatisch so *gewollt werden
müssen*, um die Wahrung von Freiheit und Gemeinsinn zu ermöglichen (Rehm 2012:
226ff.).

Verstand, sondern die – der Vernunft oft unergründbaren – „Herzen" der Bürger
ansprechen soll. Mit dem Tod für Freiheit und Vaterland – *pro patria mori* – als
ultimativem Akt der Reinigung des Einzelnen von privatem Egoismus, gerät die
Spannung zwischen Autonomie und Selbstregierung auf der einen sowie Heteronomie und kollektiver Bindung auf der anderen Seite schließlich gar an ihr Ex-
tremum (Schieder 2001: 93). Erst das Institut der bürgerlichen Religion sowie die
durch sie vermittelte, umfassende Sakralisierung der republikanischen Ordnung
und ihrer politischen Gemeinschaft machen ein derartiges Opfer im Lichte der
ursprünglichen Intentionen des Gesellschaftsvertrags überhaupt denkbar.[33]

5   Fazit: Die Republik und das Heilige

Interpretiert man den *Contrat social* nicht nur als Artikulation einer spekulativen
Idee, sondern auch als Versuch, eine konkrete Perspektive ihrer Verwirklichung
aufzuzeigen, so wird das darin zur Geltung kommende *„problème fondamental"*
beinahe unweigerlich durch ein *„problème de la practicabilité"* in den Schatten
gestellt. Nicht die pauschale Befreiung von allen „Ketten", sondern die gezielte
Umkehr ihrer Legitimierung; nicht die gerechte Ordnung an sich, sondern eine
gerechte Ordnung, „die zugleich die Gewähr dafür gibt, funktionsfähig zu sein",
standen demnach im Mittelpunkt des Interesses (Fetscher 1990: 102). Rousseaus
politisch-institutionelle Antwort auf dieses Problem besteht einerseits aus drei logisch aufeinander bezogenen Teilen und operiert andererseits gezielt mit Aspekten der Sakralität, Objektivierung und Heteronomie. In diesem Sinne werden im
Contrat social die Fragen nach (sachlicher) Begründung, (zeitlicher) Gründung
und (sozialer) Verstetigung des freiheitlich-republikanischen Herrschaftsmodells
gestellt und durch die Konstruktion ordnungsstabilisierender Mechanismen sowie deren systematische Sakralisierung beantwortet.

---

33 Hier mit Bezug auf Rousseaus *religion civile* jedoch von einer „voraufgeklärten" Ver-
    sion einer Zivilreligion (Lübbe 1986: 309) zu sprechen, wäre übertrieben. Gerade die
    „Einsicht in die eigene Konstitutionslogik des Politischen", so formuliert es Sonja Asal,
    komme in „Rousseaus Distanz von jeder politischen Theologie" zum Ausdruck, „auch
    wenn er an der Möglichkeit einer Nutzbarmachung der Religion für sozialintegrati-
    ve Zwecke festhält" (Asal 2007: 26). Anhand Rousseaus *religion civile* werde deutlich,
    „dass der Übergang zwischen einer [vermeintlich] ‚überholten' politisch-theologischen
    Argumentation und einer ‚modernen' säkularen Staatskonzeption einer [wesentlich]
    differenzierteren Logik gehorcht, als dies etwa mit dem Schlagwort der Säkularisie-
    rung zu erfassen wäre" (Asal 2007: 25f.).

Zentral ist dabei vor allem die „oberste Richtschnur" (CS: 18) der *volonté générale*. Mit ihrer spezifischen Inanspruchnahme als Argumentations- und Legitimationsfigur wird in *sachlicher* Hinsicht der Anspruch auf Unverfügbarkeit der politischen Ordnung artikuliert. Als jenseits aller konkreten Geltungs- und Kommunikationszusammenhänge verortetes Signifikat soll die Vorstellung eines politisch und moralisch lenkenden Gemeinwillens die Legitimität politischer Entscheidungen im Inneren sowie die institutionelle Ordnung nach außen verbürgen. Je nach konkretem Verwendungszusammenhang in den einzelnen Kapiteln des *Contrat social* wird die Republik dabei als Vernunftordnung, als natürliche Ordnung und – indirekt – auch als göttliche Ordnung beschrieben. Sie gewinnt ihre Legitimität als behaupteter Ausdruck der kollektiven Übereinkunft des Gesellschaftsvertrags und der damit verbundenen Inthronisierung des Gemeinwillens.

Der legitimatorische Dreiklang aus Vernunft, Natur und Gott, den Rousseau zur Begründung der uneingeschränkten Herrschaft der *volonté générale* anführt, wird folglich auch dann wieder aufgegriffen, wenn es gilt, in *zeitlicher* Hinsicht die institutionelle Architektur seiner Republik der faktischen Verfügbarkeit durch den Souverän zu entziehen. In diesem Sinne hat das „empirisch-mythische Doppelwesen" (Kersting 2002: 168) des *législateurs* bei der Gründung der Republik eine „Änderung der Natur des Menschen" durch den „Verweis auf die Götter" nach den Regeln einer „erhabenen Vernunft" zu vollbringen. Das Moment des Heiligen wirkt hier ebenfalls in zweifacher Weise. Zum Einen ist der *législateur* nur dann in der Lage, erfolgreich seiner Aufgabe zu entsprechen und die notwendigen republikanischen Sitten, ein Ethos der Eigenverantwortlichkeit sowie Gerechtigkeit – mit Worten Rousseaus: einen „Gemeinsinn" – unter den Bürgern zu stiften, wenn er *selbst* zur heiligen Figur stilisiert wird. Zum Anderen steht sein hohes Ansehen in direkter Beziehung zu der von ihm geschaffenen Ordnung und ist letztlich nur Mittel zum Zweck um die „Heiligkeit seines Werkes" (CS: 44) zu fundieren.

Auch und gerade die Gewährleistung scheinbar notwendiger soziomoralischer Grundlagen ist für Rousseau ein zentrales Element der Stabilisierung von Gründung und Gegründetem, von Gesellschaftsvertrag und Republik. Insbesondere in den Ausführungen zur *religion civile* wird daher die Technik einer gezielten Konstruktion von Sakralität schließlich auch in *sozialer* Hinsicht thematisiert. Einerseits könne die Stiftung einer bürgerlich-republikanischen Religion nur dann erfolgreich sein, wenn ihre zentralen Normen in der alltäglichen politischen Praxis der Republik eine entsprechende symbolische Hervorhebung erfährt – etwa durch die feierliche Wiederholung der von ihr artikulierten dogmatischen Glaubensgehalte, durch Formen des Eides, des kollektiven Einschwörens oder öffentlichen Bekenntnisses zu ihren Grundsätzen. Andererseits vollendet gerade die *religion civile* das heilsgeschichtliche Schema des *Contrat social* von guter Menschennatur, zivilisatorischem Niedergang und schlussendlicher Erlösung durch die vollständige Unterwerfung unter die Regentschaft der *volonté générale.* Ihre Glaubenssätze und Praktiken dienen daher in besonderem Maße der Sakralisierung der republikanischen Ordnung. Sie zeigen, „dass der Staat sich in religionspolitischen Angelegenheiten mit keiner Kirche zusammenschließen kann, sondern selbst eine Kirche sein muss" (Asal 2007: 13).

All diese Momente der Inanspruchnahme des Heiligen in der Republik, die im *Imaginaire* des Gemeinwillens, dem *Mythos* vom Gesetzgeber und den *Dogmen* der bürgerlichen Religion nur ihren auffälligsten Ausdruck finden, sind in ihrer Substanz gerade nicht von den vormodernen Beständen oder Traditionsresten religiöser Bewusstseins- oder Motivationsdispositionen abhängig, sondern speisen sich aus deren gezielter Umkehrung und Instrumentalisierung. Nicht die vermeintliche Aufnahme voraufgeklärter Vorstellungen zum Verhältnis von Politik und Religion oder die versuchte Integration von Versatzstücken christlicher Metaphorik, sondern ein expliziter, an Ideen wie Freiheit, Autonomie und Vernunft ausgerichteter Pragmatismus zwingt Rousseau förmlich dazu, die Idee demokratischer Selbstbestimmung mit den beschriebenen Formen der Konstruktion von Heteronomie anzureichern. Die Republik des *Contrat social* wird auf diese Weise – gerade jenseits einer im engeren Sinne verstandenen religiösen Praxis – von einer „Grammatik des Glaubens" (Kersting 2002: 194) durchzogen, „nach deren Regeln Sakralität erzeugt, Heiliges der alltäglichen Verfügbarkeit entzogen und in Ritualen, Erzählungen und Darstellungen symbolisch wieder präsent gemacht wird" (Vorländer 2012: 134). Wie ein Blick auf zeitgenössische Demokratien zeigt, scheint die Aktualität derartiger Phänomene – und damit auch die Aktualität von Rousseaus Lösungsansätzen – bis heute ungebrochen.[34]

---

34 Etwa in Bezug auf Formen der sakralen Aufladung und Überhöhung von Verfassungsorganen, Verfassungsgebern, Gründungsdokumenten und Unabhängigkeitserklärungen, von Zeremonien der öffentlichen Ehrung bürgerlichen Engagements und ‚zivilreligiöser Frömmigkeit', von Eidesleistungen oder Trauerfällen.

6   Literatur

6.1   Quellen

Arendt, Hannah: Über die Revolution (ÜR), München 2000.
Cicero, Marcus Tullius: De Officiis (De Off.). Vom pflichtgemäßen Handeln, übers. von Karl Atzert, München 1959.
Hobbes, Thomas: Leviathan (Lev.), London u. a. 1985.
Locke, John: A Letter Concerning Toleration (Letter), Indianapolis 1983.
Locke, John: Zweite Abhandlung über die Regierung (ST), Frankfurt/Main 2007.
Machiavelli, Niccolò: Discorsi (Disc.). Staat und Politik. Frankfurt/Leipzig 2000.
Montesquieu, Charles-Louis de Secondat: Vom Geist der Gesetze (EL), Stuttgart 1994.
Rousseau, Jean-Jacques: Œuvres complètes (OC). Tome III, Paris 1964.
Rousseau, Jean-Jacques: Vom Gesellschaftsvertrag (CS), Stuttgart 1977.
Rousseau, Jean-Jacques: Betrachtungen über die Regierung Polens und über deren vorgeschlagene Reform (Polen), in: Sozialphilosophische und politische Schriften, München 1981: 565 – 655.

6.2   Weitere Literatur

Asal, Sonja (2007): Der politische Tod Gottes. Von Rousseaus Konzept der Zivilreligion zur Entstehung der Politischen Theologie, Dresden.
Assmann, Jan (1988): Kollektives Gedächtnis und kulturelle Identität, in: ders./Hölscher, Tonio (Hg.): Kultur und Gedächtnis, Frankfurt/Main: 9 – 19.
Bellah, Robert N. (1967): Civil Religion in America, in: Daedalus. Journal of the American Academy of Arts and Sciences 96/1: 1 – 21.
Berger, Peter L. (1973): Zur Dialektik von Religion und Gesellschaft. Elemente einer soziologischen Theologie, Frankfurt/Main.
Böckenförde, Ernst-Wolfgang (1992): Die Entstehung des Staates als Vorgang der Säkularisation, in: ders.: Recht, Staat, Freiheit. Studien zur Rechtsphilosophie, Staatstheorie und Verfassungsgeschichte, Frankfurt/Main: 92 – 114.
Boss, Robert Ian (1971): Rousseau's Civil Religion and the Meaning of Belief: An Answer to Bayle's Paradox, in: Studies on Voltaire and the Eighteenth Century 84: 123 – 193.
Caillois, Roger (1988): Der Mensch und das Heilige, München/Wien.
Chwaszcza, Christine (2003): Die Praxis der Freiheit. Vom legitimationstheoretischen Anspruch zum politischen Traum, in: Kersting, Wolfgang (Hg.): Die Republik der Tugend. Jean-Jacques Rousseaus Staatsverständnis, Baden-Baden: 117 – 145.
Critchley, Simon (2008): Der Katechismus des Bürgers. Politik, Gesetz und Religion bei, gemäß, mit und gegen Rousseau, Zürich/Berlin.
Derathé, Robert (1964): Introduction. Première version du ‚Contrat social‘, in: Rousseau, Jean-Jacques: Œuvres complètes. Tome III, Paris: LXXXII-LXXXIX.
Durkheim, Émile (2007): Die elementaren Formen des religiösen Glaubens. Frankfurt/Leipzig.
Eliade, Mircea (1989): Das Heilige und das Profane. Vom Wesen des Religiösen, 2. Aufl., Frankfurt/Leipzig.

Fetscher, Iring (1990): Rousseaus politische Philosophie. Zur Geschichte des demokratischen Freiheitsbegriffs, 6. Aufl., Frankfurt/Main.

James, William (1997): The Varieties of Religious Experience. A Study in Human Nature. London.

Joas, Hans (2004): Braucht der Mensch Religion? Über Erfahrungen der Selbsttranszendenz, 2. Aufl., Freiburg.

Kersting, Wolfgang (2002): Jean-Jacques Rousseaus ‚Gesellschaftsvertrag'. Darmstadt.

Kersting, Wolfgang (2003): Gesellschaftsvertrag, Volkssouveränität und ‚volonté générale'. Das systematische Zentrum der politischen Philosophie Jean-Jacques Rousseaus, in: ders. (Hg.): Die Republik der Tugend. Jean Jacques Rousseaus Staatsverständnis, Baden-Baden: 81 – 116.

Lübbe, Hermann (1986): Religion nach der Aufklärung, Graz.

Luckmann, Thomas (2005): Die unsichtbare Religion, Frankfurt/Main.

Luhmann, Niklas (1987): Soziale Systeme. Grundriss einer allgemeinen Theorie, Frankfurt/Main.

Otto, Rudolf (1991): Das Heilige, München.

Plamenatz, John (2012): ‚Was nichts anderes heißt, als dass man ihn zwingen wird, frei zu sein', in: Brandt, Reinhard/Herb, Karlfriedrich (Hg.): Jean-Jacques Rousseau. Vom Gesellschaftsvertrag oder Prinzipien des Staatsrechts, Neuaufl., Berlin: 69 – 84.

Rehm, Michaela (2012): ‚Ein rein bürgerliches Glaubensbekenntnis': Zivilreligion als Vollendung des Politischen?, in: Brandt, Reinhard/Herb, Karlfriedrich (Hg.): Jean-Jacques Rousseau. Vom Gesellschaftsvertrag oder Prinzipien des Staatsrechts, 2. Aufl., Berlin: 215 – 241.

Riley, Patrick (2001): Rousseau's General Will, in: ders. (Hg.): The Cambridge Companion to Rousseau, Cambridge.

Schieder, Rolf (2001): Wieviel Religion verträgt Deutschland?, Frankfurt/Main.

Schulz, Daniel (2013a): Das Sakrale im Zeitalter seiner politischen Reproduktion. Die Französische Revolution zwischen Verfassungsfest und Missionierungskrieg, in: Vorländer, Hans (Hg.): Demokratie und Transzendenz. Die Begründung politischer Ordnungen, Bielefeld (i.V.).

Schulz, Daniel (2013b): Naturerzählungen und republikanische Geltungsbedingungen bei Rousseau, in: Vorländer, Hans (Hg.): Demokratie und Transzendenz. Die Begründung politischer Ordnungen, Bielefeld (i.V.).

Taubes, Jacob (1985): Statt einer Einleitung: Leviathan als sterblicher Gott. Zur Aktualität von Thomas Hobbes, in: ders. (Hg.): Der Fürst dieser Welt. Carl Schmitt und die Folgen, 2. Aufl., München: 9 – 15.

Vorländer, Hans (2003): Institution und Tugend. Zur Dialektik des Liberalismus, in: Fischer, Joachim/Joas, Hans (Hg.): Kunst, Macht, Institution. Studien zur Philosophischen Anthropologie, soziologischen Theorie und Kultursoziologie der Moderne. Festschrift für Karl-Siegbert Rehberg Frankfurt/New York: 316 – 330.

Vorländer, Hans (2012): Brauchen Demokratien eine Zivilreligion? Über die prekären Grundlagen republikanischer Ordnung, in: Studia Philosophica, Schriftenreihe der Schweizerischen Philosophischen Gesellschaft: 119 – 138.

Wright, Kent (2012): Rousseaus Nachleben, in: Zeitschrift für Ideengeschichte 6/2: 48 – 57.

Rousseau, die Antinomien der Demokratie und das Scheitern ihrer Aufhebung durch die Religion

Oliver Hidalgo

1   Einleitung

Das Republikideal des *Gesellschaftsvertrags* versteht sich explizit als Lösungsansatz, dass die Bürger im politischen Gemeinwesen „ebenso frei bleiben", wie sie es als Menschen im Naturzustand waren (CS I 6). Hierzu gilt es nach Rousseau, mithilfe der Volkssouveränität jene „Ketten" zu legitimieren, die den Freiraum des *citoyen* im Zusammenleben im Vergleich zu seiner natürlichen Freiheit als Individuum notwendig beschränken (CS I 1). Dieser evidente Widerspruch soll behoben werden, indem jeder Bürger als Mitglied der souveränen *volonté générale* ausschließlich den Gesetzen gehorcht, die er sich selbst gegeben hat.

Die Demokratie bedeutet in diesem Spektrum auf den ersten Blick nur eine quasi-utopische Möglichkeit, wie der republikanische Regierungsapparat (der die gesetzgebende Gewalt des Volkes vollzieht) in der Praxis zu organisieren ist. Dabei macht Rousseau darauf aufmerksam, dass es eine „wahre" Volksherrschaft niemals geben könne, da es „wider die Ordnung der Natur" sei, „dass die größere Zahl regiert und die kleinere regiert wird". Die Demokratie stelle überdies einen Widerspruch in sich dar, weil ein Volk, das „nie die Regierung missbraucht", auch seine „Unabhängigkeit" nicht missbrauchen würde (CS III 4: 324).

Bei näherem Hinsehen ist es jedoch nicht nur die demokratische Exekutive, die durch das Rousseausche Begriffsschema dekonstruiert wird. Auch das legislative Republikideal zerbricht an seinen inneren Widersprüchen. Die Autonomie des Bürgers und die Souveränität der *volonté générale*, die sich strikt gegen das Prinzip der Repräsentation wenden (CS II 1; III 15), verweigern sich in der egalitären Gesellschaft der Moderne jeder realen Verwirklichungschance. Weil die politische Freiheit der Selbstgesetzgebung faktisch auf der Entlastung des Volkes von der Arbeitswelt beruhen müsste, diese aber (nach dem Vorbild der Antike) im Gegenzug die Einführung der Sklaverei verlangte, gerät die vorgeschlagene Lösung des Freiheitsproblems am Ende zur Quadratur des Kreises: „Ihr Völker der Neuzeit, ihr habt keine Sklaven, doch ihr seid Sklaven; ihr bezahlt ihre Freiheit mit der eurigen" (CS III 15: 351), schreibt Rousseau den Lesern des *Contrat social* ins Stammbuch und veröffentlicht zeitgleich mit dem *Émile* eine explizite Absage an das eigene politische Modell. Aufgrund ihrer unlösbaren Probleme sei die Politische Philosophie „als große und nutzlose Wissenschaft" aufzugeben sowie die Wörter „Bürger" und „Vaterland" aus der Nomenklatur der „modernen Sprachen auszumerzen" (Emil V: 504, I: 13).[1] Die Erziehung habe sich folgerichtig den natürlichen Anlagen des Menschen zu widmen und letzteren so weit es eben geht von den schädlichen Einflüssen der korrumpierten Gesellschaft zu bewahren.

Dass Rousseau die Unzulänglichkeit seines politischen Denkens so schonungslos einräumte,[2] mag auf den ersten Blick die Vielzahl seiner Kritiker bestätigen, denen das Anliegen seiner politischen Theorie stets fremd blieb und die sich deshalb vor allem für das psychologische Phänomen *Jean-Jacques* interessierten. Demgegenüber will der vorliegende Beitrag zeigen, dass gerade aus Rousseaus theoretischem Scheitern wichtige Einsichten für ein ebenso adäquates wie aktuelles Demokratieverständnis zu gewinnen sind. Unter der Voraussetzung, dass man Rousseaus eigene Differenzierung zwischen Republik und Demokratie nivelliert, wird transparent, dass der Autor des *Gesellschaftsvertrags* gerade die unlösbaren Probleme und Ambivalenzen imprägniert hat, die die moderne Demokratie bis heute vergeblich zusammenzuführen versucht: Freiheit und Gleichheit, Volkssouveränität und Repräsentation, die Prinzipien der Qualität und Quantität sowie den Ausgleich individueller und kollektiver Ansprüche. Die *Unvereinbarkeit* jener normativ gleichrangigen Ideen, die sich anhand von Rousseaus Analysen demonstrieren lässt (und die am Ende die Applikation des Antinomiebegriffs rechtfertigen wird), gilt es dabei als eigentliches „Wesensmerkmal" der Demokratie zu identifizieren. In ihrem Verzicht, trotz der evidenten Widersprüche keinen der genannten antinomischen Pole *aufzuheben* und allenfalls provisorische, einer kontinuierlichen politischen Dynamik unterliegende Balancen zuzulassen, konstituiert die Demokratie einen permanenten Diskursrahmen, dessen Konturen sich mithilfe einer konzisen Lektüre des *Contrat social* abzuzeichnen beginnen. Rousseaus Scheitern war damit vielleicht der größte Dienst, den er der Demokratietheorie erweisen konnte.

---

1   Ergänzend Emil V: 523, wo es heißt: „Freiheit gibt es in keiner Regierungsform; sie lebt nur im Herzen des freien Mannes."

2   Siehe dazu auch den *Vorbericht* zum *Gesellschaftsvertrag*, worin Rousseau bemerkt: „Diese kleine Abhandlung ist ein Auszug aus einem weitläufigeren Werk, das ich ehemals unternommen, ohne meine Kräfte erwogen zu haben, und das ich längst aufgegeben habe. Unter den verschiedenen Stücken [...] schien mir [dieses] am wenigsten unwürdig, dem Publikum vorgelegt zu werden. Das übrige ist bereits nicht mehr." (CS: 269)

2 Freiheit und Gleichheit

Rousseau stellt dem *Contrat social* einen Aphorismus voran, dem er sich in der Folge ausführlich widmet: *Der Mensch ist frei geboren und überall liegt er in Ketten.* Sein erklärtes Ziel ist es, diesen „Ketten", das heißt den Gesetzen,[3] die den Bürger im Gemeinwesen lenken, „Rechtmäßigkeit" zu verschaffen (CS I 1: 270). Als Lösung seines Kardinalproblems schlägt er eine radikale Verbindung zwischen *Freiheit* und *Gleichheit* vor, nämlich die völlige Identität zwischen Herrschern und Beherrschten. Um zu garantieren, dass „jeder, indem er sich mit allen vereinigt, nur sich selbst gehorcht" (CS I 6: 280), propagiert Rousseau einen Gesellschaftsvertrag, demzufolge jeder durch die totale, gleichwertige Veräußerung seiner selbst „seine Person und seine Kraft der Souveränität des Gemeinwillens, der *volonté générale* unterstellt". Die Vertragspartner bilden im Anschluss in ihrer Gesamtheit das Volk und als Individuen, die paritätisch an der Souveränität des Volkes partizipieren, die Menge der Staatsbürger. Und indem sie alle zugleich den Gesetzen des Staates unterworfen sind, stellen sie ebenso das Heer der Untertanen (ebd.). Das Ideal der radikalen Autonomie, wonach ein jeder nur dem Gesetz gehorcht, „das er sich selbst" bzw. gemeinsam mit den gleichberechtigten Mitbürgern „gegeben hat", bezeichnet bei Rousseau die bürgerliche Freiheit, die der Einzelne im Gegenzug für die Entsagung seiner natürlichen Freiheit gewinnt (CS I 8: 284).[4]

Rousseaus theoretische Position verlangt demnach die radikale Gleichheit der Freien, die sich „alle unter denselben Bedingungen verpflichten und sich derselben Rechte erfreuen" (CS II 4: 294). Damit antizipierte er die revolutionäre Perspektive der Jakobiner, die die Freiheitsidee der Aufklärung erst „um die ‚demokratische' Komponente erweiterte" (vgl. Dipper 2004: 531).[5] Wenn Liberale wie Kant und Wieland in Deutschland kurze Zeit später den Vorrang der Freiheit vor der Gleichheit restaurierten, spricht daraus bereits die Erfahrung der *Terreur*.[6] Die

---

3 Diese Assoziation übernimmt Rousseau offensichtlich von Hobbes' *Leviathan* (vgl. Lev. XXI: 164).

4 Das Motiv der Verbindung von Freiheit und Gleichheit als dem „größten Wohl" und „Zweck jedes Systems der Gesetzgebung" kehrt später im elften Kapitel des zweiten Buches des *Contrat social* wieder (CS II 11: 311).

5 Selbstverständlich vertrat Rousseau keine Einzelmeinung. Die konsequente Verbindungslinie zwischen *égalité* und *liberté* führte zuvor schon De Jacourts Aufsatz über die natürliche Gleichheit der Menschen im fünften Band der *Encyclopédie* von 1755 durch (vgl. De Jacourt 1755: 415).

6 Siehe dazu z. B. den *Gemeinspruch* (A 235/290, A 237/291, A 244/294) oder die *Metaphysik der Sitten* (MS A B 45: 345). Im Hinblick auf Heinrich Wieland siehe die *Aufsätze*

Schwierigkeiten, Freiheit und Gleichheit mit Hilfe der Idee der Selbstgesetzgebung zu versöhnen, offenbaren sich freilich schon bei Rousseau selbst. An diversen Stellen des *Contrat social* hält er den Gedanken einer politischen Herrschaftsstruktur, die ganz auf der Autonomie der Bürger gegründet ist, nicht stringent durch. Dies zeigt sich zunächst anhand der Frage, wie er mit den Einzelwillen verfährt, die der *volonté générale* (etwa in einem Abstimmungsverhalten) widersprechen: Diese werden vom politischen Körper zur Freiheit „gezwungen" (CS I 7: 283). Das heißt, der Dissident schuldet gegebenenfalls eben doch einem Gesetz Gehorsam, dem er seine Zustimmung verweigert hat; das Paradoxon setzt sich fort, indem Rousseau im Buch über die Regierungsformen der Souveränität des Volkes eine vollziehende Gewalt gegenüberstellt, die für die Ausführung und Einhaltung der Gesetze verantwortlich zeichnet. Die Demokratie wird in diesem Kontext als kaum praktikable Regierungsform der „Götter" diskutiert, in der einerseits der notwendige Unterschied zwischen Legislative und Exekutive verwischt und die andererseits als Regierungsform quasi überflüssig wäre: „Ein Volk, das immer gut regierte, brauchte nicht regiert zu werden", weshalb die Demokratie die „vollkommene Regierung" der „Götter", jedoch nicht der „Menschen" bezeichne (CS III 4: 324, 326). In dieser Stellungnahme enthüllt sich Rousseaus antike Auffassung der Demokratie als Form direkter Herrschaft, die – wie schon bei Aristoteles – der Aristokratie und Monarchie unterlegen ist. Um die Volkssouveränität bzw. die Gesetzeskraft der *volonté générale* zu benennen, adaptiert er nicht den Begriff der Demokratie, sondern der Republik. Der Gipfel der Paradoxie ist erreicht, wenn Rousseau am Ende des dritten Buches des *Contrat social* anhand des Vergleichs mit der direkten Volksherrschaft der Antike die Essenz des modernen Freiheitsbegriffs in Zweifel zieht:

> Bei den Griechen übernahm das Volk alle Verrichtungen, die ihm oblagen, selbst; ununterbrochen war es auf dem Marktplatz versammelt [...] Sklaven verrichteten seine Arbeiten, im Mittelpunkt seiner Betätigung stand seine Freiheit [...]. Wie? Kann sich Freiheit nur erhalten, wenn sie durch Knechtschaft gestützt wird? Vielleicht. Die beiden Extreme berühren sich [...] Es gibt so unglückliche Lagen, in denen man seine Freiheit nur auf Kosten der Freiheit eines anderen bewahren und der Bürger nur dadurch völlig frei sein kann, dass der Sklave sich in uneingeschränkter Sklaverei befindet [...] Ihr Völker der Neuzeit, ihr habt keine Sklaven, doch ihr seid Sklaven; ihr bezahlt ihre Freiheit mit der eurigen. (CS III 15: 351)

über die Französische Revolution sowie die *Gespräche unter vier Augen* (vgl. Wieland 1857a; 1857b: 129f.). Beim Rousseau- und Revolutionsfreund Fichte beginnt sich umgekehrt ein präsozialistischer Vorrang der Gleichheit vor der Freiheit (bzw. des Kollektivs vor dem Individuum) abzuzeichnen. Siehe GdN: 9, 12ff., 150f., 211f. sowie den „Anhang zur Rechtslehre" im *geschlossenen Handelsstaat* (GH: 399ff.).

Rousseaus Verbindung von Freiheit und Gleichheit verstrickt sich danach bei näherem Hinsehen in ähnliche Aporien, wie sie bereits seine Vorgänger an den Tag gelegt hatten. Schon bei Aristoteles war die Freiheit und Gleichheit der Bürger in der *Polis* der Ungleichheit und Unfreiheit der natürlichen Verhältnisse im *Oikos* sowie der daraus resultierenden Entlastung der Vollbürger geschuldet. Hingegen hatten Hobbes und Locke den Menschen zwar als von Natur aus frei und gleich angenommen; während jedoch bei Hobbes die Gewährung der politischen Gleichheit qua Rechtseinheitlichkeit und Gewaltmonopol mit empfindlichen Verlusten der natürlichen Freiheit erkauft wird (die lediglich in einigen unter Vorbehalt des Souveräns stehenden Residuen verbleibt),[7] verrechnet sich das höhere Maß an Freiheit im *Second Treatise* mit neuerlichen Einbußen im Hinblick auf die Gleichheit.[8] Analog sind die Ungleichheiten, die Rousseau trotz aller Bemühungen um das Gleichheitsideal in seiner Republik bewahren muss – die Distinktionen zwischen Regierung und Volk, Bürger und Arbeiter, Einzel- und Gemeinwille – eindeutig dem konkurrierenden Ziel der Freiheit geschuldet. Obwohl mit dem Unterfangen angetreten, den Bürgern in der politischen Gemeinschaft das Maß der Freiheit aus dem Naturzustand zu garantieren, limitiert auch sein Modell von Herrschaft das Ziel der Autonomie in entschiedener Weise und ist umgekehrt die Gleichheit der Bürger mit Blick auf die Freiheit nicht zu gewährleisten.

Was später in Alexis de Tocquevilles Studie *De la démocratie en Amérique* (1835/1840) zum Kernproblem avancieren sollte – der „Zielkonflikt" zwischen den revolutionären Idealen der *liberté* und *égalité* (Schmidt 2010: Kap. 6) – zeichnete sich also im Wesentlichen bereits bei Rousseau ab. Letzterer setzte wiederum die Analyse der Spannung zwischen Autorität und Freiheit im modernen politischen Denken fort, wie es sich zuvor bei Hobbes und Locke gezeigt hatte und danach – abgesehen von Tocqueville – ebenso Kant, Hegel, Mill, Marx oder Nietzsche beschäftigte (vgl. Bluhm 1984). In neuem Gewand wurde das Problem später von Robert Michels' *ehernem Gesetz der Oligarchie* aufgegriffen und bestätigt.

Eine Verschärfung des Widerspruchs zwischen Freiheit und Gleichheit, die auf vielfältige Weise den Konflikt zwischen Liberalismus und Sozialismus im 19. Jahrhundert vorwegnahm, lässt sich bei Rousseau zudem konstatieren, indem sich dieser explizit gegen die klassisch „liberale" Räson aussprach, die die Geltung der Gleichheit auf das „Politische" fokussieren und den ökonomischen Bereich aus-

---

7 Siehe dazu die bekannte Formel vom *Schweigen der Gesetze* (Lev. XXI: 165).
8 So hat für Locke nicht nur die politisch aktive Mehrheit das Recht, „die übrigen mitzuverpflichten" (ST § 95; ergänzend ST § 96 – 99), auch jeder Teil des Volkes kann die Vertretung seiner Interessen im Rahmen der Legislative „lediglich im Verhältnis zu dem Beistand beanspruchen, den er der Öffentlichkeit leistet" (ST § 158).

klammern wollte. Der *Discours sur l'origine et les fondements de l'inégalité parmi les hommes* (1755) will diesbezüglich die Verwobenheit zwischen ökonomischen und politischen Ungleichheiten entlarven, insofern der rechtskräftige „Stand der Reichen und der Armen" nahtlos übergehe in den „Stand der Mächtigen und der Schwachen" sowie den „Stand der Herren und der Sklaven". Diese „letzte Stufe der Ungleichheit" sei „das Ziel, zu dem alle übrigen zuletzt hinführen, bis schließlich neue Revolutionen die Regierung aufheben oder der rechtmäßigen Einrichtung näherbringen" (Discours II: 117).[9] In gewisser Weise stellt der *Gesellschaftsvertrag* eine theoretische Richtschnur für eine solche Revolution dar, die die Freiheit mit ökonomischer Gleichheit und Gemeinschaftsbezug zu kombinieren und der Vorstellung einer egoistischen Ungebundenheit des Individuums eine Absage zu erteilen trachtete. Das 9. Kapitel des ersten Buches ist entsprechend bemüht, das Gemeinschaftseigentum zu etablieren und den Besitz der Individuen als Art der „Verwaltung" des öffentlichen Besitzes aufzufassen (CS I 9: 286). Erst auf der Basis, dass „alle etwas und keiner von ihnen zuviel" besitzt, lasse sich unter den Bürgern „moralische und gesetzmäßige Gleichheit" erreichen (ebd.: 287). Gerade für die Demokratie aber sei „Gleichheit in den gesellschaftlichen Rängen und in den Vermögen" unausweichlich, könne doch sonst „die Gleichheit in den Rechten und in der gesetzmäßigen Gewalt nicht lange bestehen" (CS III 4: 325). Dass Rousseaus revolutionärem Staatsrecht allerdings im Ganzen ein eher konservativer politischer Zuschnitt entgegensteht (vgl. Herb 1999), kann in diesem Zusammenhang vor allem dahingehend interpretiert werden, dass die pessimistische Geschichtsphilosophie aus den Diskursen die Rechtsphilosophie überlagert (vgl. Fetscher 1999). Die Zurückhaltung, die der Autor des *Contrat social* hinsichtlich der Konsequenzen seiner radikalen Rechtsphilosophie an den Tag legte, ist bei weitem nicht nur der gebotenen politischen Vorsicht geschuldet. Stattdessen scheint Rousseau klar erfasst zu haben, dass ihn seine radikale Vermengung von Freiheit und Gleichheit in Aporien stürzte, die in keinem realpolitischen Gemeinwesen aufzulösen waren.

3   Volkssouveränität und Repräsentation

Souveränitätstheoretisch ist Rousseaus Ansatz im *Gesellschaftsvertrag* in dreifacher Hinsicht als Umkehrung der Hobbesschen Logik zu rekonstruieren. Bestand die

---

9 Auch mit dieser präsozialistischen Attitüde der Forderung nach einer Gleichheit, die sich auf den sozioökonomischen Bereich erstrecken sollte, befand sich Rousseau nicht allein. Etienne Gabriel Morellys *Code de la nature* (1755) tat in Frankreich Mitte des 18. Jahrhunderts diese (Minderheiten-)Ansicht ebenfalls kund. In England vertrat James

Konzeption im *Leviathan* erstens darauf, dass sich das Volk überhaupt nur im Rahmen der Repräsentation konstituiere (und zuvor bzw. außerhalb des autorisierten Repräsentanten eine rechtlich gesehen handlungsunfähige Menge bleibe, vgl. Lev. XVI), richtet sich Rousseaus entschiedenes Eintreten für die unbegrenzte, unteilbare und nicht übertragbare Volkssouveränität gegen jedwede Repräsentation der *volonté générale* (vgl. CS II 1; III 15). Resultiert bei Hobbes zweitens aus der Übertragung aller Rechte auf den Leviathan eine souveräne Gewalt, in welche die politischen Verfügungsgewalten der Individuen aufgehen (und die *en passant* das typische basisdemokratische Gründungsmoment jeder Vertragstheorie ad absurdum führt, vgl. Lev. XIX: 150ff.), sperrt sich bei Rousseau die kompromisslose Identität zwischen Herrschern und Beherrschten spiegelverkehrt gegen das Einziehen der hierarchischen Signatur, die jeder Repräsentation notwendig inhärent ist. Dadurch verlagert sich drittens im *Contrat social* der Ort der Souveränität vom Repräsentanten hin zum Volk.

Einigermaßen überraschend bezeichnet Rousseau seine Position derweil nicht als „demokratisch", sondern als „republikanisch". Auf die *Regierungsform* der Demokratie, die im *Contrat social* dem Vorbild der griechischen Antike verhaftet bleibt, ist die Idee der souveränen *volonté générale* gerade nicht angewiesen (vgl. CS III 1-8). Jenseits des Namens symbolisiert der Rousseausche *Gesellschaftsvertrag* indes zahlreiche Chiffren, die heute gemeinhin mit der demokratisch-herrschaftsrechtlichen „Selbstorganisation der Menschen" mitsamt ihren konstitutiven Beziehungen assoziiert werden: Reziprozität der Naturzustandsbewohner, Gemeinschaft der Vertragspartner, Herrschaft des Volkes über das Volk sowie individuelle Teilhabe an der Herrschaft über die untertänigen Individuen (vgl. Kersting 1994: 162). Hinter solchen offenkundigen Analogien darf jedoch die Vehemenz nicht verblassen, mit der Rousseau die Entgegensetzung der Prinzipien *Volkssouveränität* und *Repräsentation* hypostasiert. Das Verdikt gegenüber der (widersprüchlichen) Symbiose, die beide Denkfiguren im Rahmen der modernen repräsentativen Demokratie eingehen,[10] ist mehr als eindeutig. Rousseau schreibt:

Harringtons Republikanismus eine vergleichbare Position (vgl. Oceana: 48ff.).

10 An dieser Stelle ist nicht der Raum, um die komplexe ideengeschichtliche Entwicklung nachzuzeichnen, die den Bruch mit der direkten Volksherrschaft der Antike einläutete und schließlich in der Heraufkunft der repräsentativen Demokratie der Moderne mündete. Nicht zufällig war es jedoch ein Zeitgenosse Rousseaus – René d'Argenson –, in dessen *Considérations sur le gouvernement de la France* sich eine frühe Verbindung von Demokratie und Repräsentation findet. In der Folge waren es sodann die Anti-Federalists (vgl. Jörke 2011: 161 – 181, 253f.) sowie im Zeitalter der Französischen Revolution Thomas Paines *Rights of Man*, die zu Schrittmachern der Denkbewegung avancierten, die zwischen beiden Prinzipien – anders als Rousseau bzw. zuvor Hobbes und

Die Souveränität kann nicht repräsentiert werden, und zwar aus demselben Grund, aus dem sie nicht veräußert werden kann; sie besteht wesentlich im Gemeinwillen, und der Wille lässt sich mitnichten vertreten: er ist er selbst, oder aber er ist ein anderer; einen Mittelweg gibt es nicht. Die Abgeordneten des Volkes sind also nicht seine Repräsentanten, noch können sie dies sein; sie sind nur seine Beauftragten und können nichts endgültig beschließen. Jedes Gesetz, welches das Volk nicht selbst bestätigt hat, ist nichtig, es ist kein Gesetz. (CS III 15: 350)[11]

Mit dieser Denunzierung kritisiert Rousseau in erster Linie das englische System, in dem „das Volk glaubt frei zu sein", worin es sich allerdings sehr täusche. „Frei ist es [das englische Volk] nur während der Wahl der Parlamentsmitglieder; sobald sie gewählt sind, ist es Sklave, es ist nicht" (ebd.). In den *Betrachtungen über die Regierung Polens* kommt Rousseau auf diese harsche Polemik zurück. Er könne sich nur „wundern über die Nachlässigkeit, Sorglosigkeit", ja über „die Dummheit der englischen Nation, die, nachdem sie ihre Abgeordneten mit der höchsten Gewalt ausgerüstet hat, keine Einschränkung vorsieht, um den Gebrauch zu regeln, den diese Abgeordneten für die Dauer ihres Auftrags in sieben vollen Jahren von dieser Gewalt machen können" (Polen: 591). Dabei hat Rousseau keineswegs einen demokratischen Rechtsstaat im Sinn, der qua Verfassung und verbriefter Grundrechte die Macht der Repräsentanten in materialer Hinsicht beschränkt. Sein Ideal bleibt vielmehr die unbeschränkte Verfügungsgewalt des souveränen Volkes (vgl. CS II 4), das sich seines exklusiven Rechts, Gesetze zu erlassen, nicht begeben darf.

Im Verfassungsentwurf für Polen wird gleichwohl die wachsende Bereitschaft zu einem pragmatischen Kompromiss deutlich. So äußert sich Rousseau nun auffallend differenzierter. Sowohl die „Deputation" als auch die direkte Legislativgewalt des Volkes hätten ihre Vor- und Nachteile. Das Volk [der Gesetzgeber *in corpore*] sei zwar unmöglich zu bestechen, jedoch „leicht zu täuschen". Mit seinen Stellvertretern sei es eben umgekehrt. Sie „sind schwer zu täuschen", aber leicht zu bestechen". Vor diesem Hintergrund schlägt Rousseau – insbesondere für einen großen Flächenstaat wie Polen, in dem die Gesetzgebung praktisch unmöglich durch die ständige Einberufung der Volksversammlung erfolgen könne – ein System mit kurzen Wahlperioden und häufigem „Wechsel der Repräsentanten",

---

im Anschluss daran Burke oder die *Federalists* – keinen unauflösbaren Widerspruch feststellen konnte.

11 In das gleiche Horn stößt der siebte *Lettre écrites de la Montagne*: „Das souveräne Volk will durch sich selbst handeln, und durch sich selbst tut es alles, was es will. Bald aber zwingt die Unbequemlichkeit der Beteiligung aller an jeder Sache das souveräne Volk, einige seiner Mitglieder mit der Ausführung seines Willens zu beauftragen [...]. So gehen schließlich alle demokratischen Staaten zugrunde." (Briefe vom Berge: 423)

gestuften Wahlen und imperativen Mandaten vor (Polen: 591). Die gewählten regionalen und zentralen Parlamente (der Reichstag und die Landtage) hätten den Willen der Bürger stets zu respektieren (ebd.: 592ff.). Diese Konzessionen an die Praxis lassen sich als Eingeständnis verstehen, dass – wie zuvor die Verbindung zwischen Freiheit und Gleichheit – auch die Entgegensetzung zwischen Volkssouveränität und Repräsentation nicht konsequent durchzuhalten ist. Das Ideal der direkten Volksherrschaft im Sinne der absoluten Autonomie der Bürger erweist sich als in praktischer Hinsicht nicht umsetzbar. Indes verrät Rousseaus Verfassungsentwurf für Polen keinesfalls ein Problembewusstsein, das dem *Gesellschaftsvertrag* abginge. Dort hatte Rousseau den Widerspruch, dass selbst das auf der Souveränität der *volonté générale* errichtete Gemeinwesen repräsentative Institutionen benötigte, lediglich strikter anhand der gedanklichen Trennung zwischen der Nichtrepräsentierbarkeit des Willens und der Repräsentierbarkeit der Macht zu bewältigen versucht (vgl. CS II 1: 288; III 15: 350). Das dritte Buch des *Gesellschaftsvertrags* abstrahiert deswegen die souveräne Legislative von der abhängigen Exekutive (vgl. Fralin 1978), ein Aspekt, der im Verfassungsentwurf für Polen tendenziell verwischt (vgl. Polen: 590). Der Unterschied zwischen dem *Contrat social* und den *Considérations sur le gouvernement de Pologne* besteht damit am Ende nur im Hinblick auf den jeweiligen Ort, an dem die Stringenz der Rousseauschen Volkssouveränitätsdoktrin aufgebrochen wird. Der Gipfel der Zerrissenheit aber scheint erreicht, wenn Rousseau in den *Lettres écrites de la Montagne* auf einmal mit einem überraschenden Lob der englischen Verfassung aufwartet, wonach das Vetorecht des Königs hier gerade das „Muster des richtigen Gleichgewichts der beiden Gewalten" darstelle (Briefe vom Berge: 482)[12] – ein Gedanke, der so gar nicht zur klaren Hierarchie zwischen souveräner Legislative und repräsentativer Exekutive im *Gesellschaftsvertrag* passen will. Offensichtlich oszilliert Rousseau hier um ein Problem, das er für sich selbst nicht zufriedenstellend zu lösen vermochte, was die erwähnten divergenten Standpunkte provoziert haben dürfte.

Das Verständnis für derartige Widersprüche in Rousseaus Werk erhöht sich weiterhin dadurch, indem wir seine Position mit einigen Vorgängern und Nachfolgern vergleichen, die sich genauso wie er in der Aporie zwischen Volkssouveränität und Repräsentation verfingen. Als Ausgangspunkt eignet sich in dieser Beziehung die Souveränitätslehre von Bodin und Hobbes, die in der Folge zu unterschiedlichen „Zähmungsarten" Anlass gegeben hat. Locke und Montesquieu setzten dazu bekanntlich auf die Karte der Gewalten*teilung*, was im Gegenzug die

---

12 Die besondere Rolle der Krone in dieser Hinsicht wird von Rousseau später auch im Verfassungsentwurf für Polen reflektiert (Polen: 602ff.).

ursprüngliche Idee der ungeteilten Souveränität in den *Six livre de la république*
bzw. im *Leviathan* freilich derart aufweichte, dass sie sich im *Second Treatise* bzw.
im *Esprit des lois* gar nicht mehr exakt verorten ließ. Spinoza differenzierte hingegen zwischen einer basisdemokratischen, souveränen Versammlung (Trac. pol.
II § 17) und einer repräsentativen Exekutive (Trac. pol. XI § 1; 221; analog § 3).[13]

Wie wir oben gesehen haben, weist Rousseaus Ansatz zu beiden Perspektiven
substantielle Parallelen auf, hält er doch (anders als Bodin und Hobbes) mit Locke und Montesquieu die Trennung der exekutiven und legislativen Gewalt für
zulässig bzw. sogar notwendig, wodurch er – wie Spinoza – zwischen (Volks-)
Souveränität und Repräsentation zu unterscheiden bzw. beide Denkfiguren in
sein Konzept zu integrieren vermochte. Letzteres stieß später vor allem bei Kant
und Fichte auf Widerhall. Der Weg des kantischen Kontraktualismus, mit dem
er Volkssouveränität, Repräsentation und Republik zu verbinden bzw. ihre Widersprüche auszubalancieren trachtete (vgl. Joung 2006), war es dabei, den Vertrag von der Begründung staatlicher Herrschaft zu *entlasten* und ihn nur mehr
als Richtschnur für die repräsentativ erlassene Gesetzgebung zu integrieren. Der
Ursprung der obersten Gewalt, dem Rousseaus Lehre von der Volkssouveränität
ihre ganze Aufmerksamkeit gewidmet hatte, gerät dadurch allerdings erst recht
zur Aporie. In der *Metaphysik der Sitten* deklariert Kant ihn kurzerhand als „un-
erforschlich", insofern ein „Volk, um rechtkräftig über die oberste Staatsgewalt
(summum imperium) zu urteilen, schon als unter einem allgemein gesetzgebenden Willen vereint angesehen werden muss". Des Weiteren bleibe unklar, „ob
ursprünglich ein wirklicher Vertrag der Unterwerfung unter denselben (pactum
subiectionis civilis) als ein Faktum vorher gegangen, oder ob die Gewalt vorher-
ging, und das Gesetz nur hintennach gekommen sei" (MS *Rechtslehre Allgemeine
Anmerkung* A: 437f./B 203 – 204). Im Widerstreit zwischen Volkssouveränität und
Repräsentation bezieht Kant damit eindeutig gegen Rousseau Stellung.[14]

---

13 Vgl. Mittermaier/Mair 1995: 91 – 92. Spinozas Auffassung der Repräsentation fiel freilich nicht „demokratisch" im heutigen Verständnis aus, ging es ihm doch um einen
beschränkten Personenkreis, der das Stimmrecht in der Obersten Versammlung und
das Recht zur Leitung der Geschäfte des Staates exklusiv ausübte (vgl. Trac. pol. XI
§ 2: 221). Doch verknüpft seine Theorie immerhin Bodins Souveränitätsidee – die in
der Demokratie dem Volk zugeschrieben wird (vgl. Trac. theol.-pol. XVI: 237f.) – mit
pragmatischen Erwägungen zur Repräsentation.

14 Demzufolge scheint es in gewisser Weise irreführend, mit Georg Geismann von der
„Vollendung" von Rousseaus Staatsphilosophie durch Kant zu sprechen (vgl. Geismann
1982: 177 – 186). Stattdessen bahnt sich mit Kant eher die latente Absorbierung des
politischen *Ideal de Rousseau* an. Dass Kant die Grundprinzipien seiner Rechts- und
Tugendlehre auf Basis von Rousseaus praktischer Vernunft sowie insbesondere von

Bei Fichte, der anders als Kant auf einen faktischen, basisdemokratischen, einstimmigen Gründungsakt qua „Staatsbürgervertrag" (demzufolge der gemeinsame Wille der Bürgerschaft ein konstitutionelles Gesetz beschließt, vgl. GdN § 17: 191–209) Wert legt, ist die reguläre Regierungsorganisation durch Repräsentation hingegen nachgeschaltet. Die (an Rousseau orientierte) Verfassungsgebung bleibt ein *einmaliger*, radikal demokratischer Akt, der in der Folge von der Übertragung der Regierungsgewalt (die Legislative, Exekutive und Judikative umfasst) auf eine oder mehrere „besondere Personen" abgelöst wird. Egal, ob dies in der staatsrechtlichen Form der Monarchie oder der Republik geschehe (GdN: 162),[15] bleiben die demokratischen Repräsentanten der Gemeinschaft verantwortlich (vgl. GdN: 160). Jene Uminterpretation des „reinen" Demokratiebegriffs, unter dem Fichte wie Rousseau versteht, dass die „ganze Gemeine die ausübende Gewalt in den Händen" behält (GdN: 158), zur „rechtmäßigen Verfassung" der *repräsentativen Demokratie* (GdN: 162), wird zugleich von einer massiven Polemik gegenüber der Basis- oder Referendumsdemokratie begleitet. Letztere laufe notwendig dem Respekt vor den Gesetzen zuwider, insofern hier keine Macht das Volk dazu zwingen könne, sich an das selbstgegebene Gesetz zu halten. Die klassische, nicht repräsentative Demokratie bedeute deswegen eine rechtswidrige Despotie (vgl. GdN: 158–160) – eine Sichtweise, die wiederum den Ausführungen Kants im ersten Definitivartikel des *Ewigen Friedens* ähnelt.

Bereits bei den von Rousseau noch stark beeinflussten Apologeten der repräsentativen Demokratie – Kant und Fichte – sind demnach massive Relativierungen des rigorosen Konzepts der Volkssouveränität aus dem *Contrat social* festzustellen. Das Problem, das in Rousseaus Schriften transparent wurde, wurde von ihnen nicht gelöst, sondern nur kaschiert. Bis heute setzt die repräsentative Demokratie folglich an einem aporetischen Punkt an, den Rousseau erhellt hat: der theoretisch an sich unmöglichen Verbindung zwischen Volkssouveränität und Repräsentation. Wie die Handhabung bei Kant und Fichte (bzw. zuvor bei Locke, Montesquieu, Spinoza, d'Argenson, den Anti-Federalists oder Paine) belegt, konnte diese Denkbewegung nur unter der Voraussetzung reüssieren, dass man weder die demokratische Regierungsweise (im antiken Sinne) streng volksherrschaftlich auslegte, noch die Souveränität als das verstand, was der Begriff

---

dessen Theorie der Subjektivität entfalten konnte (vgl. Cassirer 2012), bleibt hiervon unberührt.

15 Hier zeigt sich im Übrigen die entscheidende Begriffsmodifikation zu Rousseau, der die *repräsentative Demokratie* nicht kannte und deswegen Monarchie, Aristokratie und (als utopische Version) die Demokratie als staatsrechtliche Optionen der Republik behandelte.

ursprünglich bezeichnete: dass ihr Träger durch rechtliche Selbstbestimmung, Eigenständigkeit und Unabhängigkeit und damit durch die Abgrenzung von jeglicher Heteronomie definiert war.[16] Der Widerspruch, an dem Rousseau sich abgearbeitet hatte, avancierte dadurch zur paradoxen Gründungsbedingung der modernen Demokratie schlechthin, nämlich dass – zumindest nach dem Sprachgebrauch seit dem 19. und 20. Jahrhundert – von ihr genau dann die Rede ist, wenn das Volk souverän ist *und* sich repräsentieren lässt.

Die von Rousseau eruierte „Unmöglichkeit" der Demokratie trifft somit streng genommen bis heute zu. Im wörtlichen Sinne „hat es nie eine wahre Demokratie gegeben, und es wird niemals eine solche geben. [...] Es ist undenkbar, dass das Volk ohne Unterlass versammelt bleibt, um die öffentlichen Angelegenheiten zu besorgen" (CS III 4: 324). Wenn der Begriff der Demokratie gleichwohl Volkssouveränität und Repräsentation zu verbinden beansprucht (und dies nicht zuletzt mit der Chiffre, anhand derer sich nicht einmal die Souveränitätslehren von Hobbes und Rousseau adäquat unterscheiden lassen: dass „alle Macht vom Volk *ausgeht*"), dann darf dies nicht dazu verleiten, die unlösbare Spannung, auf die Rousseau so vehement insistierte, zu unterschätzen. Die weit verbreitete Vorstellung einer *repräsentativen Regierung,* die legislative, exekutive und judikative Befugnisse auf sich vereinigt, tut eben das, was Rousseau tunlichst vermeiden wollte: Sie überträgt nicht nur die exekutive, sondern auch die legislative Macht auf gewählte oder ernannte Mandatsträger. Im Gegensatz zu Hobbes bleiben diese aber immerhin bis zu einem gewissen Grad vom „souveränen" Volk abhängig und kontrolliert und halten sich infolge der Gewaltenteilung gegenseitig in Schach.

Wie theoretisch und praktisch unbefriedigend dieser paradoxe Kompromiss indes ist, zeigt sich vor allem daran, dass das Werk Rousseaus unverändert dazu motiviert und herausfordert, näher an das Ideal der (Basis-)Demokratie heranzurücken, als es ihr repräsentatives Modell und die defensive Interpretation der Volkssouveränität vorgeben. Wann immer seitdem von einer „starken" Demokratie (Benjamin Barber), einer „Demokratisierung der Demokratie" (Claus Offe) oder auch nur von einer Reform der Demokratie unter Zuhilfenahme direktdemokratischer Institutionen die Rede ist, kann der *Contrat social* als Referenzpunkt dienen. Dies resultiert in erster Linie aus dem Umstand, dass Rousseau den Gegensatz zwischen Volkssouveränität und Repräsentation einerseits auf die Spitze getrieben hat und andererseits nicht umhin kam, beide Aspekte in seine Prinzipien des Staatsrechts zu integrieren. Dadurch legte er ein kontinuierliches Spannungsmoment der modernen Demokratie frei, das ihren unterschiedlichen

---

16 Nicht zufällig fielen deshalb spätere Restaurationen der *reinen* Souveränität vom Schlage de Maistres oder de Bonalds dezidiert „undemokratisch" aus.

Interpretationsmöglichkeiten vorausgeht und nicht zuletzt die *Gleichzeitigkeit* von repräsentativen und direktherrschaftlichen Institutionen in den modernen Demokratien legitimiert.[17] Rousseaus ungebrochene Relevanz und Überzeugungskraft hat also offenbar viel mit seiner theoretischen Inkonsistenz zu tun.

4   Qualität und Quantität

Die theoretische Unmöglichkeit der Demokratie bei Rousseau korrespondiert mit der Unbestimmtheit der Entität der *volonté générale*, selbst wenn beide Fragestellungen im *Contrat social* argumentativ voneinander geschieden sind. Zwar werden einige *quantitative* Kriterien angeführt, um den Gemeinwillen ermittelbar zu machen,[18] jedoch lässt sich daraus im Grunde nur ersehen, was die *volonté générale* „nicht" ist. So darf kein förmlicher Stimmenausschluss (CS II 2, IV 1: 358f.) und keine Summierung von Einzelinteressen (*volonté de tous*) (CS II 3) stattfinden. Ebenso ist eine Teilung oder Veräußerung bzw. Übertragung des souveränen Willens auszuschließen (CS II 1-2). *Qualitativ* misstraut Rousseau jedoch der Stimme des Volkes bzw. der demokratischen Methode, um die *volonté générale* inhaltlich festzulegen. Dies zeigt sich bevorzugt im dritten Kapitel des 2. Buches des *Contrat social*, das darauf hinweist, dass zwar „der Gemeinwille immer richtig ist und immer das öffentliche Wohl bezweckt", daraus aber mitnichten folge, „dass die Beschlüsse des Volkes ebenfalls immer richtig sind" (CS II 3: 291). Zu leicht könne das Volk von Demagogen getäuscht werden.

Um die Prinzipien der Qualität und Quantität in der Entscheidungsfindung des Volkes gleichwohl zu versöhnen, bedient sich Rousseau einer eigenwilligen Arithmetik: Die Differenz, die zwischen dem (egoistischen) Willen des Einzelnen und dem Gemeinwillen bestehe, werde „mit der großen Zahl" zunehmend verschwinden, weil sich die selbstsüchtigen Interessen der Einzelbürger dadurch mehr oder weniger aufheben und als *volonté générale* schließlich die „Summe der Unterschiede" übrig bleibt (ebd.).[19] Nicht die Einzelinteressen dürften sich des-

---

17 Für einen Überblick über die entsprechende Verfassungswirklichkeit in Ländern wie der Schweiz, den USA, Österreich, Italien, Irland oder Dänemark, aber auch innerhalb der deutschen Bundesländer siehe Schiller 2002.

18 Hierzu zählt u. a. auch die Aussage, dass das Maß an Übereinstimmung in Versammlungen auf eine Dominanz des Gemeinwillens hindeutet (vgl. CS II 4: 359).

19 In der Fußnote zum Kapitel über die „Unfehlbarkeit" der *volonté générale* (CS II 3: 291) ergänzt Rousseau unter Berufung auf d'Argenson, dass „die Übereinstimmung aller Interessen nur durch den Gegensatz zu dem Interesse eines jeden einzelnen zustandekommt".

halb summieren (weil es sonst zu einer Art Tyrannei der Mehrheit käme), sondern das jeweils Divergierende müsse von seinem Gegensatz abgezogen werden, damit am Ende „aus der großen Zahl kleiner Differenzen der Gemeinwille hervorgehen" kann. Dies kann für Rousseau selbstredend nur unter der Bedingung funktionieren, dass Wille und Meinung des Einzelnen unverfälscht und unbeeinflusst bleiben und es zu keiner Konzentration von Interessen qua Parteienbildung und Lobbyismus bzw. zu keinen organisierten „Teilverbindungen" kommt (CS II 3: 292). In letzter Konsequenz[20] fordert dies freilich die fast vollständige Isolation und Atomisierung der Bürger sowie die weitgehende Unterminierung jedes Prozesses zur politischen Willens- und Entscheidungsbildung. Hieraus erklärt sich auch, weshalb Rousseau im vierten Buch des *Contrat social* eine Zensur zur Erhaltung und Festigung des Gemeinsinns und der politischen Moral der Bürger moniert (CS IV 7)[21] sowie in seinen Ausführungen zu den Wahlen und Abstimmungen in der Republik das Moment der Diskussion und Beratung eliminieren will (CS IV 2-3).[22] Andernfalls, glaubt er, würde die Beschlussfassung des Volkes allzu leicht die *volonté générale* verfehlen. Das Mehrheitsprinzip, das abgesehen von der einmütigen Zustimmung zum ursprünglichen Gesellschaftsvertrag die politische Entscheidungsfindung in Rousseaus Republik notwendig lenkt (vgl. CS IV 3: 360), greife daher allein unter der Voraussetzung einer vorherigen sittlichen Disziplinierung des *bourgeois* zum *citoyen*. Erst infolge einer allgemeinen Scham, „einem ungerechten Vorschlag oder einem unwürdigen Gegenstand öffentlich seine Stimme zu geben" (CS IV 4: 372), nähere sich die demokratische Methode der Abstimmung dem idealen Gemeinwillen an und sei die Wirksamkeit der Bestechung und der Manipulation im Geschäft des Stimmenfangs und -handels zu vermeiden. Dergleichen gilt für die Annahme der Unfehlbarkeit der *volonté générale* (CS II 3) sowie die Verneinung einer Instanz, welche den souveränen Willen

---

20 Zwar scheint Rousseau zunächst eine Alternative aufzuzeigen, indem er die „Vervielfachung" und „Gleichheit" der Teilverbindungen als ebenfalls geeignet beschreibt, der „Täuschung des Volkes" vorzubeugen und den Gemeinwillen „vor Befangenheit" zu bewahren (CS II 3: 292). Diese Logik läuft jedoch erneut auf das Argument hinaus, dass jede Machtkonzentration und parteiliche Meinungsbildung zu unterbinden sei.
21 Am Ende von Kapitel IV 1 bekräftigt Rousseau hingegen noch das freie Recht der Meinungsäußerung und das Recht, „uneins zu sein und Dispute zu führen" (CS IV: 359).
22 Besondere Sympathie bekundet Rousseau für das Losverfahren in der antiken Demokratie, mithilfe dessen eine Manipulation von Wahlen im Hinblick auf die Vergabe von Ämtern praktisch ausgeschlossen worden sei (vgl. CS IV 3: 360). Zur Einordnung von Rousseaus (historisch überwiegend zweifelhaften) Kommentaren über die Institutionen der antiken römischen Republik, die seinem eigenen Entwurf als Vorbild und Rechtfertigung dienten, siehe Cousin 2000.

des Volkes begrenzen bzw. die „Wahrheit" eines Gesetzes abseits davon feststellen könnte (vgl. CS II 4): Nur durch eine moralische Vorabqualifizierung der Bürger ist der Verzicht auf institutionelle *checks and balances* plausibel.[23]

Das hiervon berührte grundlegende Qualitätsproblem der Entscheidungsfindung in der Republik Rousseaus verdichtet sich schließlich zu der Vorstellung, die den *Législateur* und die Bürgerreligion auf den Plan ruft. Der „göttliche" Gesetzgeber, der die metaphysische Entität der *volonté générale* antizipiert und „die Gesetze verfasst", ohne „gesetzgebende Gewalt" zu besitzen, ist derjenige, von dem sich Rousseau eine Veränderung der egoistischen und deshalb korrumpierbaren Natur des Menschen sowie die Ausbildung bürgerlichen Gemeinsinns erhofft. Eine solche Aufgabe übersteige allerdings „die menschlichen Kräfte". Der *Législateur* sei notgedrungen auf eine „Autorität anderer Art" angewiesen, „die ohne Gewalt mitzureißen vermag und zu überreden, ohne zu überzeugen". Letzteres wäre wiederum nur zu bewerkstelligen, wenn „die Entscheidungen der Gesetzgeber den Unsterblichen in den Mund" gelegt würden, sprich: wenn Religion und Politik sich gegenseitig „als Werkzeug" dienen und göttliche Legitimation erfahren (CS II 7: 302ff.).[24] Das Kapitel über die Bürgerreligion zum Schluss des *Contrat social* stellt abschließend klar, dass jene Symbiose zwischen politischer und religiöser Sphäre in Rousseaus Republik keineswegs auf das „Entstehen der Nationen" (CS II 7: 304) beschränkt ist.[25] Die Stärkung der politischen Moral mithilfe eines bürgerlichen Glaubensbekenntnisses (CS IV 8) soll die *citoyens* vielmehr permanent in ihrer gemeinwohlorientierten Entscheidungsfindung lenken. Die Gesetze stellen dadurch mitnichten das Ergebnis eines (deliberativen) Prozesses des Aushandelns, Beratens und Kompromissfindens dar, sondern stehen inhaltlich abseits aller politischen Diskurse quasi von Beginn an fest. Damit verstrickt sich Rousseau in eben jener Aporie, auf die Hannah Arendt hinwies, als sie Wahr-

---

23 Vor jenem Hintergrund, dass der *Contrat social* zunächst die Autorität statt der Wahrheit als Urquelle des Gesetzes betont, um diesen Aspekt sogleich zu relativieren, liegt es einmal mehr nahe, auf die besondere Beziehung zwischen Rousseau und Hobbes hinzuweisen, die ebenso Brüder im Geiste wie Antipoden waren.

24 Als Referenz nennt Rousseau hier Buch I Kap. 11 von Machiavellis *Discorsi* (CS II 7: 303, Anm.).

25 Zur Geschlossenheit von Rousseaus Ausführungen zur Religion siehe auch die Anmerkungen von Robert Derathé, der auf den Umstand verweist, dass das *Genfer Manuskript* des *Contrat* auf der Rückseite des Kapitels über den *législateur* bereits einen Entwurf zur *religion civile* enthielt (OC III: 1498). Anders Rehm (2000: 224–226), die strikt zwischen der instrumentellen, überweltlichen, ephemeren Religion des Gesetzgebers und den innerweltlich definierten Dogmen der Zivilreligion unterscheidet, dabei aber vernachlässigt, dass die *volonté générale* (als Grundlage der *religion civile*) ihrerseits auf die Hilfe des Gesetzgebers angewiesen bleibt.

heit und Politik auf Kosten der Einsicht voneinander trennte, dass öffentliches Debattieren, Sprechen und Handeln erst unter der Voraussetzung sinnvoll seien, dass die Resultate derartiger politischer Kommunikationsprozesse offen und qualitativ ambivalent bleiben.[26] Die *Herstellung* des Rahmens, mit dem Rousseau wie zuvor Platon jene notwendige Offenheit des demokratischen Prozesses unterbinden und in eine vorgegebene Richtung pressen wollte, verwandelt seine Republik am Ende in eine Art Theokratie, in der – entgegen den Ausführungen zur *volonté générale* zu Beginn des zweiten Buches des *Gesellschaftsvertrags* – die (prekäre) Macht der großen Zahl absorbiert wird. Indem der *Contrat social* bezweckt, „dem Menschen die Kräfte [zu] nehmen, die ihm eigen sind, um ihm fremde Kräfte zu geben" (CS II 7: 301), verweigert er ihm das, worauf Arendt als *conditio sine qua non* des Politischen insistiert.

Nach dem Modell der *frommen Lüge* Platons will Rousseau mit einer ersten großen und *legitimen* Manipulation die politische Ausrichtung der Republik ein für allemal festlegen und so die mögliche Korruption der Bürger durch viele kleine illegitime Manipulationen verhindern. Indes war er sich auch in diesem Fall wieder der unlösbaren Schwierigkeit seiner Konzeption bewusst. Die unter Punkt 3 erwähnten Konzessionen an die Repräsentation in den *Betrachtungen über die Regierung Polen* bzw. (in schwächerer Form) auch im Verfassungsentwurf für Korsika sind keineswegs allein dem Ziel geschuldet, die *volonté générale* politisch operationalisieren zu können und zugleich dem fehlenden Respekt der Abgeordneten vor dem Willen des Volkes vorzubeugen. Im Gegensatz zum Parlamentarismus nach englischem Vorbild, der (in dem später von Edmund Burke pointierten Sinn) die Qualität politischer Entscheidungen an das *freie Mandat* bzw. die Selbstgewissheit des einzelnen Repräsentanten knüpft,[27] strebte Rousseau in seinen praktischen Einlassungen zur Politik eine Vermittlung zwischen Elite und Volk mithilfe des bindenden Auftrags der Wähler an die Mandatsträger an. Nichtsdestotrotz hat er den Widerspruch zwischen der Quantität und der Qualität der Entscheidungsträger sowie den Anachronismus des an der Antike angelehnten Republikideals viel zu klar registriert, als dass hier die Rede davon sein könnte, die Metaphysik seines Staatsrechts erfahre in der Praxis lediglich „Reibungsverluste" (vgl. Fetscher 1996: 906f.) Rousseaus „Realismus" im Hinblick auf eine mögliche praktische Relevanz seiner politischen Philosophie führte ihn stattdessen zu einer pessimistischen Grundeinschätzung, was die Verwirklichungschancen seiner staatsrechtlichen Prinzipien im Ganzen betraf. Die

---

26 Siehe dazu insbesondere Arendts Aufsatz *Wahrheit und Politik* (1972).

27 Analog lässt sich Burkes politisches Ideal unter dem Slogan subsumieren *Virtue and wisdom, not mere numbers, should be represented and govern* (vgl. Pitkin 1969: 171).

Schlusspassage des Kapitels III 15 im *Gesellschaftsvertrag* ist analog als Einräumen des Scheiterns des eigenen politischen Projektes zu verstehen. Wie in der Einleitung skizziert, könnte Rousseaus Republik nach dem Vorbild der Antike nur auf Basis der Entlastung der Vollbürger durch die Sklaven errichtet werden. „Freiheit" und „Knechtschaft" berühren sich, weshalb sich die Geschichte der politischen Moderne insgesamt nur als Pathogenese erzählen lässt: „Alles, was nicht zur Natur gehört, hat seine Nachteile, und die bürgerliche Gesellschaft mehr als alles übrige."[28] Rousseau will nicht „behaupten, dass man Sklaven haben müsse, noch dass das Recht zur Sklaverei rechtmäßig sei", schon allein weil er in Kapitel I 4 das „Gegenteil bewiesen" hatte. Doch führt er nichtsdestotrotz „die Gründe an, aus denen die Völker der neueren Zeit, die sich für frei halten, Repräsentanten haben, und warum die alten Völker keine hatten" (CS III 15: 351f.).[29] Wie man es also dreht und wendet: Rousseau findet am Ende keinen Ausweg aus den Aporien, auf die er während der Abfassung seiner Abhandlung aufmerksam wurde. Er selbst hielt sein Werk deswegen für kaum „würdig, dem Publikum vorgelegt zu werden" (CS Vorbericht: 269). Exakt darin aber lag womöglich sein größter Irrtum.

5 Die Antinomien der Demokratie und das Scheitern ihrer Aufhebung

Die Gegensätze, die Rousseau nicht losen konnte, beweisen weniger die Unzulänglichkeit seiner Theorie als vielmehr sein Problembewusstsein für die Aporien des Demokratischen an sich. Begriffs-, ideen- und theoriegeschichtlich lässt sich diesbezüglich nachweisen,[30] dass das Konzept der Demokratie von der Antike bis zur Gegenwart kontinuierliche Bedeutungszuweisungen erfahren hat, die das Auftreten unlösbarer Spannungen und Paradoxien zum eigentlichen Charakteristikum der (modernen) Volksherrschaft erheben. Neben den bislang im Zusammenhang mit dem Œuvre Rousseaus auffällig gewordenen Widersprüchen zwischen Freiheit und Gleichheit, Volkssouveränität und Repräsentation sowie

---

28 Damit gibt Rousseau zu, dass das (apolitische) Motto des *Émile* („Alles ist gut, wie es aus den Händen des Schöpfers kommt; alles entartet unter den Händen des Menschen", Emil I: 9) geradewegs auch sein eigenes Politikideal unterminiert.

29 Ein Ausweg aus dem Dilemma könnte sich für Rousseau allenfalls für Gemeinwesen ergeben, die „sehr klein" sind, was jedoch außenpolitisch wiederum die Unterjochung vorprogrammieren würde (vgl. CS III 15: 352).

30 Hierzu verweise ich auf meine in Kürze erscheinende Habilitationsschrift *Die Antinomie der Demokratie. Theoretische Überlegungen zu den Paradoxien, politischen Sequenzen und normativen Chancen eines umstrittenen Begriffs.*

Qualität und Quantität betrifft dies überdies die Gegenpole zwischen Einheit und Pluralität, den Ansprüchen von Individuum und Gemeinschaft sowie zwischen Universalität und Partikularität. Alle hier genannten Prinzipien bilden Gegensatzpaare, deren Spannungen unauflösbar sind und die eben darum zum integralen Bestandteil der überwiegenden Mehrzahl von Demokratietheorien mutierten. Der Begriff der Demokratie wird vor diesem Hintergrund darstellbar als komplexe Denkfigur, die sich unbeirrt weigert, die taxierten Spannungen aufzuheben und die stattdessen den zugrunde liegenden widersprüchlichen Prinzipien gleichermaßen Geltung durch eine Form der Balance bzw. praktischen Koexistenz verschafft. Diese Eigenschaft rechtfertigt auch die Applikation des Begriffs der „Antinomie"[31] zur Kennzeichnung des soeben konstatierten Wesensmerkmals der Demokratie bzw. der Demokratietheorie.

Die in dem vorliegenden Beitrag geleistete Rekonstruktion von Rousseaus Einlassungen zur Thematik der demokratischen Antinomien belegt diesen als einen ideengeschichtlichen Klassiker, der aufgrund der von ihm aufgespürten Paradoxien die moderne Demokratie weitaus besser verstanden hat, als ihm dies offensichtlich selbst bewusst war. Sein Dilemma scheint es hingegen gewesen zu sein, dass er sich mit der Analyse der demokratischen Antinomien nicht zufrieden geben wollte, sondern im *Gesellschaftsvertrag* insbesondere im Hinblick auf den Gegensatz zwischen *Einheit* und *Pluralität* der Versuchung nachgab, die festgestellte Aporie eben doch auflösen zu wollen. Die bisweilen totalitär anmutenden Tendenzen, die der Einheitsfetischismus Rousseaus im *Contrat social* aufweist[32] – die völlige Selbstentäußerung (*aliénation totale*) des Menschen gegenüber dem politischen Körper (CS I 6), die Pluralismus- und Parteienfeindlichkeit (CS II 3), der Ausschluss egoistischer Interessen, die Aufhebung und Zensur einer bürgerlichen Streit- und Diskussionskultur (CS IV 4, 7) usw. – sind jener Begehrlichkeit zweifelsohne geschuldet. Indes zeigen die gegensätzlichen Entwürfe im *Gesellschaftsvertrag* und *Émile* (welcher wiederum als Absage an eine radikale politische Einheitsmodellierung zu verstehen ist), dass Rousseau auch in dieser Hinsicht durchaus differenziert zu lesen ist. Wie sehr die Reanimationen des antiken

---

31 Die *Antinomie* (wörtlich: „Gegengesetze") bezeichnet innerhalb der philosophischen Disziplin der Logik eine besondere Art des Widerspruchs zwischen zwei Sätzen, die gleichermaßen als rational gerechtfertigt und gültig zu betrachten sind. Im Vergleich zur klassischen *Paradoxie* resultiert eine Antinomie zwischen bestimmten Aussagen oder Schlussfolgerungen gerade nicht daraus, dass die eine Seite des Gegensatzes weniger gut begründet wäre als die andere. Zum Begriff der Antinomie siehe beispielsweise von Kutschera 1971, Brendel 1999 und Lorenz 2005.

32 Zum Totalitarismusvorwurf gegen Rousseau, der nichtsdestoweniger vorsichtig zu erheben ist, siehe vor allem Talmon 1961 sowie den Beitrag von Söllner in diesem Band.

Gemeinwesens und Bürgerkultes, denen der *Contrat social* zunehmend verfällt, den geistig-sittlichen Grundlagen der Moderne widerstrebt, ist ihm nicht entgangen. Die Einsicht hierin relativiert zugleich die Stichhaltigkeit einer totalitären Interpretation seiner Ausführungen.[33]

Rousseaus Relevanz für die demokratische Antinomie zwischen Individuum und Gemeinschaft erhellt sich indes auch daraus, dass der *Contrat social* unter der Prämisse der unfehlbaren *volonté générale* zwar einerseits ganz auf der Seite des Kollektivs steht und vom Einzelnen die Entäußerung seines Selbst verlangt. Doch bleibt (wie es der *Émile* offengelegt hat) das Individuum andererseits so lange die entscheidende moralische Instanz, wie die Perfektion des Gemeinwillens der alltäglichen Verlängerung partikularer Interessen in den Bereich der Politik zum Opfer fällt[34] und ist der Gegensatz zwischen Individuum und Kollektiv sogar in der bestmöglichen republikanischen Praxis unaufhebbar, da es an intersubjektiver Einsicht mangelt, wann es sich um eine gemeinwohlkonforme Entscheidung handelt und wann nicht. Indem die Willensbekundung des Individuums faktisch der einzige Transmissionsriemen ist, der zur Ermittlung der *volonté générale* zur Verfügung steht, letztere aber gerade von der Summe der *Differenzen* der Einzel- vom Gemeinwillen gebildet wird, ist die Aporie nicht zu lösen. Doch ist es gleichzeitig dieser Widerspruch, der den zentralen Charakterzug der Demokratie in dieser Frage erhellt, weil dort nämlich die Ansprüche des Individuums und des Gemeinwesens gleichermaßen zu gelten haben.

Das „Paradoxon" der „historischen Situation" am Ende des 18. und zu Beginn des 19. Jahrhunderts, als die Politische Theorie eine (vordergründige) Harmonie zwischen dem Volkssouveränitätsprinzip bzw. dem Gemeinwohl und dem naturrechtlich definierten Staatszweck des Rechtsschutzes für das Individuum konstruierte, indem sie die Staatsgewalt in die Hände derer legte, deren Rechte geschützt werden sollten (vgl. Kielmansegg 1977: 158), bildet demnach keine Episode, sondern ein antinomisches *Kontinuum* der Demokratie. Es begann mit Spinozas Vorbereitung der Volkssouveränitätsidee, fand in den Ausführungen Rousseaus im *Gesellschaftsvertrag* seine aporetische Fortsetzung, wurde anschließend vor allem im angelsächsischen Denken als Amalgam aus herrschaftsbegründender Volkssouveränität und herrschaftsbegrenzendem Individualrecht präzisiert (ebd.: 160)

---

33 In diese Richtung zu deuten ist überdies die Aussage des *Gesellschaftsvertrags*, dort, wo Parteien unvermeidlich sind, für ihre Vervielfachung zu sorgen, um einer den Gemeinwillen verfälschenden Hegemonie einer Teilverbindung vorzubeugen (vgl. CS II 3: 392). Siehe auch Anm. 20.

34 Es ist angesichts der eigenen skeptischen Äußerungen Rousseaus zur Verwirklichung seines politischen Projekts sicher nicht zu weit gegriffen, von seiner Zustimmung auszugehen, dass dies in der politischen Praxis im Grunde *immer* der Fall ist.

und ist seitdem stets eine virulente Frage der Demokratietheorie geblieben. Dass das souveräne Volk als die Gesamtheit der Einzelbürger die kollektive Staatsgewalt im Interesse des Einzelbürgers anwendet, ist dabei empirisch alles andere als gesichert, doch lässt sich heute umgekehrt auch keine Demokratie mehr ohne jene theoretische Fiktion denken.

Auf dem Weg zu diesem anspruchsvollen intellektuellen Zugang zur Demokratie und ihren neuralgischen Punkten belegt der vorliegende Beitrag Rousseau als einen der wichtigsten Stichwortgeber. Will man darüber hinaus tiefere Ursachenforschung betreiben, auf welchen „Grundwiderspruch" sich die verästelten Spannungen im Werk des Genfer Philosophen zurückführen lassen, landet man schließlich wieder bei der Religion. Wie vor allem Karl Löwith betont hat, changieren Rousseaus Schriften in ihren Therapievorschlägen gegen die moralische Degeneration des modernen, egoistischen *bourgeois* zwischen zwei unvereinbaren Extremen: dem Bild des tugendhaften antiken Bürgers (citoyen) und dem Ideal der christlichen Menschlichkeit (homme). Zeichnet der erste Diskurs über die Wissenschaften und Künste deswegen das Bildnis des spartanischen und römischen Patrioten als Gegenfolie zum modernen, entfremdeten, von Ehrgeiz und Konkurrenzdenken entfremdeten Individuum, verlegt sich der zweite Diskurs über die Ungleichheit auf die Schilderung eines goldenen Zeitalters, „in Analogie zum christlichen Mythus vom Paradies" (Löwith 1995: 256). Diese gegensätzlichen, ja unvereinbaren Antworten auf die Herausforderung der Moderne kehren im *Émile* (homme naturel) und *Contrat social* (citoyen) wieder, nachdem sich der (dritte) *Discours sur l'œconomie politique* zuvor darum bemüht hatte, die „Antinomie" zwischen Mensch- und Bürgersein aufzulösen (ebd.).

Auch der *Gesellschaftsvertrag* trägt sich gleichwohl noch mit dem Unterfangen, eine Verknüpfung zwischen christlicher Religion und Gemeinwesen, Patriotismus und Humanität im Dienste der moralisch-sittlichen Läuterung der Bürger herzustellen. Die *religion civile*, die Rousseau im Schlusskapitel des Werkes behandelt, ist als Mittelweg zwischen der wahren, universalen, jenseitsorientierten und ergo politisch indifferenten christlichen Religion und der falschen, heidnischen, partikularen, jedoch auf die Belange des Gemeinwesens ausgerichteten und daher politisch nützlichen antiken Bürgerreligion konzipiert.[35] Nicht zufällig endet der *Gesellschaftsvertrag* daher mit dem Versuch, die „Antinomie" zwischen *homme* und *citoyen* (deren Vorzüge und Tugenden die Moderne gleichermaßen bedurfte) gerade dort aufzulösen, wo sie nach Rousseaus Ermessen entsprang: „Im Verhältnis des Staates zur Religion" (Löwith 1995: 257). Die „Vollendung des Politischen" mitsamt seinen Widersprüchen in der (Zivil-)Religion zu suchen

---

35 Ausführlich hierzu Rehm 2000: 220–223.

(vgl. Rehm 2000: 235 – 238), konnte allerdings abermals nur scheitern bzw. – gemäß der Rousseauschen Prämissen – zur Quadratur des Kreises verkommen. Indem Rousseau im *Contrat* die Religion ganz in den Dienst des Gemeinwesens stellen und sogar ihre Inhalte durch den „Souverän" des Volkes definieren lassen wollte (vgl. CS IV 8: 389), musste er ihren genuinen *Wahrheitsanspruch* unfreiwillig untergraben. Und indem das „rein bürgerliche Glaubensbekenntnis" eine derartige Hingabe an den Staat evozieren sollte, die den Einzelnen zu größter Opferbereitschaft animierte, konnte sie nicht einmal ihren eigentlichen Zweck erfüllen: in praktizierter „Toleranz" eine *Einheit* und Gemeinschaftlichkeit der Bürger jenseits der konfessionellen Grenzen zu gewährleisten. Zwar schloss Rousseau auf der einen Seite „Intoleranz" gerade aus, doch konstatierte er andererseits, es sei „unmöglich, mit Menschen, die man für verdammt hält, in Frieden zu leben". Zugleich sprach er davon, dass niemand zur *religion civile* gezwungen werden könne, man aber „jeden, der nicht daran glaubt, aus dem Staat verbannen" müsse (CS IV 8: 389). Die Widersprüche seines Konzepts werden hier nur allzu evident. Folgerichtig blieb ihm nur zuzugeben, dass sich Exklusivität und Partikularität des *esprit patriotique* unweigerlich gegen die universalen Wahrheiten des Christenmenschen richten mussten und sein Vermittlungsversuch daher nicht gelingen konnte. Im *Glaubensbekenntnis des savoyischen Vikars* (Emil IV: 275 – 334) verbinden sich deshalb das leidenschaftliche Eintreten für die Wahrheit und Gerechtigkeit der Religion, das Gebot der Toleranz und das Gefühl für den Glauben[36] mit der Feststellung der prinzipiellen Unzulänglichkeit des menschlichen Geistes (ebd.: 288f., 299f.) und der damit einhergehenden unvollkommenen Versuche der monotheistischen Religionsgemeinschaften, sich der religiösen Wahrheit zu nähern (ebd.: 321ff.). Zum Schluss des Abschnitts wartet Rousseau gar mit einer befremdlichen Akzeptanz des Schulterschlusses zwischen Thron und Altar im europäischen Absolutismus auf, insofern die Festigung und Mäßigung der politischen Autorität durch das Christentum in der Gegenwart wenigstens den „Grausamkeiten" der Antike vorzuziehen sei (ebd.: 334, Anm.). Offenbar spricht hieraus die Resignation, dass die Religion in ihren politisch relevanten Sequenzen ohnehin einen fehlerhaften Charakter annehmen und die eigene tendenziell antikisierende Lösung des politisch-theologischen Problems im *Contrat social* des-

---

36 In dieser Hinsicht markiert der *Émile* nicht zuletzt den endgültigen Bruch mit den radikal aufklärerischen *Philosophes* um Diderot, deren Rationalismus und Materialismus Rousseau ausgiebig im Pariser Salon des Baron d'Holbach zu Beginn der 1750er Jahre kennen gelernt hatte. Einzelne Passagen des *Glaubensbekenntnisses* sind daher unschwer als direkte Abrechnung mit seinen ehemaligen Freunden zu deuten (vgl. Emil IV: 277 – 286, 332f.).

halb scheitern musste.[37] In einer Fußnote zum ersten *Lettre écrit de la Montagne* formuliert Rousseau entsprechend hoffnungslos: „Le patriotisme et l'humanité sont [...] deux vertus incompatibles" (Lettres: 214, Anm. 1). In seinem eigenen Jargon konnte dies freilich nur heißen, dass er sich zuletzt in die Antinomien der modernen demokratischen Gesellschaft gefügt hatte.

6   Literatur

6.1   Quellen

Fichte, Johann Gottlieb: Grundlage des Naturrechts nach Prinzipien der Wissenschafts-lehre (GdN) (1796/1797), in: Sämmtliche Werke Bd. 3. Zur Rechts- und Sittenlehre 1, Berlin 1965: 1 – 385.

Fichte, Johann Gottlieb: Der geschlossene Handelsstaat (GH). Ein philosophischer Ent-wurf als Anhang zur Rechtslehre und Probe einer künftig zu liefernden Politik (1800), in: Sämmtliche Werke Bd. 3. Zur Rechts- und Sittenlehre 1, Berlin 1965: 387 – 513.

Harrington, James: Oceana, hg. von Hermann Klenner, Leipzig 1991.

Hobbes, Thomas: Leviathan oder Stoff, Form und Gewalt eines kirchlichen und bürgerli-chen Staates (Lev.), Frankfurt/Main 1966.

Kant, Immanuel: Über den Gemeinspruch. Das mag in der Theorie richtig sein, taugt aber nicht für die Praxis/Zum ewigen Frieden, hg. von Holger Klemme, Hamburg 1992.

Kant, Immanuel: Metaphysik der Sitten (MS). Werkausgabe Bd. VIII, hg. von Wilhelm Weischedel, 11. Aufl., Frankfurt/Main 1997: 309 – 634.

Locke, John: Zwei Abhandlungen über die Regierung (ST), Frankfurt/Main 1977.

Montesquieu, Charles de: Vom Geist der Gesetze (EL), 2 Bde, Tübingen 1992.

Paine, Thomas: Die Rechte des Menschen (1791/1792), hg. von Theo Stemmler, Frankfurt/Main 1973.

Rousseau, Jean-Jacques: Œuvres complètes (OC) Bd. 3, Écrits politiques, hg. von Bernard Gagnebin und Marcel Raymond, Paris 1964.

Rousseau, Jean-Jacques: Abhandlung über die von der Akademie zu Dijon gestellte Frage, ob die Wiederherstellung der Wissenschaften und Künste zur Läuterung der Sitten bei-getragen habe (1750) (= Discours I), in: Sozialphilosophische und Politische Schriften, 2. Aufl., Düsseldorf/Zürich 1996: 5 – 35.

Rousseau, Jean-Jacques: Abhandlung über den Ursprung und die Grundlagen der Un-gleichheit unter den Menschen (1755) (= Discours II), in: Sozialphilosophische und Po-litische Schriften, 2. Aufl., Düsseldorf/Zürich 1996: 37 – 161.

---

37 Siehe dazu auch die Bemerkung, dass die „Pflicht, die Religion seines Landes zu beken-nen und zu lieben", niemals „bis zu den Dogmen reichen" könne, „die wirklicher Moral widersprechen" (Emil IV: 329, Anm.). Als Beispiel nennt Rousseau abermals die Into-leranz, die einer politisch wirksamen Religion allerdings unwillkürlich eingeschrieben war.

Rousseau, Jean-Jacques: Vom Gesellschaftsvertrag oder Grundsätze des Staatsrechts (CS) (1762), in: Sozialphilosophische und Politische Schriften, 2. Aufl., Düsseldorf/Zürich: 267–418.

Rousseau, Jean-Jacques: Emil oder über die Erziehung (1762) (= Emil), Paderborn 1998.

Rousseau, Jean-Jacques: Lettres écrites de la Montagne (Premier Partie) (= Lettres), in: Œuvres complètes Bd. 7, Paris 1828: 181–389.

Rousseau, Jean-Jacques: Briefe vom Berge (Zweiter Teil), in: Sozialphilosophische und Politische Schriften, 2. Aufl., Düsseldorf/Zürich 1996: 421–506.

Rousseau, Jean-Jacques: Betrachtungen über die Regierung Polens und über deren vorgeschlagene Reform (= Polen), in: Sozialphilosophische und Politische Schriften, 2. Aufl., Düsseldorf/Zürich 1996: 563–655.

Schumpeter, Joseph: Kapitalismus, Sozialismus und Demokratie, 7. Aufl., Tübingen/Basel 1993.

Spinoza, Baruch de: Theologisch-politischer Traktat (Trac. theol.-pol.). Sämtliche Werke Bd. 3, Hamburg 1994.

Spinoza, Baruch de: Politischer Traktat (Tractatus politicus) (Trac. pol.). Sämtliche Werke Bd. 5.2, Hamburg 1994.

6.2   Weitere Literatur

Arendt, Hannah (1972): Wahrheit und Politik, in: Wahrheit und Lüge in der Politik, München: 44–92.

Argenson, René Louis de (1764): Considérations sur le gouvernement de la France, Amsterdam.

Barber, Benjamin (1994): Starke Demokratie. Über die Teilhabe am Politischen, Hamburg.

Bluhm, William T. (1984): Force or Freedom? The Paradox in Modern Political Thought, New Haven.

Brendel, Elke (1999): Antinomie, in: Sandkühler, Hans Jörg (Hg.): Enzyklopädie Philosophie Bd. 1, Hamburg: 72–76.

Cassirer, Ernst (2012): Über Rousseau, Frankfurt/Main.

Cousin, Jean (2000): Rousseau als Interpret der römischen Institutionen, in: Brandt, Reinhardt/Herb, Karlfriedrich (Hg.): Jean Jacques Rousseau. Vom Gesellschaftsvertrag oder Prinzipien des Staatsrechts. Klassiker auslegen Bd. 20, Berlin: 189–212.

Dipper, Christof (2004): Freiheit VII. Der Freiheitsbegriff im 19. Jahrhundert, in: Brunner, Otto/Conze, Werner/Koselleck, Reinhart (Hg.): Geschichtliche Grundbegriffe, Bd. 2, Stuttgart: 488–538.

Fetscher, Iring (1996): Nachwort, in: Jean-Jacques Rousseau: Sozialphilosophische und Politische Schriften, 2. Aufl., Düsseldorf/Zürich: 905–939.

Fetscher, Iring (1999): Rousseaus politische Philosophie. Zur Geschichte des demokratischen Freiheitsbegriffs, 8. Aufl., Frankfurt/Main.

Fralin, Richard (1978): Rousseau and Representation. A Study of the Development of his Concept of Political Institutions.

Geismann, Georg (1982): Kant als Vollender von Hobbes und Rousseau, in: Der Staat 21: 161–189.

Herb, Karlfriedrich (1999): Bürgerliche Freiheit. Politische Philosophie von Hobbes bis Constant, Würzburg.

Jacourt, Louis de (1755): Egalité naturelle, in: Diderot, Denis/Alembert, Jean d' (Hg.): Encyclopédie ou dictionnaire raisonné des sciences, des arts et des métiers Bd. 5, Paris: 415.

Jörke, Dirk (2011): Kritik demokratischer Praxis. Eine ideengeschichtliche Studie, Baden-Baden.

Joung, Ho-Won (2006): Volkssouveränität, Repräsentation und Republik. Eine Studie zur politischen Philosophie Immanuel Kants, Würzburg.

Kersting, Wolfgang (1994): Die politische Philosophie des Gesellschaftsvertrags, Darmstadt.

Kielmansegg, Peter Graf (1977): Volkssouveränität. Eine Untersuchung der Bedingungen demokratischer Legitimität, Stuttgart.

Kutschera, Franz von (1971): Antinomie, in: Ritter, Joachim (Hg.): Historisches Wörterbuch der Philosophie Bd. 1, Basel: 396 – 405.

Lorenz, Kuno (2005): Antinomie; Antinomien, logische; Antinomien, semantische, in: Mittelstraß, Jürgen (Hg.): Enzyklopädie Philosophie und Wissenschaftstheorie Bd. 1. A-B, 2. Aufl., Stuttgart: 160 – 164.

Löwith, Karl (1995): Von Hegel zu Nietzsche. Der revolutionäre Bruch im Denken des neunzehnten Jahrhunderts, Hamburg.

Mittermaier, Karl/Mair, Meinhard (1995): Demokratie. Die Geschichte einer politischen Idee von Platon bis heute, Darmstadt.

Offe, Claus (Hg.) (2003): Demokratisierung der Demokratie. Diagnosen und Reformvorschläge, Frankfurt/New York.

Pitkin, Hanna Fenichel (Hg.) (1969): Representation, New York.

Rehm, Michaela (2000): „Ein rein bürgerliches Glaubensbekenntnis": Zivilreligion als Vollendung des Politischen? In: Brandt, Reinhard/Herb, Karlfriedrich (Hg.): Jean-Jacques Rousseau: Vom Gesellschaftsvertrag oder Prinzipien des Staatsrechts. Klassiker auslegen Bd. 20, Berlin: 213 – 239.

Schiller, Theo (2002): Direkte Demokratie. Eine Einführung, Frankfurt/New York.

Schmidt, Manfred G. (2010): Demokratietheorien. Eine Einführung, 5. Aufl., Wiesbaden 2010.

Talmon, Jacob L. (1961): Die Ursprünge der totalitären Demokratie, Köln/Opladen.

Wieland, Christoph Martin (1857a): Aufsätze über die Französische Revolution, in: Sämtliche Werke Bd. 31, Leipzig: 1 – 327.

Wieland, Christoph Martin (1857b): Gespräche unter vier Augen, in: Sämtliche Werke Bd. 32, Leipzig: 1 – 275.

Ein bürgerliches Glaubensbekenntnis: Die Legitimität der religionspolitischen Ordnung in der Demokratie bei Jean-Jacques Rousseau[1]

Ahmet Cavuldak

1   Einleitung

Auch wenn Rousseau nicht der Theoretiker der modernen Massendemokratie sein sollte, sondern, wie Iring Fetscher feststellt, Tocqueville als Erstem dieser Titel gebührt (Fetscher 1999: 255), kann daran kein Zweifel sein: Die von ihm im *Contrat social* entworfene politische Ordnung steht mit ihrer individualistischen Fundierung und ihrer egalitaristischen Ausrichtung *prinzipiell* auf dem Boden der modernen Demokratie. Durch Rousseau gelangt der Jahrhunderte währende historische Denkprozess zur Begründung der Volkssouveränitätsidee zum Abschluss, so dass man mit Peter Graf Kielmansegg im *Contrat social* den locus classicus der Legitimitätsformeln der modernen Demokratie ausfindig machen kann (Kielmansegg 1977: 155). Tatsächlich gilt der *Contrat social* noch heute als radikaldemokratische Bekenntnisschrift, und als solche ist er eine Fundgrube für die Kritiker der repräsentativen, parlamentarischen Demokratie. Schillernde Gedankenfiguren wie Volkssouveränität und Gemeinwille, die zwar Rousseau nicht erfunden hat, denen er aber eine besondere Wendung und Färbung gab, nehmen in den Selbstverständigungsdebatten demokratischer Gesellschaften eine prominente Stellung ein.

Auffällig ist allerdings, dass dies für eines der zentralsten Konzepte der politischen Theorie Rousseaus nicht gilt, nämlich für die *religion civile;* es findet, wenn ich es recht sehe, in der breiten Öffentlichkeit demokratischer Gesellschaften kaum Resonanz. In der politischen Theorie hingegen wurde der Zivilreligion seit den siebziger Jahren des vergangenen Jahrhunderts relativ große Aufmerksamkeit zuteil; sie wurde zunächst vom Religionssoziologen Robert Bellah in den USA rezipiert, später von Hermann Lübbe und Niklas Luhmann in Deutschland und

---

1   Im Folgenden greife ich auf das Rousseau-Kapitel meiner Dissertation zurück, die in Bälde unter dem Titel „Gemeinwohl und Seelenheil: Bedeutung und Legitimität der Trennung von Religion und Politik im demokratischen Verfassungsstaat" veröffentlicht werden soll.

schließlich auch in Frankreich etwa von Jean-Paul Willaime oder Jean Baubérot aufgegriffen und anverwandelt.[2]

Wie ist nun diese gegenläufige Entwicklung in der Rezeption zu erklären, zumal die genannten Wissenschaftler das Konzept der „Zivilreligion" zur Beschreibung der religionspolitischen Verhältnisse in ihrem jeweiligen Land heranziehen? Der Umstand, dass die Zivilreligion in den öffentlichen Selbstverständigungsdebatten demokratischer Gesellschaften keine herausragende Rolle spielt, erklärt sich letztlich dadurch, dass der *Contrat social* in religionspolitischer Hinsicht jedenfalls nicht der locus classicus der Legitimitätsformeln des demokratischen Verfassungsstaates ist.[3] Gibt es aber überhaupt so etwas wie eine (oder mehrere) religionspolitische Legitimitätsformel(n) der modernen Demokratie? Im westlichen Erfahrungsraum hat sich seit geraumer Zeit die Trennung von Staat und Kirche bzw. von Religion und Politik als „Standardantwort" auf die Frage nach dem rechten Verhältnis von Demokratie und Religionen durchgesetzt. In einem langwierigen und mehrstufigen historischen Prozess, in dem der so genannte Investiturstreit zwischen Papst und Kaiser Ende des 11./Anfang des 12. Jahrhunderts und die konfessionellen Bürgerkriege im 16. und 17. Jahrhundert entscheidende Stationen markieren, hat sich die politische Ordnung allmählich von ihrer geistlich-religiösen Bestimmung und Durchformung gelöst und zu eigener weltlich konzipierter Zielsetzung und Legitimation gefunden (Böckenförde 1991). Mit dem revolutionären Übergang zur modernen Demokratie im 18. Jahrhundert in Frankreich und in den USA erreichte die Säkularisierung der Legi-

---

2 Die wichtigsten Beiträge der genannten Autoren (mit der Ausnahme von Baubérot) finden sich in dem Sammelband von Kleger/Müller 2004.

3 Der religionspolitische Lösungsvorschlag Rousseaus spielt in den öffentlichen Diskursen selten eine positive oder affirmative Rolle. Im Gegenteil, eher scheint er dazu geeignet zu sein, auf die Gefahren für die Freiheit aufmerksam zu machen, die in den Demokratien lauern. Der bekannte katholische und liberale Staatsrechtler Böckenförde etwa geht in einem wichtigen Vortrag zum Thema „Charakter, Rechtfertigung und Probleme des säkularisierten Staates im 21. Jahrhundert" unter anderem auch auf Rousseaus religion civile ein. Dann heißt es: „Hieran wird deutlich, auf welches Terrain der säkularisierte Staat sich begibt, wenn er eine Zivilreligion dieser Art zum Zwecke der Selbststabilisierung inauguriert. Die Gefahr ist nicht so weit weg wie man meint. Die stetige Berufung auf die ‚Wertordnung' des Grundgesetzes und das Insistieren darauf, dass alle, die hier leben und leben wollen, seien sie Deutsche oder Ausländer, sich zu ihr bekennen müssen, ist das Einlaßtor. Es reicht dann nicht mehr das loyale Befolgen der bestehenden Gesetze bei Zollfreiheit der Gedanken, [...] vielmehr wird ein Bekenntnis, die Bekundung einer bestimmten Gesinnung gefordert [...] Fundamentalismus kann auch in der Form von Wertordnungsfundamentalismus auftreten." (Böckenförde 2006: 29)

timationsgrundlagen politischer Ordnung einen ersten Höhepunkt: Der damals begründete Staat hatte seine Legitimation fortan nicht mehr in der geschichtlichen Herkunft, göttlichen Stiftung oder im Dienst an der religiösen Wahrheit, sondern in der Sicherung und Erhaltung der gleichen Freiheit des Individuums.

Dieser realhistorische Prozess der Säkularisierung, der streckenweise von Tendenzen der Konfessionalisierung und Sakralisierung des Politischen durchkreuzt wurde, spiegelt sich auch im politischen Denken wider. Allein an den äußerlichen Merkmalen der kanonisierten politischen Theorien des westeuropäischen Erfahrungsraumes, etwa am Titel der Hauptwerke oder am Umfang der Seiten, die der Erörterung des religionspolitischen Problems gewidmet sind, lässt sich dies ausmachen. Um hier lediglich drei wichtige Beispiele vor Rousseau zu nennen: Thomas Hobbes hat immerhin noch die Hälfte seines 1651 erschienenen Hauptwerkes *Leviathan* für die Diskussion religionspolitischer Fragen reserviert; der Untertitel des Buches lautet denn auch konsequent „Stoff, Form und Gewalt eines kirchlichen und bürgerlichen Staates". Baruch de Spinoza veröffentlichte 1670 seinen *Theologisch-Politischen Traktat*, der vom religionspolitischen Problem geradezu durchtränkt ist. Wie groß die Kluft ist, die sich zwischen Spinozas Vorstellungen und dem Selbstverständnis der säkularen und liberalen Demokratien von heute auftut, wird deutlich, wenn er in seinem *Theologisch-Politischen Traktat* schreibt, die zur Rechtfertigung der Trennung von Religion und Politik angeführten Gründe seien „so armselig, dass sie eine Widerlegung gar nicht verdienen" (Spinoza 1994: 292). John Locke wiederum widmete die erste seiner 1689 veröffentlichten *Zwei Abhandlungen über die Regierung* der Widerlegung der Lehre Sir Robert Filmers und seiner Nachfolger vom Gottesgnadentum der englischen Könige; er trat darin den Gegenbeweis an, dass die Spitze der absoluten Monarchie nicht jure divino einen auf Adam zurückführbaren legitimen Herrschaftstitel beanspruchen könne und begab sich zu diesem Zwecke auf das Feld der historisch-kritischen Bibelexegese, das zuvor Hobbes und Spinoza bestellt hatten. In dem Zusammenhang sollten noch zwei andere Schriften Lockes genannt werden: zum einen sein ebenfalls 1689 veröffentlichter *Letter Concerning Toleration* und zum anderen *The Reasonableness of Christianity as Deliver'd in the Scriptures* aus dem Jahr 1695. Für die Rechtfertigung der (religionsfreundlichen) Trennung von Staat und Kirche bzw. von Religion und Politik ist Lockes (erster) Toleranzbrief eine der zentralsten Texte in der Geschichte politischer Theorien; nicht zuletzt von daher dürfte auch der große Einfluss Lockes vor allem in den USA herrühren.

Wie ist nun Rousseau in dieser langen und vielschichtigen Säkularisierungsgeschichte des politischen Denkens einzuordnen? Wie legitimiert er die religionspolitische Ordnung in der modernen Demokratie? Was hält er von der Trennung zwischen Religion und Politik? Im Folgenden möchte ich zunächst den Versuch

Rousseaus, das religionspolitische Problem in der Demokratie zu lösen, rekonstruieren und seinen Lösungsvorschlag sodann kritisch würdigen.

2   Rousseaus Lösungsvorschlag

Der modernen Problemstellung, wie es eine (demokratische) Republik mit Religion(en) halten sollte, begegnete Jean-Jacques Rousseau bekanntlich mit einem eigensinnigen Vorschlag: „religion civile" lautete seine Losung und Lösung[4]. In dieser theoretischen „Ausflucht aus dem säkularen Vernunftrecht"[5] kommt ein Problembewusstsein zum Ausdruck, das bis heute unabgegolten ist und einer (Auf-)Lösung harrt. Diesem Problembewusstsein ist die politiktheoretische Attraktivität des Rousseauschen Lösungsversuchs geschuldet. Eine Auseinandersetzung mit der demokratietheoretischen Verortung der Religion im *Contrat social* kann strukturelle Spannungen und Legitimitätsprobleme der modernen Demokratie und womöglich Lösungswege aufzeigen.

2.1   Die neuzeitliche Begründungsfigur legitimer politischer Herrschaft

Rousseau hat mit seinem demokratietheoretischen Hauptwerk *Contrat social* der neuzeitlichen Begründungsfigur legitimer politischer Herrschaft bereits im Titel die Ehre erwiesen; auch er begründet politische Herrschaft auf der Grundlage einer vertraglichen Vereinigung freier und gleicher Individuen. Bereits ein gutes Jahrhundert vor Rousseau hatte Thomas Hobbes in seinem *Leviathan* die moderne Begründungsfigur legitimer Herrschaft auf die kurze Formel gebracht: „(T) here being no Obligation on any man, which ariseth not from some act of his own; for all men equally, are by Nature Free" (Hobbes 1985: 268). Genau in diesem Sinne heißt es auch bei Rousseau: „Puis qu'aucun homme n'a une autorité naturelle sur son semblable, et puisque la force ne produit aucun droit, restent donc les

---

4   Damit ist aber nicht behauptet, der Begriff „religion civile" gehe auf Rousseau zurück. Diese weit verbreitete Annahme ist von Gisela Schlüter dahingehend korrigiert worden, bereits bei Vico finde sich der Begriff. Da Vico jedoch den Begriff relativ unbestimmt verwende, könne eine konkrete terminologische Anlehnung Rousseaus an Vico – speziell hinsichtlich des normativen Gehalts von Rousseaus Begriff der religion civile – begriffsgeschichtlich nicht plausibel gemacht werden (vgl. Schlüter 1997/98: 115).

5   Die Formulierung stammt von Karlfriedrich Herb; er verwendet sie in seinem Essay zu Rousseaus *Gesellschaftsvertrag* (Herb 2007: 316).

conventions pour base de toute autorité parmi les hommes." (Rousseau 1964: 177). Doch nicht nur Macht und Stärke können kein Recht zwischen den Menschen begründen, sondern auch Natur und Gott sind dazu nicht befugt oder geeignet. Gleich im zweiten Kapitel des ersten Buches vom *Contrat social* schreibt Rousseau: „[…] l'ordre social est un droit sacré, qui sert de base à tous les autres. Cependant ce droit ne vient point de la nature; il est donc fondé sur des conventions." (Rousseau 1964: 174). Und im sechsten Kapitel des zweiten Buches heißt es dann: „Toute justice vient de Dieu, lui seul en est la source; mais si nous savions la recevoir de si haut nous n'aurions besoin ni de gouvernement ni de loix. Sans doute il est une justice universelle émanée de la raison seule; mais cette justice pour être admise entre nous doit être réciproque. A considérer humainement les choses, faute de sanction naturelle les lois de la justice sont vaines parmi les hommes. […] Il faut donc des conventions et des lois pour unir les droits aux devoirs et ramener la justice à son objet" (Rousseau 1964: 200). Um rechtliche Verbindlichkeit unter Menschen in einem demokratischen Gemeinwesen stiften und verbürgen zu können, bleibt also letztlich keine andere Grundlage übrig als der freie Wille derer, die sich verpflichten. Man könne über jeden anderen Grundsatz streiten, bemerkt später Rousseau in einem seiner Briefe vom Berge, selbst über den vom Willen Gottes, zumindest in seiner Anwendung, nur nicht über diesen (Rousseau 1978: 146, Bd. II). Wenn dem so ist, warum lässt dann Rousseau in seinem Entwurf einer legitimen politischen Ordnung die Religion nicht einfach außen vor?

2.2 Das religionspolitische Problem: Die Stimme der Götter und der Menschen

Rousseau glaubt, die Frage der Religion schlicht nicht ausklammern zu können, weil sie als Lebensmacht auch immer politische Auswirkungen hat. Mehr noch: Die Möglichkeit einer politischen Ordnung wird von den religiösen Wahrheitsansprüchen tangiert, gar von Grund auf in Frage gestellt, da sie vom ganzen Menschen Besitz ergreifen. Dass man Gott mehr gehorchen müsse als den Menschen, versteht sich für die (jedenfalls monotheistischen) Religionen von selbst – dermaßen, dass man Gott gar nicht denken kann, ohne die Unbedingtheit und Unüberbietbarkeit seiner Verfügungsansprüche über Menschen mitzudenken.

Rousseau geht davon aus, dass erst mit dem Christentum eine religionspolitisch brisante Konfliktsituation in der Weltgeschichte entstanden ist. Am Anfang hätten die Menschen keine anderen Könige als die Götter und keine andere Regierung als die theokratische gekannt. In diese historische Einheitswelt sei Jesus durch die Trennung zwischen „sistème théologique" und „sistème politique" eingebrochen (Rousseau 1964: 284). Das Christentum habe durch die Vorstellung eines Königreichs von einer anderen Welt einen „perpétuel conflict de jurisdiction" verursacht, der in den christlichen Staaten die Möglichkeit einer guten Ordnung zunichte gemacht habe; man wisse nicht mehr, ob man dem weltlichen Herrn oder dem Priester Gehorsam schulde. Das Problem verschärfe sich um ein Vielfaches, wenn in einem Gemeinwesen mehrere Religionen bestehen, die einen absoluten Wahrheitsanspruch geltend machen. Denn es sei nun einmal unmöglich, mit Menschen in Frieden zu leben, die man für unselig und verdammt halte; sie lieben hieße Gott hassen, der sie bestrafe. Es gebe nur zwei Möglichkeiten, der Herausforderung durch Andersgläubige zu begegnen: entweder man bekehre, oder man verfolge sie. Daher sind die einander ausschließenden religiösen Wahrheitsansprüche für Rousseau in jedem Fall dazu geeignet, die Souveränität des Staates in weltlichen Belangen zu unterwandern. Er schreibt: „Partout où l'intolérance théologique est admise, il est impossible qu'elle n'ait pas quelque effet civil; et sitôt qu'elle en a, le Souverain n'est plus Souverain, même au temporel: dès lors les Prêtres sont les vrais maitres; les Rois ne sont que leurs officiers" (Rousseau 1964: 291). Die Behauptung „hors de l'Eglise point de Salut" oder „(i)l faut penser comme moi pour être sauvé"[6] geht Rousseau zufolge notwendig mit der Gefahr eines religiösen Unruheherdes einher; der Staat soll ihr prinzipiell dadurch vorbeugen, dass er diejenigen, die solche „höllischen Dogmen" aufstellen, aus seinem Gebiet verbannt; es sei denn, der Staat sei die Kirche und der Fürst der Pontifex.

An dieser Stelle wird deutlich, dass auch Rousseau noch die Religion im Problemhorizont der konfessionellen Bürgerkriege betrachtet, die im 16. und 17. Jahrhundert Europa verwüstet haben, auch wenn bei ihm nicht mehr ausschließlich das Problem der Friedenssicherung im Mittelpunkt steht wie bei Hobbes. In der ersten Fassung des *Contrat social* spricht Rousseau von den „milles passions horribles et destructives" der gläubigen Masse und warnt: „La terre entière regorgeroit de sang et le genre humain périroit bientôt si la Philosophie et les loix ne retenoient les fureurs du fanatisme, *et si la voix des hommes n'était plus forte que celle des Dieux*" (Rousseau 1964: 107).[7] Die Stimme der Menschen müsse also diejenige der Götter übertönen, wenn das Unheil abgewendet werden solle. Folgerichtig fordert Rousseau, bei der Suche nach einer Lösung des religionspo-

---

6 Diese Formulierung verwendet Rousseau in der ersten Fassung des *Contrat social*; wer dieses höllische Dogma nicht abscheulich finde, könne weder ein Christ noch ein Bürger, ja nicht einmal ein Mensch sein: „[...] c'est un monstre qu'il faut immoler au repos du genre humain" (Rousseau 1964: 163).

7 Hervorhebungen vom Verfasser.

litischen Problems weder die heiligen Vorschriften der unterschiedlichen Religionen noch die Theologen zu berücksichtigen, sondern die Philosophen um Rat zu fragen. Bereits an dieser methodischen Absichtserklärung wird die säkulare Grundierung der politischen Theorie Rousseaus deutlich. Dazu passt auch die nüchterne historisch-soziologische Betrachtungsweise des religionspolitischen Problems.

2.3 Skizze einer historischen Phänomenologie von Religionen

Rousseau eröffnet seine Suche nach einer Lösung mit einer weltgeschichtlichen Betrachtung zum Verhältnis von Religion und Politik, dessen wichtigstes Ergebnis ich bereits vorweggenommen habe; die Feststellung nämlich, dass in der Weltgeschichte erst das Christentum die Einheit von Religion und Politik gesprengt habe. In einem zweiten Schritt entwirft Rousseau eine historische Phänomenologie von Religionen.

Darin unterscheidet er drei Gestalten der Religion: die Religion des Menschen, die Religion des Bürgers und die Priesterreligion. Wie die Gesellschaft, die entweder universell oder partikulär sei, könne auch die Religion zunächst in zwei Arten eingeteilt werden, je nachdem, ob sie den Menschen oder den Bürger umgreife. Die Religion des Menschen, ohne Tempel, Altäre und Riten, beschränke sich auf den rein inneren Kult Gottes und die ewigen Pflichten der Moral; sie sei die reine und einfache Religion des Evangeliums, der wahre Gottesglaube und das, was man das göttliche Naturrecht nennen könne. Die Religion des Bürgers dagegen sei nur in einem Land zugelassen, dem sie seine Götter und Schutzherren gebe; sie habe ihre Dogmen, Riten und ihren von den Gesetzen vorgeschriebenen äußeren Kult. Mit der Ausnahme der Nation, die sich zu ihr bekenne, sei alles andere für sie ungläubig, fremd und barbarisch; sie erstrecke die Pflichten und Rechte des Menschen nur so weit, wie ihre Altäre reichten. Die Religionen der ersten Völker seien allesamt solcher Art gewesen; man könne ihnen den Namen eines bürgerlichen oder positiven Gottesrechts geben. Neben diesen beiden Religionsgestalten gebe es noch eine dritte, die Rousseau Priesterreligion zu nennen vorschlägt. Zu diesem Typus zählt er sowohl die Religion der Lamas und der Japaner als auch das römische Christentum. Diese seltsame Gestalt von Religion unterwerfe die Menschen widersprüchlichen Pflichten und hindere sie daran, gleichzeitig fromm und Bürger sein zu können, weil sie ihnen zwei Gesetzgebungen, zwei Oberhäupter und zwei Vaterländer beschere; aus ihr entstehe eine Art „droit mixte et insociable", das nicht einmal einen Namen habe.

Nach dieser idealtypischen Unterscheidung von drei Religionen unternimmt Rousseau eine Überprüfung ihrer politischen Brauchbarkeit für die im *Gesellschaftsvertrag* entworfene Republik. Er stellt zunächst allgemein fest, dass alle drei Religionen ihre Mängel hätten: „A considérer politiquement ces trois sortes de religion, elles ont toutes leurs défauts" (Rousseau 1964: 286). Doch sei die dritte unter ihnen so offensichtlich schlecht, dass es Zeit vergeuden hieße, dies auch nur aufzeigen zu wollen. Denn: „Tout ce qui rompt l'unité sociale ne vaut rien: Toutes les institutions qui mettent l'homme en contradiction avec lui-même ne valent rien" (ebd.) Die zweite, die Religion des Bürgers, sei hingegen insofern gut, als sie die Gottesverehrung mit der Liebe zu den Gesetzen vereinige und die Bürger lehre, dass dem Staat dienen zugleich dessen Schutzgott dienen bedeute. Die Religion des Bürgers verstärkt die Republik, indem sie die Sanktionskraft des Gottesglaubens dazu nutzt, ihren Forderungen und Gesetzen Kraft und Nachdruck zu verleihen. Dadurch bleibt die Einheit des Staates erhalten, und der Mensch stimmt mit sich selbst überein. Problematisch an ihr findet Rousseau aber, dass sie auf Irrtum und Lüge gegründet sei, die Menschen täusche, sie leichtgläubig und abergläubisch mache und die echte Gottesverehrung in einem leeren Zeremoniell ertränke. Entgegen seiner späteren Erklärung zur methodischen Vorgehensweise in dem Kapitel zur Zivilreligion, die Wahrheit einer Religion als solche gar nicht berücksichtigt zu haben,[8] findet hier das Kriterium der Wahrheit Eingang in seine Analyse – ob lediglich aufgrund seiner politischen Auswirkungen, sei dahinge-

---

8   Im ersten seiner Briefe vom Berge schreibt Rousseau, in dem Kapitel zur Zivilreligion sei nicht die Rede davon, zu untersuchen, ob die Religionen wahr oder falsch seien, sondern sie bloß im Verhältnis zum politischen Körper zu betrachten (Rousseau 1978: 29, Bd. 2). Eine ähnliche Unterscheidung in der methodischen Vorgehensweise trifft Rousseau bereits in seinem *Brief an Christophe de Beaumont*, den er ebenso wie später die Briefe vom Berge zu Zwecken der Verteidigung gegen Anfechtungen von Seiten kirchlicher Autoritäten verfasst hat. Darin heißt es: „Es gibt also zwei Arten, die verschiedenen Religionen zu untersuchen und zu vergleichen; die eine vermöge des Wahren und des Falschen, welches sich darin findet, sowohl in Rücksicht der natürlichen oder der übernatürlichen Tatsachen, worauf sie gegründet sind, wie auch in Rücksicht der Begriffe, welche die Vernunft uns von dem höchsten Wesen und dem Gottesdienst gibt, den es von uns verlangt; die andere in Rücksicht auf ihre zeitlichen und sittlichen Folgen in dieser Welt und das Gute und Böse, welches sie der Gesellschaft und dem menschlichen Geschlecht zufügen können. Man darf nicht, um diese doppelte Untersuchung zu verhindern, behaupten, dass diese beiden Dinge immer zusammengehen und dass die wahrste Religion auch immer die geselligste und menschlichste sei, denn dies ist eben die Frage, und man darf denjenigen, welcher diese Frage untersucht, nicht gleich als einen Gottlosen und Atheisten in Verruf bringen, denn eines ist es, zu glauben, und ein anderes, die Wirkung dessen, was man glaubt, zu untersuchen." (Rousseau 1978: 546, Bd. 1)

stellt. An dieser Stelle wird jedenfalls deutlich, dass Rousseau – etwa im Gegensatz zu Machiavelli[9] – seine funktionalistische Betrachtungsweise der Religion
nicht so weit treibt, dass er die bewusste Täuschung von Bürgern in Kauf zu nehmen bereit wäre, wenn sie sich nur lohnt; das heißt: wenn sie genug zur Festigung
und Stärkung der republikanischen Gesinnungstüchtigkeit beiträgt. Die Religion
des Bürgers ist Rousseau aber nicht nur wegen ihrer Unwahrheit suspekt; er hält
sie auch für problematisch, weil er in ihr die Gefahr des Fanatismus und der Intoleranz angelegt sieht. Er befürchtet, die Religion des Bürgers könnte das Volk
blutrünstig machen und gegen andere Völker aufbringen. Eine Selbstbehauptung
des politischen Gemeinwesens durch die Religion auf Kosten anderer wird von
Rousseau abgelehnt. In der ersten Fassung des *Contrat social* schreibt er: „Il n'est
pas permis de serrer le nœud d'une société particulière aux dépens du reste du
genre humain" (Rousseau 1964: 159).

Übrig bleibt als letzte der drei Religionen die Religion des Menschen, die Rousseau schließlich auf ihre Brauchbarkeit für die Bedürfnisse der Republik hin ab-
klopft. Darunter versteht Rousseau vor allem das Christentum, allerdings nicht
das seiner Tage, wie er hinzufügt, sondern das des Evangeliums, das davon ganz
und gar verschieden sei. Die letztere bezeichnet und lobt Rousseau als eine heilige,
erhabene und wahre Religion; durch sie würden sich die Menschen, Kinder des
einen und selben Gottes, als Brüder erkennen und eine Gemeinschaft bilden, die
sich selbst im Tod nicht auflöse. Die Kehrseite der universalistischen Ausrichtung
des Christentums, bemängelt Rousseau, sei jedoch, dass sie mit dem politischen
Körper keine besondere Verbindung eingehen könne, so dass den Gesetzen nur
die Geltungskraft bleibe, die sie aus sich selbst ziehen könnten (Rousseau 1964:
287). Damit bleibe eines der großen Bindeglieder des politischen Gemeinwesens
ohne Wirkung, bedauert Rousseau. Mehr noch: Statt die Herzen der Bürger an
den Staat zu heften, entferne die Religion des Menschen sie davon wie von allen
irdischen Dingen. Deshalb fällt der Genfer Philosoph ein vernichtendes Urteil
über das Christentum des Evangeliums, mit dem er sich viel Kritik und Ärger
eingehandelt hat: „Je ne connais rien de plus contraire à l'esprit social" (ebd.). Im
Grunde seien die Christen nicht einmal in der Lage, eine Gesellschaft zu bilden,
geschweige denn die vollkommenste, wie manche behaupten würden; denn sie

---

9 In dem zwölften Kapitel des ersten Buches seiner *Discorsi*, in dem Machiavelli die Bedeutung der Religion für die Republik oder Monarchie betont, heißt es: „Die Leiter
einer Republik oder eines Königreichs müssen [...] die Grundlage ihrer Religion erhalten; dann wird es ihnen leicht sein, ihren Staat in Gottesfurcht und somit gut und
einträchtig zu erhalten. Alles, was zugunsten der Religion geschieht, mögen sie selbst
es auch für falsch halten, müssen sie unterstützen und fördern, und zwar umso mehr, je
klüger sie sind und je besser sie die Welt kennen." (Machiavelli 2000: 56)

könnten gar keinen Zusammenhalt stiften. Außerdem sei das Christentum eine ganz und gar geistige Religion, die einzig um die himmlischen Güter besorgt sei: Das Vaterland des Christen sei nicht von dieser Welt. Und selbst wenn die Christen ihre Pflicht auf Erden täten, sei ihr Einsatz durch eine tiefe Gleichgültigkeit am Erfolg und Misserfolg ihrer Bemühungen gekennzeichnet. Schließlich bestehe für sie das Wesentliche darin, ins Paradies zu gelangen; daher mache es für sie letztlich keinen Unterschied aus, ob sie ihr Leben in diesem Jammertal als Freier oder Sklave fristeten. Die christliche Nächstenliebe und Milde mache sie vollends unfähig, sich gegen Machtmissbrauch und Tyrannei zu wehren; sie mache sie vielmehr geneigt, sich mit den jeweiligen Herrschaftsverhältnissen zu arrangieren, weil sie in allem den Willen Gottes am Werke sähen. Folglich verstünden sie es besser, zu sterben, als zu töten. Kurzum: Mit den Christen sei keine Republik zu machen. „Mais je me trompe en disant une République Chrétienne" resümiert Rousseau seine von Machiavelli[10] inspirierte Kritik am Christentum, „chacun de ces deux mots exclut l'autre" (Rousseau 1964: 289).

Welche Anforderungen Rousseau an eine Religion stellt, die seinen politischen Vorstellungen entspricht und daher der Republik des *Gesellschaftsvertrags* empfohlen werden kann, geht implizit aus seiner Analyse der drei Religionstypen hervor: Sie darf *erstens* keinen Loyalitätskonflikt erzeugen; Gottesdienst und Dienst am Staat sollten sich möglichst überlappen, damit kein Riss in die soziale Einheit des republikanischen Gemeinwesens geschlagen und der Bürger mit sich selbst nicht in Widerspruch gebracht wird. Sie sollte *zweitens* als mächtige Integrati-

---

10 Im zweiten Kapitel des zweiten Buches seiner *Discorsi* führt Machiavelli den Umstand, dass die Völker des Altertums mehr Freiheitsliebe besaßen als die jetzigen, letztlich auf die Verschiedenheit der Religion zurück. „Denn da unsere Religion uns die Wahrheit und den wahren Weg gezeigt hat, lässt sie uns die weltliche Ehre geringer schätzen. Die Heiden hingegen schätzen sie sehr hoch und hielten sie für ihr höchstes Gut, und darum waren sie kühner in ihren Taten. [...] Unsere Religion hat mehr die demütigen und beschaulichen Menschen als die tätigen selig gesprochen. Sie hat das höchste Gut in Demut, Entsagung und Verachtung des Irdischen gesetzt; jene setzte es in hohen Mut, Leibesstärke und alles, was den Menschen kraftvoll machte. Verlangt auch unsere Religion, dass man stark sei, so will sie doch, dass man diese Stärke im Leiden und nicht in kraftvollen Taten äußert. Diese Lebensweise scheint also die Welt schwach gemacht und den Verbrechern zur Beute gegeben zu haben. Die können ungefährdet über sie schalten, denn sie sehen ja, dass die große Mehrzahl der Menschen, um ins Paradies einzugehen, mehr darauf bedacht ist, Beleidigungen zu ertragen als zu rächen." (Machiavelli 2000: 184ff.) Im Gegensatz zu Rousseau scheint indes Machiavelli die Möglichkeit gesehen zu haben, diese „falsche Auslegung der Religion", wie er an einer Stelle formuliert, und die damit einhergehende allgemeine Kraftlosigkeit der Menschen durch Erziehung zugunsten der republikanischen Gesinnungstüchtigkeit zu korrigieren.

onsklammer der Gesellschaft wirksam werden und die Herzen der Bürger an den Staat heften; sie sollte den Gesetzen und Forderungen der Republik mit der göttlichen Sanktionskraft Nachdruck verleihen. Doch sollte diese Integrationswirkung nicht so stark ausfallen, dass sie womöglich die Gefahr der Radikalisierung und Intoleranz in sich birgt. Deshalb, verlangt Rousseau, sollte die Religion *drittens* der Toleranz verpflichtet sein. Und schließlich sollten diese politischen „Leistungen" *viertens* nicht auf Kosten religiöser Wahrheit erbracht werden.

2.4   Ein rein bürgerliches Glaubensbekenntnis

Rousseaus Analyse der *religion civile* baut auf den Ergebnissen seiner historischen Phänomenologie der drei Religionstypen auf; er entwickelt sie als Konzept ausgehend von den erarbeiteten religionspolitischen Qualitätskriterien. Nachdem Rousseau zunächst durch eine weltgeschichtliche Betrachtung zum Verhältnis von Religion und Politik die religionspolitisch brisante Konfliktlage herauskristallisiert hat, die erst durch das Christentum in die Welt gekommen ist, und daraufhin drei Religionstypen unterscheidet, die er unter dem Gesichtspunkt ihrer politischen Auswirkungen vergleichend mustert, wechselt er die Ebene seiner Analyse: Er verlässt den Boden der historischen Tatsachen und kehrt zum Recht zurück. Gegen Ende des Zivilreligionskapitels bricht Rousseau den Strom seiner historischen Analyse ein wenig abrupt mit den Worten ab: „Mais laissant à part les considérations politiques, revenons au droit, et fixons les principes sur ce point important" (Rousseau 1964: 289). Damit tritt er wieder in den Hauptstrom seiner Untersuchung ein, die der Erörterung und Beantwortung der Frage gilt, ob es – um es mit den Worten zu sagen, mit denen er in den ersten Zeilen des *Contrat social* sein Vorhaben ankündigt – in der bürgerlichen Ordnung irgendeine rechtmäßige und sichere Regel für das Regieren geben kann. Dabei versichert er, sich bemühen zu wollen, das, was das Recht zulässt, stets mit dem zu verbinden, was der Vorteil vorschreibt, damit Gerechtigkeit und Nutzen nicht auseinander fallen.

In der Tat geht es auch in dem Kapitel über die Zivilreligion nicht zuletzt darum, Erwägungen der Gerechtigkeit mit denen der politischen Nützlichkeit unter einen Hut zu bringen. Rousseau beginnt dort seine wieder aufgenommene Erörterung der Frage nach der legitimen politischen Ordnung damit, die bereits zuvor thematisierten Grenzen des Souveräns und seines Verfügungsanspruchs über die Untertanen auf den religiösen Bereich anzuwenden. Das Recht, das der Gesellschaftsvertrag dem Souverän über die Untertanen verleihe, bekräftigt Rousseau, gehe nicht über die Grenzen des öffentlichen Nutzens („utilité publique") hinaus.

„Les sujets ne doivent donc compte au Souverain de leurs opinions qu'autant que ces opinions importent à la communauté" (Rousseau 1964: 290). Dann heißt es aber:

> Or il importe bien à l'Etat que chaque Citoyen ait une Religion qui lui fasse aimer ses devoirs; mais les dogmes de cette Religion n'intéressent ni l'Etat ni ses membres que ces dogmes se rapportent à la morale, et aux devoirs que celui qui la professe est tenu de remplir envers autrui. Chacun peut avoir au surplus telles opinions qu'il lui plait, sans qu'il appartienne au Souverain d'en connaître: Car comme il n'a point de compétence dans l'autre monde, quel que soit le sort des sujets dans la vie à venir ce n'est point son affaire, pourvu qu'ils soient bons citoyens dans celle-ci. (ebd.)

Das bedeutet: In Rousseaus Blickfeld gerät die Religion vor allem, weil er einen Zusammenhang zwischen dem religiösen Glauben und der Bereitschaft sowie der Fähigkeit des Bürgers, seine Pflichten gegenüber dem Staat und seinesgleichen zu erfüllen, annimmt. Gerade zur Einhaltung der staatsbürgerlichen Pflichten – auf die es freilich in der vom *Gesellschaftsvertrag* begründeten republikanischen Ordnung besonders ankommt – sieht er die Notwendigkeit, vom Bürger ein Glaubensbekenntnis einzufordern: „Il y a donc une profession de foi purement civile dont il appartient au Souverain de fixer les articles, non pas précisément comme dogmes de Religion, mais comme sentiments de sociabilité, sans lesquels il est impossible d'être bon Citoyen ni sujet fidèle." (ebd.) Der Lösungsvorschlag Rousseaus lautet also im Kern: ein rein bürgerliches Glaubensbekenntnis, dessen Artikel der Souverän, und das bedeutet letztlich die Gesamtheit der Bürger selbst, bestimmen soll; genau genommen nicht als Dogmen der Religion, sondern als Elemente und Dispositionen einer Gesinnung des gesellschaftlichen Miteinanders, ohne die es unmöglich sei, ein guter Bürger und ein treuer Untertan zu sein. Dieses rein bürgerliche Glaubensbekenntnis, das Rousseau erst jetzt auch als *Religion civile* bezeichnet, solle möglichst wenige und einfache, weder der Erklärung noch der Erläuterung bedürfende Dogmen enthalten. Er nennt im Einzelnen die Existenz einer allmächtigen, allwissenden, wohltätigen, voraussehenden und fürsorglichen Gottheit, das zukünftige Leben, das Glück der Gerechten, die Bestrafung der Schlechten und Bösen, die Heiligkeit des Gesellschaftsvertrags und der Gesetze als positive Dogmen. Als einzig negatives Dogma nennt er die Intoleranz: sie soll dem Ausschluss derjenigen Religionen dienen, die mit den Bestimmungen des Gesellschaftsvertrags nicht zu vereinbaren sind.

Welche politischen „Leistungen" erwartet Rousseau nun konkret von der *religion civile*?

2.5 Funktionen der Glaubensartikel

Seine Erwartungen lassen sich in gewissem Sinne an den Dogmen der bürgerlichen Religion ablesen, auch wenn diese nicht immer Aufschluss darüber geben, welche politischen Wirkungen sich der Philosoph von ihnen im Einzelnen erhofft hat. Um mit dem letzten Dogma zu beginnen: Die Intoleranz soll dem Ausschluss von Religionen dienen, die einen Monopolanspruch auf die allein selig machende Wahrheit erheben und damit potentiell Fanatismus und Gewalt heraufbeschwören. Dabei wendet sich Rousseau in aller Schärfe gegen die Unterscheidung zwischen theologischer und politischer Intoleranz; es sei nun einmal unmöglich, mit Menschen in Frieden zu leben, die man für unselig und verdammt halte; sie lieben hieße Gott hassen, der sie bestrafe. In einem Brief an Voltaire vom 18. August 1756 findet sich eine aufschlussreiche Stellungnahme Rousseaus hierzu:

> Ich gestehe es, es gibt eine Art von Glaubensbekenntnis, das die Gesetze vorschreiben können, allein, abgesehen von den Grundsätzen der Sittenlehre und des Naturrechts muss es rein verneinend sein, weil es Religionen geben kann, die die Grundsäulen der Gesellschaft angreifen, und weil man damit anfangen muss, diese Religionen auszurotten, um den Frieden im Staate sicherzustellen. Von diesen verdammenswerten Lehrsätzen ist unstreitig die Unduldsamkeit die hässlichste, allein, man muss sie an ihrer Quelle zu fassen bekommen, denn die blutdürstigsten Fanatiker verändern die Sprache auf gut Glück und predigen nur Geduld und Sanftmut, wenn sie nicht die Stärkeren sind. Also nenne ich aus Grundsätzen unduldsam jeden Menschen, der sich einbildet, man könne kein ehrlicher Mann sein, ohne alles zu glauben, was er glaubt, und der ohne Erbarmen alle die, die nicht denken wie er, verdammt. In der Tat sind die Gläubigen selten dazu geneigt, dass sie die Verworfenen in dieser Welt in Frieden lassen und ein Heiliger, der unter Verdammten zu wohnen glaubt, maßt sich gerne im Voraus das Handwerk des Teufels an. (Rousseau 1978: 330, Bd. I)

Rousseau zufolge gibt es nur zwei Möglichkeiten, der Herausforderung durch Andersgläubige zu begegnen: Entweder man bekehre oder man verfolge sie. Im Hintergrund dieser Einschätzung stehen natürlich die Erfahrungen mit den konfessionellen Bürgerkriegen in Frankreich, deren verheerende Folgen Rousseau noch vor Augen hatte. Obwohl ihm, wie er in einem Brief schreibt, nicht entgangen ist „wie vielen menschlichen Leidenschaften der vorgespielte Glaubenseifer als Deckmantel dient" und er zudem mehrere Ursachen der Religionskriege ausfindig macht – etwa Kabinettsintrigen oder Interessen des Hofes –, scheint er überzeugt zu sein, dass „das Übel" letztlich im absoluten Wahrheitsanspruch der Religionen als solche besteht (Rousseau 2012: 158; 1978: 558, Bd. I). Deshalb verlangt er von den Religionen nichts weniger, als dass sie von ihrem „exklusiven" Wahrheitsanspruch ab-

rücken, wenn sie toleriert werden wollen. Dabei geht Rousseau grundsätzlich von
einem Pluralismus der Religionen aus und knüpft ihre Toleranz im Staat an zwei
Bedingungen: Zum einen müssten die Religionen ihrerseits andere Religionen dulden und zum anderen dürften ihre Dogmen nicht gegen die Pflichten des Bürgers
verstoßen (Rousseau 1964: 291). Das rein bürgerliche Glaubensbekenntnis, das zur
Erfüllung der staatsbürgerlichen Pflichten dienen soll, kann also mit anderen Religionen durchaus zusammen bestehen, solange sie nur tolerant und mit den Pflichten des Bürgers kompatibel sind. Demzufolge kann ein Bürger der Rousseauschen
Republik etwa Protestant und Anhänger der Zivilreligion zugleich sein.

Allerdings schließt Rousseau die Möglichkeit aus, dass die Zivilreligion auch
den Atheismus neben sich dulden könnte. Zwar könne der Souverän niemanden
dazu verpflichten, den zivilreligiösen Dogmen Glauben zu schenken, aber er
könne gleichwohl jeden aus dem Staat verbannen, der sie nicht glaubt; er würde
in diesem Fall nicht als Ungläubiger verbannt, sondern als einer, der sich dem
gesellschaftlichen Miteinander verweigere und unfähig sei, die Gesetze und die
Gerechtigkeit ernstlich zu lieben und sein Leben im Notfall der Pflicht zu opfern. Derjenige, der die zivilreligiösen Dogmen öffentlich anerkannt hat, sich aber
trotzdem so verhält, als ob er sie nicht glaubt, soll sogar mit dem Tode bestraft
werden; denn er habe das größte aller Verbrechen begangen, nämlich vor den Gesetzen gelogen.

Die Aussicht auf das Glück der Gerechten und die Bestrafung der Schlechten
und Bösen soll die Menschen zu gerechtem und moralischem Handeln anleiten,
sie soll sie dazu motivieren, ihre staatsbürgerlichen und sittlichen Pflichten gegenüber Mitbürgern und der Republik zu erfüllen. Dieser Glaubensartikel ist in
der Konzeption Rousseaus von herausragender Bedeutung, weil er die Bürger-
moral bzw. den republikanischen Ethos verbürgen soll. Der Philosoph ist zutiefst
davon überzeugt, dass – wie er im *Émile* einmal pointiert schreibt – „sans la foi
nulle véritable vertu n'existe" (Rousseau 1999: 385). In einem seiner späteren Briefe heißt es: „Wenn man dem menschlichen Herzen den Glauben an Gott nimmt,
zerstört man jede Tugend." (Rousseau 2012: 299) Von daher rührt denn auch die
Frontstellung gegen den Atheismus. Im vierten Buch des *Émile* wendet sich Rousseau in einer langen Fußnote gegen Pierre Bayles Auffassung, dass der Atheismus
im Vergleich mit dem religiösen Fanatismus unter politischen Gesichtspunkten
unbedenklich und daher vorzugswürdig sei.[11] Zwar habe Bayle richtig gesehen,

---

11 Der französische Hugenotte Pierre Bayle (1647–1706) hat erstmals in seinen 1683 ver-
    öffentlichten *Pensées divers sur la comète* den ursächlichen Wirkungszusammenhang
    zwischen Religion und Moral kritisch hinterfragt und den Atheisten die Fähigkeit zur
    Moral bescheinigt. Darin heißt es an einer Stelle: „Man hat keine Nachrichten, dar-

dass der Fanatismus viel verderblicher sei als der Atheismus; doch nicht weniger wahr sei es, dass der Fanatismus, obwohl blutrünstig und grausam, eine große und starke Leidenschaft sei, die das Herz des Menschen erhebe und ihn den Tod verachten lasse, ihm eine außerordentliche Tatkraft verleihe, die man nur besser lenken müsse, um daraus die höchsten Tugenden zu ziehen. Dagegen sei der Unglaube (irréligion) und im Allgemeinen der räsonierende und philosophierende Geist dazu geeignet, die Menschen an das Leben zu binden, sie zu verweichlichen, ihre Seelen zu erniedrigen und alle ihre Leidenschaften auf das niedrige Privatin-

---

aus man die Sitten und Gebräuche einer Nation, die sich der Gottesleugnung ergeben hat, erlernen konnte. Also kann man es nicht durch Erfahrung widerlegen, wenn man gleich anfänglich die Mutmaßung anbringt, dass nämlich die Atheisten keiner moralischen Tugend fähig sind und dass sie wilden Tieren gleichkommen, bei denen man des Lebens weniger sicher ist als unter Tigern und Löwen. Aber es ist leicht zu zeigen, dass diese Mutmaßung sehr ungewiss ist. Denn da die Erfahrung bezeugt, dass diejenigen, die an ein Paradies und eine Hölle glauben, fähig sind, aller Arten der Verbrechen auszuüben, so ist klar, dass die Neigung, Böses zu tun, nicht daher rührt, weil man nicht weiß, dass ein Gott sei […] Und endlich schließe ich noch daraus, dass die Neigung zum Mitleiden, zur Mäßigkeit, zur Milde usf. nicht daher kommt, weil man weiß, dass ein Gott ist […], sondern von einer gewissen Beschaffenheit des Temperaments, welche durch die Erziehung, durch den persönlichen Eigennutz, durch das Verlangen, gelobt zu werden, durch den Trieb der Vernunft oder durch andere Beweggründe gestärkt worden ist, die sich bei einem Atheisten sowohl als auch bei anderen Leuten befinden. Also haben wir kein Recht, zu behaupten, dass ein Gottesleugner notwendigerweise unordentlicher in seinen Sitten sein müsse als ein Götzenverehrer." (Bayle 1975: 311) Später hat Bayle seine Behauptung von der Moralfähigkeit der Atheisten in seinem 1696 publizierten Hauptwerk, dem voluminösen *Dictionnaire historique et critique*, in mehreren Artikeln thematisiert und bekräftigt. Ihr widmete er bezeichnenderweise auch die erste der – dem großen Werk in der zweiten Auflage beigefügten – vier Klarstellungen, in denen er auf Kritik einging. Dort stellt er gleich eingangs fest: „Gottesfurcht und Gottesliebe sind nicht die einzigen Triebfedern der menschlichen Handlungen. Es gibt noch andere Prinzipien, die den Menschen handeln lassen. Die Liebe zum Lob, die Furcht vor der Schande, die Neigungen des Temperaments sowie die von der Obrigkeit festgesetzten Strafen und Belohnungen haben große Macht über das menschliche Herz. Wenn jemand das bezweifelt, so muss ihm das unbekannt sein, was sich in ihm selbst abspielt und was ihm der gewöhnliche Weltenlauf jederzeit vor Augen führen kann. […] Gottesfurcht und Gottesliebe sind nicht immer ein wirksameres Prinzip als alle anderen. Die Liebe zum Ruhm, die Furcht vor Schande, Tod oder Folter, die Hoffnung auf ein Amt wirken mit größerer Macht auf bestimmte Menschen als der Wunsch, Gott wohlgefällig zu sein, und die Furcht, seine Gebote zu verletzen." (Bayle 2003: 571) Bayle hat sich nicht damit begnügt, den Atheisten die Fähigkeit zur Moral zuzusprechen, sondern ist darüber hinaus zu der für seine Zeit unerhörten Einschätzung gelangt, die Moralität der Atheisten könne sogar reiner und selbstloser ausfallen als die der Christen, weil sie ohne Hoffnung auf jegliche Belohnung im Jenseits moralisch handeln.

teresse und das verächtliche menschliche *Ich* zu konzentrieren, um so die Grundfesten einer jeden Gesellschaft geräuschlos zu untergraben.

> Si l'athéisme ne fait pas verser le sang des hommes, c'est moins par amour pour la paix que par indifférence pour le bien: comme que tout aille, peu importe au prétendu sage, pourvu qu'il reste en repos dans son cabinet. Ses principes ne font pas tuer les hommes, mais ils les empêchent de naître, en détruisant les mœurs qui les multiplient, en les détachants de leur espèce, en réduisant toutes leurs affections à un secret égoïsme, aussi funeste à la population qu'à la vertu. L'indifférence philosophique ressemble à la tranquillité de l'Etat sous le despotisme: elle est plus destructive que la guerre même. (Rousseau 1999: 386)

Mit der Heiligsprechung des Gesellschaftsvertrags und der Gesetze sollen die verbindenden Wertvorstellungen und das besondere Ethos eines Gemeinwesens „absolut" gesetzt werden; dadurch sollen die Bürger das Leben in der politischen Gemeinschaft des Gesellschaftsvertrags als mächtig, beglückend und unbedingt verpflichtend erfahren und anerkennen. Diese affektive Bindung und Übereinstimmung des Bürgers mit der Republik soll so intensiv sein, dass er von sich aus die Bereitschaft aufbringen könnte, sein Leben für sie zu opfern.

Es liegt nahe, die Aufnahme eines zukünftigen Lebens in den zivilreligiösen Dogmenkatalog mit dieser politischen Erwartung in Verbindung zu bringen. Daran, dass Rousseau vom Bürger des Gesellschaftsvertrags im Bedarfsfall sein Leben verlangte, ist jedenfalls kein Zweifel möglich. Nicht von ungefähr handelt ja ein ganzes Kapitel des *Contrat social* (nämlich das fünfte des Zweiten Buches) „vom Recht über Leben und Tod". Darin heißt es: „Le traité social a pour fin la conservation des contractants. Qui veut la fin veut aussi les moyens, et ces moyens sont inséparables de quelques risques, même de quelques pertes. Qui veut conserver sa vie aux dépends des autres, doit la donner aussi pour eux quand il faut" (Rousseau 1964: 198). Rousseau fordert: Wenn der Souverän dem Bürger sage, du sollst sterben, weil es dem Staat dienlich ist, müsse er sterben; denn einzig unter dieser Bedingung habe er bisher in Sicherheit gelebt, so dass sein Leben nicht mehr nur eine Gabe der Natur, sondern ein bedingtes Geschenk des Staates sei. Gerade weil Rousseau von Bürgern seines Gesellschaftsvertrags die Bereitschaft zum Sterben selbstverständlich erwartet, liegt es nahe, das zivilreligiöse Dogma eines zukünftigen Lebens als Belohnung zu betrachten, die der Philosoph den sterbensbereiten Republikanern und Patrioten in Aussicht stellte, um ihre letzten Bedenken und Ängste vor dem Nichts zu entkräften. Am deutlichsten wird dieser Zusammenhang dort, wo Rousseau erklärt, auch wenn der demokratische Souverän niemanden zum Glauben an die zivilreligiösen Dogmen verpflichten könne, sei es ihm erlaubt, jeden aus dem Staat zu verbannen, der seinen Nichtglauben offen zu erkennen gebe, da er sich dadurch als jemand erweise, der sich den Notwendigkeiten des Zusammenlebens nicht beuge und mithin unfähig sei, die Gesetze und die Gerechtigkeit ernstlich zu lieben und sein Leben im Bedarfsfall der (staatsbürgerlichen) Pflicht zu opfern (Rousseau 1964: 290). Daneben gibt es eine oft herangezogene Textstelle in der ersten Fassung des *Contrat social*, in der Rousseau die Bereitschaft des Bürgers, für sein Vaterland zu sterben, von dem Glauben an ein zukünftiges Leben abhängig macht; sie lautet: „Dans tout état qui peut exiger de ses membres le sacrifice de leur vie celui qui ne croit point de vie à venir est nécessairement un lâche ou un fou" (Rousseau 1964: 158).

Gegen diese in der bisherigen Rousseau-Literatur zur *religion civile* geläufige Lesart[12] wendet neuerdings Michaela Rehm in ihrer Monographie zur „Moral und Religion in Rousseaus politischer Philosophie"[13] ein, Rousseau habe keineswegs die Hoffnung des Bürgers auf ein Leben nach dem Tode politisch instrumentalisieren wollen; vielmehr habe er den Tod republikanisiert, indem er – anstatt wie bis dahin auf das religiöse Unsterblichkeitsangebot – auf die innerweltlich-diesseitige Würdigung der staatsbürgerlichen Verdienste als höchste Form der Anerkennung gesetzt habe; kurzum: Das republikanische Pantheon habe das Paradiesversprechen abgelöst. Rehm stützt ihre Lesart mit zwei Argumenten. Das erste lautet: Rousseau wusste um die politischen Gefahren, die mit einem etwaigen Versprechen der Unsterblichkeit im Jenseits einhergingen. Rehm weist darauf hin, dass die oben – aus der Erstfassung des *Contrat social* – zitierte Textstelle und Aussage Rousseaus, in jedem Staat, der von seinen Gliedern das Opfer ihres Lebens verlangen könne, sei

---

12 Exemplarisch seien genannt: Fetscher 1999: 189 (Fetscher betont in seiner knappen Würdigung der religion civile, vor allem die Hoffnung auf ein Leben im Jenseits sei es, die der Staat benötige, wenn seine Bürger opferfreudige Verteidiger ihres Vaterlandes sein sollten – und hierzu diene ihm eben die Religion); Brandt, 1973: 130 (auch Brandt geht in seiner Interpretation der Zivilreligion davon aus, Rousseaus Interesse sei primär auf das Todesproblem gerichtet); Kleger/Müller 1985: 61 (an dieser Stelle formulieren die Autoren die These, Rousseaus vorrangiges Interesse sei auf das Problem der Erzeugung und Erhaltung der Bereitschaft zum Opfer des eigenen Lebens fürs allgemeine Wohl gerichtet). Schließlich betont auch Wolfgang Kersting im Rahmen seiner Interpretation des *Gesellschaftsvertrags*, dass die religiöse Verheißung des ewigen Lebens dazu dienen solle, die Selbstaufopferungspflicht der Bürger gegen die Übermacht des Selbsterhaltungsinteresses durchzusetzen (Kersting 2002: 200).

13 So lautet der Untertitel ihrer 2006 erschienenen Dissertation, in der sie ausgehend von der Zivilreligionsthematik Rousseau als einen „Dialektiker der Aufklärung" liest, als einen Denker, der um das Ungenügen und die Gefährdung der Vernunft wusste und sich daher um eine Vermittlung zwischen Vernunft und Glauben, Aufklärung und Religion, *philosophes* und *dévots* bemühte. Rousseau habe, so die zentrale These Rehms, die Religion *für* die Aufklärung, nicht *vor* der Aufklärung retten wollen (Rehm 2006: 16).

derjenige, der nicht an ein künftiges Leben glaube, entweder ein Feigling (lâche) oder ein Narr (fou), einen relativierenden Zusatz enthält (Rehm 2006: 154). Tatsächlich folgt unmittelbar auf diese Feststellung ein Halbsatz, in dem Rousseau Bedenken daran äußert, ob die Hoffnung auf ein jenseitiges Leben sich politisch „auszahlen" wird; er lautet „mais on ne sait que trop à quel point l'espoir de la vie à venir peut engager un fanatique à mépriser celle-ci" (Rousseau 1964: 158). Und er schließt seinen Gedankengang mit der Empfehlung: „Otez ses visions à ce fanatique et donnez-lui ce même espoir pour prix de la vertu vous en ferez un vrai citoyen." Um also der Gefahr vorzubeugen, dass das Versprechen eines ewigen Lebens im Jenseits aus dem Bürger einen Fanatiker macht, der das irdische Leben verachtet, empfiehlt Rousseau, ihm dieselbe Hoffnung auf Unsterblichkeit zu einem anderen Preis in Aussicht zu stellen, nämlich um den Preis der Tugendhaftigkeit. Rousseau zeigt sich darüber besorgt, dass die politische Nutzbarmachung des religiösen Glaubens für das republikanische Gemeinwesen und seine Integrationszwecke kontraproduktiv sein könnte, weil der Glaube stets über ein Potential verfüge, das sich politisch nicht zähmen lasse. Deshalb erwägt er, das von der Religion zwischen dem Bürger und dem Staat geknüpfte Band graduell weniger stark zu gestalten, um pflichtbewusste und tolerante Patrioten ohne fanatisches Dünkel hervorzubringen. Im Rahmen seiner historischen Analyse der Religionen schreibt Rousseau an einer Stelle der ersten Fassung des *Contrat social*: „(I)l vaut donc mieux attacher les citoyens à l'état par des liens moins forts et plus doux et n'avoir ni héros ni fanatiques" (Rousseau 1964: 161). Rousseau ist also sichtlich darum bemüht, den Bürgern eine möglichst „(v)erträgliche" Dosis der Religion zu verschreiben, um die erwünschten politischen Wirkungen zu erzielen. Doch selbst wenn die Aussicht auf die Unsterblichkeit der Seele als religiöse Verheißung nicht gefährlich wäre, dürfte und könnte die Republik des Gesellschaftsvertrags darauf nicht zurückgreifen. Denn der Staat darf und kann über alles, was die diesseitige Existenz der Menschen als Bürger überschreitet, keine Aussage treffen; dafür ist er weder kompetent noch zuständig. Dies ist denn auch das zweite Argument, mit dem sich Michaela Rehm gegen die nahe liegende Lesart der Rousseauschen *religion civile* wendet: Sie diene mitsamt dem Unsterblichkeitsdogma dazu, den Bürger zum Sterben für die Sache der Republik zu bewegen.

2.6   Die Trennung von Gemeinwohl und Seelenheil

Mit der Konzeption einer bürgerlichen Religion empfiehlt Rousseau den Bürgern, die religiösen Funktions- und Bestandsvoraussetzungen ihres republikanischen Gemeinwesens von Anfang an mit zu bedenken und möglichst im Rahmen der politischen Selbstbestimmung zu erfüllen. Die *religion civile* stellt eine notwendige, ja unabdingbare Voraussetzung des Gelingens und Gedeihens der Republik dar, und als solche sollte sie von den Bürgern, d.h. letztlich von der Politik selbst, erschaffen werden. So betrachtet, hat Rousseau die Autonomie der Politik nicht fallen gelassen, sondern auf die Spitze getrieben.

Leistet Rousseau damit nicht gerade einer „Selbstdivinisierung" des republikanischen Staates Vorschub, so dass die politische Ordnung seines Gesellschaftsvertrags unter der Hand Züge einer religiösen Heilsanstalt annimmt, wie einige Interpreten[14] gemeint haben? Unterläuft der Genfer Philosoph mit der Einführung eines Bürgerbekenntnisses nicht die „aufklärungskonstitutive Trennung von Politik und Religion" und erweist sich seine politische Philosophie daher nicht letztlich als voraufklärerisch, wie Hermann Lübbe[15] und Wolfgang Kersting[16] behauptet haben?

Gegen eine solche kritische Lesart spricht, dass Rousseau den Gegenstand und die Funktion des Staates in aller wünschenswerten Deutlichkeit von derjenigen der Religion unterscheidet; er weist nachdrücklich darauf hin, dass dem Staat keinerlei Befugnis für das Jenseits und das Seelenheil der Bürger zukommt und er folglich nur für das Gemeinwohl zuständig ist. Allein der einzelne Mensch kann Einfluss darauf nehmen, welches Schicksal ihm in der anderen Welt beschieden sein wird; die Heilserwartung des Bürgers in der Rousseauschen Republik ist keine öffentliche Angelegenheit, sondern Privatsache. Es ist denn auch kein Zufall, dass den genuin heils- und erlösungsrelevanten Aspekten der Religion in der Analyse Rousseaus keinerlei Bedeutung zukommt; sie interessieren nur das Gewissen des Individuums. Insofern trifft es nicht zu, dass Rousseau der politischen

---

14 Für Sergio Cotta etwa ist die religion civile „[...] la preuve la plus évidente de cette divinisation de l'Etat et de la finalisation rousseauiste de l'idée de Dieu à la société civile. Aucune équivoque ne me paraît possible à ce sujet. A la détermination de la religion civile le Genevois arrive en effet en partant précisément du refus d'un des principes essentiels du christianisme: la distinction entre le spirituel et le temporel, que Rousseau rejette au nom de ce bien suprême qui est l'unité du corps politique" (Cotta 1965: 190). Auch Wolfgang Kersting spricht in seiner Interpretation von einer Selbstdivinisierung der Republik und einer Autosakrierung des *Contrat social* bei Rousseau (Kersting 2002: 196).

15 In seinem Aufsatz über „Staat und Zivilreligion" schreibt Hermann Lübbe, Rousseaus Zivilreligion habe eine voraufgeklärte Verfassung. Denn: „Vollendete religionspolitische Aufklärung setzt [...] die Überzeugung voraus, dass konstituierte religiöse Bekenntnispflicht als Mittel zur Beförderung bürgerlicher Moral weder nötig noch tauglich ist, und eben diese Einsicht erlaubt dann im Resultat, Bürgerrechte von Bekenntnispflichten definitiv abzukoppeln." (Lübbe 2004: 197)

16 Siehe Kersting 2002: 196.

Gesellschaft die Sorge um das Seelenheil überantwortet und infolge dessen, wie Sergio Cotta[17] behauptet, die Politik vollends zur Religion mutiert. Aber Rousseau ist der Überzeugung, dass die Trennung von Religion und Politik nicht bedeuten kann, dass sie miteinander nicht in Berührung kommen, weil die Religion nun einmal politisch-ethische Auswirkungen hat. Und nur soweit dies der Fall ist, gehört die Religion denn auch in den Befugniskreis des weltlichen Souveräns.

In diesem Zusammenhang dürfte es aufschlussreich sein, einen flüchtigen Blick auf das Verhältnis zwischen Rousseau und Thomas Hobbes zu werfen. Eine erste Stellungnahme Rousseaus zu Hobbes findet sich in dem wichtigen Brief an Voltaire aus dem Jahr 1756. Darin bekennt sich Rousseau zunächst unumwunden zur Glaubens- und Gewissensfreiheit: „Allein, ich bin, so wie Sie, aufgebracht", schreibt er an den berühmten Adressaten, „dass der Glaube eines jeden nicht die vollkommenste Freiheit genießt und dass der Mensch das Innerste des Gewissens, wohin er doch nicht dringen kann, zu überwachen wagt, als ob es von uns abhinge, zu glauben oder nicht zu glauben an Dinge, bei denen es keinen Beweis gibt, und als ob man jemals die Vernunft unter die Autorität zwingen könnte." Dann fährt er mit der Frage fort: „Haben denn die Könige dieser Welt auch einige Aufsicht in der anderen und haben sie das Recht, ihre Untertanen hier zu quälen, um sie mit Gewalt ins Paradies hineinzutreiben?" – und antwortet bestimmt:

> Nein, jede menschliche Regierung schränkt sich ihrer Natur nach bloß auf die bürgerlichen Pflichten ein, und was auch der Sophist Hobbes hierüber hat sagen mögen: wenn ein Mensch dem Staate redlich dient, so ist er darüber, wie er Gott dient, niemandem Rechenschaft schuldig. (Rousseau 1978: 329, Bd. I)

Während Hobbes hier von Rousseau dafür gescholten wird, die Aufgabe der menschlichen Regierung nicht bloß auf die bürgerlichen Pflichten beschränkt und Staatsdienst mit Gottesdienst vermengt zu haben, wird er später im Zivilreligionskapitel des *Contrat social* gerade dafür gelobt, als einziger von allen christlichen Autoren das Übel und sein Heilmittel richtig gesehen zu haben; das Übel besteht in der Spaltung der politischen Herrschaft zwischen zwei Instanzen,

---

17 Sergio Cotta fasst seine Lesart der Rousseauschen Verhältnisbestimmung von Politik und Religion in die Worte: „En conclusion, on peut, je crois, affirmer que dans le système rousseauiste la politique se présente comme une véritable contre-façon de la religion, à laquelle elle finit par se substituer presque intégralement. Rousseau est arrivé à ce résultat précisément parce qu'il est parti du principe que le salut non seulement politique et temporel mais aussi moral et spirituel de l'homme dépend intégralement de la société et de son type de structure, et non pas de l'initiative personnelle de l'homme." (Cotta 1965: 192)

zwischen dem Staat und der Kirche, und dem daraus resultierenden Konflikt um Loyalität und Macht. Die „Erfindung" der Kommunion und Exkommunikation sei ein „politisches Meisterwerk" des Klerus, durch die er immer Herr der Völker und Könige bleiben wolle. Hobbes habe mit seiner politischen Lehre versucht, die Herrschsucht des Christentums zu bändigen und die Interessen des Klerus in Schranken zu weisen; er habe gewagt, die beiden Köpfe des Adlers wieder zu vereinigen und alles auf die politische Einheit zurückzuführen (Rousseau 1964: 285). Es sei denn auch weniger das Schreckliche und Falsche in seiner Politik als das Richtige und Wahre, das Hobbes verhasst gemacht habe.

In der Tat: Die Kritik an Hobbes in dem Brief an Voltaire erstaunt umso mehr, als Rousseau selbst dessen grundlegende Auffassung teilt, wonach es die Notwendigkeit der Einheit, Stabilität und des Friedens im Staate erfordere, dass der Souverän gerade auch in Sachen Religion regelungsbefugt sein müsse. Solle der Souverän seiner Aufgabe in vollem Umfange nachkommen, muss er Hobbes zufolge das Recht haben, in religiöse Angelegenheiten einzugreifen, über die Bedeutung der religiösen Sprache und Praxis hoheitlich zu verfügen. Von daher kommt seine Forderung, dass die beiden Symbole der souveränen Gewalt und Herrschaft, das Schwert und der Bischofsstab, in einer Hand vereint sein müssten – was ja im Titelkupfer zum *Leviathan* bildhaft zur Darstellung gebracht worden ist.[18] Demnach gehört die Religion in den Befugniskreis des weltlichen Herrschers; dieser hat prinzipiell das Recht, die Religion zu verwalten, nötigenfalls ein öffentliches Minimalcredo zu deklarieren, um die religiösen Konflikte zu entschärfen und die Loyalität der Untertanen zu sichern. Der Souverän hatte folglich bei Hobbes nicht nur metaphorisch Anteil am Göttlichen, und insofern war die Bezeichnung des *Leviathan* als „sterblicher Gott" durchaus ernst gemeint. Die Hobbessche Staatsphilosophie kennt denn auch ein minimales Glaubensbekenntnis; es besteht in der bündigen Kompromissformel: „That Jesus is the Christ" (Hobbes 1985: 615).[19] Im Gegensatz zu Rousseau versucht Hobbes durch eine aufwendige Bibelexegese diesen Glaubensartikel als den einzigen, den die Heilige Schrift für die Errettung

---

18 Dazu Münkler 2001: 41ff.

19 Siehe dazu: Tuck 1993. Ausführlicher jetzt Beiner 2011: 46ff. Bei Beiner besteht allerdings die Gefahr, dass der Begriff *religion civile* durch die Anwendung auf beinahe sämtliche große Autoren der politischen Philosophie der Neuzeit keine scharfen Bedeutungskonturen mehr aufweist und dadurch seine analytische Brauchbarkeit verliert. Hermann Lübbe hat Recht, wenn er feststellt: „Begriffe sind nicht wahr oder falsch. Sie sind vielmehr zweckmäßig oder auch weniger zweckmäßig, und die Funktionstüchtigkeit eines Begriffs für einigermaßen randscharfe Unterscheidungs- und Zuordnungsleistungen ist ein besonders wichtiges Kriterium für die Zweckmäßigkeit eines Begriffs." (Lübbe 2000: 36)

der Seele voraussetzt, herauszuarbeiten und auszuweisen. Dabei geht es Hobbes mit seiner neutralisierenden Lesart der Schrift vor allem darum, die politische Brisanz religiöser Wahrheitsansprüche zu entschärfen und die Gefahr konfessioneller Bürgerkriege damit möglichst aus der Welt zu schaffen. Die Untertanen waren verpflichtet, dem offiziellen, zur Errettung des Seelenheils unabdingbaren Bekenntnis Folge zu leisten. Aber alles, was darüber hinausging, gehörte zum persönlichen Glaubensbereich der Individuen, der durch den Souverän nicht normiert wurde.[20] Der Sache nach kannte also bereits Hobbes eine Art bürgerliches Glaubensbekenntnis. Im Unterschied zu Rousseaus religion civile handelt es sich dabei allerdings um ein einziges Dogma, das der Souverän eigenmächtig für die Untertanen als verbindlich deklariert. Überhaupt unterscheidet sich der Hobbessche Entwurf einer legitimen politischen Ordnung von der Konzeption des *Contrat social* grundlegend dadurch, dass er den Souverän in seiner absoluten Mächtigkeit den Untertanen gegenüber stellt. Rousseau hat ja Hobbes im *Gesellschaftsvertrag* nicht von ungefähr vorgeworfen, die Freiheit des Individuums in seiner absolutistischen Staatstheorie für das Linsengericht der Sicherheit geopfert zu haben. Er, gab der Genfer mit seiner Kritik zu verstehen, wolle mit der Freiheit und Autonomie des Menschen endlich ernst machen und sie konsequent zum Zweck der politischen Ordnung erheben.

Zweck und Gegenstand der vom Gesellschaftsvertrag begründeten politischen Ordnung sind zwar nicht (nur) Sicherheit und äußerer Frieden wie bei Hobbes, aber auch nicht Rettung des Seelenheils und Erlösung. Die Freiheit, die Rousseau meint und zum Grundzug seiner Idealrepublik erhebt, besteht letztlich in dem „säkularen" Gut und Zustand der größtmöglichen Einheit und Übereinstimmung des Menschen mit sich selbst und der Gesellschaft.[21] Deshalb heißt es im

---

20 Carl Schmitt hat in seiner Interpretation des Leviathan in diesem Vorbehalt der inneren Gewissens- und Religionsfreiheit den „Todeskeim" erblickt, der später den mächtigen Leviathan von innen her zerstört und den sterblichen Gott zur Strecke gebracht habe (Schmitt 2003: 86). Siehe dazu auch Koselleck 1973. Ganz im Sinne Schmitts spricht Koselleck dort davon, dass die Gewissensinstanz als „unbewältigter Rest des Naturzustandes" in den absolutistischen Staat hineinragte und von ihr ein nicht zu bändigender Unruheherd ausgehe (ebd.: 30).

21 Es gibt in der Rousseau-Literatur eine Reihe von Interpreten, die in diesem Einheitsideal gewissermaßen die normative Mitte des Rousseauschen Werkes ausfindig machen; erwähnt seien hier stellvertretend drei Autoren: In einem erstmals 1952 veröffentlichten Aufsatz über „Rousseau et sa politique" betont Eric Weil, Rousseau habe sich in alle Richtungen auf die Suche nach der verlorenen Einheit des Menschen begeben: „Il faut que l'homme soit heureux dans le monde, un, un lui-même [...] débarrassé des chaînes du passé et de la crainte de l'avenir, présent à lui-même et au monde, pure présence." (Weil 1984: 13) Auch Robert Spaemann gelangt – als Schüler des Philosophen Joachim

Zivilreligionskapitel mit Nachdruck: „Tout ce qui rompt l'unité sociale ne vaut rien: Toutes les institutions qui mettent l'homme en contradiction avec lui-même ne valent rien" (Rousseau 1964: 286). Da Rousseau die Erbsünde ablehnt und von der „bonté naturelle" des Menschen ausgeht, wie der 1755 veröffentlichte *Discours sur l'inégalité* zeigt, wird die Gesellschaft zum Ort, an dem sich das Gute und Böse entscheidet (Rousseau 1995; Rousseau 1999: 7; Cassirer 1998: 209). Darin kann man mit Karl Dietrich Erdmann eine Art „Säkularisierung des Urthemas und Kernproblems aller christlichen Theologie" sehen, nämlich Erbsünde und Freiheit zusammen zu denken (Erdmann 1935: 78).

3 Kritik und Würdigung

Inwiefern wird Rousseau diesem normativen Freiheitsanspruch gerecht? Hat er nicht spätestens mit der Einführung einer obligatorischen *religion civile* ein Kreuz durch seine „Freiheitsrechnung" gemacht und sich als Denker des Despotismus, Totalitarismus und der Homogenität erwiesen, wie Kritiker von Benjamin Constant[22] bis

---

Ritter – in seiner Interpretation der Rousseauschen Gedankenwelt zu der Überzeugung, das überragende Ideal des Genfer Philosophen bestehe in dem subjektiven Maßstab der Übereinstimmung des Menschen mit sich selbst, der Aufhebung der Entzweiung und Entfremdung (Spaemann 1980: 23). Im Anschluss an ihn unterstreicht auch Maximilian Forschner in seiner Rousseau-Monographie, dass Rousseaus letzte Norm einer richtigen und sinnvollen Lebensweise in der Einheit und Identität des Menschen mit sich selbst besteht (Forschner 1977: 83). Nicht zuletzt an diesem Ideal der menschlichen Selbstgenügsamkeit in der hiesigen Welt lässt sich die säkulare „Grundstimmung" der Rousseauschen politischen Philosophie festmachen.

22 Im siebzehnten Kapitel seiner 1815 veröffentlichten politiktheoretischen Schrift *Principes de politiques*, das bezeichnenderweise der Religionsfreiheit gewidmet ist, kommt Constant von einer liberalen Warte aus auf Rousseaus Konzeption eines rein bürgerlichen Glaubensbekenntnisses zu sprechen; er zitiert aus dem Kapitel „De la religion civile" des *Contrat social* und fragt in kritischer Absicht: „Qu'est-ce que l'État, décidant des sentiments qu'il faut adopter ? Que m'importe que le souverain ne m'oblige pas à croire, s'il me punit de ce que je ne crois pas ? Que m'importe qu'il ne me frappe pas comme impie, s'il me frappe comme insociable ? Que m'importe que l'autorité s'abstienne des subtilités de la théologie, si elle se perd dans une morale hypothétique, non moins subtile, non moins étranger à sa juridiction naturelle ?" Daraufhin spricht er ein vernichtendes Urteil über Rousseau und seinen Gesellschaftsvertrag: „Je ne connais aucun système de servitude, qui ait consacré des erreurs plus funestes que l'éternelle métaphysique du *Contrat social*. L'intolérance civile est aussi dangereuse, plus absurde, et surtout plus injuste que l'intolérance religieuse." (Constant 1997: 462)

Jacob Talmon[23] und Ernst Fraenkel[24] behauptet haben? Rousseau selbst jedenfalls scheint davon ausgegangen zu sein, die Konzeption der Zivilreligion widerspreche der Autonomie und Freiheit des Individuums nicht – sind es doch die Bürger selbst, die sich aus freien Stücken dazu bekennen sollen. Andernfalls müsste er ja von vornherein das Risiko in Kauf genommen haben, dass das ganze Legitimitätsgebäude des *Gesellschaftsvertrags* zusammenbricht. Warum aber rechnet Rousseau nicht mit der Möglichkeit, die Dogmen der Zivilreligion könnten die Bürger in Widerspruch zu sich selbst bringen – anstatt, wie erhofft, in Übereinstimmung? Der Grund hierfür dürfte darin liegen, dass Rousseau glaubte, in ihnen einen vernünftigen Grundstock erblicken zu können, der jedem gutwilligen und einsichtigen Menschen bzw. Bürger zugemutet werden könne. Hinter dieser Auffassung wiederum steht letztlich die „Evidenz" der natürlichen Gewissensreligion Rousseaus, die er im vierten Buch seiner Erziehungsschrift *Émile* als „Glaubensbekenntnis des savoyischen Vikars" ausführlich beschrieben hat. Dort heißt es an einer Stelle:

> Vous ne voyez dans mon exposé que la religion naturelle: il est bien étrange qu'il en faille une autre. Par où connaitrai-je cette nécessité ? De quoi puis-je être coupable en servant Dieu selon les lumières qu'il donne à mon esprit et les sentiments qu'il inspire à mon cœur ? Quelle pureté de morale, quel dogme utile à l'homme et honorable à son auteur puis-je tirer d'une doctrine positive, que je ne puisse tirer sans elle de bon usage de mes facultés ? [...] Si l'on n'eût écouté que ce que Dieu dit au cœur de l'homme, il n'y aurait jamais eu qu'une religion sur la terre. Il fallait un culte uniforme ; je le veux bien: mais ce point était-il donc si important qu'il fallût tout l'appareil de la puissance divine pour l'établir ? Ne confondons point le cérémonial de la religion avec la religion. Le culte que Dieu demande est celui du cœur ; et celui-là, quand il est sincère, est toujours uniforme. (Rousseau 1999: 361)

---

23 Vgl. Talmon 1961: 34–45. Talmon analysiert Rousseau als exemplarischen Denker der totalitären Demokratie, als „Vertreter eines totalitären messianischen Temperaments" mit paranoiden Zügen, der durch die Verbindung der *volonté générale* mit der Volkssouveränität die Geburt der modernen weltlichen Religion in die Wege geleitet habe (ebd.: 38, 39). Noch vor Talmon hatte Robert A. Nisbet Rousseau vor dem Hintergrund des Zweiten Weltkrieges als einen „totalitären" Denker interpretiert und an den Pranger gestellt; siehe Nisbet 1943.

24 Im Anschluss an Constant und Talmon, auf den er sich explizit bezieht, spricht auch Fraenkel in einem am 22. September 1964 gehaltenen Festvortrag von Rousseau als „Künder einer egalitär-demokratisch legitimierten, kollektivistisch orientierten Vaterlandsvergottung", die mit innerer Logik in der politischen Theorie in Staatsmetaphysik und in der politischen Realität in der Tyrannis enden musste (Fraenkel 1991: 322). Fraenkel rückt Rousseau aufgrund der dezidiert antipluralistischen Stoßrichtung seines Denkens in die unmittelbare Nähe Carl Schmitts, der ihm zufolge als Homogenitätsdenker prinzipiell an ihn anschließen konnte. Zu Talmons und Fraenkels Rousseau-Lektüre siehe auch Söllner in diesem Band.

Auffällig ist, dass der Glaubensgehalt der natürlichen Religion des savoyischen Vikars in der Erziehungsschrift weitgehend mit der religion civile im *Contrat social* übereinstimmt, obwohl die erste für den privaten Gebrauch seines Zöglings Émile, die letztere jedoch für den öffentlichen Gebrauch seiner im Gesellschaftsvertrag entworfenen Idealrepublik vorgesehen ist; bei dem bürgerlichen Glaubensbekenntnis kommt lediglich die Heiligkeit des Gesellschaftsvertrags und der Gesetze hinzu. Nicht zuletzt auf diese einheitliche, vom Herzen Rousseaus beglaubigte Glaubensüberzeugung dürfte die Tatsache zurückgehen, dass es mit der Toleranz der Zivilreligion nicht weit her ist, obwohl sie paradoxerweise gerade auch der Bekämpfung der Intoleranz dienen sollte. Die Bekämpfung der Intoleranz schlägt gewissermaßen in einen „Fanatismus der Toleranz" um.[25] Nicht nur will Rousseau Atheisten und Angehörige intoleranter Religionen vom Gemeinwesen ausschließen, weil er ihnen die Fähigkeit abspricht, gute Bürger und treue Untertanen sein zu können; derjenige, der die zivilreligiösen Dogmen öffentlich anerkannt hat, sich aber trotzdem so verhält, als ob er sie nicht glaubt, soll sogar mit dem Tode bestraft werden. Diese Rigorosität wiegt umso schwerer, als den Ausführungen Rousseaus nicht zu entnehmen ist, welche staatsbürgerlichen Handlungen er konkret von der religion civile erwartete und wie er sich überhaupt die Ausgestaltung der religion civile im öffentlichen Leben seiner Idealrepublik vorstellte; zumindest die Endfassung des *Contrat social* lässt nicht erkennen, ob Rousseau die Bindung der Bürger an die religion civile durch einen Eid oder Schwur bezeugen lassen wollte oder gar einen öffentlichen Kult vorsah. In seinem ersten Entwurf des Kapitels über die Zivilreligion forderte er immerhin, das bürgerliche Glaubensbekenntnis müsse jährlich durch einen feierlichen Kult beteuert werden, um in den Herzen der Bürger die Vaterlandsliebe neu zu entfachen (Rousseau 1964: 164). Bemerkenswert ist in dem Zusammenhang auch, dass Rousseau weder in seinen *Considérations sur le gouvernement de Pologne* von 1771 noch in seinem *Projet de Constiutution pour la Corse* von 1765 auf die bürgerliche Religion zu sprechen kommt; im ersteren wird der Katholizismus für die polnische Nation schlicht vorausgesetzt, im letzteren sieht Rousseau eine Art Bürgereid (sermont) vor, dessen Wortlaut von fern an die Vereinigungsformel des *Contrat social* erinnert: „Im Namen Gottes des Allmächtigen und auf die heiligen Evan-

---

25 Siehe hierzu Forst 2003: 364ff. Forst spricht an einer Stelle vom Fanatismus Rousseaus gegen den Fanatismus. Dazu auch die Überlegungen von Koselleck, 2006: 340–362. Koselleck schreibt: „Die aufgeklärte Moral führt in ihrem theoretischen Diskurs zu einer rigorosen Gesinnungskontrolle, die die Unterwerfung im Namen der Freiwilligkeit fordert, weil die Wahrheit der Vernunft und der Natur unbestreitbar nur eine sein können: so uniform, wie der Staat der über sich selbst aufgeklärten Bürger sein soll." (ebd.: 354)

gelien vereinige ich mich durch einen heiligen und unwiderruflichen Schwur mit
Körper, Gütern, Willen und all meiner Kraft mit dem korsischen Volk, um ihm
gänzlich anzugehören. Ich schwöre, für es leben und sterben zu wollen, all seine
Gesetze zu befolgen und seinen Oberhäuptern und seiner rechtmäßigen Obrigkeit in allem, was mit den Gesetzen übereinstimmt, zu gehorchen. Möge der Herr
mir beistehen und sich meiner Seele erbarmen. Es lebe für immer die Freiheit, die
Gerechtigkeit und die Republik der Korsen. Amen." (Rousseau 1981: 554)

Doch die Bedenken rühren nicht nur von den unscharfen Rändern der Rousseauschen Überlegungen zur religion civile; sie betreffen letztlich auch den Kern
seiner Theorie. Dieser besteht in seiner impliziten Annahme, die zivilreligiösen
Dogmen dürften mit der Gewissensfreiheit der Bürger nicht kollidieren, weil sie
sich jedem Einsichtigen als notwendig und sinnvoll darstellen müssten. Wenn
man konsequent von weltanschaulich-religiösem Pluralismus als einer unum-
kehrbaren Gegebenheit ausgeht, wie Rousseau es ja prinzipiell tut, auch wenn er
noch an überschaubare christliche Pluralismusverhältnisse gedacht haben mag,
kann keineswegs mehr als selbstverständlich vorausgesetzt werden, dass die
Mitglieder eines politischen Gemeinwesens sich auf einen solchen zivilreligiösen Dogmenkatalog einigen können; und dies auch dann nicht, wenn man den
Ausschluss der Katholiken und Atheisten in Rechnung stellt. Denn auch einem
wohlmeinenden Bürger protestantischen Glaubens kann es passieren, dass der
Inhalt des bürgerlichen Glaubensbekenntnisses mit den Geboten seiner Religion
widerstreitet; er könnte sich etwa daran stören, dem Gesellschaftsvertrag und den
Gesetzen Heiligkeit zuzusprechen. Auch könnte er die affektive Bindung an den
Staat und die Erfüllung staatsbürgerlicher Pflichten als Zumutung, ja als Akte
des Götzendienstes empfinden, die ihn in Widerspruch mit der Stimme seines
Gewissens setzen. Mit solchen Konflikten ist durchaus zu rechnen, weil sich die
spekulativ-metaphysischen Aspekte der Religion nicht ohne weiteres von der
ethischen Seite trennen lassen, wie Rousseau es wohl angenommen hat.[26] Im Falle

---

26 Im ersten seiner Briefe vom Berge schreibt Rousseau: „Ich unterscheide in der Religion
   zwei Teile, außer der Form des Gottesdienstes, welcher nur eine Zeremonie ist. Diese
   zwei Teile sind die Glaubenslehre und die Moral. Die Glaubenslehre teile ich wieder in
   zwei Teile, nämlich in denjenigen, welcher die Grundsätze unserer Pflichten enthält
   und die Grundlage der Moral ist, und in denjenigen, welcher bloß den Glauben betrifft
   und nur spekulative Lehrsätze enthält. [...] Die Beurteilung der ersteren kommt allein
   der Vernunft zu [...]. Wenn der Irrtum in diesem Teil schädlich ist, so ist er es bloß für
   den, der irrt, und ein Schaden für das zukünftige Leben, über welches menschliche
   Richterstühle keine Macht haben. [...] Über denjenigen Teil der Religion aber, der die
   Moral enthält, d.h. die Gerechtigkeit, das allgemeine Beste, den Gehorsam gegen die
   natürlichen und positiven Gesetze, die bürgerlichen Tugenden und alle Pflichten des
   Menschen und des Bürgers, kommt es der Regierung zu, zu urteilen; in diesem einzi-

einer Kollision des religiösen Glaubens mit den Forderungen des offiziellen Glaubensbekenntnisses täte der Bürger angesichts der drohenden Todesstrafe besser daran, den Glaubenskonflikt nicht öffentlich auszutragen. Spätestens dann allerdings verkäme das staatsbürgerliche Minimalcredo der Zivilreligion zu einem Zwangsinstrument, das den Bürger innerlich spaltet. Damit hätte dann Rousseau genau das erreicht, was er mit Hilfe der *religion civile* verhindern wollte. Aber selbst wenn die meisten Bürger sich mit der religion civile arrangieren könnten, ist nicht ersichtlich, wie sie, als abstraktes Konstrukt der politischen Vernunft, die Bürger zu einem bestimmten staatsbürgerlichen Handeln motivieren können sollte. Vorstellbar ist allenfalls, dass sie als Ausschnitt eines größeren Glaubenssystems in der Lage ist, handlungsleitend zu wirken. Dann wäre aber nicht mehr gewährleistet, dass sie auch nur die erwünschten politischen Wirkungen auf das gemeinschaftliche Leben der Republik entfaltet.

Der Preis, den die Bürger der Rousseauschen Republik entrichten müssen, dürfte damals wie heute zu hoch sein; denn er besteht in nichts Geringerem als in der Verstümmelung, wenn nicht gar dem politischen Tod des Gottes der Offenbarungsreligionen.[27] Rousseau reduziert den Sinngehalt der Religionen weitgehend auf eine Praxis der Moral; Offenbarung, Erbsünde, Gnade, Erlösung und Kultus spielen bei ihm so gut wie keine Rolle. Damit geht Rousseau mit der großen Denkbewegung der Aufklärung konform, die die Religion mit Hilfe der Autorität der Vernunft in erster Linie an ihren gesellschaftlich-politischen Folgen beurteilt und infolge dessen moralisiert. Ernst Cassirer hat diese Verschiebung in der Beziehung zwischen dem Gottesbegriff, der Sittlichkeit und des Rechts als „Wechsel des Vorzeichens" beschrieben; Staat, Politik, Recht und Sittlichkeit „erwarten ihre Begründung und Legitimation nicht mehr vom Gottesbegriff her; sie selbst sind es vielmehr, die, aus ihrer spezifischen Form heraus, diesen Begriff gestalten und die ihn entscheidend mitbestimmen" (Cassirer 1998: 212).

Dessen unbeschadet hat Rousseau selber von sich – allen Angriffen und Anfechtungen zum Trotz – immer wieder behauptet, „nach der Lehre des Evangeliums ein aufrichtiger Christ" zu sein: „Ich bin Christ nicht als ein Schüler der Priester, sondern als ein Schüler Jesu Christi. Mein Meister hat wenig über das Dogma gegrübelt und desto mehr auf die Beobachtung der Pflichten gehalten. Er

---

gen Punkt steht die Religion unter ihrer Gerichtsbarkeit, und sie muss jede schädliche Meinung, welche das gesellschaftliche Band zu zerreißen trachtet, ächten, nicht aber den Irrtum, denn über diesen ist sie nicht Richter." (Rousseau 1978: 19, Bd. 2)

27 Siehe dazu Asal 2007. Asals Hauptthese lautet, dass der Gott der Offenbarungsreligion mit Rousseau für das politische Denken aufgehört hat zu existieren und „mit dem ersten zivilreligiösen Dogma ein rationaltheologisch gedachter Gott zum Postulat der politischen Philosophie" geworden ist (ebd.: 27).

schrieb mehr gute Werke vor als Glaubensartikel, er gebot nichts weiter zu glauben, als was nötig ist, um gut zu sein, und wenn er das Gesetz und die Propheten zusammenfasste, so geschah dies mehr in Handlungen der Tugend als in Glaubensformeln." (Rousseau 1978: 536, Bd. I)

Der katholische Philosoph Jacques Maritain hat in seinem 1925 veröffentlichten Buch „Trois Réformateurs" Rousseau mit Luther und Descartes in eine Traditionslinie gestellt. Darin konstatiert Maritain: „Rousseau est un tempérament religieux. [...] C'est par cette puissante virtualité religieuse qu'il a agi sur le monde ; encore qu'il soit lui-même trop occupé de son seul moi, [...] il est essentiellement, en réalité, un Réformateur religieux" (Maritain 1925: 202). Er bezeichnet den Rousseauismus als „une radicale corruption naturaliste du sentiment chrétien" und bescheinigt dem Genfer Philosophen einen gewissen „mimétisme de la Sainteté" (ebd.: 210, 142). Mit der letzten Formulierung berührt Maritain die Frage, ob und inwiefern Rousseau in seiner politischen Theorie Anleihen bei religiösen Formen und Inhalten gemacht hat. Maritain selbst nennt das Beispiel der volonté générale: „C'est le plus beau mythe de Jean-Jacques, le plus religieusement fabriqué" (ebd.: 1925: 192).[28]

Doch sollten diese Anleihen nicht darüber hinweg täuschen, dass Rousseaus religion civile als „künstliche Bastelreligion" gegen die politische Unberechenbarkeit des Christentums im Allgemeinen und der Machtposition der katholischen Kirche im Besonderen gerichtet ist. Es sind die theokratischen „Zwangsverhältnisse" seiner Zeit in der absoluten Monarchie Frankreichs, die Rousseau nötigen, eine freiheitlich-republikanische Lösung des religionspolitischen Problems zu suchen. In seinem historischen Kontext betrachtet ist der Lösungsvorschlag Rousseaus für das (religions-)politische Legitimitätsproblem durchaus radikal, um nicht zu sagen utopisch angehaucht. Dies ist wohl dem Philosophen selber nicht entgangen, schreibt er doch am Ende seines sechsten Briefes vom Berge: „Ich bin nicht der einzige, der politische Fragen abstrakt untersucht und sie mit einiger Dreistigkeit behandelt hat; nicht jeder tut es, aber jeder hat das Recht, es zu

---

28 Tatsächlich hat Patrick Riley später das theologische Erbe der politischen Gedanken- und Argumentationsfigur „volonté générale" nachgewiesen; konkret verdankt sie ihre Entstehung dem theologischen Streit um die Allgemeinheit oder Partikularität der Gnade. Vgl. Riley 1986: 254. Dieser Themenkomplex erinnert an die bekannte These Carl Schmitts, die er erstmals in seiner 1922 veröffentlichten „Politischen Theologie" formulierte: „Alle prägnanten Begriffe der modernen Staatslehre sind säkularisierte theologische Begriffe. Nicht nur ihrer historischen Entwicklung nach, weil sie aus der Theologie auf die Staatslehre übertragen wurden, indem zum Beispiel der allmächtige Gott zum omnipotenten Gesetzgeber wurde, sondern auch in ihrer systematischen Struktur, deren Erkenntnis notwendig ist für eine soziologische Betrachtung dieser Begriffe." (Schmitt 2004: 43). Siehe hierzu die aufschlussreichen Ausführungen von Ottmann 1990.

tun; viele bedienen sich dieses Rechts, und ich bin der einzige, den man deswegen bestraft." (Rousseau 1978: 152, Bd. II) Gleichwohl besteht Rousseaus Verdienst nicht darin, eine widerspruchsfreie und bis heute gültige Lösung des religionspolitischen Problems der modernen Demokratie entwickelt, sondern es in seiner ganzen Tragweite erkannt zu haben.

4   Literatur

Asal, Sonja (2007): Der politische Tod Gottes. Von Rousseaus Konzept der Zivilreligion zur Entstehung der Politischen Theologie, Dresden.

Bayle, Pierre (1975): Verschiedene einem Doktor der Sorbonne mitgeteilte Gedanken über den Kometen, der im Monat Dezember 1680 erschienen ist, Leipzig.

Bayle, Pierre (2003): Historisches und kritisches Wörterbuch. Eine Auswahl, Hamburg.

Beiner, Ronald (2011): Civil Religion. A Dialogue in the History of Political Philosophy, Cambridge.

Böckenförde, Ernst-Wolfgang (1991): Die Entstehung des Staates als Vorgang der Säkularisation, in: ders.: Recht, Staat, Freiheit. Studien zur Rechtsphilosophie, Staatstheorie und Verfassungsgeschichte, Frankfurt/Main: 92 – 114.

Böckenförde, Ernst-Wolfgang (2006): Der säkularisierte Staat. Sein Charakter, seine Rechtfertigung und seine Probleme im 21. Jahrhundert, München.

Brandt, Reinhard (1973): Rousseaus Philosophie der Gesellschaft, Stuttgart.

Cassirer, Ernst (1998): Die Philosophie der Aufklärung, Hamburg.

Constant, Benjamin (1997): Écrits politiques, Paris.

Cotta, Sergio (1965): Théorie religieuses et théorie politique chez Rousseau, in: Annales de Philosophie Politique 5. Rousseau et la Philosophie politique: 170 – 194.

Erdmann, Karl Dietrich (1935): Das Verhältnis von Staat und Religion nach der Sozialphilosophie Rousseaus. Der Begriff der „religion civile", Berlin.

Fetscher, Iring (1999): Rousseaus politische Philosophie. Zur Geschichte des demokratischen Freiheitsbegriffs, Frankfurt/Main.

Forschner, Maximilian (1977): Rousseau, Freiburg/München.

Forst, Rainer (2003): Toleranz im Konflikt. Geschichte, Gehalt und Gegenwart eines umstrittenen Begriffs, Frankfurt/Main.

Fraenkel, Ernst (1991): Der Pluralismus als Strukturelement der freiheitlich-rechtsstaatlichen Demokratie, in: ders.: Deutschland und die westlichen Demokratien, Frankfurt/Main: 297 – 323.

Herb, Karlfriedrich (2007): Jean-Jacques Rousseau: Vom Gesellschaftsvertrag (1762), in: Brocker, Manfred (Hg.): Geschichte des politischen Denkens, Frankfurt/Main: 303 – 317.

Hobbes, Thomas (1985): Leviathan, London.

Kersting, Wolfgang (2002): Jean-Jacques Rousseaus „Gesellschaftsvertrag", Darmstadt.

Kielmansegg, Peter Graf (1977): Volkssouveränität. Eine Untersuchung der Bedingungen demokratischer Legitimität, Stuttgart.

Kleger, Heinz/Müller, Alois (1985): Bürgerreligion und politische Verpflichtung. Rousseaus Konzept einer „religion civile", in: Archiv für Begriffsgeschichte, Bd. 29: 47 – 98.

Kleger, Heinz/Müller, Alois (Hg.) (2004): Religion des Bürgers. Zivilreligion in Amerika und Europa, 2. ergänzte Aufl. mit einem neuen Vorwort, Münster u. a.

Koselleck, Reinhart (1973): Kritik und Krise. Eine Studie zur Pathogenese der bürgerlichen Welt, Frankfurt/Main.

Koselleck, Reinhart (2006): Aufklärung und die Grenzen der Toleranz, in: ders.: Begriffsgeschichten, Frankfurt/Main: 340–362.

Locke, John (1957): Ein Brief über Toleranz, Hamburg.

Locke, John (1998): Zwei Abhandlungen über die Regierung, Frankfurt/Main.

Lübbe, Hermann (2000): Begriffsgeschichte und Begriffsnormierung, in: Scholtz, Gunter (Hg.): Die Interdisziplinarität der Begriffsgeschichte (Archiv für Begriffsgeschichte): 31–41.

Lübbe, Hermann (2004): Staat und Zivilreligion. Ein Aspekt politischer Legitimität, in: Kleger, Heinz/Müller, Alois (Hg.): Religion des Bürgers. Zivilreligion in Amerika und Europa, Münster u. a.: 195–220.

Machiavelli, Niccolò (2000): Discorsi. Staat und Politik, Frankfurt/Main.

Maritain, Jacques (1925): Trois Réformateurs. Luther – Descartes – Rousseau, Paris.

Münkler, Herfried (Hg.) (1996): Bürgerreligion und Bürgertugend. Debatten über die vorpolitischen Grundlagen politischer Ordnung, Baden-Baden.

Münkler, Herfried (2001): Thomas Hobbes, Frankfurt/New York.

Nisbet, Robert (1943): Rousseau and Totalitarianism, in: The Journal of Politics 5.2: 93–114.

Ottmann, Henning (1990): Politische Theologie als Begriffsgeschichte. Oder: Wie man die politischen Begriffe der Neuzeit politisch-theologisch erklären kann, in: Gerhardt, Volker (Hg.): Der Begriff der Politik, Stuttgart: 169–188.

Rehm, Michaela (2006): Bürgerliches Glaubensbekenntnis. Moral und Religion in Rousseaus politischer Philosophie, München.

Riley, Patrick (1986): The General Will before Rousseau. The Transformation of the Divine into the Civic, Princeton/New Jersey.

Rousseau, Jean-Jacques (1964): Du Contrat social précédé de Discours sur l'économie politique et de Du Contrat social première version et suivi de Fragments politiques (Edition Robert Derathé), Paris.

Rousseau, Jean-Jacques (1978): Schriften, 2 Bde, hg. von Henning Ritter, München/Wien.

Rousseau, Jean-Jacques (1981): Sozialphilosophische und Politische Schriften, München.

Rousseau, Jean-Jacques (1995): Schriften zur Kulturkritik. Über Kunst und Wissenschaft (1750)/Über den Ursprung der Ungleichheit unter den Menschen (1755), Hamburg.

Rousseau, Jean-Jacques (1999): Émile ou de l'éducation, Paris.

Rousseau, Jean-Jacques (2012): Ich sah eine andere Welt. Philosophische Briefe, hg. von Henning Ritter, München.

Schlüter, Gisela (1997/98): *Religion civile* vor Rousseau: Vico. Eine begriffsgeschichtliche Recherche im primo Settecento, in: Archiv für Begriffsgeschichte, Bd. XL: 105–122.

Schmitt, Carl (2003): Der Leviathan in der Staatslehre des Thomas Hobbes. Sinn und Fehlschlag eines politischen Symbols, Stuttgart.

Schmitt, Carl (2004): Politische Theologie. Vier Kapitel zur Lehre von der Souveränität, Berlin.

Spaemann, Robert (1980): Rousseau – Bürger ohne Vaterland, München.

Spinoza, Baruch de (1994): Theologisch-politischer Traktat, Hamburg.

Talmon, Jacob (1961): Die Ursprünge der totalitären Demokratie, Köln/Opladen.

Tuck, Richard (1993): The Civil Religion of Thomas Hobbes, in: Phillipson, Nicholas/Skinner, Quentin (Hg.): Political Discourse in Early Modern Britain, Cambridge: 120–138.

Weil, Eric (1984): Rousseau et sa politique, in: Genette, Gerard/Todorov, Tzvetan/Bénichou, Paul (Hg.): Pensée de Rousseau, Paris: 9–39.

III. Rousseau im kritischen Diskurs

Rousseau und Marx oder: Das Ende der Entfremdung

Barbara Zehnpfennig

In Marxens Schrift *Zur Judenfrage* findet sich eine erhellende Stelle: Wenn Marx auf sein eigenes Konzept zu sprechen kommt, zitiert er zustimmend aus dem *Contrat social* von Jean-Jacques Rousseau. Der Gedankengang, auf den sich Marx hier bezieht, befindet sich in Buch II des *Contrat social*. Dort schildert Rousseau, wie derjenige, der ein Gemeinwesen einrichten will, sozusagen die Natur des Menschen ändern muss, um aus in sich abgeschlossenen, von einander getrennten Individuen ein großes Ganzes zu formen: eine moralische Entität, von der her jeder erst die Kräfte erhält, die ihm künftig als Teil der Gemeinschaft eignen.[1] Was ging dem Rousseau-Zitat in Marxens Text voraus?

Die genannte Schrift von Marx ist eine Besprechung der Abhandlung „Zur Judenfrage" von Bruno Bauer, die dieser 1843 verfasste. Wie nicht selten, wenn Marx sich mit einem Denker auseinandersetzt, der ihm im Grunde sehr nahesteht, ist seine Kritik vernichtend. Bauer wendet sich in seinem Traktat gegen das jüdische Ansinnen, die politische Emanzipation zu verlangen. Statt dessen, so Bauer, liege die wahre Befreiung der Juden – und auch aller anderen Menschen – in der Emanzipation von der Religion; erst so sei auch die politische Emanzipation möglich. Die Kritik von Marx an der Position Bauers besteht nun in der These, dass man auch mit der politischen Emanzipation noch in den falschen Verhältnissen befangen bleibt. Sie reproduziert nämlich die Entzweiung zwischen individuellem und Gattungsleben, deren Ausdruck der Staat ist. Für Marx bedeutet politische Emanzipation das Sich-Einfügen in diese gedoppelte, d. h. entfremdete Welt des egoistischen Privatinteresses auf der einen Seite und des bloß abstrakten Allgemeinen des Staates auf der anderen Seite. Und hier kommt nun das Rousseau-Zitat ins Spiel: Marx interpretiert es – anders, als Rousseau es verstanden

---

1   „Celui qui ose entreprendre d'instituer un peuple doit se sentir en état de *changer,* pour ainsi dire la *nature humaine,* de *transformer* chaque individu, qui par lui-mêmes est un tout parfait et solitaire en *partie* d'un plus grand tout, dont cet individu reçoive en quelque sorte sa vie et son être, de substituer une *existence partielle* et *morale* à l'existence physique et indépendante. Il faut qu'il ôte à *l'homme ses forces propres* pour lui en donner qui lui soient étrangères et dont il ne puisse faire usage sans le secours d'autrui" (cont. soc. liv. II, Londr. 1782: 67, 68, zit. in: Marx, *Judenfrage,* MEGA 1. Abt. Bd. 2: 162).

wissen wollte[2] – als Bestätigung dieser Entzweiung. Der Staat muss die Natur des Menschen, nämlich eine für sich seiende selbstsüchtige Monade zu sein, ändern, um den Einzelnen in den Staatsbürger zu transformieren. Das heißt, für Marx ist das nicht die Lösung, sondern die Kennzeichnung des Problems.

Marx' eigene Lösung ist seinem Selbstverständnis nach viel radikaler als die von Rousseau vorgesehene. Erst wenn der individuelle Mensch sich als Gattungswesen begreift und die gesellschaftliche Kraft nicht mehr von der politischen trennt, ist die wahrhafte Emanzipation erreicht, nämlich die *menschliche*. Natürlich ist dies nicht als individuelle Entscheidung gedacht, sondern als Ergebnis einer revolutionären Änderung der gesellschaftlichen Verhältnisse. Marx sieht Rousseau demnach als Stufe auf einem Weg, den erst er, Marx, zu Ende geht.[3] Dieser Weg ist eine Emanzipationsbewegung, d.h. die Überwindung eines fundamentalen Abhängigkeitsverhältnisses. Die Geschichte hat zum Selbstverlust des Menschen geführt, zur menschlichen Entfremdung. Das Ziel muss demnach die Aufhebung der Entfremdung sein, die allerdings des geschichtlichen Vorlaufs bedurfte, um in vollendeter Form wirksam werden zu können.

In der genannten Schrift von Marx sind die Stufen, welche die Aufhebung der Entfremdung vorbereiten:

1. die *religiöse* Emanzipation. Das ist die Forderung Bruno Bauers: die Befreiung von der Religion (der Atheismus).
2. die *politische* Emanzipation. Dafür steht Rousseau: die Befreiung vom bloß partikularen Wollen (die Herrschaft der volonté générale).
3. die *menschliche* Emanzipation. Damit ist die Marx'sche Programmatik bezeichnet: die Befreiung von allem, was nicht gesellschaftlich ist (der Kommunismus).

In der Marxschen Position sind die vorangegangenen also im Hegelschen, dreifachen Sinn aufgehoben: konserviert, negiert und in eine höhere Seinsweise transformiert. Nun ist es eine gebräuchliche Praxis, die eigene Theorie als die Vollendung und Überbietung des bisher Gedachten zu verstehen. Im Grunde kann kein Denker von Anspruch anders beginnen, als sich negativ von den Früheren abzugrenzen und das Eigene als das ganz Andere, Neue herauszuheben. Doch ist diese Einschätzung, das Vorangegangene vollständig überhöht und überboten zu

---

2   Zu der mit dem Zitat verbundenen Intention Rousseaus s. u.
3   Eigentlich kann der Theoretiker, gemäß der Marxschen Theorie, den beschriebenen Weg nur abbilden. Die Anwendung seiner Theorie auf sich selbst kam Marx allerdings nicht in den Sinn. Er ist nicht nur Diagnostiker, sondern auch Prognostiker, nicht intellektuelle Nachhut eines sich mit Notwendigkeit vollziehenden historischen Prozesses, sondern intellektuelle Avantgarde in einem offensichtlich doch durch menschlichen Eingriff zumindest zu beschleunigenden geschichtlichen Ablauf.

haben, im vorliegenden Fall zutreffend? Wie verhalten sich, um den Blick auf die zweite und dritte Stufe des geschilderten Weges zu konzentrieren, die Rousseausche und die Marxsche Theorie zueinander?

Eine Antwort auf diese Frage soll in drei Schritten versucht werden. Zunächst ist zu prüfen, was Entfremdung jeweils bei Rousseau und Marx bedeutet. Danach soll untersucht werden, wie sich beide Theoretiker die Aufhebung der Entfremdung vorstellen. Schließlich ist der Frage nachzugehen, ob Rousseau als Wegbereiter der Marxschen Theorie gelten kann, und zwar in einem so weitgehenden Sinn, wie Marx selbst es nicht zugestanden hätte.

1   Entfremdung

a   Rousseau

Um überhaupt von Entfremdung sprechen zu können, muss man von einem ursprünglich nicht-entfremdeten Zustand ausgehen; Entfremdung ist eine Depravation. Schon in seinem ersten Diskurs *Abhandlung über die Wissenschaften und Künste* von 1750 hatte sich Rousseau als Zivilisationskritiker gezeigt, der gegen den Fortschrittsoptimismus der Aufklärung Front machte und dort Verlust wahrnahm, wo die Aufklärung ein unaufhaltsames Voranschreiten der Menschheit in puncto Mündigkeit und Zivilisiertheit feiern zu können glaubte. Für Rousseau dagegen war der Fortschritt in den Wissenschaften und Künsten mit Dekadenz erkauft.[4] Der Mensch hat sich von der Natur entfernt, seine Sitten zwar verfeinert, aber sein inneres Gleichgewicht eingebüßt. So ist er sich durch den Prozess der Zivilisation selbst abhanden gekommen.

Auf welche Weise das geschah, schildert Rousseau bekanntlich in seinem zweiten Diskurs, der *Abhandlung über den Ursprung und die Grundlagen der Ungleichheit unter den Menschen* (1755). Auch wenn Rousseau darin betont, mit seiner Rede von einem Naturzustand der Menschheit nicht unbedingt eine historische Tatsache zu benennen, sondern eher ein hypothetisches Konstrukt vorzulegen (Discours II: 23, 28, 33), hat dieses Konstrukt für ihn dennoch uneingeschränkten Erklärungswert. An dem, was zumindest gewesen sein könnte, soll erfahrbar werden, was in der Gegenwart verlorenging.

Das Thema „Ungleichheit" war Rousseau durch die Preisfrage der Akademie von Dijon vorgegeben, auf die er mit seinem Essay antwortete. Doch jenseits die-

---

4   „[U]nsere Seelen sind in dem Maße verdorben, in dem unsere Wissenschaften und unsere Künste vollkommener geworden sind" (Discours I: 37).

ses äußeren Anlasses gewinnt man sofort den Eindruck, neben der „Freiheit" in der „Gleichheit" ein Kernthema des Rousseauschen Denkens berührt zu sehen. Dabei ist die Prämisse, von der aus Rousseau seinen Diskurs aufbaut, nirgendwo begründet, aber umso wirkmächtiger: dass nämlich die Ungleichheit, zumindest als soziale bzw. politische Ungleichheit, per se verdammenswert ist. Die natürliche, d. h. physische Ungleichheit stellt für Rousseau kein Problem dar, da sie im vorgesellschaftlichen Zustand, in dem der Einzelne isoliert und primär im Austausch mit der nicht-menschlichen Natur lebt, keine Bedeutung hat. Verderblich jedoch ist die soziale und politische Ungleichheit, da identisch mit „verschiedenen Privilegien, die einige auf Kosten der anderen genießen" (Discours II: 31). Darüber nachzudenken, ob es eine Verbindung der beiden verschiedenen Arten von Ungleichheit geben könnte, ist für Rousseau so ungehörig, dass er darin eine Frage sieht, die „vielleicht dazu gut ist, unter Sklaven diskutiert zu werden" (ebd.: 32). Gäbe es nämlich eine solche Verbindung, könnte das gesellschaftliche Gefälle und damit Herrschaft ganz allgemein als legitim erscheinen. Offenbar ist dies das unbedingt zu Verhindernde. Deshalb begründet Rousseau sein Verdikt nicht, sondern erteilt eine Art Frageverbot – eine Taktik, der man bei Marx wiederbegegnen wird.

Eine weitere Prämisse seiner Betrachtung – und hier wird der erste fundamentale Gegensatz zu Marx sichtbar –, ist es, den Menschen im Urzustand als für sich seiende, auf seine Selbsterhaltung fixierte[5] und ganz auf das Leben in der Natur beschränkte Entität zu begreifen. Der Begriff „Individuum" wäre für diesen Zustand wahrscheinlich unangemessen, weil es sich um einen vorreflexiven Status handelt, der ein eigentliches Person-Sein ausschließt. Der Mensch im Naturzustand lebt prinzipiell allein, seine Begegnungen mit anderen Menschen sind zufällig und flüchtig; insofern kann das Nicht-Ich nicht identitätsbildend für das Ich wirken. Wieso Rousseau in diesem Zustand, der das Dasein einer isolierten Monade umschreibt, von der Empathie als zweitem den Menschen bewegenden Trieb neben dem Selbsterhaltungstrieb spricht, lässt sich schwer erklären.[6] Die Empathie erscheint im Naturzustand systemwidrig. Allerdings könnte ihr im späteren Werk Rousseaus eine Funktion zukommen, nämlich die im *Contrat*

---

5   „Indem seine Erhaltung fast seine einzige Sorge ausmacht, müssen seine am besten ausgebildeten Fähigkeiten diejenigen sein, die zum hauptsächlichen Zweck den Angriff und die Verteidigung haben" (Discours II: 43).

6   Ebenso Simon-Ingram 1991: 324. Die Autorin nimmt an, dass Rousseau mit dieser Empathie ein vorreflexives Gefühl meint, das nicht zum Eingreifen nötigt, wenn dem anderen tatsächlich Übles widerfährt (ebd.: 325f.). Die Herkunft bzw. Notwendigkeit dieses Gefühls ist damit allerdings noch nicht erklärt.

social so emphatisch bejahte Verschmelzung der Einzelindividuen zur sittlichen Gesamtkörperschaft irgendwie plausibel zu machen.

Was das Innenleben oder die „metaphysische Seite" (Discours II: 48) des Menschen im Naturzustand angeht, so sieht Rousseau den Hauptunterschied gegenüber dem ebenfalls auf seine Selbsterhaltung bedachten Tier in der Freiheit des Menschen, seine Reaktionen zu wählen (ebd.: 44f.). Allerdings sollte man Freiheit hier nicht im Sinne individueller Selbstbestimmung verstehen. Gemeint ist wiederum ein vorreflexives Gefühl, das sich wohl primär auf die verschiedenen Möglichkeiten der Selbsterhaltung bezieht. Wie sich jene (Wahl-)Freiheit zu dem weiteren Merkmal, das Mensch und Tier unterscheidet, nämlich der Perfektibilität, verhält, erklärt Rousseau nicht.

Es scheint jedoch eben jene Perfektibilität zu sein, welche das harmonische Verhältnis des Menschen zur Natur und zu sich selbst im Laufe der Menschheitsentwicklung dauerhaft zerstört. Auch wenn Rousseau es konjunktivisch formuliert, legt seine Darstellung doch nahe, dass er die Perfektibilität des Menschen als ein intrinsisches Moment des Verfalls betrachtet:

> Es wäre traurig für uns, müssten wir zugeben, dass diese charakteristische und fast unbegrenzte Fähigkeit die Quelle allen Unglücks des Menschen ist; dass eben sie ihn, kraft der Zeit, aus dem ursprünglichen Zustand reißt, in welchem er ruhige und unschuldige Tage verleben würde, dass gerade sie – indem sie im Lauf der Jahrhunderte seine Kenntnisse und seine Irrtümer, seine Laster und seine Tugenden zur Entfaltung bringt – ihn auf die Dauer zum Tyrannen seiner selbst und der Natur macht. (Discours II: 46)

Der anti-intellektualistische Tonfall, der sich in der zitierten Textstelle vernehmen lässt, zieht sich auch durch die weitere Darlegung. Zum bloßen Überleben braucht der Mensch die Vernunft nicht. Sie scheint sich auch nicht selbständig zu entwickeln, sondern bloß als Reflex der äußeren Umstände wie bspw. der klimatischen Verhältnisse sowie der menschlichen Leidenschaften: „wir versuchen zu erkennen, nur weil wir zu genießen begehren" (ebd.). Die Entfernung des Menschen von der animalischen Existenz verdankt sich also primär seinen Lebensumständen, die auf seine Leidenschaften zurückwirken und damit eine verhängnisvolle Dynamik der Vergeistigung in Gang setzen: „Die Vernunft erzeugt die Eigenliebe, und die Reflexion macht sie stark; sie lässt den Menschen sich auf sich selbst zurückziehen [...] Es ist die Philosophie, die ihn vereinzelt" (Discours II: 63). Denn in diesem Zustand wirkt jene vorreflexive Empathie nicht mehr, die doch im Naturzustand, in dem jeder für sich lebte, noch allgemeine Geltung gehabt haben soll.

Aus Rousseaus Darstellung ein widerspruchsfreies Bild davon zu gewinnen, weshalb der ursprüngliche Zustand des Menschen ein glücklicher war und wodurch der Mensch dieses Glück einbüßte, ist kaum möglich. Der geschilderte Urzustand ist offenbar der einer vorreflexiven Unmittelbarkeit, die wahrlich nicht viel Menschliches an sich hat, sieht man das spezifisch Menschliche in der Vernunftanlage. Ohne Reflexivität gibt es aber nicht einmal das Bewusstsein der eigenen Lage. Von einer natürlichen Güte des Menschen zu sprechen, wie Rousseau es tut,[7] wäre demnach erst ex post möglich; worin die Güte einer animalischen Existenz, die sich quasi nur zu Begattungszwecken mit der Nachbarmonade trifft, liegen soll, wird auch nicht recht deutlich. Ebenso schwer erklärbar ist dann der „Sündenfall", der Übergang zu jenem Zustand der Vergesellschaftung, der mit dem Selbstverlust des Menschen einhergeht.

Gemeinhin wird als entscheidender Grund für das Verlassen des glücklichen Urzustandes jener Sachverhalt betrachtet, den der berühmte Satz beschreibt: „Der erste, der ein Stück Land eingezäunt hatte und auf den Gedanken kam zu sagen ‚Dies ist mein' und der Leute fand, die einfältig genug waren, ihm zu glauben, war der wahre Begründer der zivilen Gesellschaft." (Discours II: 74) Doch zunächst muss etwas zur Bodenbebauung nötigen, und das ist anscheinend die übermäßige Vermehrung der Bevölkerung. Wenn das, was die Natur von sich aus darbietet, aufgrund der Vielzahl der zu ernährenden Menschen nicht mehr genügt und der Mensch den Bedarf per Ackerbau befriedigen muss, wer wäre unter diesen Umständen dann so „verrückt", sich „mit der Bestellung eines Feldes abzumühen, das von dem erstbesten [...], dem diese Ernte gefällt, geplündert wird?" (ebd.: 49) Sinnvoll ist der Anbau nur, wenn der Boden aufgeteilt und das Eigentum am Ertrag auf diese Weise gesichert ist. Die Empathie ist offenbar kein hinreichender Grund, den Nachbarn nicht zu berauben.

Doch eigentlich kann nicht erst die Abteilung des Ackerlandes der Ursprung des Übels sein, denn bereits eine eigene Wohnstatt zu errichten, bedeutet, einen Exklusivitätsanspruch auf etwas zu erheben. So spricht Rousseau an anderer Stelle des Diskurses auch davon, dass jener Hüttenbau „die Sonderung der Familien hervorbrachte und eine Art von Eigentum einführte, woraus vielleicht schon damals viele Streitigkeiten und Kämpfe erwachsen sind" (Discours II: 78). Ganz problematisch aber wurde die Situation „von dem Augenblick an, da ein Mensch die Hilfe eines anderen benötigte", mit anderen Worten: Sobald es Arbeitsteilung gab und nicht mehr jeder selbst das Seinige tat. Nun wurde die Arbeit zur „Notwendigkeit" (ebd.: 84), die Unterschiede im Eigentum vernichteten die ursprüngliche Gleichheit, die Sklaverei entstand.

---

7   Siehe seine Anmerkungen zum Diskurs (Discours II: 125).

Wie auch immer sich bei den geschilderten Umständen Ursache und Wirkung zueinander verhalten mögen – als gemeinsamer Nenner des Verfalls bleibt die Setzung eines Unterschieds: Die Teilung der Arbeit, die Abgrenzung von Besitz bedeutet die Abgrenzung von den anderen und damit die Entwicklung eines Selbstverständnisses, das sich aus dem Bezug auf die anderen verdankt. Die Unmittelbarkeit des Existierens ist verloren, das Selbstverhältnis reflexiv gebrochen. Und da „der Zustand der Reflexion ein Zustand wider die Natur ist und […] der Mensch, der nachdenkt, ein entartetes Tier ist" (Discours II: 40f.),[8] ist damit das Unheil besiegelt.

Jetzt kommt es zum sozialen Vergleich, man legt Wert auf die Beurteilung durch die anderen, und das heißt auch: Man will sich von den anderen unterscheiden. Es entbrennt ein Konkurrenzkampf, die Eigenliebe ist geweckt, und mit dem Beharren auf dem je Eigenen, mit dem Sich-Vergleichen, ist auch die soziale Ungleichheit etabliert. Denn nun gewinnt die natürliche Ungleichheit, die bisher keine Rolle spielte, an Gewicht; die unterschiedlichen Talente begründen Unterschiede an Eigentum oder Ansehen (Discours II: 87). Die geänderten Umstände geben schließlich „allen Menschen eine finstere Neigung ein, sich gegenseitig zu schaden". Es herrschen „Konkurrenz und Rivalität auf der einen Seite, Gegensatz der Interessen auf der anderen und immerzu die versteckte Begierde, seinen Gewinn auf Kosten anderer zu realisieren" (Discours II: 89). Die Vergesellschaftung hat den Menschen schlecht werden lassen, sie hat Herrschaftsverhältnisse etabliert, und der Fortschritt im Hinblick auf zivilisatorische Errungenschaften ist mit dem Verlust an Gesundheit, Natürlichkeit, Menschlichkeit erkauft.

Man kann Rousseaus Diskurs so lesen, dass das Streben nach Privateigentum die Entfremdung des Menschen von der Natur und von sich selbst hervorgerufen hat. Ein konsistentes Bild lässt sich ohnehin nicht finden.[9] Denkbar aber ist auch, im Prozess der Gemeinschaftsbildung selbst den Anfang des Verfalls auszumachen. Daran, dass die Natur sich so geringe Mühe gegeben habe, „die Menschen durch gegenseitige Bedürfnisse einander anzunähern", zeige sich, „wie wenig sie deren Gesellschaftlichkeit vorbereitet hat"; und in der Tat sei es unmöglich sich vorzustellen, „warum in diesem ursprünglichen Zustand eher ein Mensch einen anderen Menschen nötig haben sollte als ein Affe oder Wolf seinesgleichen"

---

8   Rousseau will diese Sätze zwar nur unter der Prämisse gelten lassen, dass die Natur uns dazu bestimmt hat, gesund zu sein. Dass die Natur letzteres will, scheint ihm aber evident.

9   So bezeichnet Rousseau beispielsweise an einer Stelle jene Entwicklungsphase, in der es bereits eine erste Form von Eigentumsbildung gibt, als die „wohl glücklichste und dauerhafteste Epoche" (Discours II: 83).

(Discours II: 57f.). Sobald der Mensch nicht mehr für sich lebt, ist das Band zur Natur durchschnitten, und der Mensch kommt aus dem Takt. Er kann jene Geistigkeit entwickeln, die ihn aus der ursprünglichen Einheit herauskatapultiert, ihn dazu führt, sich im anderen zu spiegeln und diesen zugleich als Konkurrenten zu bekämpfen. Der Einzelne ist nicht mehr bei sich, sondern beim anderen; als die Natur das andere war, war der Mensch trotzdem bei sich, weil er selbst Natur war. Doch der Entfremdungsprozess ist wohl Ergebnis der Perfektibilität des Menschen, welche allerdings auch eine Naturanlage ist. War es also die Natur, die das Unglück des Menschen gewollt hat? Bei einer Theorie, die von der natürlichen Güte des Menschen ausgeht, gibt es keine logisch konsistente Antwort auf die Frage nach dem Ursprung des Bösen.

Für Rousseau liegt jedenfalls in der Entzweiung mit der Natur, der Entzweiung mit sich selbst und der Entzweiung mit den anderen das Unheil beschlossen. Es kommt zu einem Zustand des Kampfes, der irgendwann unerträglich wird; die Unterschiede zwischen den Menschen werden immer größer, und diejenigen, die sich als die Stärksten erwiesen haben, die Reichen, betreiben den Abschluss eines Gesellschafts-Vertrags, der ihre Eigentumsrechte zu sichern hilft und äußerlich alles befriedet. Damit ist die Gründung des Staates inauguriert, der jedoch nur dazu dient, die Ungleichheit zu zementieren. In der *Abhandlung über die Politische Ökonomie* von 1755 kleidet Rousseau diesen Gesellschaftsvertrag in die zynischen Worte eines Angehörigen der herrschenden Klasse: „Sie haben mich nötig, denn ich bin reich und Sie sind arm. Machen wir untereinander einen Vertrag: Ich erlaube, daß Sie die Ehre haben, mich zu bedienen, unter der Bedingung, daß Sie mir für die Mühe, die ich habe, Ihnen zu befehlen, das wenige geben, das Ihnen bleibt." (PÖ: 50f.) Marx zitiert diesen Satz im ersten Band des *Kapital* (1,7) und lässt dabei einen Kapitalisten sprechen – was bei Rousseau natürlich aus historischen Gründen nicht vorgesehen war.

Mit diesem Vertragsschluss – ein Vertrag unter Ungleichen – sind die Herrschaftsverhältnisse etabliert, die Rousseau überall wahrnimmt: „Der Mensch wird frei geboren, aber überall liegt er in Ketten." (CS I 1: 61) Die Umstände, die der Mensch nicht wissentlich herbeigeführt hat, knechten ihn, er leidet an einem Zustand der Entfremdung, weil der Sozialbezug ihn von sich selbst trennt. Die Einheit mit der Natur ist unwiederbringlich verloren.

b   Marx

Welchen Stellenwert die Entfremdungstheorie im Marxschen Œuvre einnimmt, war und ist durchaus umstritten. Orthodoxe Marxisten, gerne auch aus den Ländern des „real existierenden Sozialismus", hatten ein großes Interesse daran, Marxens Rede von der menschlichen Entfremdung seiner frühen, „humanistischen" Phase zuzurechnen, die er später durch den „wissenschaftlichen Kommunismus" bzw. seine Theorie vom Klassenkampf überwunden habe.[10] Da der Entfremdungsbegriff im *Kapital* kaum mehr Verwendung finde, gehe es „nicht an, das Hauptwerk Marxens oder sogar sein ganzes Lebenswerk als eine Theorie der Entfremdung aufzufassen"[11]. Man wollte offenbar alle bürgerlichen Relikte aus der Theorie tilgen und als materialistisch-wissenschaftlich deklarieren, was seine Herkunft aus der idealistischen Philosophie doch kaum verleugnen konnte. Denn natürlich steht hinter der Marxschen Entfremdungstheorie der Hegelsche Gedanke, dass sich der Geist in die Welt entäußern, sich also fremd werden müsse, um, auf diese Weise geläutert und um die Selbsterfahrung bereichert, zu sich zurückkehren zu können.[12]

Eine dezidierte Abkehr von seinen früheren Positionen gibt es bei Marx jedoch nicht.[13] Seine im *Kapital* entwickelte Kapitalismuskritik und seine Revolutionstheorie lassen sich im Grunde gar nicht verstehen, wenn es nicht die in der Entfremdungstheorie beschriebenen Defizite wären, die durch die Revolution behoben werden sollen. Tatsächlich verwendet Marx sogar im 3. Band des *Kapital* noch den Begriff der Entfremdung, und zwar dann, wenn er die als solche nicht erkannte Verwandlung von Arbeit in Kapital und Grundeigentum schildert (MEW 25: 826). So ist wohl Leszek Kolakowski zuzustimmen, dass aus Marxens entscheidender Schrift zur Entfremdung, den *Ökonomisch-Philosophischen Manuskripten*, zwar nicht der ganze Gehalt des *Kapital* abzuleiten ist. „Nichtsdestoweniger ist es der erste Umriß eines einzigen Buches, an dem Marx bis an sein

---

10 So z. B. der DDR-Philosoph Manfred Buhr: „Den bürgerlichen und revisionistischen Gegnern des Marxismus-Leninismus geht es bei ihrem betonten Rückgriff auf den von Marx vornehmlich in den ökonomisch-philosophischen Manuskripten verwendeten Begriff der Entfremdung um die Revision der revolutionären Grundlehren und Grundprinzipien des wissenschaftlichen Kommunismus, insbesondere um die Liquidierung der wissenschaftlichen Theorie von den Klassen, dem Klassenkampf und der Diktatur des Proletariats – um die Liquidierung der Theorie von der sozialistischen Revolution überhaupt." (Buhr 1966: 806)

11 So der später als IM enttarnte westdeutsche Philosoph Friedrich Tomberg (1969: 188).

12 Dass der Entfremdungsgedanke nicht erst durch Marx, sondern bereits durch Hegel „auf das Gebiet der bürgerlichen Ökonomie, der Bedürfnisse und Bedürfnisbefriedigung der einzelnen, des Charakters der Arbeit und der zwischenmenschlichen Beziehungen" übertragen worden war, betont Friedrich Müller (1985: 97).

13 Mit einer Ausnahme allerdings: Am Ende seines Schaffens gab Marx zu, dass wohl auch im Kommunismus das Reich der Freiheit erst dort beginne, „wo das Arbeiten, das durch Not und Zweckmäßigkeit bestimmt ist, aufhört" (*Kapital* Bd. 3, MEW 25: 828). Wenn sich an dem für Marx Entscheidenden also nichts ändert – wozu dann der ganze Aufwand?

Lebensende schreiben wird und dessen Endversion das ‚Kapital' darstellt." (Kolakowski 1981: 151)[14]

Was bedeutet Entfremdung nun bei Marx?[15] Ähnlich wie Rousseau deutet Marx seine Gegenwart als Ergebnis eines Verfallsprozesses. Vor dem Hintergrund der Hegelschen Geschichtsdialektik, die Marx materialistisch wendet, handelt es sich aber – anders als bei Rousseau – um einen notwendigen, einen geradezu heilsnotwendigen historischen Ablauf. Die Implikationen dabei sind: 1. Der Prozess spielt sich hinter dem Rücken der Akteure ab. 2. Er folgt einer strengen Systematik. 3. Er mündet mit Notwendigkeit im Richtigen, nachdem alle historischen Stufen des Falschen durchlaufen wurden.

Im Unterschied zu Rousseau besteht Marx in der *Deutschen Ideologie* darauf, bei der Schilderung des Geschichtsprozesses streng empirisch zu verfahren und die Menschen, wie sie „wirklich" sind, darzustellen, „d. h. wie sie wirken, materiell produzieren" (MEW 3: 25). Vorausgesetzt ist dabei, dass die Menschen von den ökonomischen Verhältnissen her zu erklären sind, dass sich der Mensch wesentlich als *homo laborans*, als arbeitender Mensch definiert und dass am Anfang nicht das isolierte Individuum steht, sondern die Gemeinschaft der Produzenten. Begründet werden diese Voraussetzungen nicht.

Auf jeden Fall sieht Marx den wesentlichen Unterschied des Menschen zum Tier in dem Faktum, dass der Mensch seine zum Leben nötigen Mittel selbst herstellen muss. Aufgrund seiner körperlichen Organisation wird der Mensch zum ‚arbeitenden Tier', und was die Menschen sind, „fällt also zusammen mit ihrer Produktion, sowohl damit, *was* sie produzieren, als auch damit, *wie* sie produzieren" (MEW 3: 21). Das ist eine konsequent materialistische Erklärung: Das körperliche Sein bestimmt die Lebensform, welche äußere Fakten schafft, die wiederum auf das Leben der Menschen zurückwirken. Welche Rolle dem Geist dann noch bleibt, ist evident: „Das Bewußtsein kann nie etwas anderes sein als das bewußte Sein, und das Sein der Menschen ist ihr wirklicher Lebensprozeß"(MEW 3: 26). Das Geistige konnte nur den „Schein der Selbständigkeit" (MEW 3: 27) erringen, solange man – wie z. B. in der idealistischen Philosophie – von dem wirklichen Leben, d. h. der materiellen Produktion, abstrahierte.

Was war der Ausgangspunkt des Verfallsprozesses? Marxens Äußerungen zu jener glücklichen Phase der Menschheit, als man noch keine Entfremdung kann-

---

14 Dass Marx bis zuletzt in der Kategorie der Entfremdung gedacht habe, zeigt sich für Kolakowski auch in der Theorie vom „Warenfetischismus" im *Kapital*, die nichts anderes als „Entfremdung" meine (ebd.: 197). Ähnlich auch Fetscher 1979: 73f.

15 Eine detaillierte, wenn auch nicht sehr kritische Darstellung der Marxschen Entfremdungstheorie findet sich bei Israel 1985.

te, sind spärlich. Im dritten Band des *Kapital* heißt es: Die Menschen lebten zu Beginn in „ursprünglichen Gemeinwesen, wo naturwüchsiger Kommunismus herrscht[e]". Dass es noch keine Entfremdung gab, lag wohl daran, dass man für den „unmittelbaren Selbstbedarf" (MEW 25: 839) produzierte und im Naturaltausch lebte, wodurch sich nichts Trennendes zwischen die Menschen schieben konnte: weder das Geld, an dem der Wert der geschaffenen Dinge hätte gemessen werden können, noch das Privateigentum. Auch in den *Ökonomisch-Philosophischen Manuskripten* gibt es keine konkretere Beschreibung des Urzustandes, aber auf jeden Fall geht Marx von einer ursprünglichen Einheit von Produzent und Produktionsmitteln aus – es besteht eine *„unmittelbare* oder *vermittelte Einheit beider"* (ÖPhM: 78). Die damit verbundene Eigentumsform ist offenbar das „Stammeigentum" (MEW 3: 61), also noch nicht das bereits den Verfall signalisierende Privateigentum.

Der glückliche Ausgangszustand ist demnach der einer unvermittelten Einheit: die Einheit des Menschen mit der Natur, die Einheit des Menschen mit den anderen Menschen.[16] Unvermittelt ist die Einheit mit der Natur, weil der Mensch sie in der Arbeit überformt und so in direktem Austausch mit ihr bleibt. Und die Einheit mit den Mitmenschen ist deshalb ungestört, weil noch nichts zwischen den produzierenden Menschen steht, solange alles zur Produktion Nötige gemeinschaftlich besessen wird. Im Anfang besteht demnach Harmonie, wenn auch, wie Marx in der *Deutschen Ideologie* erkennen lässt, wohl auf unterstem Niveau. Denn Marx attestiert den Menschen im Anfangsstadium ein reines „Hammel- oder Stammesbewußtsein" (MEW 3: 31) bzw. bloß eine Art von bewusstem Instinkt. Wie kommt es nun zum Umschlag, zum Verfall der ursprünglichen Einheit?

Genannt werden alle bereits bei Rousseau angeführten Faktoren: „Dieses Hammel- oder Stammesbewußtsein erhält seine weitere Entwicklung und Ausbildung durch die gesteigerte Produktivität, die Vermehrung der Bedürfnisse und die beiden zum Grunde liegende Vermehrung der Bevölkerung. Damit entwickelte sich die Teilung der Arbeit" (MEW 3: 31). Offenbar war es doch von Übel, dass die Menschen sich überhaupt zusammentaten, denn so kam es überhaupt erst zum

---

16 Dass es um Unmittelbarkeit geht, zeigt sich auch an Engels' Darstellung des Urkommunismus: „Der ursprüngliche Kommunismus kannte keinen Wert" – gemeint ist der Warenwert. Als sich dann der Tausch entwickelte, hatte der Wert noch „eine unmittelbare reale Existenz". Es sei nun nicht schwer, die „Mittelglieder" aufzuweisen, „die von jenem unmittelbar-realen Wert zu dem Wert der kapitalistischen Produktionsform führen". Dieser sei allerdings so gründlich verborgen, dass die bürgerlichen Nationalökonomen seinen Ursprung in der Arbeit nicht erkennen würden. (Brief an Werner Sombart, 11. März 1895, MEW 39: 427f.).

Bevölkerungswachstum. Interessanterweise ist für Marx die „Teilung der Arbeit erst wirklich Teilung von dem Augenblicke an, wo eine Teilung der materiellen und geistigen Arbeit eintritt" (MEW 3: 31) – weil sich erst dann das Bewusstsein einbilden konnte, etwas anderes zu sein als Reflex der Praxis, also selbst etwas zu sein. Hier sieht es so aus, als sei die durch die veränderten Eigentumsverhältnisse eintretende Fremdheit nicht so schlimm wie jene Entfremdung, die durch eine verselbständigte Geistigkeit Einzug in die Menschheitsgeschichte erhält.[17] Offenbart Marx hier seine wahren Motive, nämlich seinen Widerwillen gegen jede Form von Geist, der mehr zu sein beansprucht als ein Widerhall der materiellen Verhältnisse? Gilt das nicht vor allem für jenes „Im Anfang war das Wort", das Gott als Logos interpretiert? Marx' Randbemerkung an der zitierten Stelle: „Erste Form der Ideologen, *Pfaffen*, fällt zusammen", deutet in diese Richtung. Und auch die Tatsache, dass der Junghegelianismus, dem Marx ursprünglich zugehörte, mit der Religionskritik begann, ist ein Indiz für die wesentliche Antriebskraft, die hinter Marx' materialistischer Entfremdungstheorie stehen könnte.

Auf jeden Fall ist mit der Arbeitsteilung auch die Abkehr vom Gemeineigentum eingeleitet. „Die verschiedenen Entwicklungsstufen der Teilung der Arbeit sind ebensoviel verschiedene Formen des Eigentums" (MEW 3: 22), und da mit dem Eigentum immer Interessen verbunden sind, ergeben sich auch immer weitergehende Interessengegensätze. Nun hat das Privateigentum den Menschen also in Besitz genommen, und eine verhängnisvolle Dynamik wird in Gang gesetzt: „Mit der Teilung der Arbeit [...] ist zu gleicher Zeit auch die *Verteilung*, und zwar die *ungleiche*, sowohl quantitative wie qualitative Verteilung der Arbeit und ihrer Produkte gegeben" (MEW 3: 32). Aus der ungleichen Eigentumsverteilung entstehen Herrschaftsverhältnisse, die Besitzenden bereichern sich auf Kosten der Besitzlosen, und zur Befestigung dieser auf Habsucht basierenden Strukturen werden Institutionen und Ideologien geschaffen, die jene verkehrte Welt als legitim deklarieren. „Religion, Familie, Staat, Recht, Moral, Wissenschaft, Kunst etc." (ÖPhM: 87) sind solche Produkte der ökonomischen Verhältnisse, in denen sich die gesellschaftliche Entzweiung, die Bedrückung der Machtlosen durch die Mächtigen, widerspiegelt.

In welchen Stufen genau sich dieser Prozess entwickelt, schildert Marx in den *Ökonomisch-Philosophischen Manuskripten*. Dabei betont er, dass die beiden re-

---

17 Anders Michael Quante, nach dem der gesamte Entfremdungsprozess gerade den Sinn hat, den Menschen zum Bewusstsein seiner selbst als Gattungswesen zu führen. „Die in der Vergegenständlichung sich ereignende Entfremdung ist der notwendige Zwischenschritt, um in einem dritten Schritt [...] eine bewusste Aneignung des Gattungswesens zu ermöglichen." (Quante 2009: 258) Ging es Marx dann aber – ganz idealistisch – um einen Bewusstseinsprozess?

levanten Faktoren des Produktionsprozesses, nämlich Kapital und Arbeit, die dargestellte Bewegung durchlaufen *müssen*. Die Bewegung ist eine geschichtlich notwendige, nicht eine von den Beteiligten gewollte. Trotzdem geht am Ende alles gut aus; da kein Gott dafür verantwortlich sein kann, muss es eine wohlwollende Natur oder die dem Menschen wohlgesonnene Geschichte sein, welcher der positive Ausgang zu verdanken ist.

Auf der schon zitierten ersten Stufe des geschichtlichen Ablaufs besteht noch die *„unmittelbare* oder *vermittelte Einheit"* (ÖPhM: 78) von Kapital und Arbeit. Das ist wohl der Urkommunismus mit dem Gemeineigentum. Treten Kapital und Arbeit auseinander, sind sie „getrennt und entfremdet", aber zu Beginn fördern sie sich noch. Erst auf der nächsten Stufe besteht ein *„Gegensatz beider"* – die gesellschaftlichen Klassen, die sich entlang der Trennungslinie entwickelt haben, stehen im Kampf miteinander. Schließlich ergibt sich ein *„Gegensatz* jedes *gegen* sich selbst", eine Folge der Konkurrenz. Am Ende steht ein *„feindlicher wechselseitiger Gegensatz"* (ebd.), die Klassen zerfleischen sich im Konkurrenzkampf innerlich und im Überlebenskampf wechselseitig. Die durch Schaffung des Privateigentums ermöglichte Habsucht hat zum Krieg aller mit allen geführt.

An diesem – sehr unkonkreten – Schema zeigt sich noch einmal, welchem Wertesystem Marx folgt. Einheit ist das Gute, Trennung, Teilung, Entzweiung ist das Schlechte, und zwar deshalb, weil sie automatisch mit Feindschaft verbunden ist. Zwar bedarf es des Unheils, um am Ende den Heilsweg einschlagen zu können. Doch das ändert nichts an der Tatsache, dass das Heil alleine in der wiederzugewinnenden Einheit liegt, die kaum in etwas anderem als in der Tilgung der wesentlichen Unterschiede zwischen den Menschen liegen kann. Denn wo Unterschied ist, ist die Einheit bedroht. Differenz ist sehr schnell Konkurrenz; dazu ist im abschließenden Kapitel Näheres zu sagen.

Wenn nun die gesamte Geschichte ein Prozess sich ständig verschärfender Entfremdung ist, was macht dann deren Kern aus? Worin für Marx das entscheidende Problem liegt, zeigt sich an seiner Charakterisierung der Arbeitsteilung. Solange die Tätigkeit „nicht freiwillig, sondern naturwüchsig geteilt ist, [wird] die eigne Tat des Menschen ihm zu einer fremden, gegenüberstehenden Macht [...], die ihn unterjocht, statt daß er sie beherrscht." Entfremdung liegt also in dem Fehlen uneingeschränkter Selbstbestimmung: „Dieses Sichfestsetzen der sozialen Tätigkeit, diese Konsolidation unsres eignen Produkts zu einer sachlichen Gewalt über uns, die unsrer Kontrolle entwächst, unsre Erwartungen durchkreuzt, unsre Berechnungen zunichte macht, ist eines der Hauptmomente in der bisherigen geschichtlichen Entwicklung" (MEW 3: 33), einer Entwicklung, die in der Schaffung des Staates als Inbegriff der Selbstentfremdung des Menschen mündet.

Auch hier drängt sich der Verdacht auf, dass mit der Struktur des vom Menschen selbst geschaffenen Fremden, Unterjochenden vor allem *ein* Sachverhalt gemeint sein könnte: der Glaube an Gott, also an eine übermenschliche Macht, gegenüber der der Mensch per definitionem keine Verfügungsgewalt hat. Die Denkfigur, auf die sich Marx hier bezieht, stammt jedenfalls zweifellos von Feuerbach. Dessen Religionskritik mündet in der Diagnose, dass der Mensch Gott nach seinem Bilde geschaffen und in ihn alle Kräfte projiziert habe, derer er sich selbst beraubt hat (Feuerbach 1960: 21 – 30).[18] Eben dieser Zusammenhang einer Selbstentmächtigung durch die Schaffung von Kräften, die sich gegen den Menschen kehren, liegt auch der Marxschen Entfremdungstheorie zugrunde. Die Tatsache, dass für Marx der Kommunismus „sogleich mit dem Atheismus" beginnt (ÖPhM: 88),[19] bezeugt, wie wichtig Marx die Aufhebung gerade jenes Urtypus der Entfremdung, die Religion, war. Denn ein Wesen „gilt sich erst als selbständiges, sobald es auf eigenen Füßen steht, und es steht erst auf eigenen Füßen, sobald es sein *Dasein* sich selbst verdankt" (ebd.: 97).[20] Ist das dem Menschen überhaupt möglich, ist er Schöpfer seiner selbst? Der Marxsche Anspruch ist erkennbar größtmöglich, die Einlösung ist allerdings banal: Der physische Akt der Zeugung genügt als Nachweis für die Autonomie des Menschen im Hinblick auf die Selbstschöpfung.

Nach dem von Feuerbach vorgeprägten Muster erklärt Marx nun auch das Privateigentum, das er bekanntlich gänzlich auf die in ein Produkt investierte Arbeit zurückführt. Dabei wird diese „geronnene" Arbeit allerdings von jemandem angeeignet, der gerade nicht selbst gearbeitet hat. Das Privateigentum verleiht also demjenigen Macht, der sie nicht verdient, und entmächtigt denjenigen, der es geschaffen hat. Deshalb ist für Marx der Arbeiter gerade im Kapitalismus, wenn die Ausbeutung auf ihrem Höhepunkt angekommen ist, der Inbegriff des entfremdeten, geknechteten Menschen, von dem andererseits dann die Heilsbewegung ausgehen soll. In ihm kulminiert die geschichtliche Entwicklung sozusagen, denn er ist einer vierfachen Entfremdung ausgesetzt (ÖPhM: 60 – 64). Er ist seinem Produkt entfremdet, das ihm als eigenständige Macht gegenübertritt, da es einem anderen gehört. Er ist in seiner Arbeit entfremdet, über die er nicht selbst verfügt und die ihm alle seine Kräfte raubt. Er ist seiner Gattung entfremdet, weil es die Gattungseigenschaft ist, frei zu produzieren und sich in der Be-

---

18 Vgl. auch Zehnpfennig 2005: XXf.

19 Mit dem Satz zitiert Marx den utopischen Sozialisten Robert Owen.

20 Dieser Gedanke findet sich fast wortgleich bei Feuerbach (1960: 24f.).

arbeitung der Natur als deren Schöpfer zu verstehen;[21] so kann der Mensch sich in der von ihm geschaffenen Welt selbst betrachten, was ihm unter entfremdeten Verhältnissen jedoch verwehrt ist. Und er ist von seinem Mitmenschen entfremdet, weil er den Anderen nach Maßgabe seiner selbst wahrnimmt; er aber ist der entfremdete Mensch.

Es ist offenkundig, dass der Marxsche Entfremdungsbegriff ein äußerst weitgehender ist; er umfasst eigentlich die gesamte Organisation des Lebens, sobald sich der Mensch aus dem Stadium vorbewusster Selbsterhaltung verabschiedet hat. Dass er seine Lebens- und Arbeitsumstände nicht völlig autonom bestimmt, dass es Eigentums- und Machtunterschiede gibt, dass das menschliche Zusammenleben durch Regelsysteme wie das Recht, den Staat, die gesellschaftliche Moral, die Religion geordnet wird, sind Fakten, die in der Tat die bisherige menschliche Geschichte bestimmt haben, ohne deshalb schon illegitim sein zu müssen. Das Unrechtmäßige all dieser Entwicklungen liegt in den Marxschen Prämissen. Nur wenn der Mensch von Natur aus autonom wäre, sich allein in der Arbeit verwirklichte, das Privateigentum auf Diebstahl an der von anderen investierten Arbeit beruhte, der Staat ausschließlich ein Instrument der Besitzenden wäre usw., hätte die Entfremdungstheorie Plausibilität. Von daher, von dieser ungesicherten Diagnose her, empfiehlt sich auch ein kritischer Blick auf die Therapie. Doch zunächst ist darzustellen, welchen Ausweg aus der Entfremdung Rousseau propagiert, dessen Verzweiflung über die vorgefundene Welt sicher nicht geringer war als die von Marx.

2   Die Aufhebung der Entfremdung

a   Rousseau

Dass die Gegenwart, ja die ganze Geschichte Ausdruck der Depravation des Menschen ist, stellen Rousseau und Marx, wie dargelegt, übereinstimmend fest. Beide sehen auch in der Entzweiung das Hauptübel, in der Wiederherstellung der Einheit die Lösung. Rousseau geht jedoch davon aus, dass die ursprüngliche Einheit mit der Natur unwiederbringlich verloren ist.

Deshalb soll eine neue Einheit auf der Grundlage gesellschaftlicher Übereinkunft herbeigeführt werden. Wie aber soll das mit dem durch den Zivilisations-

---

21 „Eben in der Bearbeitung der gegenständlichen Welt bewährt sich der Mensch erst wirklich als Gattungswesen. Diese Produktion ist sein werktätiges *Gattungsleben*. Durch sie erscheint die Natur als *sein* Werk und seine Wirklichkeit." (ÖPhM: 63)

prozess denaturierten, in seiner Selbstsucht befangenen Menschen möglich sein? Hier ergibt sich erkennbar ein logisches Problem. Eigentlich bleibt auf dieser Grundlage nur eine Lösung: eine fundamentale Veränderung des Menschen, ja eine Änderung der mittlerweile erworbenen menschlichen Natur.

Damit ist man bei der Frage, die in der Literatur immer wieder kontrovers diskutiert wurde: Hat man es bei der Rousseauschen Variante des Gesellschaftsvertrags mit jener freiheitlichen Gestaltung des Zusammenlebens zu tun, die Rousseau selbst in seinem Entwurf verwirklicht sieht, oder ist der *Contrat social* ein erster Vorbote des Totalitarismus, wie als einer der prominentesten Vertreter dieser Deutungsrichtung Jacob Talmon behauptete (Talmon 1952: 38 – 49)?[22] Für beide Sichtweisen gibt es im *Contrat social* Anhaltspunkte, auch hier steht man vor dem Rousseau-typischen Problem einander widersprechender Aussagen. Als Interpretationsmaxime bleibt nur, nach größtmöglicher innerer Schlüssigkeit zu suchen, was mitunter bedeuten kann, das Selbstverständnis des Autors nicht unbesehen für bare Münze zu nehmen, sofern sich aus dem Gesagten logisch anderes ergibt, als dem Autor selbst vorschwebte.

Im Unterschied zu Marx verortet Rousseau die neue, zu erstrebende Einheit im Raum des Politischen; von einer Aufhebung des Staates ist bei ihm nicht die Rede. Er präsentiert allerdings einen Gedanken, der in der Marxschen Kommunismus-Utopie Programm geworden ist: dass nämlich „ein Land, in dem niemand die Gesetze umginge oder das Magistratsamt missbrauchte, weder Magistratsperson noch Gesetze nötig hätte" (Discours II: 106). Das ist zwar paradox formuliert, würde jedoch weitergedacht eben jene gänzliche Abwesenheit äußerer Regularien zur Folge haben, auf die Marx mit seiner Erwartung setzt, dass der Staat im weiteren Verlauf der Geschichte absterben wird.

Der Staat, wie er sich für Rousseau bisher darstellte, beruhte auf einem Vertrag unter Ungleichen: Die Reichen propagierten zum Schutz ihres Eigentums einen Zusammenschluss, in dem sie den Schwachen weis machten, dieser sei zu ihrer aller Nutzen. Damit gelang es ihnen, „gerade die Kräfte derjenigen, die [sie] angriffen, zu [ihren] eigenen Gunsten zu gebrauchen" (Discours II: 91) – die schon von Marx bekannte Denkfigur, dass es die den Schwachen geraubten Kräfte sind, welche die Ermächtigung der Starken ermöglichen. Eine solche Form von Zusammenleben, der die Verknechtung der einen durch die anderen zugrundeliegt, verfestigt die Entfremdungsverhältnisse nur. Deshalb entwickelt Rousseau nun seine ganz eigene Version des Gesellschaftsvertrags, die er unter die berühmte Maxime stellt:

---

22 Einen Überblick über wesentliche Argumente der Diskussion und eine größtenteils „entlastende" Deutung findet sich bei Hampsher-Monk 1995: 267 – 288.

> Es muß eine Gesellschaftsform gefunden werden, die mit der gesamten Kraft aller Mitglieder die Person und die Habe eines jeden einzelnen Mitglieds verteidigt und beschützt; in der jeder einzelne, mit allen verbündet, nur sich selbst gehorcht und so frei bleibt wie zuvor. Das ist das Grundproblem, das der *Gesellschaftsvertrag* löst. (CS I 6: 73)

Mit dieser Maxime ist schlicht die Quadratur des Kreises beschrieben: ein Verzicht auf Freiheitsrechte ohne jeden Verlust an Freiheit, ein Geschäft, das nur nutzt und nichts kostet. Um den Widerspruch aufzulösen, kann man, wie Rousseau es tut, mit zwei verschiedenen Freiheitsbegriffen operieren. „Der Mensch verliert durch den Gesellschaftsvertrag seine natürliche Freiheit und ein unbegrenztes Recht auf alles, was ihn reizt und was er erreichen kann. Er gewinnt die bürgerliche Freiheit und das Eigentumsrecht auf alles, was er besitzt." ‚So frei wie zuvor' ist er damit allerdings nicht mehr, zumal die Freiheit nun anders als im Naturzustand nicht mehr durch die eigenen Kräfte, sondern durch den Gemeinwillen begrenzt ist. Um diese Begrenzung nicht als Freiheitsverlust erscheinen zu lassen, bemüht Rousseau noch einen dritten Freiheitsbegriff, die „moralische Freiheit", nämlich der „Gehorsam dem Gesetz gegenüber, das man sich selber gegeben hat" (CS I 8: 79).

Hat der Mensch sich das Gesetz aber selbst gegeben? In der liberalen Demokratie gilt der Grundsatz, dass man letztlich auch das Gesetz akzeptiert, dem man bei einer Abstimmung nicht zugestimmt hätte, weil man dem demokratischen Verfahren zugestimmt hat. Was Rousseau vorschwebt, ist aber deutlich mehr als das. Sofern man mit seinem Willen von dem abweicht, was der Gemeinwille als richtig vorgibt, hat man sich über sein eigenes Wollen getäuscht. Gefordert ist also ein intrinsisches Einverständnis, nicht einfach Regelkonformität. So darf die Gemeinschaft den Einzelnen, Abweichenden auch zwingen, was nichts anderes heißt, „als daß man ihn dazu zwingt, frei zu sein" (CS I 7: 77). Die Freiheit, die hier gemeint ist, ist die Übereinstimmung mit dem „Kollektivkörper" (CS I 6: 74); sie ist letztlich die Verinnerlichung der Gleichheit.

Dass die liberale Lesart bei Rousseau auf unüberwindliche Hemmnisse trifft, zeigt sich schon in der Art, wie der Gesellschaftsvertrag zustande kommen soll. Alle Kontrahenten (die im Vertrag als Gleiche gelten) überäußern sich mit all ihren Rechten an das Gemeinwesen als Ganzes; von ihm her beziehen sie dann die Kräfte, die ihnen als Einzelnen gelassen bzw. zugewiesen werden. Die Überäußerung ist „vollständig", und sie ist „vorbehaltlos" (CS I 6: 73). Alleine bindend ist ab diesem Zeitpunkt der Gemeinwille, die einzelnen Individuen verschmelzen zu einer sittlichen Gesamtkörperschaft, die nur als Einheit will und handelt. Was den Gemeinwillen stört, ist grundsätzlich der Partikularwille. Deshalb muss dieser unwirksam gemacht werden, sei es, dass er sich im Individuellen äußert, sei

es, dass er sich in Parteien niederschlägt (CS II 3: 89). Nicht einmal der Wille
aller ist ein verlässlicher Garant für die Verwirklichung des Gemeinwillens; auch
alle können sich über ihr eigentliches Wollen täuschen (CS II 3: 88). Die Frage
ist, wo der Gemeinwille dann noch zu verorten ist. Denn er besteht auch in dem
letztgenannten Fall weiter fort. Dass es in einem derartigen Gemeinwesen keine
Repräsentation geben kann, welche wieder ein Moment der Trennung zwischen
Regierende und Regierte brächte, versteht sich von selbst. Das Prinzip ist Identität
bzw. Unmittelbarkeit, und dies verträgt sich nicht mit dem liberalen Prinzip einer
Vertretung des Volkes mittels einer Wahlelite.[23]

Der Mensch, der sich als Ergebnis des Zivilisations- bzw. Entfremdungspro-
zesses herausgebildet hat, ist der Mensch der Selbstsucht, des partikularen Wol-
lens kat exochen. Wie kann man mit diesem also ein Gemeinwesen begründen,
das sich ganz und gar von der Selbstsucht gelöst hat? Es gibt deutliche Indizi-
en dafür, dass Rousseau sich mit dem von ihm diagnostizierten Ist-Zustand des
Menschen nicht abfinden will; der Mensch muss geändert werden. So heißt es in
der *Abhandlung über die politische Ökonomie*:

> Wenn es gut ist, die Menschen so zu nehmen, wie sie sind, dann ist es viel besser,
> wenn man sie so macht, wie man sie braucht. Die absoluteste Autorität ist jene, die
> den Menschen völlig durchdringt und sich nicht weniger auf seinen Willen wie auf
> seine Handlungen auswirkt. (PÖ: 23)

Und in seinem Erziehungsroman *Émile*, der einem sehr radikalen Eingriff in das
Leben des Zöglings das Wort redet, findet sich die folgende Sentenz:

> Der natürliche Mensch ist sich selbst alles. Er ist die ungebrochene Einheit, das
> absolute Ganze, das nur zu sich selbst oder seinesgleichen eine Beziehung hat. Der
> bürgerliche Mensch ist nur eine Bruchzahl, die von ihrem Nenner abhängig ist und
> deren Wert in ihrer Beziehung zum Ganzen besteht, das heißt dem gesellschaftli-
> chen Ganzen. Die guten gesellschaftlichen Einrichtungen sind diejenigen, die es
> am besten verstehen, dem Menschen seine Natur zu nehmen, ihm seine absolute
> Existenz zu entziehen und ihm dafür eine relative zu geben und das Ich auf die
> Einheit der Gemeinschaft zu übertragen, so dass jeder einzelne sich nicht mehr als
> eines, sondern als Teil der Einheit fühlt, der nur noch im Ganzen empfindungsfähig
> ist. (Emil I: 12)

---

23 Auch Herb betont, dass Rousseau „mit seiner Forderung nach Realpräsenz des Ge-
    meinwillens" in Kollision mit der modernen liberalen Form der Volksherrschaft gerät.
    Er zieht daraus allerdings die Konsequenz, in Rousseaus Entwurf primär eine Moder-
    nitätskritik, nicht aber eine auf praktische Umsetzung zielende Theorie zu sehen (Herb
    2000: 175).

Die im Gesellschaftszustand neu gewonnene Einheit ist ganz offensichtlich eine, die sich der Negation des Partikularen und das heißt auch: des Individuellen verdankt. Der Gemeinwille, also das, was für alle gut ist, definiert sich gar nicht anders als durch die Abwesenheit des Besonderen. Sich selbst nur noch vom Ganzen her zu verstehen, bedeutet das Aufgeben jedes Eigen-Sinns. Um die Menschen dorthin zu erziehen, greift Rousseau u. a. auf die Figur des Législateur, des Gesetz-bzw. Verfassungsgebers, zurück. Wenn dieser sich daran mache, ein Volk „einzurichten" (instituer),[24] müsse er es auch wagen, „sozusagen die menschliche Natur umzuwandeln, jeden einzelnen, der ein in sich vollkommenes und selbständiges Ganzes ist, in einen Teil eines größeren Ganzen umzuformen, von dem diese Einzelwesen gewissermaßen ihr Sein und ihr Leben erhalten; die Verfassung des Menschen entstellen,[25] um sie zu stärken" (CS II 7: 100). Anstelle des von der Natur vorgegebenen unabhängigen Daseins solle er dem Menschen ein Dasein als Teil des Ganzen, d. h. ein moralisches Dasein, geben. „Mit einem Wort, er muß dem Menschen seine ihm eigenen Kräfte nehmen, um ihm andere zu geben, die ihm fremd sind, und die er ohne den Beistand der anderen nicht zu nutzen versteht." Erst wenn die natürlichen Kräfte „absterben und vernichtet werden" (ebd.), die erworbenen aber dauerhaft sind, ist die Verfassung vollkommen.

Das Ergebnis des Rousseauschen Weges vom Natur- zum Gesellschaftszustand ist paradox: Die Aufhebung der Entfremdung geschieht durch die Adaption *fremder* Kräfte, die in die eigenen transformiert werden. Soll der Widerspruch durch eine Art doppelter Negation aufgelöst werden? Man könnte diese paradoxe Anlage auch als eine Neigung Rousseaus zum Extrem deuten: von der völligen Unabhängigkeit des Einzelnen im Naturzustand zu dessen restlosen Verschmelzung mit dem Kollektiv im Gesellschaftszustand. Gibt es im *Contrat social* jedoch nicht auch Regelungen, die der liberalen Lesart Rousseaus Nahrung geben?

Der Staat dient ausdrücklich zunächst der Sicherung des Eigentums; das ist sicher ein Individualrecht und für Marx zweifellos ein wesentlicher Grund, in Rousseau einen Vertreter des bürgerlichen, zu überwindenden Denkens zu sehen. Allerdings findet sich im „Gesellschaftsvertrag" ein bis zum Konfiskatorischen reichendes Steuerrecht. Rousseau spricht immer wieder von der rechtlichen Gleichheit der Bürger. Dass aber eine durchaus weitergehende, bis ins Innerste des Menschen reichende Gleichheit gemeint ist, ist schon an den genannten Zitaten erkennbar. In dem entworfenen Gemeinwesen sind voneinander unterschiedene Institutionen vorgesehen, doch um der Einheit willen darf es keine echte Gewaltenteilung und

---

24 Die harmlosere Übersetzung lautet: „einem Volk eine Verfassung zu geben". Wäre es, wenn dieser Sinn gemeint wäre, aber nicht näherliegend, von „constitution" zu reden?

25 Im Französischen „mutiler", also „verstümmeln".

keine Teilgesellschaften geben. Rousseau sieht zwar eine funktionale Unterscheidung der Gewalten vor, diese exekutieren aber nur einen Willen, den Gemeinwillen. In der zu wählenden Regierungsform lässt Rousseau einen Entscheidungsspielraum, die Regierungsform ist allerdings auch insofern sekundär, als es keine selbständigen Gewalten geben soll. Kurzum: Formal erinnert manches an Regelungen, wie sie sich auch im liberalen Staat finden lassen. Der revolutionäre Anspruch Rousseaus bringt jedoch eine völlige inhaltliche Neuausrichtung mit sich, die das, was zunächst liberal erscheinen mag, mit einem ganz anderen Geist füllt.

Entscheidend scheint aber sein Verständnis des Bürger-Seins zu sein. Der Bürger ist dezidiert als Teil zu verstehen – als Teil eines Ganzen, der ohne dies Ganze nichts ist. Mit dem Begriff des Individuums, d. h. des Unteilbaren, ist das nicht zu vereinbaren. Gibt es aber bei Rousseau nicht die Möglichkeit, dass der Mensch neben dem Bürger-Sein noch seine davon getrennte Privatexistenz führt, in der er seiner Individualität Geltung verschaffen kann? Eine solche Existenz, die das Eigentliche im Privaten findet, wäre die des Bourgeois, nicht die des Citoyen; für Rousseaus republikanisches Konzept kaum eine akzeptable Lebensform. Zudem würde es im Privaten genau jene Sonderinteressen großzüchten, in denen Rousseau die Hauptgefährdung des Gemeinwesens und Gemeinwillens sieht.

Dass die Gesamtexistenz des Einzelnen gemeint ist und nicht nur deren politischer Teil, zeigt sich auch an der „bürgerlichen Religion" (CS IV 8: 205 – 207), mit der Rousseau jeden Bürger verpflichtend an das Gemeinwesen binden will. Diese Religion ist nicht einfach ein säkulares, d. h. politisches Glaubensbekenntnis, sondern ein religiöses, das politisch instrumentalisiert wird: Der Glaube an Gott hat denselben Rang wie der Glaube an die Gesetze; die Erwartung einer Bestrafung der Bösen soll offenbar den irdischen Gesetzesgehorsam befördern. Der Staat wird selbst zum Religionsstifter, das Religiöse ist zugleich politisch. So wie Staat und Gesellschaft, Staat und Individuum nicht wirklich voneinander getrennt sind, sind es auch säkulare und religiöse Sphäre nicht. Die neue Einheit, die Rousseau vorsieht, ist eine allesverschlingende. Sie tilgt ganz offenbar alle Unterschiede. Immer wieder irrlichtert Sparta als großes Vorbild durch Rousseaus Texte[26] – ein Gemeinwesen, das nicht gerade durch seine Betonung individueller Freiheit zu Berühmtheit gelangte.

b   Marx

Rousseaus Konzept einer nicht-entfremdeten Gemeinschaft rechnet Marx aber offenbar noch dem bürgerlichen Denken zu, d. h. er sieht in Rousseaus Versuch

---

26 Vgl. z. B. die *Abhandlung über die Ungleichheit* (Discours II: 95, 105) oder den *Émile* (Emil I: 12f.).

der Versöhnung von Einzelnem und Allgemeinem nicht die endgültige Lösung. Das Allgemeine verharre in der bloßen Abstraktion des Staates, während das bürgerliche, egoistische Individuum das Gesellschaftlich-Konkrete sei. Erreicht werden muss jedoch die konkrete Einheit. Wie soll das, besser gesagt: wie wird das geschehen?

„Die Aufhebung der Selbstentfremdung macht denselben Weg wie die Selbstentfremdung" (ÖPhM: 83) – mit diesem Satz aus den *Ökonomisch-Philosophischen Manuskripten* ist der Weg vorgezeichnet. Der Kapitalismus ist der historische Umschlagpunkt, weil nun die geschichtliche Wahrheit offen zutage tritt: Das Privateigentum, das sich trennend zwischen die Menschen schob, ist nichts anderes als entfremdete, dem Arbeiter geraubte Arbeit; der Arbeiter ist der entfremdete Mensch schlechthin. Deshalb ist in der Emanzipation der Arbeiter „die allgemein menschliche enthalten" (ebd.: 68), deshalb wird in der Revolution, die nun folgen wird, nicht bloß der Arbeiter, sondern die ganze Menschheit befreit.[27]

Doch man muss sozusagen mit dem vorhandenen Material arbeiten, denn das zunächst entstehende Neue ist noch mit den „Muttermalen" der alten Gesellschaft behaftet.[28] Marx will dagegen anders als Rousseau nicht mit einem Bewusstseinsprozess, einem Législateur, einem den Zögling formenden Erzieher vorgehen, sondern gut materialistisch auf die Wirkung der veränderten ökonomischen Verhältnisse setzen. Deshalb muss die Aufhebung der Selbstentfremdung denselben Weg wie die Selbstentfremdung machen: Vom Höhepunkt der Entmenschlichung führt die Abschaffung des Privateigentums durch die Revolution erst allmählich zum wahren Humanismus. Und da das Bewusstsein als reines Überbauprodukt der Veränderung der ökonomischen Basis immer hinterherhinkt, wirkt die Entmenschlichung zunächst noch weiter. Erst nach und nach folgt das Bewusstsein den geänderten Verhältnissen, und das Ziel ist dann erreicht, wenn das Privateigentum nicht einmal mehr in der Erinnerung präsent ist.

Was bedeutete das konkret? In seiner Spätzeit war Marx über das anvisierte Ende der Geschichte, die kommunistische Gesellschaft, nichts Genaueres mehr zu entlocken. In den *Ökonomisch-Philosophischen Manuskripten*, seiner Jugendschrift, war dies noch anders. Allerdings ist die dort enthaltene Schilderung, welche Stufen die Menschheit beschreiten müsse, um zum Kommunismus zu gelangen, so wenig erfreulich, dass viele Interpreten den entsprechenden Text-

---

27 Es ist Marx erkennbar wichtig, darauf hinzuweisen, dass der Kommunismus, mit dem die Entfremdung endet, erst mit dem globalen Handel möglich wird. Er ist von vornherein als Weltkommunismus angelegt, da sonst „jede Erweiterung des Verkehrs den lokalen Kommunismus aufheben" würde (MEW 3: 35).

28 Karl Marx, *Kritik des Gothaer Programms* (MEW 19: 20).

teil schlicht als Abrechnung mit konkurrierenden Kommunismusvorstellungen wegerklären wollten.[29] Bleibt man auf der Basis der Marxschen Prämissen, kann der Prozess rein logisch aber kaum anders als in der geschilderten Weise vonstatten gehen: Man befindet sich auf dem Höhepunkt der Entmenschlichung, was nicht nur für die Kapitalisten, sondern auch für die Proletarier gilt; die Revolution besteht in der gewaltsamen Enteignung der Besitzenden; als Widerhall der bisherigen Verhältnisse denken die Menschen primär in den Kategorien des Haben-Wollens; die Feindschaft gegeneinander, die sie in sich tragen, kann erst getilgt sein, wenn die Verhältnisse das Bewusstsein entsprechend prägen konnten. Unter diesen Umständen kann das Heil nicht schon am Anfang stehen.

Deshalb sieht Marx für die erste Phase, den „rohen Kommunismus", nur eine Verallgemeinerung der Habsucht voraus. Dieser Kommunismus „will *alles* vernichten [...], was nicht fähig ist, als *Privateigentum* von allen besessen zu werden". Das führt soweit, dass er „auf gewaltsame Weise von Talent etc. abstrahieren" will. Alles, was die Menschen voneinander trennt, was sie unterscheidet, wird also dem Furor der Zerstörung anheimgegeben. Da nicht alle alles haben können, äußert sich die aus dem Kapitalismus übernommene Habsucht nun in „Neid und Nivellierungssucht" – was man selbst nicht haben kann, soll auch kein anderer haben. Das gilt, wie schon das Beispiel „Talent" zeigte, nicht bloß für den dinglichen Besitz. Konsequenterweise wird „die Persönlichkeit des Menschen überall negiert" (ÖPhM: 84), und in dieser „abstrakten Negation der ganzen Welt der Bildung und Zivilisation" ist nur die „Rückkehr zur unnatürlichen Einfachheit des armen und bedürfnislosen Menschen" möglich, „der nicht über das Privateigentum hinaus, sondern noch nicht einmal bei demselben angelangt ist" (ebd.: 85).

Das also ist das Purgatorium: das freigelassene Wüten bisher unterdrückter Kräfte, die bilderstürmerisch gegen alles vorgehen, was nicht in eigenen Besitz überführbar ist. Man kann sich das nicht anders als blutig vorstellen, denn wie soll man z. B. „gewaltsam vom Talent abstrahieren", ohne den Talentierten bei dieser Gelegenheit umzubringen? Doch offenbar ist dies ja ein reinigendes Bad, denn nun geht es allmählich aufwärts. Wodurch das geschieht, erklärt Marx nicht, man kann es nur erschließen: Da die Habsucht mangels etwas, das man haben könnte, gegenstandslos wird, läuft sie ins Leere und vergeht; das Böse wird durch das Böse besiegt. Hierin ein gnostisches Konzept der Selbsterlösung zu vermuten, wie Eric Voegelin es tat,[30] erscheint nicht ganz unplausibel.

---

29 So z. B. Erich Fromm, der den im folgenden darzustellenden „rohen Kommunismus" als Marxsche Polemik gegen „verschiedene Ideen und Praktiken seiner Zeit" deutete (Fromm 1963: 38).

30 Siehe Voegelin 1999 oder Voegelin 1991: 181ff.

Ist auf der Stufe des „rohen Kommunismus" noch „der physische, unmittelbare *Besitz*" der „einzige Zweck des Lebens und des Daseins" (ÖPhM: 84), so ist auch die zweite Stufe, die man als den entwickelten oder fortgeschrittenen Kommunismus bezeichnen könnte,[31] noch vom Privateigentum „infiziert" (ÖPhM: 86). Deshalb besteht zunächst wohl auch der Staat noch fort, und zwar in Gestalt der Demokratie oder Despotie. Natürlich ist hier nicht die liberale Demokratie gemeint, gegen deren Grundgedanken Marx häufig genug polemisierte und deren Ratio gerade die Sicherung des Privateigentums ist. Mit der „Despotie" könnte Marx auf die Diktatur des Proletariats anspielen, welche, wie es im *Kommunistischen Manifest* heißt, unter Führung des „entschiedensten Teils" der Arbeiterbewegung stehen soll, sprich: unter Führung der kommunistischen Partei (MEW 4: 35).[32]

Irgendwann wird dann in dieser zweiten Phase der Staat überflüssig, man nähert sich dem Endziel. Dieser Kommunismus weiß sich schon „als Rückkehr des Menschen in sich, als Aufhebung der menschlichen Selbstentfremdung" – bemerkenswerter Weise ist hier nirgends von den Menschen und ihren Bewusstseinszuständen, sondern immer nur von der Gesellschaftsformation die Rede, als wäre sie ein handelndes Subjekt. Doch noch ist das Privateigentum nicht in seinem Wesen erfasst, insofern ist es noch immer nicht wirklich aufgehoben.

Das geschieht erst auf der dritten Stufe, dem vollendeten Kommunismus. Das Privateigentum ist auch als aufgehobenes nicht mehr präsent. Es muss nicht einmal mehr negiert werden, sondern gehört offenbar einer dem Vergessen anheimgefallenen geschichtlichen Epoche an. Nun steht nichts mehr zwischen den Menschen. Dieser Kommunismus „ist die *wahrhafte* Auflösung des Widerstreits des Menschen mit der Natur und mit dem Menschen, die wahre Auflösung des Streits zwischen Existenz und Wesen, zwischen Vergegenständlichung und Selbstbestätigung, zwischen Freiheit und Notwendigkeit, zwischen Individuum und Gattung. Er ist das aufgelöste Rätsel der Geschichte und weiß sich als diese Lösung" (ÖPhM: 86).[33]

Im Privateigentum hatte sich die menschliche Entfremdung materialisiert, sein Verschwinden lässt auch die Entfremdung verschwinden. Damit sind ebenfalls alle Folgeerscheinungen des Privateigentums bzw. jene Überbauprodukte,

---

31 Marx selbst versieht diese Stufe mit keiner eigenen Bezeichnung.

32 Die Kommunisten „haben theoretisch vor der übrigen Masse des Proletariats die Einsicht in die Bedingungen, den Gang und die allgemeinen Resultate der proletarischen Bewegung voraus" (ebd.).

33 In dieser Frühschrift redet Marx zwar noch vom Sozialismus als dem allerletzten Ziel nach dem Kommunismus, doch dies nur an einer Stelle. In späteren Schriften bezeichnet der Kommunismus dann immer das Endziel.

die seinem Schutz galten, hinfällig: Staat, Recht, Moral, Religion, Familie etc. Es bedarf keiner Instanzen mehr, die zwischen den Menschen vermitteln. Es bedarf auch keiner Instanzen mehr, die die Ordnung des Lebens, so wie sie bisher war, ideologisch überhöhen. Das betrifft vor allem eine Philosophie, welche die Selbständigkeit des Geistigen betont, und die Religion, die an die Stelle einer Selbstschöpfung des Menschen sein Geschöpf-Sein behauptet. Beides kann es im Kommunismus nicht mehr geben, und auch die Wissenschaft wird nur noch in einer bestimmten Gestalt existieren: als materialistische. Denn wie die Industrie das wirkliche Verhältnis von Mensch und Natur geschichtlich offenbart, so wird auch die Naturwissenschaft ihre idealistische Hülle verlieren und zur Basis aller anderen Wissenschaften werden – „eine *andere* Basis für das Leben, eine andere für die *Wissenschaft*, ist von vornherein eine Lüge" (ÖPhM: 95).

Man ahnt, was der Preis eines Lebens ohne Entfremdung ist. Wenn alles, was Spaltung, Trennung, Entzweiung bedeutet, unter das Verdikt fällt, weil es Ausdruck einer Selbstentfremdung des Menschen sein soll, dann bleibt rein logisch nur ein allumfassender Monismus. Darauf schien es schon bei Rousseau hinauszulaufen, aber bei Marx gewinnt dieser Ansatz noch eine ganz andere philosophische Tiefe, wie sich an einigen Beispielen zeigen lässt: Der Dualismus Gott – Mensch ist hinfällig. Die Frage nach Gott ist verboten bzw. sie ist „praktisch unmöglich geworden" (ebd.: 98);[34] es kann sie gar nicht mehr geben, sobald der Mensch sich als eins mit der Natur und damit als Schöpfer seiner selbst erkannt hat. Eine andere Basis seines Selbstverständnisses als seine Sinnlichkeit kann der Mensch nicht mehr denken, denn der Glaube an eine darüber erhabene Geistigkeit wäre Ausdruck einer in sich gespaltenen Existenz. Der Tod scheint eine endgültige Trennung des Einzelnen von seiner Gattung zu sein „und ihrer Einheit zu widersprechen; aber das bestimmte Individuum ist nur ein bestimmtes Gattungswesen, als solches sterblich" (ÖPhM: 90). Letztlich ist also auch der Unterschied zwischen Individuum und Gattung nicht mehr relevant, weil der Einzelne in der Gattung weiterlebt, wenn er selbst auch sterben mag.

Das führt zu der entscheidenden Frage, was der Kommunismus für das Individuum bedeutet. Den Begriff „Individuum" behält Marx auch für diese Phase der Geschichte bei, doch was ist mit diesem Begriff gemeint? Der Mensch im Kommunismus soll der wahre Mensch sein, weil er sich in seinem ganzen

---

34 Das berühmte Marxsche Frageverbot in Bezug auf Gott: „Denke nicht, frage mich nicht" ist wohl übrigens ein verkapptes Zitat aus dem *Aias* des Sophokles. Dort herrscht Aias seine Frau Tekmessa, die wissen will, was er vorhat, an: „Frag' nicht, verhöre nicht!" Denn er sei in keiner Weise mehr verpflichtet, den Göttern zu gehorchen (Sophokles 1990: 57; Hinweis darauf von Bettina Fröhlich).

menschlichen Reichtum entfalten kann. Er soll mit seinen Sinnen ganz anders wahrnehmen können, weil er die Welt nicht mehr unter der beschränkten Perspektive des Haben-Wollens wahrnimmt, er soll mit seinem Denken endlich bei der Wirklichkeit sein, weil er sich nicht mehr in der sinnlosen Verdoppelung einer von der materiellen Produktion getrennten Geistigkeit verliert. Das eigentliche Ziel ist offenbar der uneingeschränkte „Selbstgenuß des Menschen" (ÖPhM: 91). Doch wie ist dieses Ziel zu verwirklichen? Ein solcher Selbstgenuss ist nur als gesellschaftlicher möglich.

Die gesamte geschichtliche Bewegung bis zu ihrem Endpunkt hin diente nur dazu, dem Menschen die Erfahrung zu vermitteln, dass er sich fremd wird, wenn das Privateigentum die Menschen spaltet, und dass er sich im Anderen und in seinem Produkt wahrhaft selbst genießen kann, wenn sich nichts Trennendes mehr zwischen den Menschen befindet. „Also ist der *gesellschaftliche* Charakter der allgemeine Charakter der ganzen Bewegung; *wie* die Gesellschaft selbst den *Menschen als Menschen* produziert, so ist sie durch ihn *produziert.*" Im Kommunismus gibt es keine Individualität mehr, die sich durch Unterscheidung definierte. Das zeigt sich nicht zuletzt an dem, was für Marx die Basis der Menschlichkeit ausmacht, an der Sinnlichkeit: „denn seine eigene Sinnlichkeit ist erst durch den *anderen* Menschen als menschliche Sinnlichkeit für ihn selbst" (ÖPhM: 96). Und so kann Marx auch sagen: „Das Individuum *ist* das *gesellschaftliche Wesen.*" Und: „Das individuelle und das Gattungsleben des Menschen sind nicht *verschieden*" (ebd.: 89).

Das bürgerliche Individuum ist offenbar mit der bürgerlichen Gesellschaft dahinentschwunden. Das kommunistische „Individuum" existiert nur in und aus seinem Bezug zur Gesellschaft, es ist nur, insofern auch diese ist.[35] Ganz deutlich wird das, betrachtet man die Genese dieser neuen Spezies Mensch. Es war keine individuelle Entscheidung, zur Revolution voranzuschreiten. Es war im Grunde überhaupt keine Entscheidung, sondern eine geschichtlich notwendige Reaktion auf bestimmte, unabänderliche Entwicklungen. Und so, wie es bei Marx nicht die Menschen sind, die die bisherige Geschichte gemacht haben, sondern verselb-

---

35 Reinhard Zintl deutet die Marxsche Kommunismus-Utopie jedoch gerade als auf die Spitze getriebenen Individualismus; so sei der Verzicht auf ein rechtliches Regelsystem dem Umstand geschuldet, dass vor dem Recht alle gleich seien und die Unterschiede zwischen den Menschen somit nivelliert würden. Wie sich unter den geschilderten Umständen aber noch ein Anders-Sein bzw. Selbst-Sein entfalten können soll, erklärt Zintl nicht. Der Hinweis auf das Marxsche Versprechen aus dem „Gothaer Programm": „Jeder nach seinen Fähigkeiten, jedem nach seinen Bedürfnissen" genügt als Begründung für das Fortbestehen von Individualität jedenfalls nicht, sofern man die innere Logik des Marxschen Ansatzes ernst nimmt (Zintl 2009: 157).

ständigte Kräfte, die sich gegen sie gekehrt haben, so ist auch die Aufhebung der Entfremdung keine wirklich selbstbestimmte Tat. Die Verhältnisse treiben zur revolutionären Entladung, und wenn sich die gesellschaftlichen Bedingungen endgültig zum Guten gewendet haben, erzwingen sie sozusagen von selbst das richtige Verhalten. Deshalb sind im Kommunismus weder Moral noch Recht, weder Staat noch Religion nötig. Das Bewusstsein kann nichts anderes sein als das bewusste (gesellschaftliche) Sein. Und sofern dieses gut ist, ist alles gut. Es bedarf keiner inneren Instanz im Menschen mehr, um über Gut und Böse zu urteilen. Wenn man im vollendet Guten lebt, kann man nichts anderes mehr sein als das, was einen umgibt.

3   Rousseau und Marx: Vor-Denker und Nach-Denker?

Der Ermittelung des gedanklichen Zusammenhangs zwischen der Theorie Rousseaus und der von Marx stellen sich zweifellos einige Hindernisse in den Weg: Die für den Vergleich relevanten Aspekte, z. B. die Schilderung des Urzustandes der Menschheit, sind bei beiden unterschiedlich stark ausdifferenziert; Rousseau bemühte sich nicht sonderlich, eine einheitliche Theorie vorzulegen; Marx wiederum glaubt, keine Theorie zu entwerfen, sondern den notwendigen Gang der Geschichte nachzuzeichnen etc. Doch jenseits dieser Unterschiede bleibt als Gemeinsames doch, dass beide die Geschichte als Verfallsgeschehen deuten, von einer ursprünglichen Unmittelbarkeit ausgehen, in der der Mensch noch unentfremdet lebte, und an eine Aufhebung der Entfremdung glauben, durch die der Mensch eine neue, vollendete Form des Mensch-Seins erfährt. So rühmt Rousseau an dem durch den Gesellschaftsvertrag herbeigeführten Zustand des Menschen: „Seine Fähigkeiten entwickeln sich, seine Ideen erweitern sich, seine Gefühle läutern sich und seine ganze Seele erhebt sich zu solcher Höhe, daß er […] den Augenblick preisen müßte, der ihn für immer erlöst und aus einem dummen beschränkten Tier zu einem intelligenten Wesen und zu einem Menschen gemacht hat." (CS I 8: 79) Und bei Marx heißt es: „Wie durch die Bewegung des *Privateigentums* und seines Reichtums wie Elends – oder materiellen und geistigen Reichtums und Elends – die werdende Gesellschaft zu dieser *Bildung* alles Material vorfindet, so produziert die *gewordene* Gesellschaft den Menschen in diesem ganzen Reichtum seines Wesens, den *reichen all- und tiefsinnigen* Menschen als ihre stete Wirklichkeit" (ÖPhM: 93f.). Wenn auch die Glorifizierung des letztlich doch primitiven Ausgangsstadiums mit der Hypostasierung des Endstadiums nicht recht harmonieren will, so zeigt sich doch bei beiden Theoretikern, dass sich der Verfallsgeschichte eine ausgesprochen glückliche Wendung geben lässt – ja, dass sie geradezu notwendig war, um den Menschen zu sich kommen zu lassen. Bei Marx überrascht das allerdings weniger als bei Rousseau; damit ist schon auf den entscheidenden Unterschied zwischen beiden verwiesen: Marx ist bei weitem der konsequentere Denker.

Fassen wir die wesentlichen Elemente der Rousseauschen Theorie noch einmal zusammen: Bei der ursprünglichen, dann aber verlorenen Einheit geht Rousseau vom isolierten, autarken Individuum aus, das im Einklang mit der Natur steht, den anderen aber nicht braucht. Was dann letztlich zur Abgrenzung von Eigentum und damit zur Entzweiung führt, wird nicht ganz klar, es könnte aber in der Sozialität selbst begründet sein. Wenn die Bevölkerung sich vermehrt, muss durch Ackerbau in die Natur eingegriffen und erstmals Eigentum definiert werden. Auf jeden Fall ist nicht gewollt, was daraufhin geschieht: Abgrenzung von Eigentum wird zur Abgrenzung vom Anderen. Aus dem Eins-Sein mit sich wird ein vergleichender Sozialbezug; der Vergleich fördert Differenz zutage, die Herrschaft der Ungleichheit beginnt und damit Herrschaft überhaupt. Der gesamte Zivilisationsprozess, der sich nun anschließt, besteht im Grunde in der Entfaltung von Differenz, was nur ein anderer Ausdruck ist für Dekadenz.

Um diesen Zustand menschlicher Entfremdung zu beenden, ist die willensmäßige Etablierung der Gleichheit nötig, ein Vertragsschluss, der das Privateigentum belässt, aber die Verschmelzung aller zu einer sittlichen Gesamtkörperschaft fordert. Wie es zu dieser Wende kommt, erklärt Rousseau wiederum nicht, sieht man von der Gestalt des „Législateur" ab, der wie ein deus ex machina auftritt und sich daran macht, ein Volk „einzurichten". Ist der Einzelne durch den Gesetzgeber dazu gebracht, im Gemeinwillen sein eigenes Wollen wiederzuerkennen, so ist er auf die eben geschilderte höhere Entwicklungsstufe gehoben: Er hat offenbar gar nicht mehr das Bedürfnis, seine Identität durch Differenz zum Nicht-Ich zu definieren; an die Stelle seines natürlichen Seins ist ein sittliches Dasein getreten. Wo soziale Ungleichheit war, besteht nun bürgerliche Gleichheit, und da sich „jeder allen überäußert, überäußert er sich niemandem" (CS I 6: 74). Damit ist Herrschaft im Sinne einer Hierarchie zwischen Ungleichen beseitigt.[36]

Die Unstimmigkeiten in diesem Ansatz sind offensichtlich: Wie kann der ursprünglich gute Mensch in das Böse – die Konkurrenz, der Neid, die Habsucht – verfallen? Wie kommt es umgekehrt plötzlich zu dem Entschluss, das geschicht-

---

36 Das zur Verteidigung Rousseaus des Öfteren vorgebrachte Argument, Rousseau habe seinen Entwurf bestenfalls für ein sehr kleines Gemeinwesen mit sich untereinander kennenden Bürgern vorgesehen (vgl. z. B: Müller 1985: 21), ist zwar richtig, es ändert aber nichts an der Problematik des Ideals selbst. Auch bei einer kleinen Gemeinschaft ist die Ausschaltung von Pluralität bedenklich.

lich eingespielte System radikal zu beenden? Wieso steht das neue System unter dem Signum, dem Schutz des Eigentums zu dienen, wenn dessen Einführung doch den geschichtlichen Verfall einläutete? Wie können die Menschen, die ihr Leben „dem Staat gewidmet haben" (CS II 4: 93), dennoch über den Teil ihres Besitzes und ihrer Freiheit, welche die ursprüngliche Übereinkunft ihnen gelassen hat, „uneingeschränkt verfügen" (ebd.: 92)? Hier passt einiges nicht zusammen, und das scheint beim Marxschen Ansatz stringenter gelöst.

Zwar beantwortet auch Marx die Frage nach dem „Sündenfall", dem Ursprung des Privateigentums, nicht letztlich. Auf irgendeine Weise müssen aber schon zu Beginn die Umstände den Menschen in die falsche Richtung geführt haben. Durch konsequente Eliminierung des handelnden Subjekts aus der Geschichte schließt Marx dann die von Rousseau gelassenen Erklärungslücken: Ist der falsche Weg einmal eingeschlagen, sind die vom Menschen geschaffenen Mächte, die sich gegen ihn gekehrt haben, alles bestimmend. Sie verschärfen die Entzweiung, sie treiben zur Krisis, sie führen die revolutionäre Wende herbei. Und da das Privateigentum den Anfang des Elends bildete, bildet dessen Aufhebung auch das Ende des Elends. Es bedarf keines Willensentschlusses, der im Schlechten das Gute geistig antizipieren können müsste, es bedarf keines Erziehers und keiner Zivilreligion, die eine neue Sittlichkeit einprägten. So wie die falschen Verhältnisse das falsche Leben präformierten, präformieren die richtigen Verhältnisse das richtige Leben. Deshalb bedarf es auch keines Staates mehr als bewusste und gewollte Form der Organisation der Gemeinschaft. Der Staat war, indem er das Gemeinsame definierte und vom Individuellen schied, Ausdruck der Trennung. Doch eine Trennung gibt es am Ende der Geschichte, im Kommunismus, nicht mehr. Die Frage ist nur, wieso der Mensch nun auf einmal selbstbestimmt leben soll. Denn der Determination durch die Verhältnisse entgeht er auch im Kommunismus nicht; das lässt die materialistische Erklärung der Welt und des Menschen nicht zu.

Die genannten Unterschiede zwischen der Rousseauschen und der Marxschen Theorie scheinen die Marxsche Einschätzung, in Rousseaus Denken sozusagen den Widerhall einer Epoche zu sehen, die sein eigenes Denken überwunden hat, zu unterstützen. Obwohl Rousseau den Ursprung des Übels wohl letztlich auch in den Umständen verortet,[37] verabschiedet er sich nicht konsequent von menschlicher Willensentscheidung und bürgerlicher Pflicht. Sind aber nicht doch die Gemeinsamkeiten beider Denker von größerem Gewicht, als Marx zuzugeben bereit ist? Das soll abschließend an drei für beide wichtigen Aspekten untersucht wer-

---

37 Vgl. z. B. Aussagen wie: „Die sachlichen, nicht die menschlichen Beziehungen führen zum Krieg" (CS I 4: 68).

den: 1. an der Rolle des Eigentums, 2. an der Einschätzung des Phänomens der Trennung und 3. an der Vorstellung von einer nicht-entfremdeten Existenz.

Ad 1.:

Auch andere Vertragstheoretiker wie Hobbes, Locke und Kant sahen in den ungesicherten Eigentumsverhältnissen den Hauptgrund, den Naturzustand zu verlassen und den Staat zu begründen. Ratio des Staates war somit der Schutz des Eigentums – das liberale Paradigma schlechthin. Dass Rousseau den Eigentumsschutz zum wesentlichen Antrieb für die ursprüngliche Über-einkunft macht, steht also in dieser Tradition. Doch Rousseau geht noch einen entscheidenden Schritt weiter: Die ganze geschichtliche Dynamik ist letztlich auf die Eigentumsunterschiede zurückzuführen, und diese geschichtliche Dy-namik bewirkt in menschlicher Hinsicht einen tiefgehenden Verfall. Der Op-timismus des liberalen Ansatzes – „private vices, public welfare" – ist hier also in sein Gegenteil verkehrt, die Fortschrittsgeschichte durch eine Verfallsge-schichte ersetzt. An diesem Paradigmenwechsel konnte Marx anknüpfen und den Grundgedanken konsequent weiterführen, indem er die Eigentumsver-hältnisse quasi ihrerseits zum Subjekt der Geschichte machte. Der Grundge-danke aber stammt von Rousseau.

Ad 2.:

Dass Unmittelbarkeit, Eins-Sein, die Abwesenheit von Unterschied den dem Menschen eigentlich gemäßen Zustand bezeichnet, wie Rousseau es mit seiner Naturzustandsschilderung suggeriert, ist rein logisch gesehen nur von einer Grundlage aus denkbar: der Leugnung des menschlichen Leib-Seele-Dualis-mus. Der Mensch ist in sich schon nicht eins, jedenfalls ist er es dann nicht mehr, wenn er den kindlich-vorreflexiven Status hinter sich gelassen hat. Wer den Monismus fordert, kommt nicht umhin, Geist-feindliche Konsequenzen zu ziehen. Und tatsächlich ist Rousseaus Beschreibung des Naturzustands of-fen anti-intellektualistisch, insofern er den Fortschritt der Vernunft mit dem Fortschreiten der Selbstsucht identifiziert; seine Beschreibung des Gesell-schaftszustands ist verkappt anti-intellektualistisch, da seine Homogenitäts-vorstellung eine auf Meinungsvielfalt gegründete Wahrheitssuche ausschließt. Natürlich ist die Sehnsucht nach Einheit nicht als solche schon ein Aufstand gegen die Geist-Seite des Menschen. Das bezeugt sehr eindrücklich die Philo-sophie Hegels, in der das Leiden an der reflexiven Entzweiung, am Verlust des kindlichen Eins-Seins mit sich selbst, zur Suche nach einer neuen Einheit wei-

tertreibt, die gerade in einer zu sich gekommenen Geistigkeit gefunden wird.
Doch diese Lösung wählt Rousseau gerade nicht.
Seine neue Einheit soll eine gesellschaftlich hergestellte sein. Es ist eine Willens-
einheit, keine geistige Einheit, und es ist eine so weitgehende Einheit, dass sich
der Einzelne nur mit den anderen zusammen als Ganzheit empfinden kann.
Die Aufhebung der Trennung ist also letztlich mit der Aufgabe der Autonomie
erkauft – die ja nicht zuletzt im Geistigen liegt –, und was Rousseau Freiheit
nennt, ist nur ein anderer Name für die Verinnerlichung der Gleichheit. Auch
diesen Ansatz führt Marx konsequent zu Ende, indem er die Selbständigkeit
des Geistigen überhaupt leugnet und mit seiner materialistischen Erklärung
die Freiheit tilgt, die sich beispielsweise in der Freiheit zum Anderssein nieder-
schlagen könnte. Die Okkupation der Begriffe Individualität, Freiheit, geistige
Tätigkeit bei beiden Denkern darf nicht darüber hinwegtäuschen, dass von ihren Prämissen aus nur eine inhaltliche Füllung der Begriffe bleibt, die mit der
üblichen Verwendung nicht viel zu tun hat: Es kann dort keine echte Freiheit,
Individualität und geistige Tätigkeit geben, wo es keine Freiheit von der oder
gar gegen die Gesellschaft gibt. Wo das Ergebnis immer schon präjudiziert ist,
handelt es sich um eine erzwungene Einheit. Mit seiner materialistischen Theorie fördert Marx zutage, was in Rousseau in nuce angelegt ist.

Ad 3.:

Das geläuterte Dasein, das Rousseau dem Menschen im Gesellschaftszustand
zuschreibt, ist nicht zuletzt das einer neuen Sittlichkeit. Doch wenn Sittlichkeit im Befolgen des Pflichtgebots besteht, ist dann nicht der Gegensatz
zwischen Pflicht und Neigung und damit wieder Trennung vorausgesetzt?
Rousseaus Forderung: „Macht, daß die Tugend regiert!" (PÖ: 24), wirkt zunächst wie ein Auftrag an den Einzelnen zur Selbsterziehung und damit zu
einer innermenschlichen Unterscheidung zwischen erziehender und erzoge-
ner Instanz. Allerdings bietet er kurz darauf eine einfachere, sozusagen nicht-
entfremdete Lösung: „jeder Mensch ist tugendhaft, wenn sein Partikularwille
in allem mit dem Gemeinwillen übereinstimmt". Und „die größten Wunder
an Tugend [wurden] oft durch Vaterlandsliebe hervorgerufen [...]: dieses süße
und lebhafte Gefühl, das die Kraft der Eigenliebe mit der ganzen Schönheit
der Tugend vereint" (PÖ: 27f.). Nicht nur Robespierre konnte an diesen Gedanken anknüpfen,[38] sondern vor allem für Marx ist das eine Denkfigur, die,

---

38 Siehe Robespierres Rede *Über die Prinzipien der politischen Moral* am 5. Februar 1794
    vor dem Konvent (Robespierre 2000: 13–18).

konsequent weitergedacht, den Menschen endgültig aus der „Knechtschaft"
der herkömmlichen Moral befreit. Unter den richtigen Verhältnissen, wenn es
also keinen Gegensatz mehr zwischen Besonderem und Allgemeinem gibt, ist
die Eigenliebe Tugend. Das heißt, der Tugendbegriff wird im Grunde hinfällig,
weil es gar keiner Anstrengung bzw. Entscheidung mehr bedarf, das Richtige
zu denken und zu fühlen.

Auch hier vollzieht Marx den letzten Schritt auf dem von Rousseau markier-
ten Weg: Das nicht-entfremdete Dasein des kommunistischen Menschen zeigt
sich vor allem im „Selbstgenuß". Der kommunistische Mensch arbeitet nicht,
um zu produzieren, sondern um im Geschaffenen seiner selbst ansichtig zu
werden und sich seiner Wesenskräfte zu erfreuen. Er verwendet seine Sinne
nicht, um etwas zu schmecken, zu hören, zu riechen, sondern um sich an dem,
was er schmeckt, hört, riecht, selbst zu erfahren. Das klingt etwas autistisch,
und Marx beeilt sich auch sogleich zu betonen, dass dieser Genuss seine *egoistische* Natur" (ÖPhM: 91) deshalb verloren habe, weil im Einzelnen ja immer zugleich die ganze Gattung präsent ist, sobald sich der Mensch nur noch
als gesellschaftliches Wesen begreift. Doch von außen betrachtet, wirkt diese
Existenz wie eine modifizierte Wiederkehr des Menschen aus Rousseaus Naturzustand, der ebenfalls ganz mit sich selbst glücklich war, obwohl ihn außer
seiner Selbsterhaltung angeblich auch das Mitgefühl mit seinen Artgenossen
antrieb. So erscheint es nicht ganz zufällig, dass Marx im Kommunismus, also
jenem „neue[n] System, zu dem die moderne Gesellschaft tendiert", die „Wie-
dergeburt [...] des archaischen Gesellschaftstypus in einer höheren Form"[39]
sah, wenn er dabei auch nicht explizit an den Rousseauschen Urzustand gedacht hatte.

Wie lässt sich nun insgesamt das Verhältnis von Vorgänger- und Nachfolger-
Theorie deuten? Der konsistentere, der konsequentere Denker ist zweifellos
Marx. Rousseau jedoch umstandslos der Epoche der bürgerlichen Gesellschaft
zuzurechnen, mit der die eigene Theorie radikal gebrochen habe, übersieht
fundamentale Gemeinsamkeiten, die bei Rousseau nur nicht bis in ihre letzten
Konsequenzen hinein durchgeführt wurden. Marx hat oftmals gerade denjenigen, denen er am meisten verdankte, wenig Dank erwiesen. Rousseau könnte
einer von ihnen sein, und zwar nicht der unbedeutendste.

---

39 Siehe den *Brief an V. I. Sassulitsch* (Erster Entwurf 1881) (MEW 19: 386).

4   Literatur

4.1   Quellen

Engels, Friedrich: Brief an Werner Sombart, 11. März 1895, in: Marx/Engels Werke (MEW)
Bd. 39, Berlin 1968: 427–429.
Marx, Karl: Zur Judenfrage. MEGA (Marx Engels Gesamtausgabe), 1. Abt., Bd. 2, Berlin
1982: 141–163.
Marx, Karl: Brief an V. I. Sassulitsch, Erster Entwurf (1881). Marx/Engels Werke (MEW)
Bd. 19, Berlin 1962: 384–395.
Marx, Karl: Zur Kritik des Gothaer Programms. Marx/Engels Werke (MEW) Bd. 19, Ber-
lin 1962: 15–32.
Marx, Karl: Das Kapital, Bd. 1. Marx/Engels Werke (MEW) Bd. 23, Berlin 1962.
Marx, Karl: Das Kapital, Bd. 3. Marx/Engels Werke (MEW) Bd. 25, Berlin 1962.
Marx, Karl: Ökonomisch-philosophische Manuskripte (ÖPhM), hg. von Barbara Zehn-
pfennig, Hamburg 2005.
Marx, Karl/Engels, Friedrich: Die Deutsche Ideologie. Marx/Engels Werke (MEW) Bd. 3,
Berlin 1958.
Marx, Karl/Engels, Friedrich: Manifest der Kommunistischen Partei. Marx/Engels Werke
(MEW) Bd. 4, Berlin 1972.
Rousseau, Jean-Jacques: Abhandlung über die Wissenschaften und Künste (= Discours I),
in: ders., Schriften, Bd. 1, Frankfurt/Main et al. 1981.
Rousseau, Jean-Jacques: Abhandlung über den Ursprung und die Grundlagen der Un-
gleichheit unter den Menschen (= Discours II), Stuttgart 1998.
Rousseau, Jean-Jacques: Abhandlung über die Politische Ökonomie (PÖ), in: ders.: Politi-
sche Schriften, Bd. 1, Paderborn 1977.
Rousseau, Jean-Jacques: Vom Gesellschaftsvertrag (CS), in: ders., Politische Schriften, Bd.
1, Berlin 1998.
Rousseau, Jean-Jacques: Emil oder Über die Erziehung, Stuttgart 2001.

4.2   Weitere Literatur

Buhr, Manfred (1966): Entfremdung – philosophische Anthropologie – Marx-Kritik, in:
Deutsche Zeitschrift für Philosophie 7: 806–834.
Fetscher, Iring (1979): Grundbegriffe des Marxismus, Hamburg.
Feuerbach, Ludwig (1960): Vorlesungen über das Wesen der Religion, Stuttgart-Bad Can-
statt.
Fromm, Erich (1963): Das Menschenbild bei Marx, Frankfurt/Main.
Hampsher-Monk, Iain (1995): Rousseau and Totalitarianism – with Hindsight? In: Wokler,
Robert (Hg.): Rousseau and Liberty, Manchester/New York: 267–288.
Herb, Karlfriedrich (2000): Verweigerte Moderne. Das Problem der Repräsentation, in:
Brandt, Reinhard/Herb, Karlfriedrich (Hg.): Jean-Jaques Rousseau: Vom Gesellschafts-
vertrag oder Prinzipien des Staatsrechts, Klassiker Auslegen Bd. 20, Berlin: 167–188.
Israel, Joachim (1985): Der Begriff Entfremdung. Zur Verdinglichung des Menschen in der
bürokratischen Gesellschaft, Reinbek bei Hamburg.

Kolakowski, Leszek (1981): Die Hauptströmungen des Marxismus, München/Zürich.

Müller, Friedrich (1985): Entfremdung. Folgeprobleme der anthropologischen Begründung der Staatstheorie bei Rousseau, Hegel, Marx, Berlin.

Quante, Michael (2009): Kommentar zu: Karl Marx, Ökonomisch-philosophische Manuskripte, Frankfurt/Main.

Robespierre, Maximilien (2000): Über die Prinzipien der politischen Moral. Rede am 5. Februar 1794 vor dem Konvent, Hamburg.

Simon-Ingram, Julia (1991): Alienation, Individuation and Enlightenment in Rousseau's Social Theory, in: Eighteenth-Century Studies 24: 315 – 335.

Sophokles (1990): Aias, übers. und hg. von Rainer Rauthe, Stuttgart.

Talmon, Jacob L. (1952): The Origins of Totalitarian Democracy, London.

Tomberg, Friedrich (1969): Der Begriff der Entfremdung in den „Grundrissen", in: Das Argument 52.3: 187 – 223.

Voegelin, Eric (1991): Die Neue Wissenschaft der Politik, Freiburg/München.

Voegelin, Eric (1999) Der Gottesmord, München.

Zehnpfennig, Barbara (2005): Einleitung, in: Marx, Karl: Ökonomisch-Philosophische Manuskripte, Hamburg: VII-LXXV.

Zintl, Reinhard: Freiheit, in: Becker, Michael/Schmidt, Johannes/Zintl, Reinhard (Hg.) (2009): Politische Philosophie, Paderborn et al.: 127 – 164.

Re-reading Rousseau in the 20th Century – The Reception by Franz L. Neumann, Jacob L. Talmon and Ernst Fraenkel

Alfons Söllner

1 An Outline of Rousseau's Reception in Germany

"Rousseau in Germany" – this is much more than an unidentified topic within the history of political ideas. However, it is notable that the appropriate research mostly focused on the time around 1800, the era of romanticism and German idealism, when reading Rousseau was probably more popular in Germany than in any other European country.[1] In comparison, later periods were rather neglected so far.

In France, the scholars paid at least attention to the significance of Rousseau's political thought concerning the 20th century and could therefore illuminate the general problem in order to get an adequate approach to his works. In fact, it was not the fascination for Rousseau's genius that tended to diminish but the increasing evidence of the contradictions within his oeuvre which became clearer the more the reading of his works was predominantly subject to political ambitions. Thus, with regards to his 200th birthday, a long-lasting factional struggle occurred in the French language area (L'Aminot 1992), and the most recent study even shows how Rousseau is rather "used" than "read" by contemporary theorists of antagonistic political camps (Spector 2011).[2]

Nevertheless, the lack of interest in Rousseau's more recent reception (which can be observed in Germany for several decades) does not only reflect a specific provincialism. It might be rather due to the fact that many of the worst political disasters in 20th century had their roots in German politics. Particularly the experiences in the first half of the century, the national catastrophes and the international disavowals, the severed connections to the common intellectual heritage of the enlightenment made it almost impossible to read Rousseau's works in an unagitated manner: World War I and the Russian Revolution, the collapse of the Weimar republic, the rise of European fascism, World War II and finally the Ho-

---

1 See particularly Jaumann 1995 and Fetscher/Bubner 1989.
2 See also the review of Kent Wright in *Zeitschrift für Ideengeschichte*, summer 2012.

locaust – all of these shocks did not only demolish the international political order but also the scope of the political ideas which had indicated Europe's normative orientation and relative stability in the 19th century.

For a long time, the history of enlightenment was seen as almost identical with the belief in progress and the accomplishments of the modern world. However, the political and human disasters during the 20th century did shake the confidence in the moral and intellectual impacts of enlightened ideas to the very foundations. From this point of view, the meaning of political theory and of the history of political ideas was completely reinvented. Therefore, it was much more than a coincidence that many important political thinkers who confronted themselves with this radical "Kulturbruch" (Dan Diner) belong to the generation of refugees from Hitler's Nazi regime. In their writings, the keyword "Dialektik der Aufklärung" (Horkheimer/Adorno) received a new theoretical meaning and changed all contemporary political diagnoses as well as the understanding of their historical and intellectual sources.[3]

Within this context, we must assume a framework for the interpretation of Rousseau after World War II. The problem for this might be that the Genevese philosopher was among the few proponents of 18th century enlightenment who did not share the common belief in progress then. The more interesting it is to see that the popular opinion of former times which perceived Rousseau as the first romanticist, flattered under the conditions of the 20th century. Instead, we have to notice that the obvious contradictions in his writings were leveled by (or also overlapped) the extremely antagonistic views his political thought provoked. Even rather academic studies or private readings were drawn into the drain of political interpretations. Hence, a history of Rousseau's reception in Germany has to deal with this political dramatization as well as with its mitigation.

The following remarks only affect the first half of the 20th century trying to prepare compatible plateaus to show the impact of Rousseau's work in Germany during this time. In this respect, it might be helpful to focus on three philosophical schools of thought which had dominated the history of political ideas in Germany since the end of 19th century. This is, firstly, the *neo-Kantianism* which played a lead role at German universities far into the beginning of the 20th century; secondly, the Critical Theory of the Frankfurt School which developed in the late Weimar Republic but clarified its character only on the way into emigration;[4]

---

3 For the scientific change caused by forced migration of German scholars after 1933 see also my book *Fluchtpunkte. Studien zur politischen Ideengeschichte des 20. Jahrhunderts* (Söllner 2006a), particularly the introduction (ibid.: 11 – 28).

4 The keyword "Dialektik der Aufklärung" (Horkheimer/Adorno) has already been quoted.

and last but not least the (almost parallel) re-founding of political philosophy by Jewish emigrants like Leo Strauss and Hannah Arendt who found their inspiration by looking to ancient Greek classics like Plato and Aristotle. These three lines of thought will show both peculiarities and similarities which are supposed to have an ambiguous effect on reading Rousseau in each case. What should be demonstrated in this regard is that all of these philosophical schools only depict different patterns of reaction towards a similar intellectual dilemma. The difference is due to the complexity of Rousseau's works itself while the different ways of interpretation are united by the common interest in a particular author.

In order to identify the three theoretical schools by means of typical premises and principles, the following ones could be named: 1. the neo-Kantian perspective of historicism which refers to tradition and constructions based on historical continuity;[5] 2. a critical, sociological or politological theory of ideology applied for example by the Frankfurt School or the German *Wissenssoziologie*; 3. the theoretical jump beyond the modern world in order to re-establish ancient political ideas and to escape the discontinuity of modern civilization (as political thinkers like Leo Strauss or Hannah Arendt could be described metaphorically).

In respect of these three theoretical schools and their different perspectives, and without any right of completion, it will be the aim of the following outline to introduce the authors who tightly focussed on Rousseau by publishing at least significant book chapters or articles on his work. Proceeding from these assumptions, the history of re-reading Rousseau in the 20th century is able to start.

1.

In fact, neo-Kantianism cannot be understood correctly without mentioning the attempt to confirm Kant's theory of cognition and its influence to modern epistemology by comprehensive philosophic-historic studies (Orth/Holzhey 1994). Thus, the monumental two volumes of Wilhelm Windelband's *Geschichte der neueren Philosophie* (first published in 1878 and later in several new editions in the 20th century) contain an extensive chapter on the French enlightenment, which concludes with a rich interpretation of Rousseau's work (Windelband 1911 § 46: 435–447). Karl Vorländer who combined the neo-Kantian thought with the ethical principles of socialism supported this point of view in his very popular *Geschichte der Philosophie* (1903) including a rather short but pathbreaking chapter on Rousseau. In 1926, he added a reflection of the role Rousseau had

---

5   In this respect, we should remember the important studies concerning the history of philosophy presented by neo-Kantian scholars since the late 19th century.

played for the French Revolution (Vorländer 1903 § 26-27; 1926: 120–141). His younger contemporary Siegfried Marck shined in 1922 with a brilliant Kantian interpretation of Rousseau which was published in the *Kant Studien* and elaborated the political position of a social-democratic republicanism (Marck 1922: 165–178).[6] Finally, Ernst Cassirer has to be named for the 1930s, of course. Most likely, Cassirer delivered the best German interpretation of French enlightenment ever. On top of that, he wrote two rich essays about Rousseau,[7] even though it could be argued whether Cassirer can still be called a neo-Kantian after publishing his *Philosophie der symbolischen Formen*.

2.

Although many exponents of the (neo-Marxist) Frankfurt School were originally affiliated with the academic milieu of neo-Kantianism, we have to recognize that their reception of Rousseau after 1933 becomes more or less a blind spot. This might be the more surprising as there was initially a (presumably neo-Kantian) interest in the French enlightenment (including Rousseau) in the 1920s when the Frankfurt School theorists tried to find their genuine path of thought. However, since the philosophy of enlightenment decreased its attraction step by step before being "disposed" in the 1940s, especially Rousseau, as a critic of progress, was paradoxically affected. Finally, he was not even mentioned in Max Horkheimer's and Theodor Adorno's *Dialektik der Aufklärung*. Nevertheless, in the archives of the 1920s at least two important Rousseau studies have been detected: In 1926, Leo Löwenthal wrote an extraordinary thesis on *Gewalt und Recht in der Staats- und Rechtsphilosophie Rousseaus und der deutschen idealistischen Philosophie*; and in 1927 Max Horkheimer's lecture concerning *Die Geschichte der neueren Philosophie* referred with verve on the French Enlightenment in general and on Rousseau in particular. Together with Franz L. Neumann's studies on the history of thought during his London years (which drew special attention to Rousseau's exceptional relevance for the theory of Natural right)[8] these works assign the scope which Rousseau's political thought achieved in the period between the two World Wars.

---

6   Cf. also Marck 1923.
7   See Cassirer's *Die Philosophie der Aufklärung* (1932a), *Das Problem Jean Jacques Rousseau* (1932b) and *Kant und Rousseau* (1939).
8   See Franz L. Neumann's *Die Herrschaft des Gesetzes* (1936) and *Typen des Naturrechts* (1940).

3.

The third plateau shall be contoured only by giving some examples. It is a commonplace concerning the history of epistemology after World War II that the triumph of behaviouristic social and political sciences provoked a traditionalist backlash at once. If this counter development (which created a „political philosophy proper") is represented by authors like Hannah Arendt and Leo Strauss, it makes sense to assume its Leitmotiv in a critical opposition to European enlightenment. Indeed, Rousseau took only a back seat in Arendt's work. The more noticeable it is how positively and extensively Leo Strauss drew on the author of the *Social contract* in order to support his own retrogressive project of reconstructing the history of political ideas (cf. Strauss 1947 and 1953). Strauss' view is even more noteworthy, since at the same time in Jerusalem another Jewish thinker, the young Jacob L. Talmon, tried to establish a diametrically opposed reflection of the political crisis and to unmask Rousseau as the founder of totalitarian democracy.

Complexio oppositorum – only a coincidence or a necessity of intellectual history? To answer this sophisticated question would be not only an analytic success but also the marker of a main crossroad within the history of political ideas in 20th century.

A first attempt to do so can be found in the second part of this article which is identical to my paper presented in Jerusalem in 2010. On the other hand, the problems of such a historiography become as obvious as the capabilities. Prima facie, Neumann, Talmon and also Fraenkel (who will be introduced in the second part) belong to three fairly different realms in the history of thought in the 20th century and are not connected clearly and directly. While Franz Neumann embodies the transfer of political ideas within the early period of exile leading from Weimar to London and later to New York, Ernst Fraenkel stands for the back transfer during the peak of the Cold War which helped to build up democracy in West Germany in the 1950s and 60s. Finally, Jacob Talmon acts as a sort of agent between the two (temporal and topical) counter poles, although he connects and separates them at the same time.

Thus, the interaction of the three political thinkers occurs on a quite uneven basis. Anyway, their dialogue is beyond speculation because for all of them Rousseau is both a starting point for their own critical analysis of the political situation and a vanishing point for the meaning of the history of political ideas in general. Moreover, we get the chance to document how selectively Talmon's work about the *Origins of the Totalitarian Democracy* was registered in the Western world.

The enthusiasm Fraenkel showed in West-Berlin did not find an equivalent reaction in the United States. Particularly Arendt and Strauss completely ignored
Talmon's interpretation of Rousseau.

Therefore, "re-reading Rousseau" should mean two different things here: firstly to demonstrate the antagonistic tendencies dominating the interpretations of
Neumann and Talmon (while Fraenkel followed Talmon's historic-philosophical
imagination in a rather uncritical manner); and secondly, to retrace the new perspective on the history of political ideas which Neumann, Talmon and Fraenkel
share and which elevated Rousseau to a kind of new (positive or negative) "lode-
star". In this respect, the context of each interpretation of Rousseau's work is supposed to prevent us from drawing misleading conclusions and from assuming
only sham battles.

• Neumann's background was the reform movement in the Weimar Republic.
  After its failure, he handled his disappointment through projecting the political dichotomy of right and power onto the European history of thought.
  However, the ambivalence of this intellectual project remained unsettled, and
  Neumann ascribed the honour to Rousseau's democratic theory to bridge at
  least the gap between the principles of right and power most closely. In contrast to this, the historic facts showed the predominance of power and fos-
  tered the establishment of authoritarian and totalitarian regimes. In *Behemoth*
  (1942), Neumann concentrated his research interest entirely on the latter. In
  this respect, his monographic analysis made him deny a rather comparatistic
  view. Furthermore, his orientation on the theoretical framework of Marxist
  sociology made the search for genealogical or intellectual sources of totalitarianism less important, and in the end he even denied any continuity between
  radical conservative thinkers of the past and European fascism of the present.
  For him, National socialism neither had a political theory nor was it a political
  state.[9]

• While the question concerning the intellectual genealogy of totalitarian regimes is not in the centre of Neumann's *Behemoth*, it abruptly emerges in Talmon's work ten years later. The surprise of Talmon's approach is even bigger
  because he introduces the topos of the *totalitarian democracy* in an almost
  decisionisic manner with little reflection on the historic context and without
  an adequate effort on methodology. So his return to the 18th century (in which
  Rousseau is identified as a real intellectual seducer) resembles again a theoreti-

---

9 See the last chapter in *Behemoth. Struktur und Praxis des Nationalsozialismus* (Neumann 1977: 531 – 550) and also my book *Geschichte und Herrschaft. Studien zur materialistischen Sozialwissenschaft* (Söllner 1979).

cal jump, this time not beyond the modern world, but within it. The reason for this provocative turn is still a mystery. The thesis that Rousseau was nothing else but the originator of totalitarian democracy is rather asserted than proved. According to the first two volumes of Talmon's *History of Totalitarian Democracy* (1952/1960), there were two intellectual movements from Rousseau to the French Revolution (including the Jacobinian reign of terror and Babeuf's plan of an egalitarian communism) and to the long romantic phase of *Political Messianism* which indicates the enforcement of the idea of totalitarian democracy in France and Germany during the 19th century. A third volume, published almost thirty years later,[10] follows the development of totalitarian regimes until the 20th century.[11]

• Apparently, Neumann did not find the time to dispute Talmon's debut although his interest in the history of political ideas increased after World War II. In contrast, Ernst Fraenkel (who returned from exile to Germany in 1951) was soon enhanced by Talmon's work. Fraenkel's handling of the thesis of totalitarian democracy is remarkable for two reasons: On the one hand, he defended a highly controversial author, and on the other hand, his conclusions (against Rousseau) connected the sub-disciplines in which political science is commonly divided. Proceeding from this, Fraenkel's authoritative interpretation of the American political system and his model of neo-pluralism advanced to a kind of political paradigm in post-war Germany and gave him almost the nimbus of a Federal Republic's "state philosopher". For Fraenkel as a former refugee from Hitler's regime, this might have been a rather strange experience.[12]

---

10 See Talmon, The Myth of Nation and Vision of Revolution. The Origins of Ideological Polarization in the 20th Century (1981).

11 Cf. Seitschek 2005 as well as the anthology of articles in the journal *History of European Ideas* 34, 2008.

12 In order to get a wider context see since recently Buchstein 2011.

2   Re-reading Rousseau –
Jacob Talmon between Franz Neumann
and Ernst Fraenkel[13]

The following outline is only a sketch of rather un-organised ideas. I have to con-
fess that Jacob Talmon came only recently into the focus of my research which
concentrated for most of the time on the German émigré political scientists from
the Nazi-period. But when I started reading the first book of Talmon's remarkable
trilogy I became immediately aware of both, the inner consistency of his political
thought and its striking significance for the intellectual history after World War
II.

"Jacob Talmon between Franz Neumann and Ernst Fraenkel" – the juxtapo-
sition of an Israeli intellectual historian between these two names may sound
strange, and in a certain way it is arbitrary indeed. First of all, Neumann and
Fraenkel were almost a generation older, they started their career within the Weimar workers movement and became only via their exile what one might call un-
voluntary historians of ideas. On the other hand when going into details of their
publications you detect a lot of parallel intentions and common motifs – but of
course as many heterogeneous or even contradictory features.

In my remarks I will concentrate only on a single point: I will look at the place
which Rousseau holds within the framework of their political thought. However,
comparing the weight and the significance of this point will certainly not result
in a fair judgement but can only help preparing the ground for locating Talmon's
rather provoking thesis concerning "the origins of totalitarian democracy" in a
wider historical setting. So I cannot enter the labyrinth of Talmon's historical
texture itself but I will only scratch at the surface of a complex and dynamic development of political thought.

a   Franz L. Neumann

Starting with Franz L. Neumann of course means introducing the author of *Behemoth* (Neumann 1944) which as the first comprehensive analysis of the National-
Socialist regime does not need any recommendation. But what was first published
in 1942 had an interesting incubation period, and here we arrive at a stage which
only half a decade later became the fertile soil also for Jacob Talmon's intellectual

---

13 As already mentioned, the second part of this article is identical to my paper presented
at the international conference *Ahead of His Time – The Legacy of Jacob L. Talmon*
which occurred in June 2010 at Richard Koebner Minerva Center for German History,
Hebrew University in Jerusalem.

beginnings. I talk about the London School of Economics where Neumann under Harold Laski and Karl Mannheim wrote his second dissertation, with the telling title "The Governance of the Rule of Law".

Within this at first hand unpublished manuscript of 1936 you find – as significant middle part – a voluminous, in a wild staccato written history of political ideas from Thomas Aquinas via Hobbes and Locke until Hegel (Neumann 1986: 49 – 172). Neumann reconstructs the gallery of political thinkers with a single and simple thesis which is of course an alarming reflex of the contemporary situation. He contents that every single modern political thinker evokes the relationship between freedom and coercion, between right and might as a priori contradictory, further that each of them is willing to resolve this problem but is not able to do so. Within this context it is significant that the chapter on Rousseau seems to be the most engaged and at the same time the most elaborated exercise (ibid.: 126 – 137).

Neumann is proceeding in three clear-cut steps: 1. Analysis: meaning that Rousseau – especially in his "Second Discourse" – starts with the supposition that the nature of man is conditioned by the society in which he is condemned to live; 2. Synthesis: describing how – in the course of the "Contrat social" – state sovereignty is constituted by summing up the *volonté de tous* into the *volonté générale*, being the fundamental principle of modern democracy: that is rational legitimation of state power is only possible by the sovereignty of the people; 3. Critique: here Neumann opens up something like an intentional double-bind situation: a. Rousseau's solution is a fictive one insofar neither the logical nor the institutional barriers for falling back into state absolutism are sufficient; b. Rousseau's solution becomes probable or even real to the same extent as society is transformed into an egalitarian (social and economic) direction. And here exactly we find the sensitive point where Neumann takes the risk for a Marxist perspective, both for the pre-revolutionary era of Rousseau and – although much more sceptical – for his own presence.

The second source for exploring Neumann's reading of Rousseau is even more telling for our purpose. It is the article "Types of Natural Law", written at the eve of World War II and published 1940, in volume VIII of Max Horkheimer's "Zeitschrift für Sozialforschung". Neumann's tableau is as sketchy as ambitious: His intention is nothing less than a definite review of the natural law concepts throughout European history, and he chooses the typological method in order to stress the different alternatives how human nature and an ordered society could logically come together. Significant for us is not only the positive evaluation of the democratic type of natural law as differing from the absolutist, liberal, conservative, or revolutionary types. Neumann is eager to demonstrate that the democratic type is the only sound solution of the logical dilemma and that Rousseau is its classical representation in modern times: "Only one form of Natural Law theory avoids the pitfalls of both – anarchy and arbitrary rule [...] The solution was accomplished by Rousseau [...] the establishment of the general will from the will of all, the claim that despite of the surrender of all individual rights, they are preserved in the general will." (Neumann 1939 – 1940: 347 – 348)

However, Neumann is as clear in stressing that this interpretation has necessary pre-conditions which imply at least two things: a certain grade of social and economic equality and some very distinct features of the legal system (like the general character of the law, its non-retroactive administration and an independent judiciary). However, the very clue of Neumann's reading of Rousseau is only arrived at the concluding seven theses of the article. Their tenor is nothing less than paradoxical and all the more significant, since a new constellation of the democratic and the liberal elements is revealed: While still contenting that the democratic theory is superior over the liberal one, Neumann quotes as the only remaining substance of a rational argumentation those rule of law features which apparently belong as much to the liberal tradition as to the democratic one (ibid.: 361).

Let me conclude this sketch of Neumann's work in the 1930s by pointing to the well known fact that neither his credo for the political theory of Rousseau nor the ambiguities within or behind its interpretation would soften down his uncompromising judgement about the ideological foundation of the Nazi-state: he deprived it of any rational element whatsoever and denounced the Nazi-state as "non-state" par excellence or – using the mythology of the bible – as the monster "Behemoth".[14]

b   Jacob Talmon

As already mentioned, this is my first attempt to find a path into the fascinating fabric of Talmon's thinking, and I am aware of the risk to do so at the place of his lifelong teaching. So, the only thing I will dare is to check out Talmon's starting point in his 1952 book, so to speak where the origins of the "Origins of Totalitarian Democracy" is to be found, and to understand why it became such a provocation as it apparently was. I am also not sufficiently informed about the biographical background of Talmons' beginnings, what influences he may have picked up on his peculiar journey from Palestine to France, his flight out of German-occupied

---

14 See the concluding chapter of Behemoth, op. cit.

Paris to London and while he wrote his dissertation at the LSE, before he came back to Jerusalem in the middle of the 1940s.[15]

Nevertheless, when reading the introductory chapter of the "Origins of totalitarian democracy" I got the immediate impression that a radical turning of the tables has happened. This impression is caused first by the abrupt, by the harsh or even decisionist definitions which open up a clear-cut alternative, which in turn is immediately widened into a very general perspective: "Indeed, from the vantage point of the mid-twentieth century the history of the last hundred and fifty years looks like a systematic preparation for the headlong collision between empirical and liberal democracy on the one hand, and totalitarian Messianic democracy on the other, in which the world crisis of to-day consists." (Talmon 1952: 1) Secondly, it is quite evident where this radical gesture comes from: Not only does Talmon axiomatically distinguish the totalitarian from the liberal type of democracy, but he speaks even of a "schism" of epochal dimensions meaning that the totalitarian democracy is to be seen "as an integral part of the Western tradition" (ibid.: 3). Finally, a third unexpected factor consists in the definition of totalitarian democracy as "political Messianism" – thereby introducing the concept of "political religion" (ibid.: 8).

There seem to be two different ways possible for responding to this astonishing take-off which not only became a life-long obsession for a historian of ideas but also the starting point for a remarkable tour de force through modern European history in general. One could start looking at the methodological side of the business, and here you would detect a rather moderate or even defensive position: The chapter "Questions of methods" is not only very short and discusses mainly the warning that messianism could be misunderstood as an "almost mystical agency active in history" (ibid.: 11), although on the other side Talmon insists that "the modern secular religion must first be treated as an objective reality" (ibid.: 13). The full consequence of this restriction only becomes evident in a long footnote to the introductory chapter. Here Talmon makes clear without any hesitation that there is a strict continuity of the totalitarian creed in existence which reaches from the middle of the 18th into the 19th century and finally culminates in the bolshevist regimes of the 20th century (ibid.: 257 – 258).

But since the aim of my paper is not a methodological critique but rather a historical contextualising of Talmon's approach I will try to identify its most striking features by comparing his reading of Rousseau's political theory with that of Franz Neumann. Again presupposing that I cannot give a fair review of Talmon's

---

15 Informative is once again the series of articles in the History of European Ideas, Vol. 34 (2008).

wide-ranging historical studies he is quite resolute in stressing the outstanding
role of Rousseau and Rousseauism – they constitute the decisive forces for build-
ing up a distinct tradition which is at the core of totalitarian democracy: "Rousseau's *general will*, an ambiguous concept, sometimes conceived as valid a priori,
sometimes as immanent in the will of man, exclusive and implying unanimity,
became the driving force of totalitarian democracy, and the source of all the contradictions and antinomies." (ibid.: 6)

As lively and detailed the picture may be Talmon sketches from the French
18th century political thinkers, starting from Helvetius and Holbach and con-
tinuing with Morelly and Mably, it is (and is continued throughout the whole
book) Rousseau, and more precisely his concept of the "volonté générale" as such
which functions as the mediating factor between the classical representatives of
enlightenment and their radical communist followers. The same dynamic interpretation is set in action when Talmon in the second part of his book – entitled
"The Jacobin Improvisation" – jumps into the first period of the French Revolution, into its radicalisation by Robespierre and Saint Just, finally arriving at the
communist transformation by Babeuf and Buonarotti. Within all this wages and
stages which are driven by dynamic mobilisation and ideological radicalisation
the single "Leitmotiv" is returning periodically: Rousseau's concept of the general
will.

What are the central aspects of Talmon's interpretation of Rousseau as compared with that of Neumann? How is Talmon re-reading Rousseau? Posing the
question like this is of course not a realistic but a highly fictitious enterprise! Nevertheless, I would like to suggest the following, if only tentative inspirations for a
comparative approach:

1. Talmon from the very beginning is not interested in the deep-reaching contradictory, including the manifest anti-modern features which counteract to
   Rousseau's theoretical legitimation of modern democracy. Whereas Neumann
   still seems to believe at least in the productive and rational potential of these
   *in*consistencies, Talmon tends to assume only destructive *con*sistencies which
   open up the road to totalitarian democracy.
2. Consequently, Talmon tends to set aside the restrictive social, economic and
   legal pre-conditions Rousseau is assuming when his theoretical construction is
   transformed into real practice, whereas Neumann stresses the necessary barriers against the possible miss-use of the general will which in turn results in
   a rather undeclared or even unclear blending of liberal and democratic traditions of political thought.
3. Talmon – by strictly and principally separating the liberal from the totalitarian tradition – apparently does not longer believe in the progressive potential of

democracy as such, he understands the sensitive configuration of the "volonté de tous" and "volonté générale" only as instrumental for the *miss*-use of power, whereas Neumann still subjects the liberal minimum under the democratic tradition, how suspicious or hesitating this ever may sound.

4. As the historical context is concerned, one has to keep in mind the two different perspectives before and after the historical watershed of World War II: Neumann's major orientation is "anti-fascist", that is he is confronted with the Nazi-state conquering Europe thereby pushing into defence every kind of leftist politics whereas Talmon's starting point goes parallel to the hot phase of the Cold War, his major orientation is "anti-totalitarian" with a clear bias for anti-communism.

5. I only mention the problem of "political religion" as a complicating factor: Whereas Neumann is in general ignorant of the concept, Talmon's use of it is offensive but probably not derived from Rousseau's genuine concept of "religion civile". In contrast to the rather negative and defensive function this concept has in the final chapter of "Contrat social", Talmon establishes "political messianism" as a strong approach which results in a thick continuum of totalitarian rule from the 18th century to the middle of 20th century.

c   Ernst Fraenkel

Let me stop here by re-affirming that I do not say that Neumann was right and Talmon was wrong or the other way round. Their different reading of Rousseau was of course a reflexive exercise in the double sense: it was a reflex of a radically changed historical context, and at the same time it was the result of a different theoretical reflection. How in the end these two perspectives will come together is a "weites Feld" indeed. When now turning to Ernst Fraenkel, I must be very short but I also *can* be shorter, since the relationship between Jacob Talmon and Ernst Fraenkel, after he had returned to West-Germany and became a leading figure for the reconstruction of political science in West-Berlin, is an explicit one and it is a positive one.

In fact, it is no exaggeration to content that Fraenkel out of the first generation of post-war political scientists is the only one who really took Talmon serious, and he took him verbally. When we go through Fraenkels numerous articles of the 1950s und 1960s which are now republished in volume 5 of his collected works under the heading "Demokratie und Pluralismus" (Fraenkel 2007), we find a continuous line of emphatic citations – first out of the English version of "The Origins of Totalitarian Democracy" with the undertone that this book urgently needs to be translated into German, and later, when the book had come out in 1961, with the complaint that it does not find sufficient attention.

This emphasis is remarkable in itself, especially when compared with other remigrants to West-Germany, for example with Siegfried Landshut who had lived in Jerusalem until 1945 and whose post-war publications do not include any Talmon-reception. Another story is the striking neglect of Talmon's work by most of the German émigrés who later in the USA became very famous like Leo Strauss and Hannah Arendt. They after all were "born" professionals in the history of ideas and therefore close colleagues of Jacob Talmon, whereas Franz Neumann who died as early as 1954 apparently did not have the chance to get in touch with Talmon's approach.

In order to demonstrate the warm and at the same time decided style by which Fraenkel is recommending Jacob Talmon's scholarly achievements I quote two typical formulations. The first is from 1958:

> Ein sehr bedeutender Forscher auf dem Gebiet der Wissenschaft von der Politik, der Professor an der jüdischen Universität in Jerusalem, Talmon, hat vor einigen Jahren ein Buch mit dem aufreizenden Titel „Der Ursprung der totalitären Demokratie" geschrieben [...] Es ist bisher erst ein Band dieses Werkes erschienen; dieser beschäftigt sich mit der französischen Revolution. Man erwartet einen weiteren Band, der sich mit dem 19., und einen Schlussband, der sich mit dem 20. Jahrhundert auseinandersetzt. Das Buch gehört zu den wichtigsten theoretischen Werken der modernen anti-totalitären Literatur.[16]

The second is from 1964:

> Jacov Talmon hat in seinem inzwischen ins Deutsche übersetzten, aber in Deutschland viel zu wenig beachteten Werk „Totalitarian Democracy" in überzeugender Weise dargetan, dass die Schriften Rousseaus zum Verständnis des politischen Messianismus unerlässlich sind, in dem er die Wurzeln für den Totalitarismus der Gegenwart erblickt.[17]

However, Fraenkel's recognition demonstrates not only the high esteem of the older for the work of the younger but he adapts, both in terms of methodology and in the organisation of the historical material, the perspective of Talmon in general. One gets even the impression that Fraenkel is more definitive and more radical than Talmon himself. Especially as the *longue durée* of the totalitarian messianism is concerned, there is a strong continuity from Rousseau into the

---

16 Cf. Ernst Fraenkel: Staat und Einzelpersönlichkeit (1958) (Fraenkel 2007: 388–389).
17 Cf. Ernst Fraenkel: Der Pluralismus als Strukturelement der freiheitlich-rechtsstaatlichen Demokratie (1964) (Fraenkel 2007: 269).

20th century, culminating in the Soviet regimes. A typical formulation reads: "Es führt eine gerade historische Entwicklungslinie vom ‚terreur' über die Kommune von 1871 zur russischen Revolution, von dem missverstandenen Rousseau Robespierres über Karl Marx ‚Bürgerkrieg in Frankreich' zu Lenins ‚Staat und Revolution'."[18] Since Fraenkel, like his former labour law companion Neumann, was only an un-voluntary historian of ideas it seems that he was all the more delighted to use the results of a "real" that is a professional historian of ideas like Talmon. Nevertheless, he did so for his own purpose.

At this point, there are also these two books to mention which represent both Fraenkel's contribution to rebuilding political science as a university discipline and his energetic fight for reconstructing an authentic democratic culture in West-Germany: I mean his text-book "Das amerikanische Regierungssystem" from 1960 (Fraenkel 2000: 441–834) and the famous collection "Deutschland und die westlichen Demokratien" from 1964 (Fraenkel 2007: 37–280). Both books which were meant as studies in comparative government stand for the enormous influence Fraenkel exerted on culture and society of post-war-Germany, and it is quite tricky to explore how something which was written in a heavy-scholarly style could become so popular. My thesis is that it was exactly the intellectual subtext underlining almost every historical or institutional observation in Fraenkel's studies which provoked an eminent effect thus actualising a long-range "Wirkungsgeschichte".

With some exaggeration one could say that Rousseau and Rousseauism is present in almost every line of Fraenkel's texture, and it is of course present as negative force, as a menace for an authentic democratic culture which West-Germany had not yet established in his eyes. And when turning to his American studies, they represent in a certain sense on the very peculiar West-German soil what Eran Shalev calls "the missing revolution" in the arena of Talmon's historical research (Shalev 2008). In fact, it was Ernst Fraenkel in Germany who wrote the history of American liberalism as the positive counterpart to the Talmonian universe of totalitarian democracy, thereby establishing or at least emphasising what might be called the "Westernisation of German political culture" as a long-term process.[19]

It is certainly an over-simplified but nevertheless an interesting perspective when I conclude that Talmon's provoking reconstruction of totalitarian democracy exactly due to its radical negativity could have helped to re-integrate liberal and democratic traditions in Germany after Hitler.

---

18 Cf. Ernst Fraenkel: Parlament und öffentliche Meinung (1958) (Fraenkel 2007: 215).

19 See my article: Ernst Fraenkel und die Verwestlichung der politischen Kultur in der Bundesrepublik Deutschland (2006b).

3 Literatur

Buchstein, Hubertus (2011): Demokratiepolitik. Theoriebiographische Studien zu deut-
schen Nachkriegspolitologen, Baden-Baden.
Cassirer, Ernst (1932a): Die Philosophie der Aufklärung, Tübingen.
Cassirer, Ernst (1932b): Das Problem Jean Jacques Rousseau, in: Archiv der Geschichte der
Philosophie, Bd. XLI (wiederabgedruckt in: Ernst Cassirer u. a.: Drei Vorschläge, Rous-
seau zu lesen, Frankfurt/Main 1989: 7 – 78).
Cassirer, Ernst (1939): Kant und Rousseau (wiederabgedruckt in: ders.: Rousseau, Kant,
Goethe, Hamburg 1991: 3 – 61).
Fetscher, Iring/Bubner, Rüdiger (Hg.) (1989): Rousseau und die Folgen, Göttingen.
Fraenkel, Ernst (2000): Das amerikanische Regierungssystem, in: Gesammelte Schriften,
Bd. 4: Amerika-Studien, Baden-Baden: 441 – 834.
Fraenkel, Ernst (2007): Demokratie und Pluralismus. Ernst Fraenkel, Gesammelte Schrif-
ten, Bd. 5, Baden-Baden.
Horkheimer, Max (1927): Vorlesung über die Geschichte der neueren Philosophie (ab-
gedruckt in: ders., Gesammelte Schriften, Bd. 9: Nachgelassene Schriften 1914 – 1931,
Frankfurt/Main 1987: 346 – 388).
Jaumann, Herbert (Hg.) (1995): Rousseau in Deutschland. Beiträge zu seiner Rezeption in
Deutschland, Berlin.
L'Aminot, Tanguy (1992): Images de Jean-Jacques Rousseau de 1912 á 1978, Oxford.
Löwenthal, Leo (1926): Gewalt und Recht in der Staats- und Rechtsphilosophie Rousseaus
und der deutschen idealistischen Philosophie (abgedruckt in ders.: Schriften, Bd. 5: Phi-
losophische Frühschriften, Frankfurt/Main 1987: 167 – 206).
Marck, Siegfried (1922): Grundbegriffe der Rousseauschen Staatsphilosophie, in: Kant-
Studien 27: 165 – 178.
Marck, Siegfried (1923): Das Jahrhundert der Aufklärung. Geschichte der Philosophie,
fünfter Teil, Leipzig.
Neumann, Franz L. (1936): Die Herrschaft des Gesetzes. Eine Untersuchung zum Verhältnis von politischer Theorie und Rechtssystem in der Konkurrenzgesellschaft, Frank-
furt/Main 1980: 149 – 164.
Neumann, Franz L. (1939/1940): Types of Natural Law, in: Studies in Philosophy and Soci-
al Science (Zeitschrift für Sozialforschung, Bd. 8), New York: 338 – 361.
Neumann, Franz L. (1940): Typen des Naturrechts, in: ders.: Wirtschaft, Staat, Demokratie. Aufsätze 1930 – 1945, Frankfurt/Main 1978: 223 – 254.
Neumann, Franz L. (1944): Behemoth. The Structure and Practice of National Socialism,
1933 – 1944, second rev. Edition, New York.
Neumann, Franz L. (1977): Behemoth. Struktur und Praxis des Nationalsozialismus (zuerst 1942), Frankfurt/Main.
Neumann, Franz L. (1986): The Rule of Law. Political Theory and the Legal System in Modern Society, Leamington Spa.
Orth, Ernst Wolfgang/Holzhey, Helmut (Hg.) (1994): Neukantianismus – Perspektiven
und Probleme, Studien zum Neukantianismus Bd. 1, Würzburg.
Seitschek, Hans Otto (2005): Politischer Messianismus. Totalitarismuskritik und philosophische Geschichtsschreibung im Anschluss an Jacob Leib Talmon, Paderborn.

Shalev, Eran (2008): The Missing Revolution: The Totalitarian Democracy in Light of 1776, in: History of European Ideas 34: 158 – 168.

Söllner, Alfons (1979): Geschichte und Herrschaft. Studien zur materialistischen Sozialwissenschaft, Frankfurt/Main.

Söllner, Alfons (2006a): Fluchtpunkte. Studien zur politischen Ideengeschichte des 20. Jahrhunderts, Baden-Baden.

Söllner, Alfons (2006b): Ernst Fraenkel und die Verwestlichung der politischen Kultur in der Bundesrepublik Deutschland, in: Fluchtpunkte. Studien zur politischen Ideengeschichte des 20. Jahrhunderts, Baden-Baden: 201 – 223.

Spector, Céline (2011): Au prisme de Rousseau. Usages politiques contemporians, Oxford.

Strauss, Leo (1947): On the Intention of Rousseau, in: Social Research 14: 455 – 487

Strauss Leo (1953): Natural Right and History (dt: Naturrecht und Geschichte, Frankfurt/Main 1989: 264 – 307).

Talmon, Jacob L. (1952): The Origins of Totalitarian Democracy, Boston.

Talmon, Jacob L. (1960): Political Messianism. The Romantic Phase, Boston.

Talmon, Jacob L. (1981): The Myth of Nation and Vision of Revolution. The Origins of Ideological Polarization in the 20th Century, London.

Vorländer, Karl (1903): Geschichte der Philosophie, Leipzig.

Vorländer, Karl (1926): Von Machiavelli bis Lenin. Neuzeitliche Staats- und Gesellschaftstheorien, Leipzig.

Windelband, Wilhelm (1911): Die Geschichte der neueren Philosophie, Bd. 1, 5. durchgesehene Aufl., Leipzig.

La Constitution démocratique est certainement le Chef-d'œuvre de l'art politique: mais plus l'artifice en est admirable, moins il appartient à tous les yeux de le pénétrer.
(Lettres écrites de la montagne 8, OC III: 838)

Rousseau und die Krise der repräsentativen Demokratie

Urs Marti

Könnten Wahlen etwas verändern, wären sie längst verboten, so lautet eine prägnante Kritik der repräsentativen Demokratie. Zu ihrer Bekräftigung wird Rousseau zitiert: Das englische Volk ist nur während der Wahl der Parlamentsmitglieder frei; sind diese gewählt, ist es Sklave, ist es nichts (OC III: 430; CS III 15). Werden heute Krisen der repräsentativen oder liberalen Demokratie diagnostiziert und Forderungen nach mehr direkter oder radikaler Demokratie erhoben, liegt die Rückbesinnung auf Rousseaus Werk nahe. Doch sind die Anliegen der Gegenwart mit den seinen vergleichbar? Ich werde im ersten Abschnitt einige für den Kontext relevante Aussagen und Argumente Rousseaus in Erinnerung rufen. Im zweiten Abschnitt möchte ich prüfen, weshalb die Auseinandersetzung mit Rousseau in jüngeren Debatten um Partizipation und Repräsentation nicht mehr im Zentrum des Interesses steht. Im abschließenden dritten Abschnitt stelle ich mit Bezug auf die Arbeiten von Benjamin Barber, Bernard Manin und Joshua Cohen die Frage, welche Aktualisierungen von Rousseaus Kritik denkbar sind.

1   Souveränität, Partizipation und Repräsentation bei Rousseau

Die repräsentative Demokratie bietet den Bürgerinnen und Bürgern in ihrer Mehrheit kaum reelle Chancen, an den sie betreffenden Entscheidungen zu partizipieren, so besagt die Kritik. Beklagt wird, die Distanz zwischen Volk und „classe politique" vertiefe sich, die Gewählten nähmen ihre Rechenschaftspflicht nicht wahr, benachteiligte Gruppen seien unterrepräsentiert, und das Repräsentationssystem reproduziere jene soziale Ungleichheit, deren Produkt es sei. Gefordert werden mehr Möglichkeiten direkter Mitsprache und Mitbestimmung. Das Repräsentationssystem dient im Urteil der Kritiker der Konservierung des Bestehenden, es schützt Privilegien und verhindert notwendige Veränderungen. Liegen Rousseaus Kritik der Repräsentation vergleichbare Motive zugrunde? Angesichts zahlreicher und – zumindest auf den ersten Blick – widersprüchlicher Äußerungen zur Gewaltenteilung fällt die Antwort nicht leicht. Ich möchte stichwortartig die wichtigsten Argumente in Erinnerung rufen.

1.1   Interesse, Gemeinwille, Gemeinwohl

§ 1

Der Wille des Souveräns kann sich nicht auf die Gesamtheit der Interessen der Bürger beziehen, sondern ausschließlich auf das von allen geteilte Interesse. Gäbe es nicht einen Punkt, in dem alle Interessen übereinstimmen, könnte keine Gesellschaft existieren (OC III: 368, CS II 1). Staatliche Herrschaft ist legitim, wenn sie sich auf die Realisierung des allen Bürgern gemeinsamen Interesses beschränkt. Der Umfang der „Schnittmenge" aller bürgerlichen Interessen definiert die Zuständigkeitsgrenzen staatlicher Herrschaft; je kleiner sie ist, desto weniger Gesetze braucht es, desto größer ist die Freiheit der Bürger. Nur wenn die Sache, über die beschlossen wird, so allgemein ist wie der Wille, der beschließt, kann von einem Gesetz die Rede sein (OC III: 379, CS II 6). Soll die Gesetzgebung nicht das allen Bürgern gemeinsame, sondern verschiedene private Interessen schützen, gerät der Staat in die Krise. Der Gemeinwille kann jedoch weder vernichtet noch verfälscht werden; jeder Bürger, der sein Privatinteresse über das Gemeinwohl stellt, will dennoch aus egoistischen Gründen zugleich das Gemeinwohl (OC III: 438, CS IV 1; OC III: 249, EP).

§ 2

Staat und Gesetz haben die Aufgabe, die Person und die Güter jedes Bürgers zu schützen. Das von allen Bürgern aufgrund ihrer egoistischen Natur geteilte Interesse ist jenes der Rechtsgleichheit. Die Verpflichtungen gegenüber dem Gesellschaftskörper sind nur zwingend, weil sie gegenseitig sind. Wenn jeder stets das Glück eines jeden will, so weil er an sich selbst denkt, wenn er für alle stimmt (OC III: 360, 373, CS I 6, II 4).

§ 3

Das Gemeinwohl darf nichts anderes beinhalten als das rationale Eigeninteresse jedes Bürgers, sofern es mit dem Prinzip der Reziprozität kompatibel ist. Die individualistische Lesart wird durch zahlreiche Aussagen gestützt. Die nützlichste Maxime der Moral gebietet, Situationen zu vermeiden, welche die Pflichten in Widerspruch bringen mit den Interessen (OC I: 56, Confessions II). Die Wohlfahrt jedes einzelnen Bürgers ist eine politische Angelegenheit und darf nicht der Wohlfahrt der Menge geopfert werden (OC III: 256f., EP; OC III: 827, LM 7).

§ 4

Die Herstellung der Rechtsgleichheit erfordert beim Abschluss des Gesellschaftsvertrags einen vollständigen Rechtsverzicht (aliénation totale). Gleiche Ausgangsbedingungen sind gegeben, wenn niemand sich einem andern unterordnen muss, da man anderen gegenüber nur Rechte beanspruchen kann, die man ihnen über sich selbst einräumt. Alle Bürger wollen, dass die Bedingungen für alle gleich sind (OC III: 360f., CS I 6; OC III: 891, LM 9). Rechtliche Privilegien können zwischen den Bürgern neue Abhängigkeiten privater Art schaffen, die der Vertrag gerade verunmöglichen soll. Die rechtliche Gleichheit soll soziale Ungleichheiten neutralisieren, kann sie aber nicht korrigieren. Die Aufgabe der Gesetzgebung beschränkt sich auf Freiheit und die Gleichheit. Unter Freiheit ist die Unabhängigkeit jedes Bürgers zu verstehen. Jede private Abhängigkeit, die zwischen Bürgern entsteht, schwächt den Staatskörper. Gleich sind die Bürger, wenn niemand von einem anderen abhängig ist, und diese Gleichheit ist Bedingung der Freiheit. Gleichheit bedeutet nicht, dass alle Bürger über gleich viel Macht und Reichtum verfügen. Wenn die Ungleichheit bezüglich Macht und Reichtum jedoch ein bestimmtes Maß überschreitet, wirkt sie korrumpierend: Der reiche Bürger kann den armen kaufen und dieser ist gezwungen, sich zu verkaufen. Da der Lauf der Dinge die Gleichheit zu zerstören droht, muss die Kraft der Gesetzgebung auf die Erhaltung der Gleichheit hinwirken (OC III: 391f., CS II 11). Die Gleichheit, die das Gesetz beschützen soll, setzt die vollkommene Selbständigkeit jedes Bürgers voraus (OC III: 394, CS II 12). Wenn sich das gemeinsame Interesse nur auf die formale, nicht auf die reale Gleichheit bezieht, so vermögen die Bürger doch den Wert der formalen Rechtsgleichheit umso leichter zu erkennen, je weniger materielle Interessen sie korrumpieren und zu Konkurrenten machen (OC III: 437, CS IV 1).

1.2 Souveränität und Repräsentation

§ 1

Abgeordnetenversammlungen können nicht an die Stelle des Souveräns treten (OC III: 322; CS première version II 3). Souveränität ist als Ausübung des Gemeinwillens unveräußerlich, sie kann nicht repräsentiert werden, weil der Wille nicht repräsentiert werden kann; der Souverän kann sich nur selbst repräsentieren (OC III: 368, 429, CS II 1, III 15). Die Kritik der Repräsentation bezieht sich auf die Veräußerung; diese liegt vor, wenn die Bürger auf ihre Freiheit und ihre Macht, sich selbst das Gesetz zu geben, verzichten. In dem Sinne wird, wer seine Stimme bedingungslos abgibt, um andere mit der Aufgabe zu betrauen, zum Sklaven.

§ 2

Wird Repräsentation nicht als Veräußerung verstanden, sondern als Delegation, als ein an Bedingungen geknüpfter Auftrag, kann sie sinnvoll sein. Wenn das Volk Deputierte bestimmt, sind diese nicht seine Repräsentanten, sondern zeitweilig Bevollmächtigte (commissaires), die nichts definitiv beschließen dürfen (OC III: 429f., CS III 15). Das Volk muss sich das definitive Entscheidungsrecht vorbehalten und in corpore ausüben. Zwar muss in großen Staaten die legislative Gewalt von Abgeordneten repräsentiert werden, doch sind Abgeordnete korrumpierbar. Der Gefahr der Korruption kann vorgebeugt werden mittels imperativem Mandat, kurzer Amtsdauer sowie der Rechenschaftspflicht der Abgeordneten. Die „Stupidität der englischen Nation" besteht darin, dass den Abgeordneten die höchste Gewalt für sieben Jahre anvertraut wird, ohne dass sie einer Kontrolle unterstehen (OC III: 978f., GP).

1.3   Politische Gleichheit – politische Ungleichheit

§ 1

Illegitim ist die Ungleichheit der Bürger bezüglich des Rechts, an der Gesetzgebung zu partizipieren, nicht aber jede Form politischer Ungleichheit. Die Gleichheit des Naturzustands darf nicht auf die bürgerliche Gesellschaft übertragen werden. Das Prinzip der distributiven Gerechtigkeit verlangt, dass Bürger aufgrund der Dienste, die sie dem Staat leisten, privilegiert werden (OC III: 222f., DI; OC III: 909f., PC). In der Waharistokratie als der idealen Regierungsform kommt den Weisen aufgrund ihrer intellektuellen Kompetenz und den Vermögenden aufgrund der Muße, die sie besitzen, das Privileg des Regierens zu (OC III: 406ff., CS III 5). Eine Republik, in der das Volk administrative und exekutive Kompetenzen beansprucht und meint, es könne der Obrigkeit entbehren, ist nicht erstrebenswert (OC III: 114, DI). Unklar ist, ob die Aussage, dem Volk stehe lediglich das Recht zu, bei jedem souveränen Akt seine Stimme abzugeben, während das Vorschlags- und Diskussionsrecht der Regierung vorbehalten bleibe, deskriptiv oder präskriptiv zu verstehen ist (OC

III: 438f., CS IV 1). Das Volk kann in der Ausübung der legislativen Gewalt nicht repräsentiert werden, es kann und muss aber in der Ausübung der exekutiven Gewalt repräsentiert werden (OC III: 430, CS III 15; OC III: 907, PC). Was rechtfertigt die Arbeitsteilung: das Prinzip der Gewaltenteilung oder die ungleiche Verteilung politischer Kompetenzen zwischen Volk und Eliten?

§ 2

Die Regierung muss ungeachtet ihrer Weisheit sich nach den Gesetzen richten und stets den Gemeinwillen zu Rate ziehen. Um den Gemeinwillen zu erkennen, wenn er sich nicht erklärt hat, muss jedoch weder stets die ganze Nation versammelt werden, noch ist gewiss, ob deren Entscheidung Ausdruck des Gemeinwillens ist. Die Führer vermögen das öffentliche Interesse zu erkennen (OC III: 250f., EP). Diese Auffassung wird später revidiert. Das Volk darf sich nicht damit begnügen, einmal zusammenzutreten um das Gesetz zu bestätigen und eine immerwährende Regierung zu ermächtigen. Es muss sich periodisch versammeln; der Befehl zur Versammlung muss vom Gesetz ausgehen. Je stärker die Regierung ist, desto häufiger muss der Souverän tagen (OC III: 426, CS III 13). Der Akt zur Einsetzung der Regierung fällt als Gesetz in die Kompetenz des Volks. Die Träger der exekutiven Gewalt sind Beamte im Dienst des Volks und von diesem jederzeit ein- und absetzbar. Das Volk gibt der Regierung eine provisorische Form, die es nach Belieben durch eine andere ersetzen kann. In Volksversammlungen muss der Souverän stets bekunden, ob er die Form der Regierung beibehalten und die Beamten im Amt belassen will (OC III: 434ff., CS III 18). Das Volk sieht sich aus praktischen Erwägungen gezwungen, bestimmte Aufgaben zu delegieren, doch die mit der Aufgabe Betrauten neigen dazu, sich zu verselbständigen, stets mehr Handlungskompetenz zu beanspruchen, sich der Rechenschaftspflicht zu entziehen und die Kompetenzen der Legislative zu beschränken. Die Übermacht der Exekutive bricht den Gesellschaftsvertrag und bewirkt den Ruin der Demokratie (OC III: 421, CS III 10; OC III: 813ff., LM 7; OC III: 881, LM 9; OC III: 977, GP). Die Pflicht des Souveräns, die Exekutive zu kontrollieren, muss jeder einzelne Bürger wahrnehmen; er hat das Recht und die Pflicht, den exekutiven Organen Vorschläge und Vorhaltungen zu unterbreiten (OC III: 845, LM 8). Zwar kommt die Regierung einer kleinen Anzahl zu, die Aufsicht über die Regierung aber der Allgemeinheit (OC III: 891, LM 9). Da die Gewaltenteilung stets durch den Machthunger der Exekutive bedroht ist, darf sich die Kompetenz des Souveräns nicht auf die einmalige Ratifikation beschränken.

§ 3

Zwar ist zweifelhaft, ob die menschliche Weisheit jemals auch nur zehn Menschen hervorgebracht hat, welche fähig waren, ihresgleichen zu regieren (OC III: 244, EP), dennoch ist davon auszugehen, dass die Menschen hinsichtlich ihrer politischen Kompetenzen wie ihrer Verdienste um das Gemeinwesen ungleich sind; nicht alle Bürger sind qualifiziert für die Besetzung der Regierungsämter. Die großen Staatsmaximen übersteigen die Fassungskraft des Volks. Geht es um Außenpolitik, Krieg und Frieden, muss sich das Volk auf aufgeklärte Führer verlassen. Geht es dagegen um seine fundamentalen Interessen, um die Befolgung der Gesetze, das Eigentum der Güter und die Sicherheit des einzelnen Bürgers, ist das Volk in jeder Hinsicht kompetent (OC III: 826f., LM 7). Während die Mitglieder der Regierung über mehr Erfahrung praktisch-politischer und diplomatischer Art verfügen, verfügt das Volk im Hinblick auf die normativ wichtigsten Angelegenheiten über die erforderlichen Kenntnisse. Allerdings ist es leicht zu täuschen, vor allem dann, wenn organisierte Partikularinteressen die Beratung beeinflussen. Der Gemeinwille kann sich daher am besten artikulieren, wenn informierte Bürger unabhängig voneinander entscheiden. Unendliche Debatten und Zwistigkeiten schaden dem Staat (OC III: 371f., CS II 3; OC III: 984, GP; OC III: 439, CS IV 2).

1.4   Freiheit, Gleichheit, Eigentum

§ 1

Die gleiche Freiheit unter dem Gesetz sowie die Bereitschaft zur gegenseitigen Respektierung der Freiheit sind nur garantiert, wenn verhindert wird, dass Abhängigkeiten und Ungleichheiten im sozioökonomischen Bereich das politische System korrumpieren (OC III: 391f., CS II 11). Freiheit besteht darin, dem Willen anderer nicht unterworfen zu sein und den Willen anderer dem eignen nicht zu unterwerfen. Wer Herr ist, kann nicht frei sein. Ein Volk ist frei, wenn es in der Regierung nicht einen Herrn sieht, sondern das Werkzeug der Gesetze (OC III: 841f., LM 8). Das Problem, das Gesetz über den Menschen zu stellen, kommt jedoch der Quadratur des Kreises gleich (OC III: 955, GP).

§ 2

Das Eigentumsrecht ist das heiligste aller Bürgerrechte, da es Garant der Verpflichtungen der Bürger ist (OC III: 262f., 269f., EP). Nützlich können die Gesetze nur für die Besitzenden sein, während sie den Habenichtsen schaden (OC III: 367, CS I 9; OC III: 271f., EP). In einer politischen Ordnung sollten daher alle Bürger etwas besitzen, und die ungleiche Verteilung des Wohlstands sollte das mit politischer Stabilität verträgliche Maß nicht überschreiten. Gelingt dies nicht, droht dem Staat der Ruin, da der Reiche das Gesetz in seiner Börse hält und der Arme das Brot der Freiheit vorzieht (OC III: 890, LM 9). Doch wie soll es gelingen, wenn der Staat sich am Privateigentum nicht vergreifen darf? Die Regierung muss der übermäßigen Ungleichheit der Vermögen vorbeugen, nicht indem sie die Reichen enteignet und die Armen unterstützt, sondern indem sie die Bürger davon abhält, Schätze anzuhäufen, oder davor bewahrt, arm zu werden (OC III: 258, EP; OC III: 931, 936, PC). Der Staat ist nicht legitimiert, umverteilend in die Eigentumsordnung einzugreifen. Wenn die gleiche Freiheit der Bürger eine annähernde Gleichheit der Vermögen voraussetzt, so kann die Regierung diese zu erhalten suchen, falls sie noch besteht, aber nicht erzwingen, falls sie nicht mehr besteht. Wenn sich die idealen Bedingungen für das Gedeihen der Republik beim „glücklichsten Volk der Welt" finden, dann weil in den ländlichen Kantonen der Schweiz die reale Ungleichheit zwischen Bauern relativ gering ist, Interessenkonflikte selten und daher nur wenige Gesetze nötig sind (OC III: 437, CS IV 1). Müssten in der Gesetzgebung die gegensätzlichen Interessen von Reichen und Armen repräsentiert werden, wäre die Republik nicht mehr lebensfähig.

§ 3

Weshalb vermag das Repräsentationssystem die Bürger in Sklaven zu verwandeln, weshalb wird das englische Volk unfrei, nachdem es ein Parlament gewählt hat? Dass ein Volk seine Freiheit verliert, wenn es sich einem Gesetz unterwirft, das es nicht selbst gegeben hat, versteht sich. Doch der Bestand des Staats ist bereits gefährdet, wenn der Dienst an der öffentlichen Sache nicht mehr die wichtigste Angelegenheit der Bürger ist, wenn sie ihr lieber mit ihrer Börse als mit ihrer Person dienen. Sich um die Gesetzgebung nicht zu kümmern und Abgeordnete zu bezahlen, ist politisch so unklug wie nicht in den Krieg zu ziehen und Söldner zu bezahlen. In beiden Fällen schaden die Bürger dem Vaterland und setzen ihre eigene Freiheit aufs Spiel. Das Überhandnehmen privater und profitorientierter Interessen bewirkt, dass persönliche Dienste durch Geld ersetzt werden, doch wer Geld gibt, wird zum Sklaven (OC III: 428f., CS III 15). Die Kritik der Repräsentation zielt auf die durch Bequemlichkeit, Profitgier und den Rückzug ins Private motivierte freiwillige Aufgabe der Freiheit. Politische Autonomie erfordert zusätzlich zur Teilnahme an der

Gesetzgebung die Bereitschaft, für die Öffentlichkeit Dienste zu leisten. Nehmen die Bürger ihre Rechte und ihre Pflichten nicht wahr, werden sie zu Sklaven, wenn darunter mit Aristoteles Menschen verstanden werden, die unter despotischer, nicht politischer Herrschaft stehen.

1.5   Veränderung und Revolution

Die menschliche Natur entwickelt sich nicht zurück; es gibt keine Rückkehr in die Zeit der ursprünglichen Unschuld und Gleichheit. Bestehende Institutionen sind zu erhalten, da deren Zerstörung die Dinge nur verschlimmern würde. Es ist vielleicht möglich, den Verfall republikanischer Kleinstaaten aufzuhalten, doch darf nicht den geltenden Gesetzen und Verfassungen die Achtung verweigert und auf revolutionärem Weg die Verwirklichung der Demokratie angestrebt werden (OC I: 935, RJ 3). Alles, was die menschliche Weisheit vermag, ist, Änderungen zuvorzukommen und abzuwenden, was sie provozieren könnte (OC V: 68, LA).

2   Partizipation und Repräsentation: Positionen in der aktuellen Debatte

Wenn Rousseau das Repräsentationssystem ablehnt, kann nicht dessen konservative Funktion der Grund sein. Die französischen Revolutionäre haben sich gerne auf Rousseau berufen, so auch als sie unter Missachtung von dessen Empfehlungen die Repräsentation eingeführt und das imperative Mandat abgelehnt haben (Manin 1996: 1313). Rousseau hat die Revolutionäre wie ihre Gegner inspiriert, doch nur selten haben die Protagonisten ernsthaft versucht, seine politischen Ideen umzusetzen. Rousseaus Anliegen haben dagegen politische Denker wie Tocqueville und Marx aufgenommen. Für Tocqueville ist ein Volk, das von der Regierung nur die Aufrechterhaltung der Ordnung verlangt, Sklave des Wohlstands und bereit, sich einem Despoten zu unterwerfen (Tocqueville OCT I 2: 148, De la démocratie en Amérique). Marx konstatiert, der Staat verselbständige sich gegenüber der Zivilgesellschaft, sobald die Mittelklasse nicht mehr bereit ist, politisch zu handeln, und dem Untergang ihrer Herrschaft ihr „serviles Bravo" zuruft. Der Verzicht auf politische Macht wird mit der Sicherung materieller Macht kompensiert (Marx MEW 8: 191, Der 18. Brumaire des Louis Bonaparte). Emmanuel Joseph Sieyès hingegen rechtfertigt die repräsentative Regierung gerade mit der Notwendigkeit von Arbeitsteilung und Spezialisierung; Politik und Gesetzgebung sind in seiner Sicht Tätigkeiten, die Fachkompetenz voraussetzen;

die breite Beteiligung der Bevölkerung wäre unökonomisch. Dagegen behaupten Tocqueville wie Marx in der Nachfolge von Rousseau den Vorrang aktiver, politischer Freiheit. Passive Freiheit besteht zur Hauptsache im ungestörten Genuss am Eigentum, wie Locke (1977: 278; Zwei Abhandlungen II, § 123) und in seiner Nachfolge Rousseau (OC III: 269f., EP) darlegen. Wenn Benjamin Constant vor den Folgen eines allzu unbeschwerten Genusses und des Verzichts auf politische Teilhabe warnt (Constant 1972: 376, 393), so bewertet er doch die „Freiheit der Modernen" höher und assoziiert sie mit dem Repräsentationssystem, verstanden als die „Organisationsform, mit deren Hilfe eine Nation das, was sie nicht selber verrichten kann oder will, auf einige Männer abwälzt." Die Armen besorgen ihre Geschäfte selbst, die Reichen halten sich dafür Vertrauenspersonen, wie Constant präzisiert (ebd.: 392). Bis heute ist die Opposition zwischen positivem und negativem Verständnis der Freiheit ein zentrales Thema demokratietheoretischer Debatten.

Die Krisen der Demokratie sind spätestens seit den 1970er-Jahren zum Dauerthema der politischen Publizistik geworden (vgl. Marti 2006). Während konservative Autoren die Zunahme der Partizipation für die Krise verantwortlich erklären, sehen andere darin umgekehrt die Folge fehlender Partizipationschancen.

1970 erscheint Carole Patemans *Participation and Democratic Theory*. Obgleich Patemans Interesse primär der Demokratisierung der Wirtschaftsordnung gilt, stellt sie einleitend Rousseau als wichtigsten Vordenker partizipativer Demokratie vor. Wenn Rousseaus Republik einen vor-industriellen Stadtstaat voraussetzt, so bleiben seine Einsichten in den Wert politischer Partizipation dennoch gültig, wie Pateman glaubt. Rousseau macht den Erfolg demokratischer Partizipation von ökonomischen Bedingungen abhängig; nur in einer Gesellschaft kleiner bäuerlicher Grundeigentümer sind Gleichheit sowie die Unabhängigkeit jedes Bürgers möglich. In einer solchen Ordnung ist niemand gezwungen einem Vorschlag zuzustimmen, der nicht sowohl zu seinem eigenen wie zum Vorteil aller anderen ist (Pateman 1970: 23). Partizipation zwingt die Individuen, die Verbindung zwischen dem öffentlichen und ihrem eignen privaten Interesse zu erkennen, sich selbst zu beherrschen sowie nach Maßgabe ihres Gerechtigkeitssinns zu beraten, wie Pateman darlegt. Die Teilnahme an politischen Entscheidungen vergrößert die Freiheit des Individuums; wer partizipiert, vermag nicht nur das Handeln der Exekutive zu kontrollieren, sondern generell die Faktoren, die seine Handlungsmöglichkeiten bestimmen. Die Arbeiten von G. D. H. Cole versteht Pateman als Aktualisierung von Rousseaus Theorien. Cole teilt mit Rousseau die Ansicht, politische Gleichheit setze annähernd ökonomische Gleichheit voraus. Demokratie darf sich ihm zufolge jedoch nicht auf die politische Sphäre beschränken; am Arbeitsplatz und im industriellen Betrieb erfahren die Menschen Unfreiheit und Fremdbestimmung; wenn sie nicht hier die Fähigkeit zur Selbstregierung erlernen, kann politische Demokratie nicht funktionieren, so Coles Argument (Pateman 1970: 35 – 39).

Crawford Brough Macpherson hat 1977 in *The Life and Times of Liberal Democracy* ein Modell partizipatorischer Demokratie vorgestellt. Als Vertreter eines linken, von Marx inspirierten Liberalismus ist er überzeugt, liberale Demokratie sei nur zukunftsfähig, wenn sie sich nicht den Regeln der kapitalistischen Marktwirtschaft unterwirft, sondern das gleiche Recht jedes Individuums auf Selbstentfaltung fördert. Auch Macphersons Interesse an Rousseau gilt dessen Idee einer Gesellschaft unabhängiger Kleinproduzenten. Rousseau lehnt eine Ordnung ab, in der eine Klasse von einer anderen abhängig ist; erklärt er das Privateigentum für unantastbar, so gilt dies laut Macpherson nur für das selbsterarbeitete Eigentum des Kleinproduzenten. Wenn in der Republik niemand einen anderen kaufen und niemand gezwungen sein darf, sich zu verkaufen, ist damit in Macphersons Lesart das Verbot von Kauf und Verkauf von Lohnarbeit gemeint. Volkssouveränität setzt voraus, dass die Bürger fähig sind, jenes Interesse zu erkennen, das sowohl ihr je eignes als auch das allen gemeinsame ist. Nicht erkennbar ist es in Klassengesellschaften, in denen Menschen unvereinbare Interessen haben und jeder nur sein partikulares Interesse zu sehen vermag (Macpherson 1983: 25ff.).

Dass Autoren wie Pateman oder Macpherson Rousseaus republikanischer Idee Sympathie entgegenbringen, ist nachvollziehbar. Allerdings sind Projekte der Demokratisierung wirtschaftlicher Aktivitäten mit Rousseaus Idee legitimer Regierung kaum vereinbar. Sind die wirtschaftlichen Akteure unabhängige Kleinproduzenten, ist das Projekt einer Demokratisierung der Ökonomie überflüssig. Das Übel ist jedoch für Rousseau bereits geschehen, wenn man die Armen verteidigen und den Reichen Einhalt gebieten muss (OC III: 258, EP). Er weist der Regierung in der Abhandlung über die politische Ökonomie zwar eine moralisch-pädagogische Aufgabe zu, die Legitimation aktiver Sozial- und Wirtschaftspolitik lässt sich aus diesem Text aber nicht herleiten. Der Bürgerstatus bleibt dem männlichen Besitzbürger vorbehalten, und das wichtigste politische Anliegen ist der Schutz von Freiheit und Eigentum. Rousseau stellt die Frage, unter welchen sozioökonomischen Bedingungen die autonome Handlungsfähigkeit des Bürgers gesichert werden kann, er beabsichtigt nicht die Veränderung dieser Bedingungen.

Wie konsequent war Rousseau in seinen demokratischen Überzeugungen? Iring Fetscher versteht ihn als vormodernen Denker, dessen ideale Republik in modernen bürgerlichen Gesellschaften nicht verwirklicht werden kann (Fetscher 1975: 37). Richard Fralin stellt in seiner 1978 publizierten Abhandlung *Rousseau and Representation* eine Spannung fest zwischen Rousseaus beharrlicher Forderung nach direkter Partizipation jedes Bürgers sowie seiner hartnäckigen

Opposition gegen politische Initiativen des Volks. Rousseau lehnt die legislative Repräsentation nur ab, um umso entschiedener die exekutive Repräsentation zu fordern, so glaubt Fralin (1978: 5). Er setzt sein Vertrauen in die mäßigende Kontrollmacht der Exekutive und gesteht dem Volk lediglich ein Ratifikationsrecht zu. Selbst in den Schriften zu Genf, Korsika und Polen akzeptiert er das Prinzip der Repräsentation nur halbherzig (Fralin 1978: 96f., 106, 190ff.). Karlfriedrich Herb erklärt Rousseaus Ablehnung der Repräsentation mit dessen modernitätsfeindlicher Haltung und lenkt den Blick ebenfalls auf die restriktive Interpretation der Volksrechte sowie die diskursfeindliche Haltung (Herb 2000).

Wie ein Blick auf die demokratietheoretischen Debatten seit den 1960er-Jahren zeigt, ist Rousseaus Einfluss geringer als man vermuten könnte. Für die marxistisch inspirierte Kritik der liberalen Demokratie ist er nur bedingt ein Gewährsmann. Maßgebliche linksliberale Denker wie Rawls und Habermas sehen zwar in Rousseau einen Vorgänger, schenken ihm aber in ihren demokratietheoretischen Überlegungen kaum besondere Aufmerksamkeit. Die Abwendung großer Teile der intellektuellen Linken vom Marxismus sowie die (Wieder-)Entdeckung von Hannah Arendt und ehemaligen Marxisten wie Claude Lefort oder Cornelius Castoriadis führt ebenso wenig zu einer vertieften Auseinandersetzung mit Rousseau. Immerhin stellt sich Castoriadis, einer der anspruchsvollsten Vordenker radikaler Demokratie, in Rousseaus Nachfolge. Demokratie meint für ihn die Souveränität des Demos, eine Souveränität, die in Permanenz ausgeübt werden muss. Demokratie ist mit jeder Delegation von Macht unvereinbar, sie ist die direkte Macht aller Menschen über sämtliche Bereiche ihres sozialen Lebens. Rousseaus „grundlegendes Problem" muss, wie Castoriadis meint, neu formuliert werden; es geht darum, Institutionen zu schaffen, welche den Menschen die Erlangung individueller Autonomie sowie die tatsächliche Partizipation an jeder expliziten Macht ermöglichen, die in der Gesellschaft existiert (Castoriadis 1990: 138).

In jüngeren Diskussionen um die repräsentative Demokratie ist Rousseau nur selten präsent. Die Kritik der real existierenden demokratischen Institutionen und Prozeduren ist nicht verstummt, doch trifft sie meist nicht das Repräsentationssystem als solches, sondern bemängelt die fehlende Repräsentation bestimmter Interessen. Exemplarisch ist Iris Marion Youngs Buch *Inclusion and Democracy* zu nennen. Laut verbreiteten Klagen fühlen sich viele Menschen, insbesondere wenn sie zu benachteiligten sozialen Gruppen gehören, in öffentlichen Debatten und entscheidungsbefugten Gremien nicht repräsentiert. Gefordert werden demokratische Praktiken, die eine stärkere politische Inklusion unterrepräsentierter und übermäßig unter strukturellen Ungleichheiten leidender Gruppen fördern. Für Young ist die Ursache solcher Probleme aber nicht im Prinzip der Repräsentation zu orten. Der repräsentationskritischen Position wirft sie vor, die komplexen Realitäten demokratischer Prozesse nicht zur Kenntnis zu nehmen und fälschlich Repräsentation und Partizipation als Gegensatz zu interpretieren. Repräsentation ist ihr zufolge nötig, weil das Netz der sozialen Beziehungen in modernen Gesellschaften die Handlungen vieler verstreuter Menschen und zahlreicher Institutionen miteinander verknüpft und weil kein Mensch fähig ist, an allen Entscheidungen teilzunehmen, die sein Leben betreffen. Es gibt jedoch keinen einheitlichen Willen des Volkes, der repräsentiert werden könnte, und kein Repräsentant kann angesichts unterschiedlicher Interessen und vielfältiger Meinungen im Namen eines von allen angestrebten Gemeinwohls sprechen (Young 2002: 121 – 128).

Nadia Urbinati unternimmt in ihrer 2006 publizierten Studie *Representative Democracy* eine kritische Analyse von Rousseaus Konzeption von Souveränität und Repräsentation. Während in jüngeren demokratietheoretischen Diskussionen Befürworter einer Versöhnung von Demokratie und Repräsentation wie Kritiker repräsentativer Politik eine Trennung von Souveränität und Demokratie vorschlagen, hält Urbinati den Begriff der Volkssouveränität für unverzichtbar; fehlt ein Kriterium legitimer Entscheidung, droht die Fragmentierung der demokratischen Ordnung (Urbinati 2006: 53f.). Für problematisch hält sie Rousseaus Interpretation des Prinzips: Wird Souveränität auf den Akt der Entscheidung reduziert, lässt sie sich mit der Idee partizipatorischer Politik kaum verbinden. Was die Repräsentation betrifft, so ist sie unvereinbar mit einem Rationalismus, der politische Entscheidungen als Entscheidungen zwischen dem Richtigen und dem Falschen begreift. Im Gegensatz zu anderen Kritikern nimmt Urbinati jedoch die Motive von Rousseaus Rationalismus ernst: Die Identität der Interessen zeichnet den politischen gegenüber dem vorpolitischen Zustand aus, während das Repräsentationssystem den Willen privater Interessenträger aufwertet und die Ungleichheit zwischen Gesetzgebern und Gesetzesunterworfenen bewirkt. Diese Befürchtung erklärt Rousseaus negative Beurteilung der deliberierenden Volksversammlung: Kommunikation zwischen Bürgern oder Interessengruppen bedeutet den Austausch privater Meinungen, den Appell an Emotionen; Deliberation erfordert Rhetorik und Manipulation, sie korrumpiert die Fähigkeit und Bereitschaft des Bürgers, der öffentlichen Vernunft Priorität einzuräumen (Urbinati 2006: 65, 79f., 112).

Urbinatis Kritik lautet, Rousseau habe, indem er dem Volk zwar den souveränen Willen, der Elite der Delegierten aber das Urteilsvermögen und das Recht auf Deliberation zugeschrieben habe, eine minimalistische Auffassung von Partizipation vertreten. Sie hält es für nötig, Urteilsvermögen und Deliberationsrechte in die Definition von Souveränität einzubeziehen und derart breite politische Partizipation theoretisch zu begründen. Weit entfernt davon, ein totalitärer Demokrat zu sein, will Rousseau laut Urbinati ganz im Sinne eines moderaten Liberalismus dem Volk mit der legislativen Kompetenz die Macht geben, seine legitimen Interessen gegen die Zugriffe der Regierung zu schützen. Rousseaus bleibende Einsicht erkennt Urbinati darin, dass die „künstliche" Ungleichheit der Gesellschaft keine Legitimationsquelle für die politische Ordnung sein und Repräsentation nicht mittels Aufwertung der partikularen Willen die soziale Ungleichheit politisch verankern darf (Urbinati 2006: 100).

3   Benjamin Barber, Bernard Manin und Joshua Cohen

Benjamin Barber hat 1974 unter dem Titel *The Death of Communal Liberty* eine Geschichte des bis zu Beginn des 19. Jahrhunderts unabhängigen Staatenbunds Rätien veröffentlicht. Wie das Studium dieser Geschichte beweisen soll, ist die republikanische Alternative zur liberalen Demokratie keine weltfremde Utopie. Historikern gilt Rätien als das politische Gemeinwesen, das mehr als andere mit Rousseaus Ideen übereinstimmt. Anderthalb Jahrtausende rätischer Geschichte präsentieren sich Barber als permanenter Kampf, in dem eine alpine Gemeinschaft ihre Freiheit verteidigt gegen Feudalismus, Kirche und Reich, gegen Korruption und äußere Feinde, später gegen eidgenössische Integration, zentralistischen Föderalismus, Modernität und materialistischen Konsum-Kapitalismus (Barber 1974: 18) Aufschlussreich ist sein Kommentar zum von 1900 bis 1925 im Kanton Graubünden geltenden Autoverbot. Das Auto wurde, so Barber, nicht verboten, weil es eine technische Innovation ist, sondern weil damit die Außenwelt eindringt und stabile Gemeinschaften mit einem sich selbst antreibenden, die Gemeinschaft auflösenden Individualismus anzustecken droht. Das Auto verwandelt Bürger in bloße Individuen, Kinder, die in der Familie verwurzelt und einer gemeinsamen Vergangenheit verbunden sind, zu verwaisten Vagabunden; es wirft Gemeindemitglieder in eine heimatlose Gesellschaft, worin Unabhängigkeit Einsamkeit bedeutet und Befreiung nur das traurige Gefühl von Isolation vermittelt (Barber 1974: 249). Wie konsequent Barber Rousseaus Fortschrittskritik folgt, belegen seine Ausführungen zur konservativen Funktion der Referendumsdemokratie, zum Miliz-System im militärischen und politischen Bereich sowie zur Gemeindearbeit. Schließlich macht er das – in der Schweiz von den Männern erst 1971 zugestandene – Frauenstimm- und Wahlrecht für die Erosion der Grundlagen direkter Demokratie mitverantwortlich (Barber 1974: 258–274).[1] Barber

---

1   Siehe dazu auch die Relevanz der politischen Exklusion der Frauen aus Rousseaus Republik, wie sie der folgende Aufsatz von Ibscher thematisiert.

spricht den modernen Rechtsansprüchen nicht die Legitimität ab, konstatiert jedoch ihre die Voraussetzungen direkter Demokratie erodierende Kraft. Dass Rousseaus eignes Bild der Schweiz von Idealisierung und Mystifizierung geprägt und sein Verhältnis zur realen Schweiz ein schwieriges war, ist ihm durchaus bewusst (Barber 1985).

Rousseaus Einfluss ist in Barbers 1984 publizierter Streitschrift *Strong Democracy* unübersehbar. Barber ortet eine Ursache der Krise der liberalen Demokratie in der Privatisierung der res publica. Vergeblich bemüht sich der Liberalismus darum, Demokratie zu sichern, um Freiheit zu garantieren; die Mittel, deren er sich zu diesem Zweck bedient, sind eben dafür ungeeignet. Repräsentative Demokratie ist ein paradoxes Oxymoron; sie verschuldet den Verlust an Partizipation und staatsbürgerlicher Gesinnung (Barber 1984: 12ff.). Die Menschen werden „in Ketten geboren – als Sklaven der Abhängigkeit und des Mangels". Selbstbestimmung erwerben sie erst, wenn sie die schwierige Kunst der Selbstregierung erlernen (Barber 1984: 15). Barber verteidigt den Vorrang der Volkssouveränität vor den Menschenrechten; Rechte sind ihm zufolge nur in dem Masse legitim, wie es die Politik ist, aus der sie hervorgegangen sind. Was die liberale oder repräsentative Demokratie nicht zu fördern vermag, sind „die Einbindung in eine Gemeinschaft von Bürgern, [...] die Autonomie und Selbstbestimmung einer dauerhaften politischen Tätigkeit, [...] die bereichernde Gegenseitigkeit geteilter öffentlicher Güter" (Barber 1984: 62). Affinitäten zu einem vormodernen Kommunitarismus sind auch in dieser Schrift unübersehbar; die liberale Demokratie hat „zur Entstehung des Massenmenschen beigetragen: zur Entstehung von Individuen, die durch ihre Privatsphäre und ihren Besitz definiert, aber unfähig zur Selbstbestimmung sind" (Barber 1984: 70).

Die von Barber propagierte starke Demokratie ist zu verstehen als eine partizipatorische Politik, die Uneinigkeit durch Teilhabe am permanenten Prozess direkter Selbstgesetzgebung überwindet und abhängige, private Individuen in freie Bürger verwandelt (Barber 1984: 120f.). Repräsentation dagegen ist mit Freiheit unvereinbar; Männer und Frauen sind nur frei, wenn sie durch gemeinsames Beraten, Entscheiden und Handeln für die Politik verantwortlich sind, die ihr Leben bestimmt. Repräsentation ist ebenso wenig mit sozialer Gerechtigkeit vereinbar. Wird Gleichheit ausschließlich als allgemeines Wahlrecht begriffen, geraten die ökonomischen und sozialen Bedingungen aus dem Blick, die Gleichheit ermöglichen. Freiheit, Gleichheit und Gerechtigkeit sind „politische Werte, die nur unter der Bedingung einer sich selbst regulierenden Bürgerschaft theoretisch widerspruchsfrei und praktisch wirksam sind" (Barber 1984: 139f.). Starke Demokratie ist eine Alternative sowohl zur liberal-repräsentativen Demokratie wie zur kollektivistischen „Einheitsdemokratie"; sie fördert eine nicht kollektivistische Form von Gemeinschaft, eine nicht konformistische Form öffentlichen Argumentierens sowie bürgerliche Institutionen, die in modernen Gesellschaften eine „dauerhafte Beteiligung der Bürger an der Festlegung der Tagesordnung, der Beratung, Gesetzgebung und Durchführung von Maßnahmen" erleichtern (Barber 1984: 146). Mit Rousseau teilt Barber zahlreiche weitere Überzeugungen: Politische Willensbildung ist ein fortschreitender Umformungsprozess der gemeinsamen Welt; die Menschen können sich von ihren Ketten nur befreien, wenn sie kraft der Politik eine künstliche Freiheit schaffen, und die Demokratie bewirkt in ihnen eine „bemerkenswerte Veränderung" (Barber 1984: 232). Abschließend formuliert Barber Reformvorschläge zur Institutionalisierung starker Demokratie, dazu gehören Losverfahren und Rotation zwecks Korrektur der oligarchischen Tendenzen der Repräsentation, ebenso allgemeiner Bürgerdienst und Wehrpflicht.

Bernard Manins *Principes du gouvernement représentatif* sind 1995 erschienen. Das repräsentative Regierungssystem, wie es zunächst in England und später in Nordamerika und Frankreich verwirklicht worden ist, haben seine Verteidiger explizit als Gegenentwurf zur Demokratie verstanden, wie Manin in Erinnerung ruft. Es beruht auf sozialen Unterschieden und bewirkt eine ungleiche Verteilung von politischer Entscheidungsmacht und Information zwischen Regierenden und Regierten. Alternativen zum Repräsentationssystem finden sich in älteren Verfassungen; die prozedurale Grundlage der athenischen Demokratie wie auch frühneuzeitlicher republikanischer Ordnungen ist der Losentscheid, ein Verfahren, das im Zuge der Demokratisierungsbewegungen seit dem ausgehenden 18. Jahrhundert zunehmend in Vergessenheit gerät. Unter „direkter" Demokratie ist, wie Manin darlegt, nicht eine Verfassung zu verstehen, in der „alle politischen Hauptgewalten durch das versammelte Volk ausgeübt" werden (Manin 2007: 37). Kriterium der „Direktheit" ist das Auswahlverfahren; die Mitglieder entscheidungsberechtigter Institutionen werden ausgelost. Manin weist mit Aristoteles darauf hin, dass der Losentscheid als die eigentlich demokratische Auswahlmethode gilt. Das oberste Prinzip der Demokratie besteht nicht in der Identität von Regierenden und Regierten, sondern im Rotationsprinzip; es fördert eine demokratische Mentalität, weil alle Bürger, denen das Los die Mitgliedschaft in einer regierenden Institution zuweist, die Erfahrung, regiert zu werden, kennen und daher motiviert sind, bei ihren Entscheidungen die Lage aus der Perspektive der Regierten zu betrachten. Manin erkennt eine Übereinstimmung zwischen der Funktionsweise der athenischen Demokratie und Rousseaus republikanischem Ideal. In Rousseaus Entwurf wird jeder Bürger, der über Gesetze abstimmt, die für ihn und alle anderen gelten, dazu angehalten, anderen das zu wünschen, was er sich selbst wünscht. „Das Rotationsverfahren erzielte mittels zeitlicher Abfolge einen ähnlichen Effekt" (Manin 2007: 46).

Während das versammelte Volk in der repräsentativen Demokratie keine verfassungsmäßige Rolle spielt, hat es zwar auch in der athenischen Demokratie nicht
alle Macht ausgeübt, da wichtige Kompetenzen bei kleineren Körperschaften lagen. Deren Mitglieder wurden jedoch hauptsächlich durch Los bestimmt. Der
entscheidende Unterschied zwischen repräsentativer und direkter Regierungsform liegt laut Manin somit im Auswahlverfahren und nicht in der begrenzten
Zahl der Ausgewählten. Das Losverfahren brachte überdies grundlegende demokratische Werte zum Ausdruck; es ergänzte sich mit dem Rotationsprinzip und
spiegelte das Misstrauen gegen politisches Expertentum wider; es erzeugte einen
ähnlichen Effekt, wie die *isegoria*, das gleiche Recht für alle, in der Versammlung zu reden. Während die *isegoria* jedem, der wollte, einen gleichen Anteil der
Macht, die vom versammelten Volk ausgeübt wurde, sicherte, garantierte das
Losverfahren „jedem, der ein Amt anstrebte, die gleiche Wahrscheinlichkeit hinsichtlich der Ausübung der Funktionen, die nur wenigen Bürgern oblag" (Manin
2007: 15, 61f.).

Das moderne Verständnis legitimer Verfassung beruht auf dem Kriterium der
Zustimmung: für Menschen ist nur das verpflichtend, wozu sie ihre Einwilligung
gegeben haben. Das Losverfahren ist gerade nicht als Äußerung der Einwilligung zu verstehen. Die Vorstellung einer Einwilligung erlaubt es den Bürgern,
politische Autorität als legitim anzuerkennen, und sie verpflichtet sie gegenüber
dieser Autorität, doch sie erlaubt es nicht, eine Gleichverteilung von Beteiligungs-
chancen zu garantieren. Mit der Etablierung der repräsentativen Regierung hat
sich eine Form politischer Gleichheit durchgesetzt, „die das gleiche Recht aller
auf Einwilligung zur Macht beinhaltete, und nicht [...] die gleiche Chance auf ein
Amt." Die Frage, „wie Ämter, die seltene Ware, durch repräsentative Institutionen unter den Bürgern verteilt werden," wird nicht mehr gestellt (Manin 2007:
130f.). Vier Kriterien zeichnen das repräsentative System aus: Die Regierenden
werden in regelmäßigen Abständen gewählt; sie bewahren in ihren Entscheidungen eine gewisse Unabhängigkeit vom Willen der Wähler; die Regierten haben
die Freiheit, ihrem politischen Willen Ausdruck zu geben; politische Entscheidungen werden durch öffentliche Diskussion geprüft (Manin 2007: 14). Wenn es
nicht die Absicht der Begründer der repräsentativen Regierungsform war, dem
Volkswillen zur Regierung zu verhelfen, so wollten sie doch ebenso wenig, dass
die Repräsentanten ihre Entscheidungen völlig unabhängig von den Präferenzen
der Wähler treffen. Die Wählerschaft soll als Richter über die von den Repräsentanten umgesetzte Politik wachen. „Die repräsentative Demokratie ist kein System, in dem die Gemeinschaft sich selbst regiert, sondern ein System, in dem die
Politik und öffentliche Entscheidungen zum Gegenstand des Urteils der Wähler
gemacht werden" (Manin 2007: 262). Als Kritiker der repräsentativen Demokra-

tie hält Manin fest, es handle sich dabei seit ihrer Gründung bis heute um „eine Regierungsform der Eliten, die sich von der Masse der Bürger durch ihren sozialen Status, ihre Lebensform und ihren Bildungsstand unterscheiden". Mit der Vertiefung der Kluft zwischen Regierten und regierenden Eliten wächst der Eindruck, die Demokratie befinde sich in einer Krise, und nichts weist darauf hin, die repräsentative Regierungsform schreite fort in Richtung einer Selbstregierung des Volkes (Manin 2007: 316ff.). Manins Verdikt bezieht sich auf die von ihm so benannte Publikumsdemokratie, welche er nach dem frühen Parlamentarismus und der darauf folgenden Parteiendemokratie als dritte Stufe der repräsentativen Demokratie identifiziert. Es ist, wie er vorsichtig formuliert, „nicht sicher, ob sich die Kluft zwischen den Machteliten sowie den normalen Bürgern verringert und ob die Kontrolle der Wähler hinsichtlich des Handelns ihrer Repräsentanten zugenommen hat" (Manin 2007: 323).

Worin bestehen nun die Affinitäten zwischen Manins Analyse und Rousseaus Kritik der Repräsentation? Rousseau hat auf das Losverfahren als Merkmal der Demokratie hingewiesen, sich aber ebenso am Kriterium der Zustimmung orientiert. Tatsächlich wäre das Losverfahren einer wahrhaften Demokratie, in der die Menschen weitgehend gleich sind, angemessen, doch eine wahrhafte Demokratie ist im Urteil von Rousseau – zumindest als Regierungsform – eine Utopie. Manin erläutert im Anschluss an die Erläuterungen von Aristoteles, Montesquieu und Rousseau, inwiefern die Wahl ein aristokratisches Verfahren ist. Der Begriff „aristokratisch" ist in diesem Zusammenhang mehrdeutig. Einerseits bezieht er sich auf den Umstand, dass bei einer Wahl notwendig Unterscheidungskriterien – „besser" und „schlechter" – den Ausschlag geben, andererseits auf das von Manin thematisierte Distinktionsprinzip, wonach die Gewählten sich von den Wählenden in relevanter Weise unterscheiden. Sie können sich hinsichtlich ihrer intellektuellen, ethischen oder rhetorischen Kompetenz unterscheiden, sie können einen höheren gesellschaftlichen Rang einnehmen, über größere Handlungsfreiheit verfügen oder mehr materielle Ressourcen besitzen als der Durchschnitt der Wählenden. Bezüglich des letzten, historisch gesehen wohl entscheidenden Distinktionsmerkmals hält Manin fest, insbesondere angesichts der für den Wahlerfolg erforderlichen Kosten der Informationsverbreitung bevorzuge das Wahlverfahren die wohlhabenden Bevölkerungsschichten. Zwar könnte diese Ungleichheit mittels öffentlicher Finanzierung von Wahlkampagnen und strikter Kontrolle korrigiert werden, doch ist die Frage der Wahlfinanzierung von der politischen Theorie vernachlässigt worden, wie Manin anmerkt (Manin 2007: 198–200, 218f.).

Wenn die legislative Souveränität in den Händen des Volkes liegen muss, dieses aber nicht in corpore die Regierungsgewalt ausüben kann, braucht es zur

Konstituierung der Legislative kein Auswahlverfahren, wohl aber für die Bestimmung der Regierungsämter. Die Verteilung dieser Ämter ist eine besondere Maßnahme, wozu das Volk nicht befugt ist, kann es doch nur Regeln beschließen, die für alle Bürger in gleicher Weise gelten. Tatsächlich entspricht in Rousseaus Urteil der Losentscheid der Natur der Demokratie: Als Gesetzgeber darf das Volk nicht einem Bürger das Privileg eines Amts zuweisen, nur als Regierung dürfte es dies tun, doch eine demokratische Regierung lehnt Rousseau ab. Mit Manin kann argumentiert werden, einer demokratischen Regierung sei möglichst wenig Gelegenheit zu bieten, „besondere Entscheidungen als Regierung zu treffen" (Manin 2007: 108). Die Einführung des Losverfahrens zur Auswahl der Inhaber von Regierungsämtern wäre legitim, weil damit kein einzelner Bürger privilegiert, sondern lediglich eine allgemeine Regel festgelegt würde. Manin kann sich auf Rousseau stützen: Die demokratische Verwaltung ist umso besser, je weniger komplex ihre Handlungen sind. In der wahrhaften Demokratie ist ein Magistratsamt kein Vorteil, sondern eine Last, die man gerechterweise nicht einem eher als einem anderen auferlegen darf. Nur das Gesetz darf sie dem auferlegen, auf den das Los fällt (OC III: 442, CS IV 3). Die Bedingungen sind in dem Fall für alle gleich, und das Prinzip der Universalität des Gesetzes bleibt gewahrt. Manin führt eine weitere Stelle aus dem Kapitel an: In einer wahrhaften Demokratie sind die Menschen im Hinblick auf Sitten, Talente, Maximen und Vermögen gleich, es spielt daher keine Rolle, auf wen das Los trifft (OC III: 443, CS IV 3). Rousseaus Urteil wäre aber in einem für Manins Argument irrelevanten Punkt zu ergänzen: In einer wahrhaften Demokratie wäre das Los tatsächlich das geeignete Verfahren, doch ist die wahrhafte Demokratie eine Utopie, was im Kontext nur heißen kann, dass in Bezug auf Sitten, Talente, Maximen und Vermögen die Menschen ungleich sind. Wenn Rousseau somit für eine aristokratische Regierung plädiert, muss er sich konsequenter Weise für ein aristokratisches Auswahlverfahren entscheiden: In einer Aristokratie erhält sich die Regierung durch sich selbst, daher ist die Wahl geeignet (OC III: 442, CS IV 3).

Joshua Cohen hat sich, wie er in seinem 2010 erschienenen Buch *Rousseau. A Free Community of Equals* berichtet, mit Rousseau beschäftigt, seit er als Student die Vorlesung von Rawls besucht hat. Zuerst findet er ihn ärgerlich und konfus, bemüht sich dann aber um ein besseres Verständnis. Den früh gefassten Plan, ihm ein Buch zu widmen, hat er kürzlich erst verwirklicht. Rousseaus Lösung des „fundamentalen Problems" ist in den Worten Cohens die Vorstellung einer freien Gemeinschaft Gleicher. Frei ist die Gemeinschaft, weil sie die volle politische Autonomie jedes Mitglieds sichert; um eine Gemeinschaft handelt es sich, weil sie auf einem geteilten Verständnis vom und unbedingter Treue gegenüber dem Gemeinwohl beruht; gleich sind die Bürger dieser demokratischen Gesellschaft, weil das Gemeinwohl das Gut jedes Einzelnen widerspiegelt (Cohen 2010: 16). Rousseau ist gemäß Cohens Einschätzung zwar im soziologischen Sinn ein Kommunitarist, im philosophischen Sinn jedoch ein Liberaler. Seine Idee des Gemeinwohls darf nicht utilitaristisch als Maximierung des aggregierten Wohls verstanden werden, sondern kann sich nur auf die Wohlfahrt jedes einzelnen Bürgers beziehen. Das Prinzip, wonach jedem individuellen Interesse gleiche Berücksichtigung gebührt, verträgt sich nicht mit einer kommunitaristischen Idee des Gemeinwohls. Den Unterschied zwischen legitimen Eigeninteressen und nicht gemeinwohlverträglichen privaten Sonderinteressen erklärt Cohen damit, dass im zweiten Fall zwar identische Interessen wie etwa jenes der Sicherheit auf dem Spiel stehen können, Privatleute aber nicht motiviert sind, für die daraus entstehenden Kosten aufzukommen. Als Privatmensch mag ein Individuum das gleiche Gut wollen wie als Bürger, doch nur als Bürger ist er bereit, sich aktiv dafür einzusetzen und die Bedingungen zu akzeptieren, die er seinen Mitbürgern auferlegt. In diesem Sinne versteht Cohen Rousseaus Äußerung, wonach der Gemeinwille erkennbar ist, wenn man von den Sonderwillen jene abtrennt, die sich gegenseitig vernichten (s'entredétruisent, OC III: 371, CS II 3). Souveräne Autorität darf nicht mit Personen, selbst nicht mit dem Volk identifiziert werden, sie liegt im geteilten Verständnis des gemeinsamen Vorteils, worin die Interessen jedes Einzelnen berücksichtigt sind (Cohen 2010: 66).

Cohen sieht in dieser Deutung des Gemeinwohls die Grundlage für ein besseres Verständnis von Rousseaus Idee politischer Legitimität. So wichtig das Prinzip der legislativen Volkssouveränität sowie die Partizipation aller Bürger an der Gesetzgebung sind, darf doch die Kritik der Repräsentation nicht missverstanden werden. Das Ideal einer freien Gemeinschaft von Gleichen kann institutionell auf unterschiedliche Weisen verwirklicht werden. Auch in der direkten Demokratie repräsentiert die Regierung als Inhaberin der exekutiven Gewalt das souveräne Volk und schuldet ihm Rechenschaft. Für Cohen steht überdies außer Zweifel, dass Rousseau für das Recht der Bürger auf Versammlung und Deliberation eintritt. Nach eingehender Prüfung der Stellen, die in der Regel als Beleg für Rousseaus Geringschätzung der Demokratie ins Feld geführt werden, kommt Cohen zu einem günstigen Urteil: Rousseau bleibt der maßgebliche Vordenker der modernen Demokratie (Cohen 2010: 166–176). Relevant für den Kontext ist Cohens Rekonstruktion von Rousseaus Konzeption der Individualrechte. Zu den Grundrechten gehören erstens die Rechte auf Sicherheit und persönliche Freiheit, zweitens das Recht auf ein Wohlstandsniveau, das die Bürger vor dem Zwang bewahrt, sich verkaufen zu müssen; drittens Rechte auf persönliche Unabhängigkeit sowie Glaubens- und Gewissensfreiheit; viertens das Recht auf politische Mitbestimmung (Cohen 2010: 146f.). Für die Fragestellung ist das letzte Grund-

recht erheblich. Gibt es ein individuelles Recht auf direkte Beteiligung an der
Gesetzgebung? Eine positive Antwort legt zwar der Vergleich der Repräsentation
mit Sklaverei nahe, der jedoch für Cohen nur beschränkt aussagekräftig ist. Ein
Sklave hat keinen eigenen Willen, während ein Bürger, der sein Partizipations-
recht delegiert, sehr wohl einen eigenen Willen haben kann. Rousseaus Einwände
gegen das Repräsentativsystem sind, wie Cohen glaubt, nicht normativ, sondern
empirisch zu verstehen. Das Prinzip des politischen Lebens liegt in der souveränen Gewalt, und die Legislative ist das Herz des Staats, der seine Existenz nicht
den Gesetzen, sondern der gesetzgebenden Gewalt verdankt. Doch die Regierung
handelt gegen die Souveränität genauso wie der Sonderwille gegen den Gemeinwillen. Daher muss die Legislative wachsam bleiben, andernfalls droht die Regierung die ihr kommissarisch anvertraute Macht zu usurpieren. Problematisch ist
also für Rousseau nicht die zeitweilige Abtretung des Rechts auf Partizipation,
sondern die langfristige Erlahmung des staatsbürgerlichen Engagements, welche
die Unterminierung der Volkssouveränität bewirkt (Cohen 2010: 150ff.). Damit
sich der Gemeinwille manifestieren kann, ist schließlich ebenfalls entscheidend,
dass die Chancen zu handeln und zu entscheiden für alle Bürger gleich sind; die
Allgemeingültigkeit der Gesetze setzt die annähernde Gleichheit von Wohlstand
und Macht voraus (Cohen 2010: 153, 164).

4   Schluss:
Gesellschaftskritik, Prozeduren, normative Prinzipien

Es gibt viele Möglichkeiten, Rousseaus politische Ideen zu aktualisieren; die unterschiedlichen Perspektiven, die er im *Discours sur l'inégalité* und im *Contrat
social* wählt, weisen verschiedene Wege. Zu den für das Thema relevanten Schriften gehören ebenfalls die *Lettres écrites de la montagne* (vgl. Bernardi/Guénard/
Silvestrini 2005), sind doch Rousseaus politische Überlegungen hier konkreter als
im *Contrat social* und verlieren sich, anders als in den Schriften über Korsika und
Polen, nicht in Betrachtungen über nationale Eigenheiten oder in pädagogischen
Empfehlungen. Rousseaus politische Philosophie kann nicht verstanden werden,
wenn nicht die in den drei Schriften gewählten Perspektiven allesamt ernst genommen werden. Ebendies erklärt die Schwierigkeiten, mit denen jeder Versuch
einer Aktualisierung rechnen muss: Es ist zwar möglich, Rousseaus republikanische Konzeption zu verstehen, weniger klar ist jedoch, inwiefern er selbst diese
überhaupt für realisierbar gehalten hat. Die von ihm definierten idealen Bedingungen sind heute noch weniger gegeben als im 18. Jahrhundert. Welchen Wert
hat dann aber die Idee der Republik? Gilt es, die Realität radikal zu verändern, um

die Bedingungen herbeizuführen? Gilt es, die Kritik der bestehenden Verhältnisse mit moralischer Ermahnung zu verbinden? Kann ein System, das der Mehrheit nicht die erforderlichen Partizipationsmöglichkeiten bietet, mittels alternativer Prozeduren überlistet werden? Oder geht es darum, die normativen Prinzipien, die Rousseaus Ideal zugrunde liegen, im Rahmen moderner Demokratien zu verwirklichen?

Der erste Weg verbietet sich angesichts von Rousseaus Absage an revolutionäre Gewalt und die Veränderung der Eigentumsordnung. Wie der Blick auf die linke Rousseau-Rezeption von Pateman und Macpherson bis zu Cohen zeigt, sind moderne Vertreter radikaler Demokratie jedoch nicht bereit, den Bereich der Ökonomie und insbesondere die Institution des Privateigentums an ökonomischen Ressourcen auszublenden. Ihr Verhältnis zu Rousseau muss denn auch ambivalent bleiben; eine aktive Wirtschaftspolitik, wie sie Rousseau nicht hätte gutheißen können, ist für sie ein unverzichtbares Mittel zur Demokratisierung der Verhältnisse. Hinzu kommt, dass die für Rousseau noch selbstverständliche Unterscheidung zwischen anforderungsreichen, wenn auch nicht besonders problematischen exekutiven sowie anforderungsarmen, aber höchst vitalen legislativen Tätigkeiten heute nicht mehr nachvollziehbar ist. Kritiker der repräsentativen Demokratie werden, selbst wenn sie den guten Willen und die politische Kompetenz der Regierenden nicht in Zweifel ziehen, einwenden, dass diese angesichts der Macht privater Wirtschaftsakteure und der Sachzwänge der Globalisierung nicht mehr autonom handeln können und schon deshalb das Volk die Möglichkeit haben muss, an der „hohen" Politik zu partizipieren.

Den zweiten Weg hat Barber gewählt. Wenn er mit leidenschaftlicher Überzeugung Rousseaus Erbe hochhält, tut er dies mit beachtenswerter Konsequenz. In seiner Gesellschaftskritik verbindet sich die Diagnose einer unseligen Modernisierung, die mit Bindungslosigkeit und Individualismus einhergeht, mit der moralischen Ermahnung, im Interesse der Zusammengehörigkeit und Gerechtigkeit nicht nur politisch aktiv zu werden, sondern auch Pflichten gegenüber der Gemeinschaft wahrzunehmen. Als linksliberaler Intellektueller schreckt Barber nicht davor zurück, den konservativ-nostalgischen Grundzug in Rousseaus Denken ernst zu nehmen. In seinen Schriften kommt ein Dilemma radikaldemokratischer Bewegungen exemplarisch zum Ausdruck: Wachsende ökonomische Arbeitsteilung und staatliche Bürokratisierung bewirken zwar mehr Fremdbestimmung, doch Wege zurück in eine „bessere" Vergangenheit gibt es nicht. Diese Überzeugung wird nicht in allen radikaldemokratischen Projekten geteilt. Forderungen nach einem „Ausstieg" aus der globalen kapitalistischen Marktwirtschaft und nach einer Arretierung der Modernisierungsprozesse werden, trotz Ungewissheit bezüglich der Folgen, regelmäßig erhoben. Aus der Sicht der liberalen

und marxistischen Linken hingegen dürfen die der Modernisierung zu verdan-
kenden Freiheitsgewinne nicht aufs Spiel gesetzt werden, daher bleibt für diese
Seite die Berufung auf Rousseau problematisch.

Den dritten Weg wählt Manin, der zwar ein Grundanliegen – das Unbehagen
angesichts der Ungleichverteilung politischer Macht in Demokratien – mit Rousseau teilt, auf die sozialen und ökonomischen Ursachen aber nur beiläufig eingeht
und stattdessen untersucht, wie alternative Verfahren zumindest im politischen
Bereich den bisher von politischen Entscheidungen faktisch weitgehend Ausgeschlossenen mehr Einfluss sichern könnten. So anregend Manins Überlegungen
sind, so scheinen sie doch derzeit auf die zahllosen Reformdebatten zur „Demokratisierung der Demokratie" kaum Einfluss zu nehmen.

Cohen schließlich wählt den vierten Weg. Auch er ist ein engagierter Links-
intellektueller und hat mit Arbeiten wie *Associations and Democracy*, 1995 zusammen mit Joel Rogers veröffentlicht, sowie mit Artikeln zur deliberativen
Demokratie manches zur aktuellen Demokratiedebatte beigetragen. Wenn sich
Cohens Auseinandersetzung mit Rousseau primär auf Fragen der Kohärenz seiner normativen Argumentation bezieht, so gibt sie doch zugleich Aufschluss über
das entscheidende Motiv von Rousseaus Repräsentationskritik, und dieses Motiv
bleibt in den heutigen Debatten aktuell, wie die häufig erhobenen Klagen über
die Entpolitisierung oder das tiefe Niveau der politischen Auseinandersetzung
belegen. Es ist in diesem Zusammenhang daran zu erinnern, dass auch aus Sicht
der politischen Linken das Volk zwar im prozeduralen Sinn immer recht hat, aber
nicht immer aufgeklärt ist, sich also beispielsweise nicht immer der Idee universell
gültiger Menschenrechte verpflichtet weiß. Angesichts der zunehmend erfolgreichen rechtspopulistischen Agitation ist das Prinzip absoluter Volkssouveränität
gerade in direktdemokratischen Ländern wie der Schweiz problematisch geworden. „Repolitisierung" oder der Versuch, der politischen Auseinandersetzung einen vernünftigeren Inhalt zu geben, erweist sich freilich als ein äußerst komplexes
Projekt, das auf mehreren Ebenen zugleich in Angriff zu nehmen wäre: auf institutioneller und prozeduraler Ebene, auf der Ebene der Kontrolle der politischen
Einflussnahme mächtiger privater Akteure und der Reglementierung der Partei-
enfinanzierung, auf der Ebene der Verantwortung der Medien, der politischen
Bildung und der Förderung demokratischer Kommunikationsformen, und nicht
zuletzt auf der Ebene der individuellen Motivation beziehungsweise der Anreiz-
systeme, die politisches Engagement belohnen oder bestrafen können.

5 Literatur

Barber, Benjamin (1974): The Death of Communal Liberty. A History of Freedom in a Swiss Mountain Canton. Princeton

Barber, Benjamin (1994): Starke Demokratie. Über die Teilhabe am Politischen, Hamburg.

Barber, Benjamin (1985): How Swiss is Rousseau, in: Political Theory 13.4: 475 – 495.

Bernardi, Bruno/Guénard, Florent/Silvestrini, Gabriella (2005): Religion, Liberté, Justice. Sur les Lettres écrites de la montagne, Paris.

Castoriadis, Cornelius (1990): Le Monde morcelé, Paris.

Cohen, Joshua (2010): Rousseau. A Free Community of Equals, Oxford.

Constant, Benjamin (1972): Über die Freiheit der Alten im Vergleich zu der der Heutigen, in: Werke in vier Bänden, Bd. IV, Berlin: 365 – 396.

Fetscher, Iring (1975): Rousseaus politische Philosophie. Zur Geschichte des demokratischen Freiheitsbegriffs, Frankfurt/Main.

Fralin, Richard (1978): Rousseau and Representation, New York.

Herb, Karlfriedrich (2000): Verweigerte Moderne. Das Problem der Repräsentation, in: Brandt, Reinhard/Herb, Karlfriedrich (Hg.): Jean-Jacques Rousseau, Vom Gesellschaftsvertrag oder Prinzipien des Staatsrechts, Berlin: 167 –188.

Locke, John (1977): Zwei Abhandlungen über die Regierung, Frankfurt/Main.

Macpherson, Crawford Brough (1983): Nachruf auf die liberale Demokratie, Frankfurt/Main.

Manin, Bernard (1996): Rousseau, in: Furet, François/Ozouf, Mona (Hg.): Kritisches Wörterbuch der Französischen Revolution, Bd. II, Frankfurt/Main: 1308 – 1331.

Manin, Bernard (2007): Kritik der repräsentativen Demokratie, Berlin.

Marti, Urs (2006): Demokratie – das uneingelöste Versprechen, Zürich.

Marx, Karl/Engels, Friedrich (1956ff.): Werke (MEW), Berlin.

Pateman, Carole (1970): Participation and Democratic Theory, Cambridge.

Rousseau, Jean-Jacques (1959ff.): Œuvres Complètes (OC), édition publiée sous la direction de B. Gagnebin et M. Raymond, Paris (verwendete Siglen: C: Confessions; CS: Du contrat social; DI: Discours sur l'inégalité; EP: Discours sur l'économie politique; GP: Considérations sur le gouvernement de Pologne; LA: Lettre à D'Alembert; LM: Lettres écrites de la montagne; PC: Projet de constitution pour la Corse; RJ: Rousseau juge de Jean-Jacques).

Tocqueville, Alexis de (1951ff.): Œuvres complètes (OCT), édition publiée sous la direction de J. P. Mayer, Paris.

Urbinati, Nadia (2006): Representative Democracy. Principles and Genealogy, Chicago.

Young, Iris Marion (2002): Inclusion and Democracy, Oxford.

Die ambivalente Rolle der Frauen im Spiegel der politischen Theorie Rousseaus

Verena Ibscher

1 Einleitung

Rousseau wird im Jahr 1712 in ein ebenso patriarchales wie androzentrisches Zeitalter geboren, in dem die große Mehrheit der Menschen die Existenz geschlechtsspezifischer Differenzen nicht in Frage stellt. Zwar gibt es schon seit der Frührenaissance einen Geschlechterstreit, der während der Epoche der Aufklärung an Aufschwung gewinnt. Die Unterstützer der Emanzipation sind jedoch rar, ihr Einfluss kann weder die Massen erreichen noch spürbare Veränderungen schaffen. Zur Rechtfertigung der auch gesetzlich verankerten Geschlechterhierarchie, nach der die Frau als dem Mann in allen Bereichen untergeordnet anzusehen ist, dienen den Befürwortern angeborene Unterschiede körperlicher und geistiger Art sowie der christliche Glaube (vgl. Gerhard 2009: 11 – 13).

Rousseaus eigenes Frauenbild ist aufgrund einer Vielzahl sich – freilich oft nur auf den ersten Blick – widersprechenden Aussagen schwer zu kategorisieren. Während einige Passagen ein positives, teils fortschrittliches Frauenbild vermuten lassen, enthalten andere traditionelle bis regelrecht verachtende Ansätze. Manchmal werden Frauen als den Männern vollkommen unterlegen, fast willenlos dargestellt, in anderen Abschnitten wiederum als das einflussreichere, herrschende Geschlecht.

Der vorliegende Beitrag diskutiert jene gegensätzlichen Aussagen mit dem Ziel, den Zusammenhang zwischen Rousseaus eigenwilliger Behandlung der Frauenfrage und seinen staatstheoretischen Ausführungen zu erhellen. Zu diesem Zweck werden zunächst die propagierten Differenzen zwischen den Geschlechtern sowie deren (vor allem im *Discours sur l'inégalité* behandelter) Ursprung genauer beleuchtet. Anschließend finden, Bezug nehmend auf zwei exemplarische Unterschiede, seine gegensätzlichen Vorstellungen der *idealen* Frau anhand der Charaktere Julie (aus dem gleichnamigen Briefroman) und Sophie (aus dem *Émile*) Beachtung. Darauf aufbauend erfolgt eine Untersuchung der Relevanz jener Positionierungen für Rousseaus Einteilung der öffentlichen und privaten Sphäre sowie eine spezifische Analyse der „Machtposition", die die Frauen dort jeweils bekleiden. Vor diesem Hintergrund erfährt Rousseaus ambivalente Haltung zwischen Glorifizierung und kaum verhohlener Verachtung der Frau eine neue Bewertung.

2   Natürliche Ungleichheiten
zwischen den Geschlechtern

Dass Männer und Frauen von Natur aus ungleich sind, steht für Rousseau außer Frage. „Was wir mit Sicherheit wissen", schreibt er im *Émile*, ist, dass „alles, was sie gemein haben, gattungsbedingt und alles Unterschiedliche geschlechtsbedingt ist" (Emil: 720). So werden vor allem im fünften Buch seiner großen pädagogischen Schrift geschlechtsspezifische Charaktermerkmale, Interessen und Eigenschaften von Frauen vorausgesetzt. Das Spektrum dieser Unterschiede erstreckt sich von der körperlichen Schwäche und dem geringeren geistigen Fassungsvermögen über Koketterie, Listigkeit, Schamgefühl, Höflichkeit, einem gesteigerten Interesse an der eigenen Schönheit sowie schönen Dingen, dem Wunsch zum Erlernen nützlicher Tätigkeiten (wie Nähen) anstatt sich zu bilden, bis hin zu Unterwürfigkeit und Abhängigkeit (Emil: 721, 734, 739, 743, 745, 747, 756, 776, 795). Jungen und Männer sind hingegen im Besitz genau gegenteiliger Merkmale, wodurch eine Polarität der Geschlechter konstruiert wird.

Aus der Ungleichheit von Mann und Frau folgert Rousseau, dass auch der Zweck ihrer Existenz nicht derselbe sein kann. Während für Männer eine breite Palette möglicher Tätigkeiten Erwähnung findet, wird das Leben der Frau bei oberflächlicher Betrachtung auf eine zentrale Pflicht beschränkt: die Mutterschaft (Emil: 728). Unabdingbar damit verknüpft ist alleinige Verantwortung für den Haushalt. Für jede Tätigkeit in der Öffentlichkeit, insbesondere solche von intellektueller oder politischer Natur, ist das weibliche Geschlecht nicht geeignet. Mit Verweis auf die natürliche Unterwürfigkeit und Abhängigkeit von Frauen wird ihnen nicht nur jegliche Freiheit aberkannt, sondern sogar behauptet, sie hätten kein Verlangen danach, frei zu sein (vgl. Trouille 1997: 17).

Die natürlichen Unterschiede als Faktum betrachtend, lehnt Rousseau jegliche Einwände gegen die konstatierte Aufgabenverteilung kategorisch ab:

> Die Unterschiedlichkeiten müssen ihren Einfluss auf die Geistesanlagen ausüben, diese Schlussfolgerung ist einleuchtend, entspricht der Erfahrung und beweist die Sinnlosigkeit der Streitereien um den Vorrang oder die Gleichberechtigung der Geschlechter: als ob jedes von beiden, wenn es nach seiner besonderen Bestimmung den von der Natur vorgegebenen Zielen zustrebt, nicht vollkommener wäre, als wenn es sich dem anderen angleiche. (Emil: 720)

Der im *Émile* häufig wiederholte Verweis auf die Natur gewinnt bei der Betrachtung des Kontextes, nämlich das durch richtige Erziehung zu erreichende Ideal eines möglichst *natürlichen* Menschen, nochmals an Tragweite. Verstärkt wird dies durch den dogmatischen Charakter, der Begriffen wie „Bestimmung" unwei-

gerlich innewohnt. Auf diesem Weg erfolgt denn auch die Legitimation der ungleichen Behandlung von Jungen und Mädchen bzw. Männern und Frauen. Nicht
umsonst stehen die beiden oben zitierten Passagen am Anfang des fünften Buches
des *Émile*, das die richtige Erziehung von Mädchen zur idealen Frau thematisiert.
Gleichwohl bleibt die Frage, ob Rousseau die eben genannten Unterschiede
wirklich durchgängig als „natürlich", also angeboren und unabänderlich erachtet, oder ob sie nicht vielmehr auf entsprechende Sozialisation zurückzuführen
sind. Vor allem die Ausführungen im *Discours sur l'inégalité*, welche den Übergang vom Naturzustand in den bürgerlichen Zustand beschreiben, sind in diesem
Zusammenhang relevant. Rousseaus Konstruktion des Naturzustandes basiert
hier bekanntermaßen auf dem Menschen als Geschöpf, das keinerlei Gesellschaft
kennt, sondern wie ein gewöhnliches Tier isoliert in der Natur lebt. Der einzige
Unterschied in den Lebensweisen von Frauen und Männern besteht darin, dass
erstere sich allein um ihre Kinder kümmern, bis diese befähigt sind, für sich
selbst zu sorgen. Das liegt daran, dass sich Mann und Frau direkt nach der Paa-
rung trennen und meistens nie wieder begegnen. Es wird keine Bindung zwischen
Mutter und Kind aufgebaut, sondern nur eine Gewöhnung, die in dem Moment
endet, in dem das Kind die Mutter verlässt (vgl. Discours II: 51f.). Zwar existieren
natürliche Unterschiede zwischen den Menschen wie Körperkraft und Alter, geschlechtsspezifische Differenzen, wie sie uns im *Émile* begegneten, finden jedoch
keine Erwähnung. Auch die Lebensweise von Männern und Frauen ist im Grunde
die gleiche. Gesellschaftliche Eigenschaften, wie es Höflichkeit, Koketterie oder
Schamgefühl sind, spielen keine Rolle. Von solchen haben die Menschen noch
keine Vorstellung, da sie noch nicht zur Reflexion befähigt sind (vgl. Discours II:
40f.). Es stellt sich also die Frage, wie den beiden Geschlechtern eigentlich verschiedene Eigenschaften angeboren sein können, wenn gemäß der Argumentati-
onslogik im *zweiten Diskurs* im Naturzustand *alle* Menschen gleich sind und sich
die unterschiedlichen Lebensweisen der Geschlechter offensichtlich erst in der
Gesellschaft manifestieren, die die Abhandlung per se als unnatürlichen Zustand
(und den Menschen, der in ihr lebt, entsprechend als „entartetes Tier") darstellt
(Discours II: 41).
Eine Antwort darauf könnte sein, dass der Naturzustand lediglich als Gedankenexperiment fungiert, um die Legitimation der bestehenden gesellschaftlichen
und politischen Ordnung zu problematisieren und keinen ehedem real existenten
Zustand beschreibt. De facto ist es ja gerade der Ausgangspunkt von Rousseaus
Untersuchung „alle Tatsachen beiseite zu lassen" sowie insbesondere zu ignorie-
ren, dass der Mensch in Wahrheit von Gott geschaffen wurde, weshalb er von
Anfang an zur Reflexion und zu moralischen Wertungen befähigt war (Discours
II: 32f.). Unter diesem Gesichtspunkt ließe sich desgleichen schlussfolgern, dass

auch die geschlechtsspezifischen Charakteristika von Gott stammen. In die gleiche Richtung weisen das oben bereits genannte Dogma der „Bestimmung", mit
dem Rousseau im *Émile* operiert, sowie eine Stelle im *Lettre à d'Alembert sur les
spectacles*, die zumindest die weibliche Schamhaftigkeit als von Gott gegeben
schildert (Brief: 418).

Diese und andere Stellen belegen, dass sich Rousseau in jedem Fall gegen die
klassische These des späteren Egalitätsfeminismus ausspricht, zwischen den Geschlechtern bestünden lediglich sozialisierte Unterschiede. Indes bleibt einstwei-
len noch offen, inwiefern er aus den gottgegebenen Differenzen zugleich eine unterschiedliche Behandlung von Frauen und Männern im (nicht natürlichen) Staat
zu rechtfertigen vermag. Erschwerend kommt hinzu, dass Rousseau auch im *Émile* dem Leser durchaus Anlass zu der Vermutung gibt, die Differenz zwischen den
Geschlechtern könnte zumindest bis zu einem gewissen Grad aus Sozialisation
resultieren. So verstehe sich ein Kind beispielsweise noch nicht als geschlechtli-
ches Wesen (vgl. Emil: 453f.). Jedoch muss man zweifelsfrei zugeben, dass Passagen solcher Art – verglichen mit denen, die von natürlichen Unterschieden ausgehen – kaum ins Gewicht fallen.

Und doch sollte man die Bedeutung dessen nicht unterschätzen, dass erst der
(gedanklich zu ergänzende) religiöse Einwand Rousseaus These von den natürlichen Unterschieden der Geschlechter Stringenz verleiht und der *Discours sur
l'inégalité* die körperliche Unterlegenheit der Frauen mehr oder weniger beiseite lässt. Die dortigen Ausführungen würden es – entgegen der im *Émile* evident
werdenden Auffassung – zumindest nicht ausschließen, dass die geschlechtsspezifischen Charaktermerkmale und Interessen hauptsächlich durch Sozialisation
entstanden sind. Erhärtet wird dies, indem im Zustand des vorgesellschaftlichen
Zusammenlebens in kleinen Gruppen von Unterschieden in den geistigen Fähigkeiten der Geschlechter keine Rede ist.

> Die Übereinstimmung, die er mit der Zeit zwischen ihnen [den Mitmenschen], sei-
> nem Weibchen und sich selbst wahrnehmen konnte, ließen ihn jene Übereinstim-
> mung beurteilen […]; und als er sah, dass sich alle so verhielten, wie er sich selbst
> unter den gleichen Umständen verhalten hätte, schloss er daraus, dass ihre Art zu
> denken und zu fühlen völlig mit der seinen übereinstimmte [...] (Discours II: 77).

Diese „wichtige Wahrheit" (ebd.) soll zwar in erster Linie den Unterschied zwischen Menschen und Tieren markieren, immerhin aber schließt Rousseau die
Frau an dieser Stelle explizit als dem Mann gleichgestellt in seine Überlegungen
mit ein. Die Ursachen für die immer wieder genannten angeborenen Unterschiede in den geistigen Fähigkeiten der Geschlechter bleiben demnach angesichts der

obigen Beschreibung des *homme naturel* im *zweiten Diskurs* im Dunkeln bzw. wirken alles andere als konsistent. Die genaue Lektüre verrät stattdessen, dass sich die Divergenzen in der Lebensweise von Männern und Frauen offensichtlich erst im Goldenen Zeitalter entwickeln. Inzwischen leben die Menschen in familiären Verbänden und haben Emotionen für den Partner und die gemeinsamen Kinder ausgebildet. Im Zuge dessen entsteht die klassische Rollenverteilung, nach der die Frau den Haushalt sowie die Kindererziehung übernimmt, während die Versorgung der Familie die alleinige Aufgabe des Mannes darstellt (vgl. Discours II: 79).

Eine Begründung für diese These liefert Rousseau nicht. Friederike Kuster folgend kann hier von einer androzentrischen Verkürzung ausgegangen werden, was die Übertragung der Verhältnisse seiner Zeit auf das Goldene Zeitalter betrifft (Kuster 2005: 75). Interessant ist, dass Rousseau früheren Kontraktualisten ein ähnliches Vorgehen zum Vorwurf macht. So missbilligt er, dass diese nicht den natürlichen, wilden Menschen, sondern bereits den „gesitteten" beschrieben und dabei insbesondere die menschliche Fähigkeit zur Reflexion vorausgesetzt hätten, ohne auf deren Genese im Rahmen der Gesellschaft einzugehen (vgl. Discours II: 32f.). Noch auffälliger aber ist, dass Rousseau zwar einerseits die körperliche Unterlegenheit der Frau in seine Naturzustandskonstruktion integriert, diese aber gerade nicht als explizite Begründung für die unterschiedlichen Geschlechterrollen im Goldenen Zeitalter thematisiert. Als überzeugendes Indiz für die erwähnte androzentrische Verkurzung ist stattdessen zu werten, dass Rousseau im Grunde *jeden* Zustand vor Einführung des Eigentums als Zustand der Gleichheit deklariert, ohne zu reflektieren, dass die Gleichheit spätestens ab dem Augenblick nicht (mehr) gegeben ist, ab dem das Geschlecht evidenterweise ausschlaggebend für den Lebensentwurf wird. Aus feministischer Perspektive ist zudem die Ausrichtung der Frau auf den Lebensmittelpunkt „Mann, Kind, Haushalt" bezeichnend. Durch diese existiert die Frau nur noch im Bezug auf ihre Familie, während für den Mann die Öffentlichkeit reserviert ist. Dass es Ungleichheiten zwischen den Menschen abseits der materiellen Eigentums- und Besitzverhältnisse geben könnte, dafür fehlt dem Autor des *Discours sur l'inégalité* die nötige Sensibilität.

3 Rousseaus Frauenideal

Ähnlich inkohärent wie Rousseaus Ausführungen zu den Geschlechterdifferenzen gestalten sich auch die Äußerungen zu seinem Frauenideal. Mit den Protagonistinnen der Schriften *Émile* und *Julie* konfrontiert er den Leser mit zwei auf den ersten Blick recht heterogenen Frauentypen, die aber beide als vorbildlich dargestellt werden. Im Folgenden werden zwei der Hauptunterschiede (Bildungsstand und Äußerung von Kritik) exemplarisch behandelt.

Grundsätzlich ist die Bildung für Mädchen und Frauen für Rousseau von höchstens zweitrangiger Bedeutung, da geistige Arbeit in den natürlichen Zuständigkeitsbereich der Männer fällt. Eine Frau ist für ihn nicht fähig, in Eigenregie Verdienste im wissenschaftlichen oder künstlerischen Bereich zu erwerben. Wenn Frauen auf diesem Gebiet in Ausnahmefällen erfolgreich sind, so sei dies zumeist auf einen männlichen Gehilfen zurückzuführen, „der ihnen insgeheim ihre Orakel diktiert" (Emil: 819). Deshalb sollten Frauen eigentlich gar nicht erst den Versuch unternehmen, sich in wissenschaftlicher Hinsicht mit Männern zu messen, da sie gleiche Leistungen doch nur durch Betrug erreichen könnten.

Eine Frau jedoch völlig von der Bildung auszuschließen, wäre nur in sehr entlegenen Gegenden oder einer sehr einfachen Gesellschaft angebracht, immerhin aber nicht prinzipiell abzulehnen (vgl. Emil: 768). Sophie hat vor dem Treffen mit *Émile* nur periphere Kenntnisse erworben; das Hauptaugenmerk wurde auf emotionales Urteilsvermögen gelegt (vgl. Emil: 820f.). Ihr späterer Ehemann nimmt nunmehr die Rolle eines Lehrers an, der ihr Zugang zu dem nach seiner Meinung angebrachten Wissen gewährt. Sie ist nicht als selbstständig denkendes Individuum erwünscht, ihre Einstellungen werden von ihrem Mann gelenkt. Schließlich ist es ja ihre Aufgabe, ihm zu gefallen. Dieses Ideal trägt Züge der antiken Heiratspraxis in Athen, in der junge, völlig ungebildete Mädchen mit viel älteren Männern vermählt wurden, die sie ebenfalls nach ihrem Wohlgefallen formen konnten (vgl. Scheer 2011: 21). Sophies Erwerb von Wissen stellt keinen Selbstzweck dar, sondern ist nur mit Bezug auf zwei Tatsachen legitim: Sie muss erstens, wie erwähnt, ihrem Mann gefallen, und zweitens auf ihren Part in der Erziehung der gemeinsamen Kinder vorbereitet werden. Würde sie dazu nicht ein gewisses Mindestmaß an Bildung erwerben, wäre sie der Erfüllung dieser Aufgabe nicht gewachsen (vgl. Emil: 818).

Julie dagegen ist in weit höherem Maße gebildet, sie hat St. Preux als ihren Hauslehrer, von dem sie in verschiedenen Bereichen geschult wird. Ein Grund liegt sicherlich auch hier in der Prädestination ihrer späteren Mutterrolle, in der ihr – als Erzieherin eines Kindes höheren Standes – andere Leistungen abverlangt werden als Sophie. Auch muss sie den Ansprüchen ihres späteren Ehemannes genügen können und sich, schon vor ihrer Ehe und Mutterschaft, in die Welt der Intellektuellen einfügen. Deshalb wird ihre Erziehung nicht möglichst nah am ursprünglichen Menschen angesiedelt, wie es bei Sophie der Fall ist, da die jeweiligen Umstände unterschiedliche Bedingungen nach sich ziehen.

Dennoch stellen in Julies Fall der Erwerb von Wissen sowie vor allem ihre selbständige Erkenntnis bis zu einem gewissen Grad einen Selbstzweck dar. Wie aus einem Brief von St. Preux an Julie hervorgeht, soll sie das Wissen für sich selbst anwenden lernen, um geistige Erfüllung daraus zu ziehen (Julie: 57). Zwar entscheidet der Hauslehrer, den Lehrstoff drastisch einzuschränken, begründet dies allerdings mit Julies Fähigkeit zu eigenständigem Denken, das gefördert werden soll. Selbst nach ihrer Hochzeit mit dem Herrn von Wolmar setzt Julie ihre Bildung selbstständig fort, allerdings haben ihre Pflichten als Hausfrau und Mutter nun Vorrang. Hier zeichnet Rousseau also ein verhältnismäßig „modernes" Frauenbild, das aber trotzdem die traditionellen Muster letztlich nicht in Frage stellt. Zudem wird immer wieder betont, dass Julie eine außergewöhnliche Frau ist, die einer anderen Bildung und Behandlung bedarf als die meisten ihrer Geschlechtsgenossinnen. Das allgemeine Frauenbild und -ideal erfahren demnach durch Julie keine signifikante Änderung.

Neben einem hohen Bildungsstand spricht Rousseau den Frauen im *Émile* auch jegliches Recht ab, über Ungerechtigkeiten zu klagen. Dies wird zum einen durch ihr unterwürfiges Naturell, zum anderen durch die Dominanz der öffentlichen Meinung begründet (vgl. Emil: 795). Anders als ein Mann, der nur sich selbst Rechenschaft schuldig ist, muss eine Frau auch von ihrem Umfeld anerkannt werden. Diese Anerkennung ist für sie nicht weniger relevant als ihr tatsächliches Benehmen und ihre Motive (vgl. Emil: 733). Wenn sie kritisiert wird, spielt es im Grunde keine Rolle, ob dies gerechtfertigt ist oder nicht. In jedem Fall hat sie, allein durch das Aufkommen der Kritik, ihre Pflicht verletzt. Zudem haben Frauen immer eine nach den Männern zweitrangige Position inne, weswegen sie unter keinen Umständen ein Urteil, das von einem Mann oder den Männern über sie gefällt wird, in Frage stellen dürfen (vgl. Emil: 744). Sophie entspricht in den meisten Fällen diesem Ideal, sie beschwert sich selten. Zwar kommt es durch die Launenhaftigkeit, die Frauen zu Eigen ist, manchmal vor, „dass sie sich vergisst" (Emil: 794); diese Fehler bereut sie aber schnell und macht sie wieder gut. Zudem haben ihre Beschwerden immer eine aktuelle Problematik, wie das unentschuldigte Fernbleiben Émiles bei einer Verabredung, zum Inhalt (vgl. Emil: 876–881). Zu politisch einschlägigen Themen äußert sie sich nie.

Julie dagegen verstößt gleich zu Beginn des Werkes durch die Affäre mit St. Preux gegen Sitten und Herkommen, äußert ihre Unzufriedenheit über die Situation von Frauen in ihren Briefen und lehnt sich mit dem Versuch, von ihrem Geliebten schwanger zu werden, um der Vermählung mit Herrn von Wolmar zu entgehen, aktiv gegen die Entscheidung ihres Vaters auf. Damit stellt Rousseau mit Julie nicht nur einen gegenteiligen Charakter zu Sophie dar, der gegen die oben zitierten Benimmregeln verstößt, sondern lässt durchaus auch emanzipatorische Tendenzen in seinen Roman einfließen.

Führt man sich die Intention des Werks – ein Plädoyer für die Abschaffung der Ständegesellschaft – vor Augen, schmälert das die Bedeutung dieser Tendenzen allerdings enorm. Die Figur Julie ist eingebettet in ein Erziehungskonzept, dessen soziokulturelle Grundlagen Rousseau verneint. Julies Auflehnung (bei der sie von ihrem Bildungsstand profitiert) würde nach Abschaffung der Ständegesellschaft obsolet und mit dieser verlören auch die vorhandenen emanzipatorischen Ansätze ihre Berechtigung. Julies Wunsch nach der Verbesserung der Frauensituation stellt überdies keinen Selbstzweck dar, sondern bleibt an ihre persönlichen Begierden gekoppelt. Sie lehnt sich einerseits um ihrer selbst willen gegen eine ihr angetane Ungerechtigkeit auf und attackiert andererseits aus persönlichen Motiven die Ungerechtigkeit der ganzen Gesellschaft, ohne auf diesem Weg etwa zugleich nach politischer Mitsprache zu verlangen. Die traditionellen Geschlechterrollen und Pflichten von Frauen werden deswegen insgesamt auch nicht in Frage gestellt. Vielmehr unterwirft sich Julie am Ende sogar der Entscheidung ihres Vaters und heiratet einen Mann, den sie nicht liebt. Somit gibt sie sich einer „Bestimmung" im doppelten Sinne hin. Sie folgt der von der Ständegesellschaft oktroyierten Rolle einer adligen Frau und erduldet das Unrecht, anstatt weiter aufzubegehren, was der Genügsamkeit Sophies in frappierender Manier ähnelt. Der Unterschied ist nur, dass der Erziehungsroman *Émile* das Projekt einer Verbesserung der ganzen Gesellschaft bereits aufgegeben hat, weshalb sich Sophie völlig auf ihre „natürliche" Frauenrolle konzentrieren kann und Émile mit ihr eine Partnerin findet, die das perfekte Pendant zu ihm bildet. Julie bleibt demgegenüber einem zivilisatorischen Stadium verhaftet, in dem sie sich einer *Fremd*bestimmung gerade nicht entzieht, so dass gemäß der Prämissen Rousseaus aus ihrem Verhalten nicht die Akzeptanz der natürlichen Aufgabenteilung zwischen Mann und Frau spricht, sondern pure Resignation.

4   Öffentliche und private Sphäre

Eine Partizipation der Frau am politischen Entscheidungsprozess sowie ihre Präsenz im öffentlichen Raum sind bei Rousseau grundsätzlich unerwünscht. Das zeigt insbesondere sein eigener politischer Entwurf im *Contrat social*, wo Frauen von vornherein nicht am Vertragsschluss beteiligt sind, ohne dass diese Exklusion hinreichend begründet wird. Anscheinend übergeht der *Gesellschaftsvertrag* das Problem einfach und weist im Hinblick auf eine politische Rolle der Frau somit einen markanten blinden Fleck auf.

Immerhin aber passen die in den genannten anderen Werken propagierte geistige Unterlegenheit der Frau sowie ihre Abhängigkeit vom männlichen Geschlecht offenbar eindeutig zu der Logik, ihr im Speziellen eine politische Tätigkeit zu untersagen.

Für Rousseaus kontraktualistischen Ansatz tut sich hier indes ein gravierendes Problem auf. Sowohl seine zumindest implizit getätigte Beobachtung, dass sich die Unterschiede in den Lebensmodellen der Geschlechter erst in der Gesellschaft herausbilden, als auch die Annahme gottgewollter Ungleichheiten widersprechen dem Grundaxiom der Vertragstheorie, dass die natürliche Gleichheit und Freiheit *aller* Menschen in einem hypothetischen Naturzustand anzuerkennen sei. In dieser Beziehung schlicht auf eine Disharmonie zwischen dem *Contrat social*, dem *Discours sur l'inégalité* sowie dem *Émile* zu pochen, wonach ersterer von einer guten Gesellschaft handelt, während letztere die (bürgerliche) Gesellschaft als etwas per se Schlechtes begreifen, ist zwar einerseits richtig, greift aber andererseits im Hinblick auf das Frauenproblem bei Rousseau mit Sicherheit zu kurz. Stattdessen ist die These Carole Patemans zu reflektieren, wonach ein Gesellschaftsvertrag *immer* auch einen Geschlechtervertrag impliziert, durch den das Verhältnis zwischen Männern und Frauen geregelt wird. Die klassische Vertragstheorie von Hobbes, Locke, Rousseau oder Kant vermag sich dieses Verhältnis ausschließlich als eines von Herrschern und Beherrschten vorzustellen:

> Men's domination over woman [...] is at issue in the making of the original pact. The social contract is a story of freedom; the sexual contract is a story of subjection. The original contract constitutes both freedom and domination. Men's freedom and women's subjection are created through the original contract [...]. (Pateman 1988: 2)

Dieser Aspekt, dass der implizite Ausschluss der Frauen vom Gesellschaftsvertrag zugleich ihre Unterwerfung unter das Patriarchat legitimiert, wurde von Rousseau und anderen Vertragstheoretikern nicht erkannt, nicht angesprochen oder gegebenenfalls auch stillschweigend goutiert. In Patemans Diktion fußt der Geschlechtervertrag anders als der Gesellschaftsvertrag nicht auf Zustimmung, sondern auf Zwang und ist somit offensichtlich nicht vereinbar mit der Freiheit aller Menschen im Naturzustand.

Allerdings wies Erna Appelt darauf hin, dass Rousseau von einer Art *freiwilliger* Unterwerfung der Frauen ausgeht, da sich diese ihrer Unterlegenheit wohlbewusst seien (Appelt 1997: 123). Wer eine solche Ansicht teilt, mag dies als Indiz für ein zumindest vorhandenes *Problembewusstsein* beim Genfer Philosophen bewerten, das heißt als einen Versuch, die Geschlechterungleichheit nicht einfach konkludent vorauszusetzen (und den klaren Widerspruch zu den kontraktualistischen Prämissen zu übergehen), sondern tatsächlich zu *legitimieren*. Damit ginge Rousseau über Patemans Kritik hinaus, wonach der Grund für die Vernachlässigung der Frauenproblematik im klassischen Kontraktualismus in erster Linie der Tatsache geschuldet sei, dass die einschlägigen Theoretiker den Fokus ihrer Überlegungen ganz auf die Abschaffung der Ständegesellschaft gelegt hätten. Feministische Ideen hätten sie deswegen nicht interessiert.

Auf den ersten Blick befindet sich Rousseau freilich in exakt demselben Fahrwasser. Sowohl der *Contrat social* als auch der *zweite Diskurs* sind unzweifelhaft als Argumentationen zu lesen, die die Illegitimität der (natürlichen) Ungleichheit zwischen den Menschen und damit der Ständegesellschaft beweisen wollen. Insofern erteilen sie auch Gott gegebenen Unterschieden zwischen Männern eine strikte Absage. Gleich der ersten Satz im *Contrat social* bringt das (scheinbare) Paradox der angeborenen Freiheit und der Gehorsamspflicht gegenüber den Gesetzen auf den Punkt: „Der Mensch ist frei geboren, und überall liegt er in Ketten" (CS: 5). Im weiteren Verlauf wird geschlussfolgert, dass man Gesetzen nur für den Fall Gehorsam schuldet, dass man an der Gesetzgebung beteiligt ist, wodurch die Freiheit erhalten und ein jeder gewissermaßen nur sich selbst unterworfen bleibt (CS: 17f.). Für eine solche Gesetzgebung ist die Gleichheit aller Menschen unabdingbar, weshalb in einer Ständegesellschaft gar kein legitimer Zwang existieren kann. Allerdings sind die Frauen, die weder am Vertragsschluss noch an der Gesetzgebung beteiligt werden, den von der souveränen *volonté générale* verabschiedeten Gesetzen gleichermaßen unterworfen wie die Männer. Sie verbleiben nicht etwa im Naturzustand, sondern sind ebenfalls Teil der Gesellschaft. Genauso wie der Mann wird die Frau im Naturzustand theoretisch frei geboren, in der Gesellschaft aber offenbar als Unfreie (von Geburt an) angesehen.

Gegen die These Appelts spricht weiterhin, dass Rousseau im *Contrat social* bezüglich der Sklavenfrage herausarbeitet, es sei keinem Menschen möglich, seine Freiheit aufzugeben. Dies gilt selbst dann, wenn dieser sich aus freien Stücken dazu entschließen würde. Demnach könnten sich die Frauen den Männern eigentlich gar nicht freiwillig unterordnen, da dieser Vertrag der Natur widersprechen würde und somit ungültig wäre (CS: 11f.).

Dass Rousseau dieses Problem nicht erkennt (oder den theoretischen Bruch zumindest nicht thematisiert), suggeriert erneut eine fehlende Sensibilität für die Frauenfrage. Dafür, dass er mit seiner These der angeborenen Freiheit a priori nur Männer meint, spricht im Übrigen auch das französische Wort „homme", das sowohl Mensch als auch Mann in Abgrenzung zur Frau bedeutet. Die (undifferenzierte) Übersetzung als „Mensch" ist somit irreführend, da eine solche Unterscheidung in der deutschen Sprache überhaupt nicht verankert ist.

Bis hierhin liegt der Schluss also durchaus nahe, dass sich Rousseau hinsichtlich der Frauenfrage von anderen Kontraktualisten keineswegs durch ein ausgeprägtes Problembewusstsein unterscheidet. Der gleiche Eindruck drängt sich zunächst anhand einer weiteren These Patemans auf, nämlich, dass mit dem Gesellschaftsvertrag nicht nur die öffentliche, politische Sphäre, sondern auch die private Sphäre erst geschaffen wird (Pateman 1988: 11). Bei Rousseaus *Contrat social* ist diesbezüglich freilich zu bemerken, dass die Wertigkeit der Sphären deutlich hierarchisch organisiert ist, das heißt, das Politische wird unmissverständlich als das Wichtigere angesehen, was ihn etwa von Hobbes oder Locke massiv unterscheidet. Im *Émile* wird diese Hierarchie indirekt auch auf die Frauenfrage ausgedehnt, indem die Frauen (die als Zugehörige ausschließlich der privaten Sphäre nicht an den Staatsgeschäften beteiligt sind) ihre Bedürfnisse gleichwohl dem Staat unterzuordnen haben. Rousseau veranschaulicht dies in einer kurzen Geschichte über eine Spartanerin, die im Krieg ihre fünf Söhne verliert. Anstatt diesen privaten Verlust zu betrauen, feiert die Mutter den errungenen Sieg ihres Heimatlandes. Sie schilt sogar ihren Sklaven dafür, dass er bei seiner Berichterstattung die gefallenen Söhne überhaupt anspricht (Emil: 113).

Die Zuordnung der Menschen zu einer der beiden Sphären ist geschlechtsspezifisch dichotom. Genauso ist es die ausschließliche Pflicht der Frauen, die anfallenden Aufgaben im Haushalt zu erfüllen. Trotzdem soll dem Mann nach dem Gesetz auch in der privaten Sphäre das Entscheidungsrecht sowie die Aufsicht über seine Frau gewährt werden. Im *Discours sur l'œconomie politique* lässt Rousseau an dieser patriarchalen Organisationsform der Familie keinen Zweifel, obwohl er Männern und Frauen im selben Atemzug beinahe gleiche Fähigkeiten bescheinigt (PÖ: 228). Eine entsprechende Stelle ist auch im *Emile* zu finden, wenn er auf die große Ähnlichkeit zwischen Männern und Frauen eingeht, sofort aber wieder die Unterschiede in den Vordergrund stellt (vgl. Emil: 720).

Mit der Schaffung der zwei Sphären reiht sich Rousseau damit zwar fraglos in die Tradition liberaler Vertragstheoretiker ein, deren Verhältnis sowie strukturelle und funktionale Verflechtung greifen jedoch eher auf das alte aristotelische Konzept von *Oikos* und *Polis* zurück. Vom Liberalismus trennt ihn auch, dass nicht das Individuum vor Eingriffen des Staates geschützt werden muss, sondern das (antike) „Ideal des tugendhaften Staatsbürgers" im Vordergrund steht (Kuster 2005: 120). Eine solche Analogie ist übrigens nicht weiter überraschend, sympathisiert Rousseau doch offen mit der direkten Form der demokratischen Republik. Wie Aristoteles erkennt er dabei die Relevanz der privaten Sphäre als Basis der politischen. Nur durch die korrekte Pflichterfüllung der Frauen als Mütter und Hausfrauen kann der Mann zum guten Staatsbürger werden, was bedeutet, dass „öffentliche männliche Tugenden nur auf dem Hintergrund privater weiblicher Tugenden entstehen und aufrechterhalten werden" (Appelt 1997: 123).

Die Bedeutung der privaten Sphäre steht hier nicht im Widerspruch zu der höheren Wertigkeit der öffentlichen Sphäre, da erstere ihre Relevanz erst durch die Existenz letzterer erhält. Im *Émile* weist Rousseau dazu auf den Zusammenhang zwischen der Pflichterfüllung von Müttern und dem Funktionieren des Staates hin. Würden die Mütter ihre Kinder wieder selbst erziehen, wären alle aus dem Sittenverfall resultierenden Probleme gelöst, was eine Blütezeit des Staates zur Folge hätte (vgl. Emil 124f.). Zudem heißt es im *Discours sur l'inégalité*, die typisch weiblichen Tugenden würden sich nur solange gemeinwohlfördernd auswirken, wie die traditionellen Geschlechterrollen aufrechterhalten und die Frauen aus dem Staatsgeschehen ausgeschlossen werden (vgl. Discours II: 18). Somit ähnelt die Position der Frauen bei Rousseau, wie er sie außerhalb des *Contrat social* im *Émile* bzw. auch im *zweiten Diskurs* andeutet, der Rolle der Sklaven und Frauen in Aristoteles Staatsmodell. Der Bürger kann sich dort der Politik nur aus dem Grund zur Genüge widmen, sich Zeit für die ständigen Versammlungen nehmen, da die anfallenden Arbeiten von Sklaven und Frauen übernommen werden. Die Sklaverei und Geschlechterhierarchie wird von Aristoteles' mit natürlichen Unterschieden zwischen den Menschen gerechtfertigt (Politik I 13: 1260a-1260b), auch dies also ein Argument, das uns bei Rousseau bereits ausführlich begegnet ist.

Die Geschlechterhierarchie und der Ausschluss der Frau aus der öffentlichen Sphäre bei Rousseau lassen sich demnach als Resultat der *allgemeinen* Unterordnung privater Belange unter die Interessen des Staates und unter das Gemeinwohl interpretieren. Die Aufrechterhaltung seines modernen, kontraktualistischen Staatsentwurfs führt Rousseau paradoxerweise zu höchst konservativen Idealen. Ähnlich verhielt es sich schon mit den erwähnten emanzipatorischen Tendenzen in *Julie*, die außerhalb der Ständegesellschaft weder erwünscht noch möglich wären. Die Unterordnung der Frauen verläuft synchron mit der Unterordnung der privaten unter die öffentliche Sphäre sowie deren Funktionalisierung. Die Notwendigkeit der Sklaverei in der Antike wird von Rousseau allerdings als Schwachpunkt des damaligen Staatsmodells erkannt. Er gesteht zwar die Möglichkeit ein, dass die Freiheit einiger Menschen nur durch die Unterdrückung anderer zu erreichen sein könnte, erkennt aber gleichzeitig, dass dieser Zweck ein solches Mittel nicht legitimieren kann (vgl. CS: 108).

Einen alternativen Lösungsvorschlag vermag Rousseau allerdings nicht vorlegen. Dass sein eigener Staatsentwurf der direkten Volksherrschaft ebenso auf einen aristotelisch organisierten Oikos – die Aufopferung von Sklaven und Frauen – angewiesen wäre, muss man sich im *Contrat social* einigermaßen spekulativ erschließen. Im *Émile* springt demgegenüber der Umstand ins Auge, dass die Beschränkung der Frauen in der Antike auf den Oikos dort überaus positiv gesehen wird, nicht zuletzt, weil in der strikten, geschlechtsspezifischen Trennung der Bereiche angeblich der Grund für den besonders guten Nachwuchs dieser Frauen liegt (vgl. Emil: 736f.). Die Funktionalisierung der Frauen zu Gunsten der öffentlichen Sphäre (es ist natürlich nur von gutem männlichem Nachwuchs die Rede) wird also zweifellos als erstrebenswert betrachtet.

Ein androzentrisches Weltbild als *alleinige* Erklärung für Rousseaus Sicht auf die Frauen greift aber vor allem deshalb zu kurz, weil sich schließlich auch die Männer in seiner Staatskonstruktion ganz dem Gemeinwohl unterordnen müssen. Der Gemeinwille hat unbeschränkte Gültigkeit, der Einzelwille steht im deutlichen Spannungsverhältnis zu diesem. Zum Wohl der Gemeinschaft muss dem Gemeinwillen stets der Vorzug gegeben werden. Es stehen also *alle* Menschen gleichermaßen im Dienst des Staates, was den Ausschluss der Frauen aus der öffentlichen Sphäre in ein anderes Licht rückt, auch wenn von feministischer Seite selbstverständlich zu kritisieren ist, dass die Frauen das größere Ausmaß der Unterdrückung trifft. Die Versklavung von Menschen, die ihnen jegliche Freiheit aberkennt, wird abgelehnt, die Zurückdrängung privater Belange und Motive von Männern zugunsten ihrer eigenen Freiheit indes gefordert und befürwortet. Die ebenfalls gewünschte Unterordnung von Frauen aber geschieht in *doppelter* Weise, erstens zugunsten des Staates ohne Zugeständnis der ausschließlich männlichen Freiheit und, zweitens, zugunsten der Männer.

Angesichts solcher Widersprüche scheint es alles andere als zufällig, dass Rousseau sein (konservatives) Frauenideal im *Émile* und nicht im *Contrat social* entfaltet. Das eklatante Spannungsverhältnis zwischen beiden Schriften darf dabei den Umstand nicht verhüllen, wie sehr das im *Émile* gezeichnete Frauenbild der Logik der Republik im *Gesellschaftsvertrag* entgegen käme. Zugleich tat sich Rousseau offensichtlich leichter, das Thema jenseits der Problematik des Vertragsschlusses zu behandeln, die ihn nur unweigerlich in (neue) Aporien stürzen musste. In dieser Hinsicht enthüllt sich im *Émile* allerdings bloß ein Grundzug, der die beiden Diskurse letztlich ebenso durchzieht wie das politische Werk des *Contrat social*: Rousseaus Geschichtspessimismus. Das Loblied auf die traditionelle Frauenrolle und ihre Segnungen für den Staat erfolgt entsprechend in einem Stadium, in dem die Absage an die (moderne) Gesellschaft bereits so fundamental ausfällt, dass alle Anstrengungen im öffentlichen Bereich (und damit auch das hierarchische Verhältnis zum Privaten) ohnehin obsolet wirken. Man kann sich, wie gesagt, nur denken, dass Rousseaus Republik des *Gesellschaftsvertrags* auf eben jene aufopfernde Rolle der Frauen angewiesen wäre. Eben dort aber belässt es Rousseau bei der Feststellung, dass sein Freiheitsproblem am Ende unlösbar bleibt, da sich die politische Autonomie des Staates nur auf die Basis der (in der zeitgenössischen Gesellschaft völlig indiskutablen Institution der) Sklaverei etablieren könnte (CS III 15). Hätte Rousseau an gleicher Stelle die (vor dem Hintergrund seiner Reminiszenz an Aristoteles) logisch verbundene Frauenfrage angesprochen, hätte er der Realisierbarkeit seiner Republik unwillkürlich mehr Chancen einräumen müssen, als er offenbar bezweckte. Émiles und Sophies Erziehung verlaufen deswegen fernab jeder politischen Programmatik.

5   Die Machtposition von Frauen

Anders als in den oben erwähnten Passagen in der *Politischen Ökonomie* (wo Rousseau wohl noch auf eine Lösung der von ihm aufgeworfenen Probleme im Hinblick auf Oikos und Polis hoffte), lassen einige Stellen im *Émile* auf eine Art der Dichotomie zwischen Privatheit und Öffentlichkeit schließen, die dem Mann die Öffentlichkeit nicht nur als seinen alleinigen, sondern auch ausschließlichen Bereich zuschreibt. Es scheint bisweilen fast so, als sei ein Gleichgewicht zwischen den Geschlechtern durch zwei autonome Machtzentren geschaffen, aus denen jeweils ein Geschlecht völlig ausgeschlossen ist. Zwar spricht Rousseau dem Mann neuerlich die (letzte) Befehlsgewalt über die Frau zu und wiederholt zugleich den Aspekt, dass die Frau in einem höheren Maße vom Mann abhängig sei als dieser von ihr (vgl. Emil: 732f.). Trotzdem „herrscht" die Frau regelrecht im privaten Bereich, „indem sie sich befehlen lässt, was sie tun will" (Emil: 817). Die Möglichkeit dazu hat sie, weil sie den Mann durch ihre Reize und ihre List kontrollieren kann (vgl. Emil: 776f.). Das System der Unterdrückung, das Rousseau auf der einen Seite konstruiert, stellt für ihn andererseits eine paradoxe Form der Gleichberechtigung dar, die nur durch die Ungleichheit der Geschlechter bestehen kann.

> Diese besondere Schläue, die dem weiblichen Geschlecht mitgegeben wurde, ist eine sehr angemessene Entschädigung für die Kraft, die ihm fehlt; ohne das wäre die Frau nicht die Gefährtin des Mannes, sie wäre seine Sklavin: durch diese Überlegenheit der Gewandtheit behauptet sie sich als seinesgleichen und beherrscht ihn, indem sie ihm gehorcht (Emil: 747).

An anderen Stellen verschwimmen die Grenzen dieser Machtzentren. So gesteht Rousseau den Frauen auf einmal sogar eine indirekte Einflussnahme auf den öffentlichen Bereich zu. Denn ein verheirateter Mann wird sich mit seiner Frau auch über die den öffentlichen Bereich betreffenden Entscheidungen zuvor beraten (Emil: 952). Eine tatsächliche Entscheidungsbefugnis meint Rousseau natürlich auch in diesem Zusammenhang nicht. Er geht vielmehr davon aus, dass Frauen mit solcher List agieren, dass die Männer es nicht einmal merken, wenn sie dem Willen der Frauen folgen (Emil: 776). Zudem muss bedacht werden, dass sich die ideale Frau, wie sie der *Émile* darstellt, nicht in Staatsangelegenheiten einmischen wird, da sie die ausschließliche Zuständigkeit des Mannes anerkennt (Emil: 693). Zu Recht betrachtet daher Michaela Jonach die propagierte „weibliche List als einen subtilen Unterwerfungsmechanismus" (Jonach 1997: 76). Dies ist insofern schlüssig, da die Herrschaft der Frau immer nur mit Zeichen der Unterwürfigkeit auftreten darf. Für Rousseau stellt es nämlich durchaus einen Unterschied dar, ob Frauen durch solche Tricks (in häuslichen Fragen) Einfluss auf die Männer nehmen oder wirkliche Anweisungen geben. Solange sich die Frauen nicht offiziell als die Befehlenden präsentieren, stellen sie die tatsächlichen Machtstrukturen nicht in Frage (Emil: 817).

Die indirekte Herrschaft der Frauen über die Männer ist dabei ebenso „natürlich", wie die direkte Herrschaft der Männer über die Frauen (Emil: 721, 725), das heißt, sie spiegelt vor allem die soziale Gegenwart zu Rousseaus Lebzeiten wider. Ebenso handelt es sich bei der List und der Wirkung von Reizen um Eigenschaften, die erst in der Gesellschaft entwickelt werden, womit auch diese Form der Machtausübung keinen echten Ursprung in der „Natur" haben kann. Bezüglich der Herrschaft der Frauen über die Männer wird auf diesen Widerspruch an einer Stelle ausdrücklich hingewiesen. Rousseau stellt im *zweiten Diskurs* heraus, die Frauen hätten sich die durch Gewohnheit entstandenen Gefühle zunutze gemacht, um auf diesem Wege die Machtverhältnisse umzukehren (vgl. Discours II: 66). Die Ausführungen zur eigentlichen Herrschaft der Frauen zeigen aber nur eine Seite der Rousseauschen Konstruktion der Machtverhältnisse. Schließlich gesteht die reale Machtverteilung, die durch Sitten und Gesetze aufrechterhalten werden soll, der Frau keine tatsächliche Macht zu und soll es auch nicht tun. Die Frau darf aufgrund ihrer Unterlegenheit keine reguläre Entscheidungsbefugnis erhalten, kann und soll letztere aber paradoxerweise ausüben.

Geht man von der oben genannten These aus, dass Rousseau die Problematik der Nichtbeteiligung von Frauen am Vertragsschluss absichtlich nicht anspricht, da sie innerhalb seiner Staatskonstruktion nicht gelöst werden kann, könnte das „Zugeständnis" der privaten Herrschaft einen Versuch der Entschädigung darstellen. Da die einerseits fortschrittlich, fast schon feministisch (freilich in differenzialistischer Ausprägung) anmutenden Aussagen über die hohe Machtposition von Frauen andererseits Argumente gegen eine Emanzipation und damit für die Manifestation der Unterdrückung darstellen, untermauern sie zudem seine patriarchale Staatskonstruktion. Zum einen wird suggeriert, die Frauen hätten keinen Grund, nach Partizipation zu verlangen, da bereits eine gleichwertige Machtverteilung gegeben sei. Zum anderen wäre jede Emanzipation der Frau nicht nur unnatürlich, sondern auch von Nachteil für ihre Position. Denn die Frauen erhielten ihre starke Position gegenüber den Männern eben durch ihre untergeordnete Rolle. Erst wenn sie aus dieser ausbrechen würden, wären sie tatsächlich untergeordnet (Emil: 731). Die Emanzipation, die Rousseau stets als Angleichung an das Subjekt „Mann" betrachtet, würde die Frau ihrer zur Machtausübung geeigneten Mittel, das heißt der typisch weiblichen Reize und ihrer Listigkeit, berauben und sie somit erst zur Unterdrückten machen (Trouille 1997: 62f). Die Möglichkeit einer Gleichheit von Mann und Frau, in der Frauen auf dieselbe Weise an der Macht teilhätten wie Männer, negiert Rousseau. Aufgrund der von ihm konstatierten Geschlechterdifferenzen können sich Frauen innerhalb der „männlichen Bereiche" nicht mit Männern messen. Auf diesem Wege kristallisiert sich eine weitere Legitimation für die Ungleichbehandlung der Frauen heraus: es geschieht zu ihrem eigenen Besten.

Aus feministischer Perspektive stellen diese Begründungsmuster ganz typische (und plausible) Unterdrückungsmechanismen des Patriarchats dar. Ob Rousseaus Vorgehen diesbezüglich aber, wie Trouille meint, eine böswillige Taktik darstellt (Trouille 1997: 64) oder tatsächlich positive Absichten verfolgt, ist im Anschluss noch zu klären.

6   Zwischen Glorifizierung und Verachtung

In beinahe allen Werken Rousseaus werden Frauen größtenteils negativ konnotiert. Nirgends sind derartig lange, verachtende Passagen über eine andere gesellschaftliche Gruppe zu finden wie über die Frauen. Am deutlichsten zu erkennen ist dies im *Lettre à d'Alembert sur les spectacles*, insbesondere dann, wenn von emanzipierten Frauen die Rede ist. Eben diese sind es, die für die Dekadenz der gesamten Gesellschaft verantwortlich zu machen seien (Brief: 425 – 427).

Die typischen Eigenschaften, die den Geschlechtern im *Émile* zugeschrieben werden, bestätigen diese Perspektive. Während Männer durchwegs mit positiven Eigenschaften wie Stärke, Aktivität und Unabhängigkeit assoziiert werden, erfahren Frauen durch ihre Schwäche, Passivität und Abhängigkeit eine unverhohlene Entwertung. Rousseau stellt allerdings heraus, die geschlechtsspezifischen Eigenschaften hätten in sich selbst noch keine Wertigkeit, denn diese entstehe erst durch den Bezug ihrer jeweiligen Applikation.

> Ihr redet unaufhörlich: die Frauen haben diesen und jenen Mangel, den wir nicht haben. Euer Hochmut täuscht euch; für euch wären es Mängel, für sie sind es Qualitäten; wenn sie sie nicht hätten, ginge alles weniger richtig zu. Hindert diese vermeintlichen Mängel, zu entarten, aber hütet euch, sie zu tilgen." (Emil: 730)

Frauen werden also nicht per se als schlecht betrachtet, sofern sie in ihrer vorherbestimmten Rolle verweilen. Auch die Tatsachen, dass sie als Basis des Staates eine wichtige Rolle spielen und ihnen im privaten Bereich eine zumindest indirekte Entscheidungskompetenz bescheinigt wird, sprechen für eine prinzipielle Gleichwertigkeit der Geschlechter trotz der genannten Differenzen.

Betrachtet man dies jedoch aus feministischer Perspektive, darf das androzentrische Weltbild Rousseaus nicht außer Acht gelassen werden. Eine Zweiteilung der Gesellschaft, in der der Mann als Subjekt das Wesentliche darstellt, führt immer zu einer Entwertung der Frau als zweitrangiges Objekt. Hier kann eine Parallele zur Hierarchie der beiden Sphären festgestellt werden; alles Weibliche findet seine Berechtigung und Wertigkeit nur durch die voranstehende Existenz des Männlichen (vgl. Beauvoir 1968: 76–78). So lebt die Frau nicht um ihrer Selbst willen, sondern kann allein mit Bezug auf den Mann begründet werden; sie existiert, um ihn glücklich zu machen (vgl. Emil: 472).

Eine wirkliche Gleichwertigkeit zu erreichen ist unter solchen Voraussetzungen natürlich unmöglich. Rousseaus Modell kann zwar innerhalb dieser Schranke den Versuch einer Angleichung der Wertigkeiten für sich reklamieren, doch besteht der Verdacht, dass er „die Frau nur [erhöht], um sie besser erniedrigen zu können" (Kofman 1986: 36). Im *Ergebnis* ist das zwar zutreffend, hier mit Kofman oder Trouille aber wirklich „Böswilligkeit" zu unterstellen, vernachlässigt, dass sich Rousseaus Argumentation mindestens ebenso als Konsequenz einer republikanischen Grundeinstellung sowie einer gewissen Blindheit ob der festgefahrenen Normen des 18. Jahrhunderts verstehen lässt. In dieser Gemengelage bevorzugte es der vorliegende Beitrag, die ambivalente Rolle der Frauen im Spiegel von Rousseaus politischer Theorie zu reflektieren. Wie nahezu immer beim Autor des *Contrat social* wurden dadurch aber sicher nicht weniger Fragen aufgeworfen als zufriedenstellend erörtert.

7 Literatur

7.1 Quellen

Aristoteles: Politik, Stuttgart 2003.
Beauvoir, Simone de: Das andere Geschlecht. Sitte und Sexus der Frau, Hamburg 1968.
Rousseau, Jean-Jacques: Abhandlung über den Ursprung und die Grundlagen der Ungleichheit unter den Menschen (Discours II), Stuttgart 2010.
Rousseau, Jean-Jacques: Abhandlung über die Politische Ökonomie (PÖ). In: Sozialphilosophische und Politische Schriften, München 1981: 223–265.

Rousseau, Jean-Jacques: Brief an Herrn d'Alembert (Brief). In: Ritter, Henning (Hg.): Jean-Jacques Rousseau. Schriften Bd 1, München/Wien 1978: 333–475.
Rousseau, Jean-Jacques: Emil oder über die Erziehung (Emil), Stuttgart 2009.
Rousseau, Jean-Jacques: Julie oder die neue Heloise (Julie), München 1978.
Rousseau, Jean-Jacques: Vom Gesellschaftsvertrag (CS), Stuttgart 2011.

7.2   Weitere Literatur

Appelt, Erna (1997): Familialismus. Eine verdeckte Struktur im Gesellschaftsvertrag. In: Kreisky, Eva/Sauer, Birgit (Hg.): Das geheime Glossar der Politikwissenschaft. Geschlechtskritische Inspektionen der Kategorien einer Disziplin (Politik der Geschlechterverhältnisse, Bd. 8), Frankfurt/New York: 114–136.
Gerhard, Ute (2009): Frauenbewegung und Feminismus. Eine Geschichte seit 1789, München.
Jonach, Michaela (1997): Väterliche Ratschläge für bürgerliche Töchter. Mädchenerziehung und Weiblichkeitsideologie bei Joachim Heinrich Campe und Jean-Jacques Rousseau (Aspekte pädagogischer Innovation Bd. 22), Frankfurt u. a.
Kofman, Sarah (1986): Rousseau und die Frauen, Tübingen.
Kuster, Friederike (2005): Rousseau – Die Konstitution des Privaten. Zur Genese der bürgerlichen Familie (Deutsche Zeitschrift für Philosophie, Sonderband 11), Berlin.
Pateman, Carole (1988): The Sexual Contract, Cambridge.
Scheer, Tanja S.(2011): Griechische Geschlechtergeschichte (Enzyklopädie der griechisch-römischen Antike Bd. 11), München.
Trouille, Mary Seidman (1997): Sexual Politics in the Enlightenment. Women Writers Read Rousseau, Albany.

„Les hommes sont méchants; une triste
et continuelle expérience dispense de la
preuve; cependant l'homme est naturelle-
ment bon, je crois l'avoir démontré."
(Diskurs II: Notiz IX)

Realismus oder Idealismus?
Krieg, Frieden und Volkssouveränität
als Kategorien in Rousseaus
anthropologischer Theorie
der Internationalen Beziehungen

Stefan Christoph

Bis heute ist eine der zentralen Grundfragen der Internationalen Beziehungen anthropologischer Natur: Ist der Mensch von Grund auf feindselig oder seinen Artgenossen wohlgesinnt? Während die so genannten Realisten stets vom Schlimmstmöglichen ausgehen, glauben – oder hoffen – die Idealisten (wie die heutigen Liberalen) an das Gute im Menschen.

Die Rezeption Rousseaus in der Politischen Philosophie war stets zwischen ideologischen Gegensätzen wie diesem hin- und hergerissen. Eine Antwort auf die Frage, wie sein konkreter Beitrag zur Internationalen Politik zu interpretieren ist, verlangt deshalb, wichtige Linien seiner allgemeinen Wirkungsgeschichte aufzuzeichnen und einer kritischen Revision zu unterziehen. Zwar wollte sich Rousseau in seinem Werk größtenteils auf die Konstitution des Staates und seine Legitimität beschränken, doch kam er unweigerlich immer wieder auf das Problem der Internationalen Politik zurück. Beispielhaft sind seine Überlieferung und sein Gutachten zum *Projekt eines ewigen Friedens in Europa* des Abbé de Saint-Pierre, sein Textfragment *Prinzipien des Krieges* sowie einige Stellen im *Contrat social*, dem *Zweiten Diskurs* oder dem *Émile* zu nennen. Auch außerhalb expliziter Äußerungen zu den Staatenbeziehungen liefern seine Konzeptionen des Staatswesens und der Souveränität Ansätze dafür, sich mit Rousseau als Denker der IB gewinnbringend auseinanderzusetzen.

Die Beschäftigung mit den Schriften des Abbé de Saint-Pierre, zu dessen Friedensschrift Rousseau zu Lebzeiten eine Zusammenfassung und posthum eine kritische Beurteilung veröffentlichte, kann zweifellos als Ausgangspunkt für eine Rekonstruktion seiner einschlägigen Überlegungen gelten. Auffallend dabei ist zunächst, dass seine Beurteilung vor allem praktische Einwendungen enthält, an denen das Projekt des Abbé scheitern könnte – für den Rousseaukenner eine durchaus erwähnenswerte Perspektive. Hinzu kommt, dass man sich davor hüten sollte, einen direkten Bogen von Saint-Pierre über Rousseau zu Kant zu schlagen.

Zwar lässt sich schwerlich leugnen, dass Rousseaus Werk massiven Einfluss auf den Königsberger Philosophen ausübte, der im Kontext der Theoriedebatte in den IB gemeinhin als Vordenker des Liberalismus und des Demokratischen Friedens gilt. Doch wenn Kant schrieb: „Rousseau hat mich zurecht gebracht" (BGSE, AA 20: 44), bezog er sich wohl kaum auf dessen Gedanken zum Frieden.

Nach den Vertragstheoretikern um Hobbes, Locke, Rousseau und Kant sowie den Naturrechtlern kehrte nach dem 18. Jahrhundert zunächst Ruhe um die Frage nach den Internationalen Beziehungen ein. Während das lange 19. Jahrhundert für die Fortentwicklung des materiellen Völkerrechts[1] einen großen Beitrag und neue Impulse lieferte, ebbte die theoretische Debatte über die Beschaffenheit der Beziehungen zwischen den Staaten ab.[2] Erst im 20. Jahrhundert, mit dem Ausbruch der beiden Weltkriege und mit der Entwicklung der Politikwissenschaft als eigenständigem Fachgebiet, erhielt diese Diskussion wieder einiges an Aktualität und einen Rahmen, in dem darüber diskutiert werden konnte.

Im Schatten des Zweiten Weltkrieges und seiner Fortsetzung in der Bipolarität zwischen den Supermächten konnten Denker wie Hans Morgenthau die so genannte Schule des *Realismus* in den Internationalen Beziehungen begründen. Ihre Grundannahme ist die Anarchie des Staatensystems, die dem *Krieg aller gegen alle* (bzw. der Bedrohung aller durch jeden) gleicht. Kenneth Waltz entwickelte später darauf basierend seine Theorie des *Neorealismus*, indem er den unbestimmten Machtbegriff Morgenthaus durch den neuen Begriff der Sicherheit und den Begriff des relativen Gewinns ersetzte (Viotti/Kauppi 2009: 59). In seinen verschiedenen Varianten ist der Neorealismus noch heute eines der vorherrschenden Paradigmen in den IB.[3]

Dem Realismus stand zu Beginn dieser Debatte in den 1930er und 40er-Jahren der *Idealismus* gegenüber. Dabei handelt es sich grundlegend um eine relativ heterogene Strömung verschiedener normativer Ansätze der IB: Das „Sollen" steht hier gegenüber dem „Sein" im Vordergrund. Die Idealisten stellten Normen wie Menschenrechte, Demokratie oder Gleichheit in den Vordergrund und protegierten die Idee eines Völkerbundes; von anderen wurden ihre Ideen jedoch oftmals

---

1 Wie etwa durch die Wiener Kongressakte, die Genfer Konvention oder die Haager Landkriegsordnung oder auch durch die Theorien zum Kriegsrecht von Clausewitz und anderen.

2 Höchstens könnte man hier noch Hegel und die Hegelianer nennen, wobei auch deren Theorien eher allgemeiner Natur waren und so höchstens mittelbar Einfluss auf die Theoriebildung in den Internationalen Beziehungen hatten.

3 Zum Vergleich zwischen Realismus und Neorealismus sowie für eine Taxonomie der Bandbreite von Ansätzen innerhalb der realistischen Denkschule siehe z. B. Jacobs 2010 und Schörnig 2010.

als Utopien abgetan. Idealistische Theorie ist weniger Verantwortungsethik als vielmehr kantianische Pflichtethik.[4] Diese Schule verlor nach dem Zweiten Weltkrieg und mit dem sich abzeichnenden Kalten Krieg zunächst rasch an Einfluss. Mit dem Fall des Eisernen Vorhangs gerieten jedoch umgekehrt wieder die Realisten in Erklärungsnot, da sie solche dynamischen Systemänderungen mit ihren Prämissen nicht erfassen konnten. Parallel kam es zu einer Art Renaissance der idealistischen Denktradition in Form der seitdem aus dem Boden sprießenden Ansätze des *Neoliberalismus*.[5]

Die Debatte hat bis heute nur wenig an Fahrt verloren. Seit den späten 1980er Jahren haben sich auch wieder verstärkt klassisch-liberale Positionen prominent zu Wort gemeldet, die die alten Konfliktlinien zwischen Realismus und Idealismus wieder aufleben ließen. Dabei versuchten die an der Auseinandersetzung beteiligten Autoren auf beiden Seiten immer wieder, ideengeschichtliche Werke zur Stärkung der Überzeugungskraft der eigenen Theorie heranzuziehen.

Auch auf das Denken Rousseaus zur Internationalen Politik wurde im Laufe der Rezeptionsgeschichte seines Werkes sporadisch von Vertretern beider Denktraditionen rekurriert. Die einschlägigen Bezugnahmen blieben jedoch stets eklektisch, indem sie gar nicht erst versuchten, die gesammelten Schriften Rousseaus zur Internationalen Politik zu reflektieren, sondern stets nur Werkausschnitte in ihre Argumentationslinien mit aufnahmen. Das folgende Kapitel will daher die verkürzten, nahezu holzschnittartigen Bezugnahmen realistischer und idealistischer Theoretiker auf Rousseau aufzeigen, um sie im Anschluss daran mit der eigentlichen Komplexität von Rousseaus international-politischem Denken zu kontrastieren. Dadurch soll insbesondere transparent werden, dass die spezifischen Widersprüchlichkeiten in Rousseaus Schriften eine Adaption seines Denkens im Rahmen der Internationalen Beziehungen nur zulassen, sofern man anderen Entwicklungslinien folgt, als schlicht einem realistischen oder liberalen Monismus zu frönen.

---

4 Für eine einführende Darstellung zum Idealismus in den IB siehe etwa Meyers 1994 und Osiander 1998.

5 Einen Überblick, der auch die veränderte epistemologische Grundlage des (primär empirisch argumentierenden) Neoliberalismus und dem klassisch liberal-idealistischen Paradigma reflektiert, liefert Richardsen 1997. Für die Theorie des Neoliberalismus stehen heute in erster Linie die Untersuchungen von Moravcsik (1992 und 1997).

1 Kursorische Bezugnahmen auf Rousseau im Bereich der Internationalen Beziehungen – eine Skizze

Bei den *Realisten* beschränkt sich der ideengeschichtliche Rekurs nicht nur auf traditionell realistisch interpretierte Klassiker wie Thukydides, Machiavelli oder Hobbes; auch Rousseau wurde und wird von ihnen durchaus als Unterstützer gesehen. Insbesondere Kenneth Waltz nutzte Rousseaus Argumente als Referenz, vor allem in *Man, the State and War* (1959), vereinzelt aber auch noch in seiner *Theory of International Politics* (1979). Damit ist er beileibe kein Einzelfall. Auch andere realistische Autoren wie etwa Stanley Hoffman oder Arthur Melzer widmeten sich dem Genfer Philosophen vergleichsweise intensiv. Bis heute ist die realistische Interpretation von Rousseaus Werk im Kontext des Theorienstreits in den IB am gängigsten.

Dies beginnt bereits mit der Lesart seines Naturzustandes: Wo Rousseau schreibt, der Mensch sei von Natur aus gut und kein Bösewicht, benutzt er das Wort „gut" in einem sehr weit gefassten Sinne. Es ist keine wirkliche moralische Güte oder Tugendhaftigkeit, sondern vielmehr eine Art Unschuld (Fidler 1999: 122). Melzer argumentiert, dass diese daher rührt, dass dem Menschen in diesem Zustand noch die Leidenschaften und Vorurteile fehlen, die ihn moralisch schlecht machen (Melzer 1990: 16); für Waltz beruht dieser Zustand eher darauf, dass die Urmenschen in großer Distanz zueinander leben und daher nicht die Gelegenheit haben, andere Menschen anzugreifen (Waltz 1979: 47f.). Fest steht für die realistischen Interpreten jedoch, dass die Güte des Urmenschen bei Rousseau nicht aus seiner Natur herrührt, sondern vielmehr aus dem schlichten Fehlen einer Möglichkeit zum schlechten Handeln. Ein größerer Fokus kommt dem folgenden Vergesellschaftungsprozess des Menschen zu, der auf jenen Hürden basiert, die der vorzeitliche Mensch zu meistern hatte (Hoffman 1965: 58). Der folgende denaturierte Zustand – die zweite Stufe des Naturzustands – sei genau der gleiche Zustand, den Hobbes beschrieb (Melzer 2007: 89). Die Realisten veranschlagen diesen Hobbesschen (und Rousseauschen) Naturzustand in einem solchen Sinne, dass er zugleich der einzige Zustand sei, der sich im Internationalen Staatensystem zu etablieren vermag. Einen *Leviathan* auf Internationaler Ebene könne es wie in Hobbes' Staatsphilosophie jedoch nicht geben, da das System des Machtausgleichs dem entgegen wirkt. Die Einwendung, dass Hobbes immerhin selbst feststellte, dass seine Beschreibung des Zustandes unter den Menschen nicht für die direkte Übertragung auf das Staatensystem dient, hinderte die realistischen Theoretiker nicht wirklich daran, diese Annahme weiter aufrechtzuerhalten (vgl. Hidalgo 2012: 84f.).

Ein Beispiel für realistisches Handeln der Frühmenschen in diesem zweiten Zustand findet Waltz jedenfalls in der Metapher der Hirschjagd im *Zweiten Diskurs*: Fünf Jäger haben vereinbart, gemeinsam auf die Pirsch zu gehen. Jedoch erspäht einer der Mitjäger ein Kaninchen und beschließt, mit diesem seinen Hunger unmittelbar zu stillen, anstatt weiter in der Gruppe mitzujagen. So kann der Hirsch nicht mehr erlegt werden und jeder ist wieder auf sich selbst angewiesen. Die Lehre daraus sei, dass man sich – selbst bei vorheriger Absprache – nicht auf andere verlassen könne (Waltz 1965: 167ff.). Genau dieses Verhalten ist es, das die Realisten auch von einem Staat erwarten, der sich im Kriegszustand befindet (Waltz 1965: 173).[6] Insofern teile Rousseau die zugrunde liegende Annahme, dass es das Fehlen objektiven Rechts – mithin also Anarchie – zwischen den Staaten ist, die den Krieg begünstigt. Der einzelne Staat, möge er auch im Inneren perfekt verfasst sein, ist gegenüber den anderen noch immer partikulär (Waltz 1965: 181). Die resultierende Anarchie ist der Grund dafür, dass Kriege überhaupt entstehen. Waltz ordnet Rousseau folgerichtig als Vordenker einer holistischen Dichotomie ein (Waltz 1965: 186, 231). Für ihn gebe es nur zwei mögliche Systeme: das ideale System des Naturzustandes, das nicht erreichbar ist, oder einen anarchischen Kriegszustand. Dieser „Systemfehler" treibe die Staaten in immerwährende kriegerische Auseinandersetzungen (Williams 1989: 187f.). Realistische Grundannahmen finden in bestimmten Teilbereichen von Rousseaus Schriften also durchaus ein Pendant: Die (historische) Annahme eines anarchischen Systems unter den Staaten lässt sich ebenso wie das relative Gewinnstreben des Menschen aus dem pessimistischen *Diskurs über die Ungleichheit* einigermaßen plausibel ableiten. Ebenso wie die Realisten Hobbes' *homo homini lupus* als natürliche Boshaftigkeit des Menschen interpretierten, konnten sie daher auch den natürlichen (bzw. den mit anderen zusammen lebenden, sich vergesellschaftenden) Menschen bei Rousseau wenigstens als ethisch neutral, wenn nicht sogar als böse ansehen. Waltz insistiert zudem darauf, dass Rousseau den Einfluss der Beschaffenheit des (internationalen) politischen Systems auf den einzelnen Staat klar erkannt habe. Er nimmt daher an, dass Rousseau ebenso einen top-down-Analyseansatz verfolgte wie er selbst und zitiert dabei unter anderem Rousseaus Beschäftigung mit dem Friedensprojekt des Abbé de Saint-Pierre (Waltz 1965: 180ff.; Waltz 1979: 47f.).

---

6 Dass Waltz diese an Morgenthau erinnernde anthropologische Perspektive in seiner später ausgearbeiteten neorealistischen Theorie zugunsten eines systemisch-strukturellen Ansatzes zurückstellt, kann für unsere Belange zurückstehen. Möglicherweise ist sein geringeres Interesse an Rousseau in seinem späteren Buch *Theory of International Politics* (1979) jedoch dadurch zu deuten.

Dem vorherrschenden realistischen Tenor der Rezeption Rousseaus für die IB zum Trotz, gab es einige nennenswerte Versuche, Rousseau in einer alternativen Weise zu betrachten, darunter die von Leo Strauss und Iring Fetscher. Letztere sind zwar eher am Rande ausgewiesene Theoretiker der Internationalen Beziehungen, jedoch leisten ihre Betrachtungen, insbesondere zum Naturzustand, einen Beitrag, der eine liberal-idealistische Aufnahme Rousseaus für die Theoriebildung der Internationalen Politik zumindest eindeutig suggeriert.

Anders als die Realisten haben *Idealisten* bei ihrer Rezeption den Fokus stärker auf eine anthropologische Konstante und damit den ursprünglichen Naturzustand gelegt. Dazu passend, bemerkte Leo Strauss, dass Rousseaus Naturzustand ausdrücklich demjenigen von Hobbes widerspricht und dass der Mensch den Trieb zur Arterhaltung von Natur aus eingegeben habe (als *pitié*) (Strauss 2007: 56f.).[7] Für ihn ist der natürliche Mensch bei Rousseau daher durchaus ein soziales Lebewesen. Jedoch bringt die Natur eben nur die Anlage hervor. Der Mensch selbst muss diese dann umsetzen (Strauss 2007: 64f.). Idealistisch gesprochen, wäre damit bei Rousseau womöglich ein Übergang vom Verfallszustand zur Republik und eine Erziehung des Menschen zu einem tugendhaften Wesen denkbar (Starobinski 2003: 52f.). Auch wenn der Naturzustand – das goldene Zeitalter im Zweiten Diskurs – empirisch gesehen unwiederbringlich (bzw. a priori unerreichbar) ist, ließe er sich als regulative Idee im Sinne Kants auffassen, an der die Vervollkommnung der Menschheit ablesbar wird (Starobinski 2003: 434).

Eine derartige Lesart Rousseaus durch Idealisten und Liberale wird durch dessen Kritik am Friedensprojekt des Abbé Saint-Pierre[8] zweifelsohne herausgefordert. Will man diesen Einwand entkräften, wäre es in diesem Kontext eine mögliche Strategie, den Frieden bei Rousseau als „moralische Wahrheit" zu restaurieren und den kritischen Anmerkungen zum *paix perpetuelle* nur nachrangige Bedeutung zuzugestehen (vgl. Schmiedl-Neuburg 2005: 156). Des Weiteren könnte man einwerfen, dass die Kosmopolitismuskritik, die Rousseau wohl am schärfsten zu Beginn des *Émile* entfaltet[9] und die von einer unvermeidlichen Korrosion der *pitié* in größeren räumlichen Zusammenhängen ausgeht, die Potentiale der heutigen globalen Massenkommunikation unterschätzt (vgl. Hassner 1997: 217f.). In jedem Fall aber müsste die idealistische Vereinnahmung Rousseaus das negative Bild von der Verzweiflung und der Aussichtslosigkeit der unüberwindbaren internationalen Anarchie widerlegen. Insofern kann es kaum überraschen, wenn Idealisten in prä-kantianischer Manier (und im strikten Gegensatz zu den

---

7   In diesem Sinne auch Fetscher 1983: 239 und Tauras 1996: 122.

8   Siehe dazu unten den Punkt 3.2.

9   Analog auch PÖ: 241.

klassischen Realisten) den (möglichen) Einfluss der tugendhaften Republik Rousseaus auf die Konstellation des Staatensystems unterstreichen.[10]

Auch für die eben skizzierten Interpretationen gibt es in Rousseaus Schriften Passagen, die die vorgebrachten Argumente fraglos stärken. Heißt dies aber nun, dass Rousseau am Ende „Realist" und „Idealist" zugleich gewesen ist? Wenn es doch offenbar gleichermaßen überzeugend erscheint, realistische wie idealistische Denkmuster durch Rousseaus Werke zu untermauern? Oder können wir eine solche Aussage (noch) überhaupt nicht treffen, solange wir uns das relevante Werk Rousseaus zur Internationalen Politik nicht im Ganzen, sondern nur durch die Augen Dritter angesehen haben? Wie immer die Antwort darauf ausfällt, das Unterfangen der beiden theoretischen Lager, Rousseau unter Verschweigen widersprüchlicher Stellen in seinen Werken kurzerhand auf die eigene Seite ziehen zu wollen, sollte nur allzu evident sein. Die Aufgabe der beiden nächsten Punkte ist es entsprechend, Rousseau selbst zu Wort kommen zu lassen, um seine impliziten und expliziten Aussagen zur Internationalen Politik für eine Gesamtschau seines Ansatzes erschließbar zu machen. Erst auf dieser Basis ist Rousseaus eigentlicher Beitrag zur Theoriebildung der IB annähernd zu ermessen.

2 Implizit relevante Chiffren in Rousseaus politischer Philosophie für die Internationalen Beziehungen

Rousseaus *Contrat social* sollte eigentlich nur der Anfangsband eines umfassenderen Werkes über die politischen Institutionen werden, das er jedoch nie fertig gestellt hat (vgl. Asbach 2000: 241). Eine zusammenhängende längere Schrift zur Internationalen Politik hat er nie verfasst. Um die Relevanz von Rousseaus Werk für die Theoriebildung in den Internationalen Beziehungen zu erfassen, ist daher in einem ersten propädeutischen Schritt die Klärung einiger Grundprämissen seiner Politischen Philosophie und Anthropologie notwendig. Hiervon werden im Folgenden die Naturzustandslehre, die Theorie der Gesellschaft sowie der begrenzte republikanische Raum in ihren wesentlichen Grundzügen vorgestellt.

---

10 Vergessen werden sollte hier allerdings nicht, dass es bei Kant weit weniger die *Tugend* der Bürger ist, die sie für sich genommen friedliebender, macht, sondern dass gemäß des ersten Zusatzes der Friedensschrift selbst ein „Volk von Teufeln" (wenn es nur Vernunft besitzt) in der Lage wäre, für den Frieden in der Republik zu sorgen. Die Beistimmung des Volkes, welche der erste Definitivartikel als Vehikel des Friedens deklariert, appelliert insofern weniger an die Moral als an die zu erwartenden „Kosten" des Krieges. Rousseau hätte eine solche rationalistische Erklärungsweise mit Sicherheit abgelehnt (vgl. Opgen-Rhein 2009: 42f.).

Vor diesem Hintergrund sind anschließend die explizit getätigten Äußerungen zu Fragen des Völkerrechts zu interpretieren.

a   Der Naturzustand

„Beginnen wir also damit, alle Tatsachen beiseite zu lassen [...]" (Diskurs II: 33): Damit meint Rousseau, dass sein Ansatz nicht auf (spekulative) historische Fakten über die ersten Menschen gründen soll, sondern auf einem Gedankenexperiment, wie der Mensch ohne Gesellschaft wäre. Er will also gar nicht behaupten, dass es solch einen Zustand jemals historisch gegeben hat, vielmehr zielt er methodisch darauf ab, zwischen den Eigenschaften und Denkleistungen zu differenzieren, die dem Menschen von Natur aus angeboren sind, und denen, die er sich in Gesellschaft erwirbt. Indem er nicht nur im Sinne von Hobbes oder Locke den Staat „subtrahiert", sondern tatsächlich den vorgesellschaftlichen *homme naturel* ins Visier nimmt, glaubt Rousseau, den fehlerhaften Anthropologien seiner Vorgänger zu entgehen, die immer nur die (in seinen Augen bereits korrumpierte) Gesellschaft beschrieben und nicht den theoretischen Naturzustand (vgl. Diskurs II: 32). Mit seinem positiven Porträt des Menschen eröffnet Rousseau auch der Internationalen Politik einen Zugang, der nicht allein mit den Defekten und Risiken menschlichen Handelns umgehen muss, sondern grundsätzlich die konstruktiven Potentiale erkennt.

In Rousseaus Schilderung des Naturzustandes ist der Mensch alles andere als ein Wolf: Er ist eher ängstlich, zaghaft und scheu (Diskurs II: 37). Vom Tier unterscheidet er sich vor allem dadurch, dass er über Handlungs- und Willensfreiheit verfügt (Diskurs II: 45). Außerdem zeichnet er sich durch seine Selbstliebe (*amour de soi*) aus, die sich in den – seltenen – Interaktionen mit anderen als Mitleid (*pitié*) ausdrückt (Diskurs II: 74). Dieser von Natur aus gutmütige Mensch verfügt auch schon über die Fähigkeit, sich nützliche Handlungsweisen neu anzueignen. Er ist also lernfähig und kann sich „vervollkommnen" (Diskurs II: 45).

Angesichts natürlicher Schwierigkeiten und Hindernisse (wie hoher Berge, gefährlicher Tiere und vor allem Naturkatastrophen wie Erdbeben, Brände und Überschwemmungen) *lernten* die natürlichen Menschen deshalb, dass sie die resultierenden Probleme besser kooperativ bewältigen. Zwar gab es auch hier schon Konkurrenz bei der Verteilung der Erträge; diese Konkurrenzkämpfe waren aber noch seltener als die sich langsam etablierende Zusammenarbeit. Als lernfähige Menschen ahmten vielmehr die Schwachen die Starken nach und bauten etwa eigene Wohnungen, anstatt andere aus deren Wohnung zu vertreiben. Umgekehrt hatten die Starken kein Interesse, die Früchte der Natur für sich überproportional zu nutzen, da sie nur einen begrenzten Teil wirklich verbrauchen konnten.

Infolgedessen stellte sich eine Art Gleichgewichtszustand ein (Diskurs II: 77ff.). Auch diese natürliche menschliche Kooperationsfähigkeit widerspricht offenbar der pessimistischen Anthropologie des realistischen Paradigmas.

In diesem letzten Stadium des Rousseauschen Naturzustands waren nun alle Fertigkeiten des Menschen voll ausgeprägt (Diskurs II: 88). Er hatte genau die richtige Mitte aus der Rastlosigkeit des Urzustands und der Trägheit der Zivilisation gefunden. Und solange jeder allein und ungehindert sein Handwerk ausüben konnte, lebten diese natürlichen Menschen auch friedlich miteinander (Diskurs II: 83f.).

b Der Gesellschaftszustand

Der idyllische Zustand hielt jedoch nicht lange an. Durch den technischen Fortschritt wurde die Arbeitsteilung notwendig. Der Schritt hin zur Einführung des Eigentums war hier schon getan, was der Rousseau des Zweiten Diskurses bekanntlich als eigentliche Ursache für die Degeneration des goldenen Zeitalters und damit zugleich als Auslöser für künftige Kriege und Verbrechen ansah (Diskurs II: 74). Der Bruch kündigt sich an, als die Menschen nun zunehmend dazu übergehen, sich mit anderen zu vergleichen. Es werden Geschichten und Epen von den Stärksten, Schönsten und Mächtigsten erzählt (Diskurs II: 81). Der Ehrgeiz, all diese zu übertrumpfen, bringt im Verfallszustand dieser frühen Vergesellschaftung dem Menschen „eine finstere Neigung" (Diskurs II: 89), das heißt Rivalität und Gegensätzlichkeit der Interessen. Jene Leidenschaften wirken der ursprünglichen *pitié* im Gesellschaftszustand entgegen (Köhler 2009: XX). Der von Neid und Misstrauen erfüllte Mensch, den schon Hobbes beschrieb und der noch den Realisten des 20. Jahrhunderts als Folie diente, ist also auch bei Rousseau vorhanden; jedoch wird er erst in diesem gesellschaftlichen Zustand kriegerisch (vgl. Strauss 2007: 55).

In solch einer Situation konnten sich nun Demagogen Macht über andere Menschen verschaffen, indem sie eine Vereinigung vorschlugen, um gemeinsame Feinde abzuwehren. Anstatt jedoch die Freiheit eines jeden zu verteidigen, wurden dabei Ungleichheiten zementiert und den Schwachen durch vermeintliche ‚Gesetze' Fesseln angelegt (Diskurs II: 92f.). Rousseau stellt dazu fest, dass der Zustand, in dem solche willkürlichen ‚Gesetze' erlassen werden, die nur die Herrschaft des Stärkeren und die Gewaltherrschaft festschreiben, bereits die letzte Verfallsstufe des Menschen bedeuten, und nicht seine natürliche Lebensweise (Diskurs II: 101). Zum Schluss seiner Abhandlung fasst Rousseau seine Analyse über den natürlichen Menschen und dessen am Ende prekärer Vergesellschaftung zusammen: „Es genügt mir, nachgewiesen zu haben, dass dies nicht der ursprüngliche Zustand des Menschen ist" (Diskurs II: 113). Die Völker, die man in der Gegenwart als kriegerisch bezeichnen kann, haben sich insofern weit vom ursprünglichen Naturzustand entfernt (Diskurs II: 82).

c Rousseaus Republik

Hat der Mensch diesen gesellschaftlichen Verfallszustand erreicht, ist es ihm nicht mehr möglich, in den Naturzustand zurückzukehren (Starobinski 2003: 434). Gleichwohl suchte Rousseau nach einer (theoretischen) Lösung, um dem Menschen seine größtmögliche Freiheit zu garantieren. Dieser Ausweg ist für ihn der *Gesellschaftsvertrag*,[11] in dem sich jedes Mitglied der Gesellschaft all seiner Rechte zugunsten der neuen Gesellschaft entäußert (*aliénation totale*) und damit „genauso frei bleibt wie zuvor" (CS I 6: 17). Die Übertragung all seiner Rechte an die Gemeinschaft, die die Rechte nach Maßgabe des Gemeinwillens verwaltet, ist die einzige Möglichkeit, im Gesellschaftszustand seine Freiheit zu bewahren. Der Mensch wird also *autonom* im eigentlichen Wortsinne.

Dabei ist es wichtig zu beachten, dass der souveräne Gemeinwille, die *volonté générale*, nur direktdemokratisch zu äußern ist. Eine Repräsentation (zumindest der Legislative) ist nicht vorgesehen, denn das würde die *aliénation totale* ad absurdum führen und zum reinen Unterdrückungsinstrument machen. Stattdessen ist der Gemeinwille und damit auch die Souveränität unteilbar und unveräußerlich (CS II 1: 27ff.).

Diese direktdemokratische und unteilbare Souveränität in Rousseaus Republik ist von besonderer Bedeutung für ihre stark begrenzte räumliche Ausdehnung und damit auch für die Internationalen Beziehungen. Rousseau äußerte sich dazu vor allem in seinen Verfassungsentwürfen für Korsika und Polen. Während Korsika nahezu die Idealgröße für seine staatsrechtlichen Grundsätze besitzt, ist Polen eigentlich schon zu groß (CS II 10: 56; Polen: 978f.), „um gut regiert werden zu können" (CS II 9: 50). „[I]m allgemeinen" sei außerdem „ein kleiner Staat verhältnismäßig stärker als ein großer" (CS II 9: 50). Große Staaten benötigen nämlich zu viele Ressourcen, die man für die Umsetzung des Gemeinwohls nutzen könnte.

Die außenpolitischen Probleme, die aus diesem Ansatz entstehen, sind offensichtlich vorprogrammiert: Den Korsen gibt Rousseau als Geleit mit, dass sie als Kleinstaat den kriegerischen europäischen Großmächten ausgesetzt sein werden (Korsika: 914f.). Er sieht also ein, dass seine Republik nicht lediglich auf dem Gesellschaftsvertrag fußt, sondern dass sie auch vor äußeren Feinden verteidigt wer-

---

11 Wie sehr Rousseaus pessimistische Geschichtsphilosophie des *Discours sur l'inégalité* am Ende auch seine vordergründig „revolutionären" staatsrechtlichem Prinzipien überlagert (vgl. Fetscher 1999: 254ff.), kann für unsere Zwecke zurückstehen.

den muss (Asbach 2002: 214f.). An dieser Stelle befinden wir uns am evidenten Übergang zu Rousseaus konkreter Theorie der Internationalen Beziehungen.

3 Explizite Äußerungen Rousseaus zu den Internationalen Beziehungen

Schon im *Contrat social* wird zwar klar, dass die kleinen Idealrepubliken aufgrund ihrer mangelnden militärischen Schlagkraft eines Systems bedürfen, das ihre äußere Sicherheit gewährleistet. Jedoch äußert sich Rousseau in dieser Schrift nicht dezidiert dazu, wie ein solches System umzusetzen wäre. Will man diese Lücke schließen, empfiehlt es sich, in erster Linie auf seine Rezeption der einschlägigen Ideen des Abbé de Saint-Pierre zurückzugreifen. Wie in diesem Kapitel indes zu zeigen ist, vermag auch diese für Rousseau kein tragfähiges Fundament für eine internationale Friedensordnung zu liefern.

Relevant für seine Gedanken zur internationalen Politik sind zusätzlich das längere Textfragment *Prinzipien des Krieges*, das erst kürzlich in zusammenhängender Fassung rekonstruiert wurde (Bloch 2010: 288), sowie weitere Textauszüge aus Rousseaus Verfassungsentwürfen für Korsika und Polen, dem *Contrat social*, dem *Zweiten Diskurs* sowie dem *Émile*, in denen Rousseau sich ebenfalls zu Krieg und Frieden zwischen den Staaten äußert.

Das folgende Kapitel wird zuerst die wichtigsten von Rousseau identifizierten Probleme für die Internationalen Beziehungen systematisch aufzeigen (3.1), um im Anschluss seine Herangehensweise an diverse denkbare Lösungsansätze für den Kriegszustand zu diskutieren (3.2).

3.1 Problemstellungen

a Der Naturzustand zwischen den Staaten und die Auswirkungen des *état mixte*

Die klare Unterscheidung zwischen dem Naturzustand und dem gesellschaftlichen Verfallszustand ist zentral für Rousseau. Auch die Staaten befinden sich bei ihm ursprünglich im Naturzustand untereinander, wo sie sich mit denselben Widrigkeiten herumschlagen müssen, wie die frühen Menschen (Diskurs II: 93). Jedoch macht Rousseau ein methodisches Problem bei allen ihm vorausgegangenen Betrachtungen des Zustands unter den Staaten aus: Sie betrachteten gesellschaftlich geprägte, zeitgenössische Menschen, zogen daraus aber Rückschlüsse

auf den natürlichen Menschen (PdK: 310). Rousseau hingegen spricht an mehreren Stellen von einem *état mixte*, in dem der Mensch sich befindet. Innerstaatlich ist der Mensch bereits seiner Natur entwachsen und befindet sich im Gesellschaftszustand. Die Staaten selbst befinden sich jedoch noch im Naturzustand
untereinander – allerdings meint Rousseau hier bereits das sozial entartete zweite Stadium (Starobinski 2003: 442). In diesem gemischten Zustand erfährt der
Mensch die Nachteile *beider* Zustände, ohne aber die Sicherheit auch nur eines
der beiden genießen zu können; folgerichtig bringt dieser Zustand, in dem der
Mensch gleichsam natürlich *und* vergesellschaftet ist, die Despotie und den Krieg
hervor (PdK: 308; Emil: 560).

Während der Kriegszustand auf internationaler Ebene dem Hobbesschen Naturzustand auf den ersten Blick zu entsprechen scheint, macht Rousseau selbst
klar, dass dieser Zustand nur deswegen zum Krieg entarten konnte, weil seine
zentralen Akteure Staaten sind (Diskurs II: 94). Kriege seien immer schlimmer als
zwischenmenschliche Konflikte, da sie mit Heeren geführt werden (PdK: 312f.).
Im Gegensatz zum (natürlichen) Menschen kennt der Staat keine notwendigen
naturgegeben Grenzen: Er kann fast unbegrenzt Dinge anhäufen, da er sie nicht
unmittelbar benutzen muss, um sie zu besitzen (PdK: 311).

Das plurale Staatenwesen entstand durch die Gründung des ersten Staates – so
wie der Erste, der das Eigentum an etwas ergriff, zum Begründer des Prinzips des
Privateigentums und der bürgerlichen Gesellschaft wurde. Der Mensch braucht
im Naturzustand keinen Anderen, um zu bestehen. Der Staat hingegen lebt vom
Vergleich mit anderen politischen Einheiten. Aufgrund fehlender natürlicher Begrenzungen möchte er immer weiter wachsen, um der Stärkste zu werden (PdK:
313). Krieg dient nicht dazu, ein besonderes Ziel zu erreichen, sondern stärker als
der andere zu werden. Zu diesem Zwecke muss der Kriegsgegner besiegt und sein
Gesellschaftsvertrag wenn möglich beseitigt werden. Die *pitié* fehlt im zweiten
Stadium des Naturzustands, in dem die Staaten sich befinden. Stattdessen lässt
die blinde *amour propre* hier derartige Machtvergleiche und Kriege um derent-
willen zu (Bloch 2010: 290ff.).

Aufgrund fehlender natürlicher Begrenzungen müsste also eine rechtliche
Lösung die Beseitigung des Krieges bringen. Die Rationalität, die der Mensch
im zweiten Naturzustand erlangt, führt auch dazu, dass er erkennt, dass sein
eigenes Glück untrennbar mit dem Leid eines anderen verbunden ist. „Die Beschaffenheit der Welt" verhindert, dass alle glücklich werden können, ohne andere ihres Glückes zu berauben (PdK: 309). Es fehlt ein objektives Recht, das –
wie im Gesellschaftsvertrag – allgemein regeln könnte, wer sich für sein Glück
welcher Mittel bedienen darf (Köhler 2009: XXI). So ist jeder Richter über seine
eigenen Mittel. Solch ein subjektiver Rechtszustand zwischen den Staaten muss

zwangsläufig zu Konflikten führen, auch ohne dass die Staaten einander böswillig gesinnt sind.

b   Rousseaus Problem mit den Naturrechtlern

Mit dieser Auffassung widerspricht Rousseau gänzlich dem damaligen Paradigma der Naturrechtslehre. Im natürlichen Zustand gibt es für ihn gar kein Recht (da es für die Regelung des Zusammenlebens noch keines Rechts bedarf); die Gesetze sind eine bürgerliche Entwicklung, die zuallererst der Unterdrückung dient (Cheneval 2002: 355). Rousseau lehnt Grotius und andere Naturrechtler ebenso entschieden ab, wie er das schon mit Hobbes (dem Begründer eines natürlichen *ius in omnium*) tat und bringt das an mehreren Stellen seines Werkes auch deutlich zum Ausdruck (vgl. Emil: 543; CS I 4: 12; Diskurs II: 59ff.). Für Rousseau besteht der Naturzustand notwendig *vor* Gesellschaft und Staat; daher kann es überhaupt kein Naturrecht geben, das auf einer ursprünglichen Sozialisation der Menschen basiert (Melzer 2007: 89). Stattdessen ist der natürliche Mensch ja furchtsam und zurückhaltend (PdK: 311).

Ein Völkerrecht hätte in diesem Kontext die logische Aufgabe, die verloren gegangene *pitié* im Kriegszustand zu kompensieren. Das Recht muss „Leben, Freiheit und Eigentum der Staatsbürger" sichern (Asbach 2002: 254). Grotius' Annahme, dass sich aus internationalen Verträgen und Abkommen ein zusammenhängendes Völkerrecht entwickeln würde, teilt Rousseau freilich nicht (Asbach 2002: 257ff.). Denn da das Sozialleben letztlich mit dem Verfallszustand synchron verläuft, bedarf das Recht – da eben nicht in der menschlichen Vernunft verankert – einer prinzipiellen Möglichkeit zur Durchsetzung (PdK: 308). Wie im Kommentar zum Friedensentwurf des Abbé Saint-Pierre dargelegt, enthielt das *ius publicum europaeum* zu Rousseaus Zeit substantielle innere Widersprüche. Mangels einer objektiven Entscheidungsinstanz wären diese am Ende nur gewaltsam lösbar gewesen (EfF: 27). Waffenstillstände seien daher lediglich ein Ausdruck des unsicheren Kriegszustandes: ein Zustand, der zwar das ‚heiße' Führen der Kriegs zeitweilig unterbricht, jedoch keinen wirklichen Friedenszustand evoziert (PdK: 209).

c   Das Akteur-Struktur-Problem (second or third image)

Damit nähern wir uns Rousseaus Beschäftigung mit weiteren Themen an, die auch die aktuellen Debatten der Internationalen Politik noch dominieren. Der letzte Abschnitt deutete diesbezüglich darauf hin, dass Krieg hauptsächlich aufgrund widersprüchlicher Rechtsinteressen verschiedener Völkerrechtssubjekte (Staaten) entsteht. Dies rührt daher, dass die Staaten innerlich zwar verfasst, (also im Gesellschaftszustand) sind, untereinander sich jedoch in einem „anarchischen" System befinden, wie die Realisten es ausdrücken würden (Schmiedl-Neu-burg 2005: 177). Rousseau sieht einen Hinderungsgrund für die innenpolitische Vervollkommnung der Staaten in der Tatsache, dass sie sich nach außen vertei-digen müssen. Dadurch fehlen ihnen Kapazitäten für die Wohlfahrt und andere Bereiche (EfF: 15). Er insistiert zudem darauf, dass ein Bündnis unter despotisch regierten Staaten auch die Zustände im Inneren dieser Staaten verfestigen wür-den. Auf den ersten Blick sieht es damit ganz so aus, als hätte Rousseau sich in der Debatte um das Akteur-Struktur-Problem[12] auf die Seite der Holisten geschlagen, wie Kenneth Waltz ihn interpretierte: Rousseaus Kleinstaaten seien nicht etwa aufgrund ihrer moralischen Überlegenheit, sondern lediglich aufgrund ihrer Di-stanz zueinander friedlich (Waltz 1965: 186, 231, 47f.).

Auf den zweiten Blick erkennt man jedoch, dass Rousseau als einer der ersten Autoren eine gegenseitige Abhängigkeit innerer und äußerer Verhältnisse von Staaten annahm, die sich später im ersten Definitivartikel von Kants Friedens-schrift fruchtbar weiterentwickeln sollte (Köhler 2009: XXII). So liege die Eigen-art des Despotismus sowohl im Inneren als auch im Äußeren: Die Monarchen wollen ihre Macht sowohl gegenüber ihrem Volk als auch gegenüber anderen Staaten vergrößern (BEfF: 87). Damit bedingen sich Krieg und innenpolitische Unterdrückung gegenseitig. Rousseaus erste Beschäftigung mit den Internatio-nalen Beziehungen im *Contrat social* resultieren folglich daraus, dass er bezweck-te „die äußeren Beziehungen der Staaten zu reformieren, um die innere Reform erst möglich zu machen" (Tauras 1996: 127). Sein Paradox in der Debatte bestand laut Francis Cheneval aus dem „Anspruch des Einzelstaates, die Freiheit und Si-cherheit der Bürger gegen äußere Feinde zu garantieren, und seinem Status als Grund eben dieser Unsicherheit", da die Existenz der partikulären Staaten ebenso den Kriegszustand perpetuiert, welcher seinerseits innenpolitische Reformen er-schwert (Cheneval 2002: 391). Im *Émile* plädiert Rousseau insofern grundsätzlich für Saint-Pierres Idee, dem Übel auf den Grund zu gehen und alle Quellen auf einmal zu beseitigen (Emil: 565). Es genügte ihm nicht, bei der Problemlösung entweder nur auf der internationalen oder der innerstaatlichen Ebene anzuset-zen. In der Theorie bekleidet Rousseau demnach eine vermittelnde Position zwi-

---

12 Die Frage, ob die einzelnen *Akteure* (Agenten) oder die systemisch vorgegebene *Struk-tur* das Handeln im internationalen Staatensystem bestimmen, ist so alt die Beschäf-tigung mit dem Staatensystem selbst. Im Rahmen der Debatte zwischen Realisten und Idealisten flammte sie erneut auf, wobei vor allem die Neorealisten à la Waltz als Ver-treter des „holistischen" Modells auftraten, wonach die Struktur des Staatensystems die Handlungsmöglichkeiten für die einzelnen Staaten exklusiv vorgibt. Die Mehrzahl der Idealisten verfolgt hingegen einen reduktionistischen Ansatz, der primär das (freie) Handeln des einzelnen Staates ins Visier nimmt.

schen den reduktionistischen und den holistischen Theoretikern. Für ihn sind Staaten als Akteure und das Staatensystem letztlich *kommunizierende Röhren* (Cheneval 2002: 391).

Unerwähnt bleiben sollte jedoch nicht, dass Rousseau in der Debatte um die praktische Umsetzung seiner Ideen insgesamt eine Wendung hin zum Vorrang innerstaatlicher Verhältnisse vollzogen hat (Rademacher 2010: 108). Letzteres weniger aus einer analytischen Position heraus, als vielmehr aufgrund vielfältiger praktischer Probleme der einzelnen Friedensansätze. Genauer wird dies die Darstellung in Punkt 3.2 zeigen.

d   Rousseaus Souveränitätsproblem

Das Bild der sich gegenseitig bedingenden inneren und äußeren Verhältnisse ist im Rahmen der Theoriebildung in den Internationalen Beziehungen analytisch hoch relevant, selbst wenn dieser „Teufelskreis" (Tauras 1996: 134) in der praktischen Politik erhebliche Schwierigkeiten bereitet. Das Problem der Setzung und Durchsetzung eines objektiven Völkerrechts provoziert indes auch im Hinblick auf Rousseaus eigene innenpolitische Konzeption der Republik große Probleme. Sein Konzept der Souveränität stützt sich ja auf den souveränen Gemeinwillen des Volkes, der durch den Gesellschaftsvertrag installiert wird (Melzer 2007: 85, 95). Der dadurch gebildete Staat lässt sich sogar mit dem legitimen Souverän identifizieren (CS I 7: 20). Freilich gilt das nicht für alle Staatsformen: nur in der Republik ist der Staat mit dem „wirklichen Souverän" (Köhler 2009: XXII) gleichgesetzt. Unabhängig davon befinden sich aber alle Staaten zueinander im *état mixte* ohne objektives Recht, ein Zustand, in dem jeder Staat (ob Monarchie oder Republik) immer partikulär gegenüber anderen auftritt. In einer solchen ‚Gemeinschaft' würden sich selbst die freundlichsten Staaten irgendwann in die (Not-)Lage versetzt sehen, in der sie präventiv gegen einen anderen vorgehen müssen, um das eigene, zwischenstaatlich betrachtet subjektive Recht aufrechtzuerhalten (Herb 2000: 173). Während das subjektive Interesse jedes Staates die Bewahrung des eigenen Gesellschaftsvertrags ist, wäre ein objektiver und allgemeiner Wille etwa der Wunsch nach Frieden unter den Staaten. Doch offenbar gibt es hier einen grundlegenden Zielkonflikt struktureller Art. Ebenso wie beim ersten Gesellschaftsvertrag, der die Republik bildet, müsste, um ein objektives Völkerrecht zu schaffen, die Handlungsfreiheit der Staaten nunmehr *beschränkt* werden, um den (universalen) Gemeinwillen dort umzusetzen.

Das Problem an dieser Stelle ist die Tatsache, dass der Staat keine eigentliche Souveränität aus sich selbst heraus schöpft, sondern dies nur aus seinem Volk tun kann. Eine internationale Konstellation, die Souveränität *weg* vom Staat nimmt, widerspräche somit dem ersten Gesellschaftsvertrag. Denn die Durchsetzung eines objektiven Rechts zwischen den Staaten könnte dem (äußerlich partikulären, innerlich aber allgemeinen) Willen einer einzelnen Republik widersprechen und deren Souveränität einschränken (Asbach 2001: 1091).

Eine Institution ohne Souveränitätsrechte könnte aber wiederum kein objektives Völkerrecht schaffen, geschweige denn durchsetzen. Sie würde an genau denselben Problemen kranken, wie die bisherigen, Rousseau bereits bekannten Instrumente zur Friedensschaffung (Asbach 1999: 148). Sein Dilemma bedeutete es, zwischen der Volkssouveränität, die er im *Contrat social* als erster in dieser Form als politische Institution propagiert hatte, und dem Weltfrieden, den er durchaus als Ziel von der Politik einforderte, vermitteln zu müssen.

3.2   Lösungsansätze –
Frieden durch außenpolitische Konföderation, innenpolitische Reform oder einen *Contrat international*?

Rousseau diskutierte vier unterschiedliche, sich in jeweils mehrere Facetten aufspreizende Möglichkeiten zur Lösung der vom *état mixte* zwischen den Staaten aufgeworfenen Probleme. Diese – wie auch die von ihm an allen Optionen geübten Kritikpunkte – werden nachfolgend skizziert.

a)

In seinem längsten zusammenhängenden Text zur Internationalen Politik beschäftigt sich Rousseau mit dem schon mehrfach erwähnten Friedensprojekt des Abbé de Saint-Pierre. Dieser schlug wenige Jahrzehnte zuvor in seinem *Plan eines ewigen Friedens in Europa* einen *Frieden durch freiwillige Konföderation* der Staaten vor. Die Notwendigkeit zur Schaffung eines solchen Friedensplanes leitete der Abbé aus dem Umstand ab, dass eine zentrale Gewalt die variierenden und von Zufällen abhängigen Interessen der Staaten austarieren müsse, um zu vermeiden, dass der Krieg den menschlichen Fortschritt behindert (AM: 301).[13]

In seinem Kommentar zu Saint-Pierre zeigt sich Rousseau mit diesem zunächst einig, dass im europäischen Staatensystem eine Art Machtgleichgewicht existiere, dieses funktioniere jedoch nur unzureichend (EfF: 31). Das Fehlen einer Schiedsinstanz verhinderte zudem im damaligen Status quo die selbständige

---

13 Siehe auch Hömig 1988: 40.

Etablierung eines Völkerrechtes (vgl. Asbach 2002: 115). Das Vertragswerk zu einem Friedensentwurf, wie ihn Saint-Pierre initiierte, wäre demgegenüber dem *Contrat social* ähnlich, und würde den *état mixte* ausgleichen, indem er „die Vorteile der großen und kleinen Staaten [...] umfass[t]" (EfF: 17), das heißt nach außen abschrecken, nach innen aber objektives Recht schaffen (EfF: 15f.). Grundlegend hätte in diesem Bund jeder Staat eine Stimme und der Vorsitz würde wechseln. Der Status quo würde in einer Eingangsakte festgeschrieben, um Streitigkeiten schon von Anfang an zu beseitigen. Zudem hätte der Bund die Möglichkeit, seine allgemeinen Gesetze durch Zwangsmaßnahmen durchzusetzen (EfF: 45ff.).

Im Gegenzug wäre damit jedoch zugleich der (innen)politische Status quo des europäischen Staatensystems besiegelt worden (vgl. AM: 277). Tatsächlich scheint für Saint-Pierre der Frieden ein jeder innenpolitischer Reform übergeordnetes Ziel gewesen zu sein. Immerhin aber hätten die Mitglieder des Bundes dafür „wechselseitig auf ihr Recht auf alles" – also auf grundlegende Souveränitätsrechte – verzichten müssen (Asbach 2002: 117). Die Staaten wären damit Gliederungen eines neuen (supranationalen) Souveräns geworden, erhielten aber dennoch einen Anteil an dessen souveräner Macht.

Trotz dieses faktischen Verzichts, der gerade für mächtige Staaten schwer verständlich schien, appellierte Saint-Pierre an die Monarchen seiner Zeit, dass der Staatenbund in aller Interesse liege. Er würde nicht nur den Frieden und damit die Unabhängigkeit der einzelnen Mitglieder bewahren, sondern könnte die Herrscher auch innenpolitisch stabilisieren (PS: 162; AM: 278). In der Praxis drang er mit seinen Argumenten allerdings wenig durch.

Man darf nun weder voreilig davon ausgehen, dass Rousseaus Position mit der Saint-Pierres übereinstimmte, noch dass sich beide in völliger Distanz zueinander bewegten. In seiner Beurteilung zum Friedensentwurf bezeichnete Rousseau die Idee des Abbé gar als „moralische Wahrheit" (BEfF: 83), die sich gegen die *amour propre* und Leidenschaften wende, die die Staaten bislang von ihrem wahren Interesse, dem fortdauernden Frieden, abbrächten (BEfF: 83). So großartig die Idee des Abbé jedoch auch sei, die Möglichkeiten ihrer Umsetzung taxierte Rousseau seinerzeit als unrealistisch (BEfF: 95). Er glaubte nicht daran, dass die Fürsten sich freiwillig dazu überreden ließen. Das Projekt sei buchstäblich „zu gut, um angenommen zu werden" (BEfF: 105). Dies bedeutete indes nicht, dass er die Realisierung generell für unmöglich hielt. Entsprechende Pläne für einen konföderativen Frieden in Europa, wie sie etwa auch Heinrich IV. vorgesehen hatte, seien nur im konkreten historischen Moment undurchführbar, für die Zukunft aber keineswegs ausgeschlossen (vgl. Tauras 1996: 132). Weitaus schwerwiegender wirkte für Rousseau daher wohl, dass der Entwurf des Abbé in wesentlichen Teilen seiner eigenen theoretischen Argumentation widersprach: Neben dem bereits eingehend erläuterten Souveränitätsproblem betraf dies insbesondere die Festzementierung des nichtrepublikanischen Status quo (BEfF: 45). Und da Despotie und Krieg sich gegenseitig bedingen, konnte für Rousseau eine wirkliche Friedensordnung auch nur mit einer größeren Reform einhergehen, die innerstaatliche Aspekte mit einbezog.[14]

b)

Um das Spannungsverhältnis zwischen (Volks-)Souveränität und Frieden aufzulösen, ist es auf Basis der Prämissen Rousseaus also nur folgerichtig, den *Frieden durch innerstaatliche Veränderung* zu diskutieren. Die „Dynamik internationaler Konflikte" könne demnach bevorzugt innerstaatlich beseitigt werden (vgl. Asbach 2002: 276). Schließlich findet die legitime politische Willensbildung innerhalb der (nach dem *Contrat social* verfassten) Staaten statt. Die Republiken sollten in diesem Zusammenhang auf Handel und Gewinnstreben verzichten, da dies sonst nur Konkurrenz schaffe. Damit ließen sich bereits wesentliche außenpolitischen Probleme beseitigen (Korsika: 924f.). Wenn sich Krieg und Despotie weiterhin gegenseitig bedingten, so scheint es überdies eine theoretische Möglichkeit zu sein, die Staaten so zu verfassen, dass sie innenpolitisch die Despotie abschaffen und so außenpolitisch friedlich(er) werden. Tatsächlich klingt im *Contrat social* ein solches idyllisches Beieinandersein demokratischer Republiken an (CS II 10: 55f.).

Jedoch stellt auch dieser Ansatz keine wirklich überzeugende Lösung für die aufgezeigten grundlegenden Probleme einer internationalen Friedensordnung bei Rousseau dar: Weder wird das Fehlen eines objektiven internationalen Rechts geheilt, noch wird ausreichend berücksichtigt, dass der Krieg seiner-

---

14 Ob eine *Konföderation*, die durch *Gewalt* hergestellt wird, nachdem die Fürsten von ihrem Eigennutz offensichtlich nicht abweichen wollten, die Aussicht auf die Verwirklichung des Friedens in Europa erhöht hätte, wird von Rousseau gesondert ins Auge gefasst (BEfF: 105). Der Plan von Heinrich IV. hatte gerade auf jene gewaltsame Einigung gesetzt und auch Saint-Pierre zog diese Möglichkeit zuvor durchaus in Betracht. Da die genannten theoretischen Kritikpunkte davon jedoch unberührt bleiben, hielt sich Rousseau mit der Gewaltoption wenig auf. Darüber hinaus äußerte er Zweifel, dass ein derartig forcierter Zusammenschluss einen dauerhaften Frieden sichern könne, nicht zuletzt, da er mit Sicherheit Abwehrreaktionen der angegriffenen Staaten provozieren würde, die im Staatsinneren wiederum die Despotie schüren. Für einen unsicheren Frieden durch Gewaltverbund hätte Rousseau sein innenpolitisches Reformprogramm deswegen umso weniger aufgegeben.

seits wieder die Despotie befördert. Es müsste sich daher schon um einen größeren, viele Staaten umfassenden politischen Umsturz handeln, in dessen Gefolge sich sukzessive sowohl die Wirren des Krieges als auch die Unterdrückung in den Monarchien abschwächen und so eine nachhaltige Veränderung generieren würden (Tauras 1996: 132). Einen solchen historischen Glücksfall als theoretisches „Lösungsmodell" zu propagieren, wäre derweil äußerst optimistisch gedacht.

c)

Rousseau spinnt den im vorherigen Unterpunkt aufgegriffenen Faden immerhin bis dahin weiter, dass er eine wichtige Differenzierung suggeriert: Wenn innenpolitische Reform schon keinen *idealen* Frieden herstellen kann, vermag vielleicht eine Konzentration auf die Innenpolitik wenigstens eine Art *negativen* Frieden hervorbringen. So könnte es durch den Eingang der Staaten in einen *neuen* Naturzustand eine *friedliche Koexistenz kleiner Republiken* geben. Was für den Menschen gilt – nämlich dass die Vergesellschaftung und Abhängigkeit zu Konflikten führt – muss auch für Staaten nicht falsch sein (Asbach 2002: 231). Wenn die kleinen Republiken daher schon weitestgehend auf den Handel verzichten sollen, um kein Konfliktpotential zu schaffen, muss sich das Konfliktpotential umso weiter verringern, je unabhängiger und autarker die Staaten sind. Im Grunde möchte dieses Argument zum ersten Naturzustand, diesmal freilich zwischen den Staaten, zurück. Indem Rousseaus kleine Republiken militärisch schwach sind, geht von ihnen außerdem kein hohes Aggressionspotential aus. Daher wären sie genauso scheu und ängstlich wie die Menschen in jenem ersten Naturzustand. Den Korsen rät Rousseau entsprechend in seinem Verfassungsentwurf, eine „parfaite indépendance" (Korsika: 914) anzustreben und sich von „les troupes les plus belliqueuses de l'Europe" (Korsika: 915) fernzuhalten. Ob er diese Politik der Koexistenz aber wirklich für ein tragfähiges Konzept hielt, ist fraglich. Schließlich stellte er schon beim Menschen fest, dass es kein „zurück zur Natur" gibt (CS I 6: 16; Köhler 2009: XV). Wie sollte es dann bei Staaten glücken, die sich schon seit jeher im *état mixte* befinden und überhaupt erst ein Konstrukt der Vergesellschaftung des Menschen sind? Auch könnten – wenn überhaupt – nur die wenigsten Staaten einen *Contrat social* im Sinne Rousseaus umsetzen (Asbach 2002: 290). Insofern bietet dieser letzte Vorschlag vielleicht einige praktische Orientierung für die europäischen Kleinstaaten im Hinblick auf den Umgang mit Großmächten; als konsistentes moralisches Friedenskonzept kann es hingegen kaum gelten.

Stefan Christoph

d)

Was aber bleibt dann eigentlich noch übrig? Weder der Bund zwischen den Staaten noch ihre Isolation sind de facto zufriedenstellende Konzepte. Wäre eventuell die Beseitigung der Staaten ein vielversprechendes Konzept? Schließlich könnte die *Weltrepublik* – der *Contrat international* – den widersprechenden Geltungsanspruch verschiedener Staaten beseitigen. Doch auch diese Idee konnte Rousseau kaum tröstlich stimmen. Schließlich hat er aus gutem Grund die Größe seiner Republik beschränkt: damit direktdemokratische Strukturen dort möglich bleiben. Zudem war Rousseau nicht gerade als Freund des Kosmopolitismus bekannt (Cheneval 2002: 252). Stattdessen straft er jenen hauptstädtischen Kosmopolitismus seiner Zeit im *Émile* durchaus mit Verachtung: „Alle Hauptstädte sind einander gleich; alle Völker vermischen sich dort, alle Stimmen vermengen sich dort [...] Paris und London sind in meinen Augen die gleiche Stadt" (Emil: 563). Die Güte eines Volkes fände sich deshalb bloß in der Provinz (Emil: 19, 563). Auch die Weltrepublik kann – abgesehen von der wohl noch utopischeren Umsetzbarkeit im Vergleich zu den vorherigen Vorschlägen – für Rousseau deswegen keine adäquate Lösung gewesen sein.

Welche Konklusionen sind hieraus zu ziehen? Rousseau trägt sein gesamtes Werk hindurch gute Gründe vor, die gegen alle bislang genannten Lösungsansätze sprechen. Da er seine Gedanken zur Internationalen Politik jedoch nirgendwo kohärent entfaltet, bleiben die hier zusammengestellten Positionierungen allesamt Interpretationen, die auf Analogieschlüssen beruhen und bisweilen sogar ins Spekulative abdriften. Fest steht allerdings eines: „Für Rousseau kann es offenbar keine prinzipielle Auflösung und Überwindung des Naturzustands zwischen den Staaten geben [...]" (Asbach 2002: 292).[15] Den Versuch eines Staatenbundes wie dem des Abbé de Saint-Pierre sah er zwar wie gezeigt als „moralische Wahrheit" an, und auch der *Contrat social* schafft durchaus moralisch-friedenssichernde Werte (Asbach 2002: 291). Gleichzeitig versuchte er sich an pragmatischeren Konzepten, die sein ohnehin spannungsgeladenes politischen Denken jedoch nur in immer weitere Aporien stürzten, so dass seine Äußerungen zu den Problemen der Internationalen Politik in Theorie und Praxis im Ganzen betrachtet einen stark resignativen Ton aufweisen.

Vielleicht liegt der Wert von Rousseaus Denken für die Internationale Politik deshalb gerade nicht in seinen praktischen Konzepten zur Herstellung des Frie-

---

15 Man beachte, dass Asbach das Wort „Naturzustand" zwischen den Staaten gleichbedeutend mit dem Kriegszustand bzw. dem zweiten Naturzustand verwendet.

dens, sondern vielmehr – worin er dem Abbé de Saint-Pierre nicht unähnlich wäre – im Aufzeigen der Widersprüchlichkeit des modernen Staatensystems. Schon der im modernen Staat lebende Mensch präsentiert sich als *bourgeois*, als Mischwesen aus natürlichem Menschen und *citoyen* (CS I 7: 18). Dieser *état mixte* wirkt sich in der Staatenwelt noch viel fataler aus. Gleiches gilt für das Gesetz, in dem Rousseau wie erläutert die Widersprüchlichkeit der Vergesellschaftung gespiegelt fand: Das Gesetz ist ein künstlich geschaffenes Instrument, das von den Starken forciert wurde, um die Schwachen zu unterdrücken. Die Naturrechtler seiner Zeit versuchten, dem Menschen seine Freiheit wieder zu geben. Stattdessen jedoch schrieben sie nach Rousseau nur seine Unterdrückung fest und nahmen ihm die Selbstbestimmung, indem er sich einem Gesetz unterordnen sollte, das er selbst nicht mitbestimmen konnte.

Zwischen den durch Gesetze konstituierten Staaten ergibt sich obendrein ein Widerstreit darum, wessen Gesetz Vorrang vor dem Gesetz des anderen habe. Dies ist als Form eines destruktiven Pluralismus zu verstehen, der wieder Unterdrückung schafft, indem er den Krieg – nun zwischen den Staaten – herbeiführt, der wiederum die innerstaatliche Despotie vorantreibt.

Dem Teufelskreis zwischen innerstaatlichem und zwischenstaatlichem Konflikt ist es auch zuzuschreiben, dass alle holistisch-systemischen Lösungsansätze für Rousseau scheitern müssen, nicht zuletzt, da ja erst die innere Verfasstheit der Staaten den Konkurrenzzustand hervorbringt. Ein reduktionistisch-akteursorientierter Ansatz lässt demgegenüber außer Acht, dass auch die gutmütigsten Staaten durch die fehlende universelle Geltung ihrer vermeintlich „guten" Gesetze in Konflikte gedrängt werden.

Das alles führt dazu, dass sich der Konflikt zwischen (Volks-)Souveränität und Frieden bei Rousseau nicht lösen lässt. Während die Volkssouveränität die dem Menschen durch seinen Ausgang aus dem Naturzustand abhanden gekommene Freiheit wiedergeben will, provoziert die Vergesellschaftung ihrerseits verschiedene Konflikte, die in den (vergeblichen) Versuch, den Frieden herzustellen, münden. Die Diskussion der Lösungsvorschläge zum Ausgang aus dem Kriegszustand zeigt hier, dass entweder nur die (demokratische) Souveränität der Staaten oder der Frieden (vollständig) ins Visier zu bekommen ist, aber nie beides gleichzeitig. Die Probleme des heutigen Völkerrechts, das hin- und hergerissen ist, die (partikuläre) Souveränität der Staaten strikt zu respektieren oder aber aus normativ-universalen Gründen auszuhebeln (womit es am Ende unentschlossen zwischen Krieg und Frieden changiert),[16] hat Rousseau damit indes ebenso hellsichtig anti-

---

16 In dieser Beziehung sei vor allem an das gravierende völkerrechtliche Problem der humanitären Intervention erinnert.

zipiert wie das (mögliche) Demokratiedefizit, das mit den Institutionen der Welt-
politik einherzugehen droht.[17]

Im Vergleich mit Kant, der die Weltrepublik im *Ewigen Frieden* ebenfalls recht
zurückhaltend verhandelt,[18] bedient sich Rousseau demnach keiner bevorzugt
pragmatischen Argumentation, um die Unabhängigkeit der Staaten zu betonen.
Bei ihm steht stattdessen die Emphase für die unteilbare und unveräußerliche
Volkssouveränität im Vordergrund. Eben diese verhinderte es, dass Rousseau zur
Linderung des Mangels an einem objektiven internationalen Recht das „Surro-
gat des bürgerlichen Gesellschaftsbundes", das heißt einen „freien Föderalism"
bzw. einen „Friedensbund" (ZeF: 211f.) zwischen den Staaten (wie er schon von
Saint-Pierre angedacht war) als (Zwischen-)Lösung hätte goutieren können. Und
auch ein Weltbürgerrecht, mit dem Kant die Menschen unterschiedlichster Nationen friedlich miteinander in Kontakt (und nicht zuletzt zu regem Handel)
bringen wollte (ZeF: 214), musste dem Kosmopolitismus- und Marktskeptiker
Rousseau als wenig attraktiv erscheinen. Hinter einem Weltbürgertum bzw. einem politisch-ökonomischen Verflechtungsfrieden hätte der Autor des *Contrat
social* vielmehr divergierende Loyalitäten am Werk gesehen, die den Bürger vom
Gemeinwesen dispensieren und der dauerhaften Abhängigkeit der Republik Vorschub leisten.

4 Synopsis

Haben nun schlussendlich die Realisten oder die Idealisten gewonnen, die, wie zu
Beginn präsentiert, Rousseau beiderseits als Befürworter der eigenen Sache ver-
buchen wollten? Die gängige Interpretation Rousseaus als Realist gerät zumindest
ins Wanken, sobald man beachtet, wie sehr seine Konzeption des Naturzustandes
im Gegensatz zu Hobbes steht. Rousseau selbst schrieb von „Hobbes' abscheuli-
chem System" und dessen „unsinnige[r] Doktrin" (PdK: 308). Mehr noch: „Welch
seltsames Tier, das glaubte, sein Wohl hänge mit der Vernichtung seiner ganzen
Gattung zusammen" (PdK: 310). Er betont daher immer wieder, dass der Kriegszustand erst mit der Gesellschaft aufkam und der Mensch nicht von Natur aus

---

17 Für diese Position siehe nach wie vor Dahl 1999.
18 So sollen die Einzelstaaten bei Kant weiterhin als primäre Gesetzgeber gegenüber ihren
   Bürgern fungieren, weil die Aufgaben einer Weltrepublik einerseits zu komplex wären (und sie daher eher in Zerfall und Bürgerkrieg enden würde), und die bisherigen
   Staaten und Regierungen andererseits freiwillig Macht abgeben müssten, was sich als
   äußerst unwahrscheinlich darstellt (vgl. Opgen-Rhein 2009: 43f.).

so sei. Dementsprechend lehnt Rousseau auch nirgends das Friedensprojekt des Abbé de Saint-Pierre als grundsätzlich falsch ab (Cheneval 2002: 393; Aiko 2006: 106, 113f.). Nicht die Menschen seien generell unfähig, einen solchen Bund einzugehen, sondern die Zeit war einfach noch nicht reif dafür.

Auf der anderen Seite wäre es naiv, in Rousseau nur den Idealisten oder Liberalen zu vermuten. Er teilte ja durchaus die (realistische) Annahme, dass die Anarchie des Staatensystems Kriege hervorbringt. Seine Behandlung der Idee einer zwischenstaatlichen Konföderation fällt nicht optimistisch-idealistisch aus, sondern meint eher einen Ansatz, der sich am Bereich des Möglichen orientiert: Der Staatenbund wie auch die Etablierung der (Ideal)Republiken bringen keinen „international sunshine; they provide a shelter against the storm"; sie seien damit eher als Defensivvereinbarung zu verstehen (vgl. Hoffman 1965: 80). Rousseau sieht keine Überwindung des anarchischen Zustandes – weder durch Zusammenschluss noch durch Autarkie (Asbach 1999: 151). Ebenso wenig legt er aber die totale „Verzweiflung" der Realisten vor einem systemisch determinierten Kriegszustand an den Tag (Williams 1989: 195).

Wie also kann Rousseau interpretiert werden, wenn weder realistisch noch idealistisch? Einige Autoren sehen ihn als Neoisolationisten und Vordenker heutiger Globalisierungsgegner (Hassner 1997: 201, 215f.). Wieder andere erkennen in ihm einen Vorläufer der heutigen Kommunitaristen, mit denen er die Modernitätskritik sowie das Faible für einen Multikulturalismus teilt (Schmiedl-Neuburg 2005: 176).

Im Grunde jedoch weisen alle diese Interpretationen das Manko auf, immer nur Ausschnitte von Rousseaus Philosophie zu betrachten und so der Grundperspektive seines Denkens nicht gerecht zu werden. Die Ideen von Hobbes lehnte er ab; aber auch Kants repräsentativer Republik und ihren weltpolitischen Fortschreibungen hätte er keinesfalls uneingeschränkt zustimmen können. So gibt es am Ende sowohl eine realistische als auch eine idealistische Tendenz in Rousseaus Denken zur Internationalen Politik (Schmiedl-Neuburg 2005: 177), wobei insbesondere der (eher vordergründige) Wiedererkennungswert realistischen Gedankenguts bei Rousseau vor allem von der einstigen Dominanz des Paradigmas in Zeiten des Kalten Krieges imprägniert worden sein dürfte: „The realist paradigm has provided a notably formative influence; it has provided the tinted lenses which have coloured our perception of the arguments" (Knutsen 1994: 260).

Um daher die Bedeutung von Rousseaus Denken für die Internationalen Beziehungen nach der Ära der Bipolarität ermessen zu können, ist es notwendig, sich von der klassischen Dichotomie zwischen Idealismus und Realismus zu verabschieden und neue Interpretationswege zu eröffnen.

Im Zentrum hat dabei gewiss die Vielzahl von Paradoxien zu stehen, die Rousseau in seinem Werk aufzeigte: zwischen Individuum und Staat, Freiheit und

Sklaverei, Vernunft und Leidenschaft. Er selbst wollte alle Seiten einer Medaille betrachten und ging den auffindbaren Widersprüchen deshalb auch nicht aus dem Weg: „Verzeiht mir, ihr oberflächlichen Leser, meine Paradoxien; unwillkürlich muss man bei reiflichem Ueberlegen [sic!] welche machen, und was ihr auch dazu sagen mögt, ich will lieber für einen paradoxen Mann gelten, als ein Mann voller Vorurteile sein" (Emil: 132). Jene Dialektik ist die Grundlage von Rousseaus Philosophie und Politik. Die Spannung, die sowohl im Menschen selbst als auch in der Gesellschaft herrscht, ist unvermeidlich: „For Rousseau, to be human is to live in this tension and to create out of it. He does not [...] seek to escape it" (Williams 1989: 199). Während der Mensch durch den Eingang in die Gesellschaft unwägbare Vorteile – wie etwa Ackerbau, Vorratshaltung oder Sicherheit – erhält, birgt dieser Übertritt auch viele Gefahren der moralischen Korrumpierung (ebd.: 191). Rousseaus Philosophie legte folgerichtig den Grundstein einer kritischen Auseinandersetzung sowohl mit dem modernen Staat, als auch dem System *zwischen* den Staaten – und das schon relativ früh zu Beginn der Entwicklung des Systems moderner Nationen.

„Das Problem Jean-Jacques Rousseau" (Cassirer 1970) existiert also weit weniger in Rousseaus politischer Theorie, als vielmehr in unseren Köpfen, die von einseitigen Theorien und monistischen Erklärungsansprüchen geprägt sind. Wenn wir aber schon keine klare Handlungsanweisung aus Rousseaus Werken beziehen können, was nehmen wir dann aus seinen Betrachtungen der Internationalen Politik in erster Linie mit? Die Einsicht, dass der Staat, der von Hobbes und anderen einst begründet wurde, um die Widersprüche der Menschen und Gesellschaften aufzulösen, selbst aus unaufhebbaren Widersprüchen besteht. Diese innere Dialektik setzt sich im internationalen System fort, wo eine Wechselbeziehung aus innenpolitischen und systemischen Ursachen den Kriegszustand perpetuiert und schlussendlich eine Art Antinomie zwischen (Volks-)Souveränität und Frieden heraufbeschwört. Dass wir gut daran tun, diese Dialektik weder zugunsten des einen noch des anderen Pols aufzulösen, dies mag als eigentliche Mahnung von Rousseaus Ausführungen zu den Widersprüchlichkeiten der Moderne im Allgemeinen und der Internationalen Beziehungen im Besonderen dienen.

5 Literatur

5.1 Quellen

Castel de Saint-Pierre; Charles Irénée: Betrachtungen zum Antimachiavel von 1740 (AM), in: Kritik des Absolutismus. Die Polysynodie. Betrachtungen zum Antimachiavel, Oldenbourg 1988: 257–304.

Castel de Saint-Pierre; Charles Irénée: Die Polysynodie (PS), in: Kritik des Absolutismus. Die Polysynodie. Betrachtungen zum Antimachiavel, Oldenbourg 1988: 113–256.

Kant, Immanuel: Bemerkungen zu den Beobachtungen über das Gefühl des Schönen und Erhabenen (BGSE), in: Kant's Gesammelte Schriften. Akademie-Ausgabe (AA) Bd. XX: Berlin 1942: 1–192.

Kant, Immanuel: Die Metaphysik der Sitten (MdS), in: Werke in zwölf Bänden Bd. 8, Frankfurt/Main 1977: 309–632.

Kant, Immanuel: Zum ewigen Frieden. Ein philosophischer Entwurf (ZeF), in: Werke in zwölf Bänden Bd. 11, Frankfurt/Main 1977: 195–251.

Rousseau, Jean-Jacques: Abhandlung über den Ursprung und die Grundlagen der Ungleichheit unter den Menschen (Diskurs II), Stuttgart 1998.

Rousseau, Jean-Jacques: Abhandlung über die Politische Ökonomie (PÖ), in: Sozialphilosophische und Politische Schriften, 2. Aufl., Düsseldorf/Zürich 1996: 223–265.

Rousseau, Jean-Jacques: Der Gesellschaftsvertrag (CS), Stuttgart 2003.

Rousseau, Jean-Jacques: Emil oder Über die Erziehung (Emil), Leipzig o. J.

Rousseau, Jean-Jacques: Projet de constitution pour la Corse (Korsika), in: Œuvres complètes III. Du Contrat social. Écrits politiques, Paris 1964: 901–950.

Rousseau, Jean-Jacques: Considérations sur le gouvernement de Pologne et sur sa réformation projetée (Polen), in: Œuvres complètes III. Du Contrat social. Écrits politiques, Paris 1964: 953–1041.

Rousseau, Jean-Jacques: Entwurf eines fortdauernden Friedens (EfF), in: Köhler, Michael (Hg.): Friedensschriften. Französisch – Deutsch, Hamburg 2009: 13–81.

Rousseau, Jean-Jacques: Beurteilung des Entwurfs eines fortdauernden Friedens (BEfF), in: Köhler, Michael (Hg.): Friedensschriften. Französisch – Deutsch, Hamburg 2009: 83–108.

Rousseau, Jean-Jacques: Prinzipien des Krieges (PdK), in: Deutsche Zeitschrift für Philosophie 58.2, 2010: 307–317.

5.2 Weitere Literatur

Aiko, Yuichi (2006): Rousseau and Saint-Pierre's Peace Project: A Critique of ,History of International Relations Theory', in: Jahn, Beate (Hg.): Classical Theory in International Relations, Cambridge: 96–120.

Asbach, Olaf (1999): Internationale Rechtsgemeinschaft oder Autarkie kleiner Republiken? Dimensionen und Probleme des Staats- und Völkerrechts bei Jean-Jacques Rousseau, in: Maier, Hans/Weber-Schäfer, Peter/Dann, Otto/Graf Ballestrem, Karl/Gerhardt, Volker/ Ottmann, Henning (Hg.): Politisches Denken. Jahrbuch 1999, Berlin: 105–154.

Asbach, Olaf (2000): Staatsrecht und Völkerrecht bei Jean-Jacques Rousseau. Zur Frage der völkerrechtlichen Vollendung des Contrat social, in: Brandt, Reinhard/Herb, Karlfriedrich (Hg.): Jean-Jacques Rousseau. Vom Gesellschaftsvertrag oder Prinzipien des Staatsrechts, Berlin: 241 – 269.

Asbach, Olaf (2001): Zwischen Souveränität und Föderation. Moderne Staatlichkeit und die Ordnung Europas beim Abbé de Saint-Pierre und bei Jean-Jacques Rousseau, in: Zeitschrift für Politikwissenschaft 11/2: 1073 – 1099.

Asbach, Olaf (2002): Die Zähmung der Leviathane, Berlin.

Bloch, Michael (2010): Möglichkeit und Unmöglichkeit internationaler Politik. Rousseaus Auffassung des Krieges, in: Deutsche Zeitschrift für Philosophie 58/2: 288 – 306.

Cassirer, Ernst (1970): Das Problem Jean-Jacques Rousseau, Darmstadt.

Cheneval, Francis (2002): Philosophie in weltbürgerlicher Bedeutung. Über die Entstehung und die philosophischen Grundlagen des supranationalen und kosmopolitischen Denkens der Moderne, Basel.

Dahl, Robert A.: Can International Organizations be Democratic? A Skeptic's View, in: Shapiro Ian/Hacker-Cordón, Casiano (Hg.): Democracy's Edges, Cambridge 1999: 19 – 37.

Fetscher, Iring (1983): Jean-Jacques Rousseau, in: Greschat, Martin (Hg.): Die Aufklärung. Gestalten der Kirchengeschichte, Frankfurt/Main: 237 – 265.

Fetscher, Iring (1999): Rousseaus politische Philosophie. Zur Geschichte des demokratischen Freiheitsbegriffs, 3. Aufl., Frankfurt/Main.

Fidler, David (1999): Desperately Clinging to Grotian and Kantian Sheep: Rousseau's Attempted Escape from the State of War, in: Clark, Ian (Hg.): Classical Theories of International Relations, New York: 120 – 141.

Hasenclever, Andreas (2010): Liberale Ansätze zum „demokratischen Frieden", in: Schieder, Siegfried/Spindler, Manuela (Hg.): Theorien der Internationalen Beziehungen, 3. Aufl., Opladen: 213 – 242.

Hassner, Pierre (1997): Rousseau and the Theory and Practice of International Relations, in: Orwin, Clifford/Tarcov, Nathan (Hg.): The Legacy of Rousseau, Chicago: 200 – 219.

Herb, Karlfriedrich (1989): Rousseaus Theorie legitimer Herrschaft. Voraussetzungen und Begründungen, Würzburg.

Herb, Karlfriedrich (2000): Verweigerte Moderne. Das Problem der Repräsentation (III 15–18, IV 1–3), in: Brandt, Reinhard/Herb, Karlfriedrich (Hg.): Jean-Jacques Rousseau. Vom Gesellschaftsvertrag oder Prinzipien des Staatsrechts, Berlin: 167 – 188.

Hidalgo, Oliver (2012): Kants Friedensschrift und der Theorienstreit in den Internationalen Beziehungen, Wiesbaden.

Hoffman, Stanley (1965): The State of War. Essays on the Theory and Practice of International Politics, New York.

Hömig, Herbert (1988): Der Abbé de Saint-Pierre und die politischen Theorien der französischen Aufklärung, in: Castel de Saint-Pierre; Charles Irénée: Kritik des Absolutismus. Die Polysynodie. Betrachtungen zum Antimachiavel, Oldenbourg: 1 – 75.

Jacobs, Andreas (2010): Realismus, in: Schieder, Siegfried/Spindler, Manuela (Hg.): Theorien der Internationalen Beziehungen, 3. Aufl., Opladen: 39 – 64.

Knippenberg, Joseph M. (1989): Moving Beyond Fear: Rousseau and Kant on Cosmopolitan Education, in: The Journal of Politics 51/4: 809 – 827.

Knutsen, Torbjørn (1994): Re-reading Rousseau in the Post-Cold War World, in: Journal of Peace Research 31/3: 247 – 262.

Köhler, Michael (2009): Einleitung zu Rousseaus Friedensschriften, in: Köhler, Michael (Hg.): Friedensschriften. Französisch – Deutsch, Hamburg: IX-LXXIX.

Krell, Gert (2009): Weltbilder und Weltordnung. Einführung in die Theorie der internationalen Beziehungen, 4. überarbeitete und aktualisierte Aufl., Baden-Baden.

Melzer, Arthur (1990): The Natural Goodness of Man. On the System of Rousseau's Thought, Chicago: 83 – 106.

Melzer, Arthur (2007): Rousseau's Moral Realism. Replacing Natural Law with General Will, in: O'Hagan, Timothy (Hg.): Jean-Jacques Rousseau, Aldershot: 83–106.

Meyers, Reinhard (1994): Idealistische Schule, in: Boeck, Andreas (Hg.): Internationale Beziehungen, Lexikon der Politik, Bd. 6, München: 200 – 204.

Moravcsik, Andrew (1992): Liberalism and International Relation Theory. CFIA Working Paper, Cambridge/Mass.

Moravcsik, Andrew (1997): Taking Preferences Seriously. A Liberal Theory of International Politics, in: International Organization, 51.4, 1997: 513–553.

Nitschke, Peter (2011): Politische Theorie der Prämoderne 1500 – 1800, Darmstadt.

Opgen-Rhein, Rainer (2009): Politische Theorien globaler Ordnung: Realistische Entwürfe oder nur Utopien? Marburg.

Osiander, Andreas (1998): Rereading Early Twentieth-Century IR Theory. Idealism Revisited, in: International Studies Quarterly 42.3: 409 – 432.

Rademacher, Torsten (2010): Kants Antwort auf die Globalisierung. Das kantsche Weltbürgerrecht als Prinzip einer normativen politischen Theore des weltpolitischen Systems zur Steuerung der Globalisierung, Berlin.

Richardsen, James L. (1997): Contending Liberalisms. Past and Present, in: European Journal of International Relations 3.1: 5 – 33.

Schmiedl-Neuburg, Hilmar (2005): Normative Theorien der internationalen Beziehungen. Eine vergleichende Inventur und Einordnung, Analyse und Kritik der normativen Theorien und Probleme internationaler Beziehungen, Norderstedt.

Schörnig, Niklas (2010): Neorealismus: in: Schieder, Siegfried/Spindler, Manuela (Hg.): Theorien der Internationalen Beziehungen, 3. Aufl., Opladen: 65–92.

Starobinski, Jean (2003): Rousseau. Eine Welt von Widerständen, Frankfurt/Main.

Strauss, Leo (2007): The Crisis of Modern Natural Right, in: O'Hagan, Timothy (Hg.): Jean-Jacques Rousseau, Aldershot: 39 – 82.

Tauras, Olaf (1996): Jean-Jacques Rousseau. Friede durch Konföderation, in: Bellers, Jürgen (Hg.): Klassische Staatsentwürfe. Außenpolitisches Denken von Aristoteles bis heute, Darmstadt: 121 – 134.

Viotti, Paul/Kauppi, Mark (2009): International Relations Theory, New York.

Waltz, Kenneth (1965): Man, the State and War. A Theoretical Analysis, New York.

Waltz, Kenneth (1979): Theory of International Politics, New York.

Williams, David Lay (2007): Ideas and Actuality in the Social Contract: Kant & Rousseau, in: History of Political Thought 28/3: 469 – 495.

Williams, Michael (1989): Rousseau, Realism and Realpolitik, in: Millennium – Journal of International Studies 18: 185 – 203.

Autorinnen und Autoren

Prof. Dr. Olaf Asbach
Professor am Institut für Politikwissenschaft der Universität Hamburg.
Forschungsgebiete: Politische Theorie und Ideengeschichte; Rechts-, Staats- und Demokratietheorie.
Wichtige Veröffentlichungen: Europa – Vom Mythos zur ‚Imagined Community'? Zur historischen Semantik ‚Europas' von der Antike bis ins 17. Jahrhundert, Hannover: Wehrhahn (2011); Rousseau und das politische Denken der Moderne. Ein Lehrstück der politischen Ideengeschichte und Intellectual History, in: Zeitschrift für Politische Theorie 2 (2011): 129-150; Die Globalisierung Europas und die Konflikte der Moderne, in: Externbrink, Sven (Hg.): Der Siebenjährige Krieg, Berlin 2011: 27 – 64; War, the State and International Law in Seventeenth Century Europe (hg. mit Peter Schröder), Aldershot: Ashgate (2010); Vom Nutzen des Staates. Staatsverständnisse des klassischen Utilitarismus (Hg.), Baden-Baden: Nomos (2009); Die Zähmung der Leviathane. Die Idee einer Rechtsordnung zwischen Staaten bei Abbé de Saint-Pierre und Jean-Jacques Rousseau, Berlin: Akademie (2002).

Dr. Ahmet Cavuldak
Postdoktorand und Lehrbeauftragter am Institut für Sozialwissenschaften der Humboldt-Universität zu Berlin, Lehrstuhl für Theorie der Politik.
Forschungsgebiete: Religion und Politik; Demokratie und Islam; politische Ideengeschichte der Neuzeit; Orientalismus und die Türkei.
Veröffentlichungen: Political Science in Germany, in: Krichewsky, Lena et al. (Hg.): A Students Guide to European Universities. Sociology, Political Science, Geography and History, Opladen: Barbara Budrich (2011): 245-255; Jugendszenen in Deutschland. Zwischen Islam und Islamismus, in: Konrad-Adenauer-Stiftung (Hg.): Analysen und Argumente 97, St. Augustin (2011): 1 – 8; Die Legitimität der hinkenden Trennung von Staat und Kirche in der Bundesrepublik Deutschland, in: Pickel, Gert/Hidalgo, Oliver (Hg.): Politik und Religion im vereinigten Deutschland. Was bleibt von der *Rückkehr des Religiösen*? Wiesbaden: Springer VS (2013): 307 – 335.

Stefan Christoph, B.A.
Wissenschaftliche Hilfskraft und Masterkandidat am Institut für Politikwissenschaft der Universität Regensburg.
Themenschwerpunkte: Transnationaler Terrorismus; Vergleichende Terrorismusforschung; Theorie und Ideengeschichte der Internationalen Beziehungen.
Veröffentlichung: „Ich bin ein Demokrat – Holt mich hier raus!" Das Dschungelcamp: Gewalt im Fernsehen mit pseudodemokratischer Note, FRP Kommentar 05/2011, Regensburg, abrufbar unter: www.regensburger-politikwissenschaftler.de/kommentar_kammermeier.pdf (mit Lisa Kammermeier) (2011).

Maik Herold, M.A.
Wissenschaftlicher Mitarbeiter im Teilprojekt H „Demokratische Ordnung zwischen Transzendenz und Gemeinsinn" des DFG Sonderforschungsbereiches 804 „Transzendenz und Gemeinsinn" an der TU Dresden.
Forschungsgebiete: Politische Theorie und Ideengeschichte; Politik und Religion; Politische Kulturforschung; Verfassungstheorie und Verfassungsgeschichte.
Veröffentlichungen: Ordnungsbegründung als politisch-kultureller Deutungskampf. Der Verfassungsdiskurs im demokratischen Polen nach 1989, in: Vorländer, Hans (Hg.): Demokratie und Transzendenz. Die Begründung politischer Ordnungen, Berlin/New York: De Gruyter (i. E.); Die Präambel des Grundgesetzes zwischen Sachlichkeit und Numinosität, in: Dreischer, Stephan et al. (Hg.): Jenseits der Geltung. Konkurrierende Transzendenzbehauptungen von der Antike bis zur Gegenwart, Berlin/New York: De Gruyter (zusammen mit Jan Röder) (i. E.); Zivilreligion in Deutschland? Transzendenz und Gemeinsinnstiftung in den Trauerritualen der Bundeswehr, in: Pickel, Gert/Hidalgo, Oliver (Hg.): Politik und Religion im vereinigten Deutschland. Was bleibt von der *Rückkehr des Religiösen*? Wiesbaden: Springer VS (mit Stefanie Hammer) (2013): 103–136.

PD Dr. Oliver Hidalgo
Privatdozent am Institut für Politikwissenschaft der Universität Regensburg.
Forschungsgebiete: Politische Theorie und Ideengeschichte der Moderne und Gegenwart; Demokratietheorie; Theorie und Ethik der Internationalen Beziehungen; Politik und Religion; Demokratie und Gewalt.
Wichtige Veröffentlichungen: Die Antinomie der Demokratie. Theoretische Überlegungen zu den Paradoxien, politischen Sequenzen und normativen Chancen eines umstrittenen Begriffs (Habilitationsschrift) (2013 i. E.); Politik und Religion im vereinigten Deutschland. Was bleibt von der *Rückkehr des Religiösen*? Wiesbaden: Springer-VS (hg. mit Gert Pickel) (2013); Kants Friedensschrift und der Theorienstreit in den Internationalen Beziehungen, Wiesbaden: VS-Verlag (unter Mitarbeit von Nicole Richter) (2012); Die Natur des Staates. Montesquieu zwischen Macht und Recht, Baden-Baden: Nomos (hg. mit Karlfriedrich Herb) (2009); Unbehagliche Moderne. Tocqueville und die Frage der Religion in der Politik, Frankfurt/New York: Campus (2006); Alexis de Tocqueville, Frankfurt/New York: Campus Einführungen (mit Karlfriedrich Herb) (2005).

PD Dr. Daniel Hildebrand
Privatdozent an der Universität der Bundeswehr München und Lehrbeauftragter an der Universität Bonn.

Forschungsgebiete: Staatstheorie; Politische Theorie und Ideengeschichte; Verfassungsgeschichte; Politische Geschichte.
Veröffentlichungen: Rationalisierung durch Kollektivierung. Die Überwindung des Gefangenendilemmas als Code moderner Staatlichkeit, Berlin: Duncker & Humblot (2011); Staatsprinzipien in der Krise? Demokratie, Rechtsstaatlichkeit und Sozialversorgung in Zeiten gewandelter Kommunalverfassung, in: Schieren, Stefan (Hg.): Kommunalpolitik. Probleme und Potentiale der „Wiege der Demokratie", Schwalbach/Ts.: Wochenschau (2010): 32–54; Landbevölkerung und Wahlverhalten: Die DNVP im ländlichen Raum Pommerns und Ostpreußens 1918–1924, Hamburg: Dr. Kovac (2004).

Verena Ibscher
cand. phil., Politikwissenschaft an der Universität Regensburg

Prof. Dr. Marcus Llanque
Lehrstuhl für Politische Theorie an der Universität Augsburg und Sprecher der Sektion „Politische Theorie und Ideengeschichte" (DVPW).
Forschungsgebiete: Demokratietheorie; Republikanismus; politische Ideengeschichte; Verfassungstheorie; Menschenrechte.
Wichtige Veröffentlichungen: Demokratietheorien, Baden-Baden: Nomos (2013) (i.V.); Geschichte der politischen Ideen, München: Beck (2012); Ideenpolitik. Geschichtliche Konstellationen und gegenwärtige Konflikte, Berlin: Akademie (2011) (hg. mit Harald Bluhm und Karsten Fischer); Souveräne Demokratie und soziale Homogenität. Das politische Denken Hermann Hellers (Hg.), Baden-Baden: Nomos (2010); Politische Ideengeschichte. Eine Gewebe politischer Diskurse, München/Wien: Oldenbourg (2008); Bedrohungen der Demokratie, Wiesbaden: VS (2008) (hg. mit André Brodocz und Gary S. Schaal); Politische Theorie und Ideengeschichte. Lehr- und Textbuch, Berlin: Akademie (2007) (hg. mit Herfried Münkler); Klassischer Republikanismus und moderner Verfassungsstaat (Habilitationsschrift) (2004).

Prof. Dr. Urs Marti
lehrt Politische Philosophie an der Universität Zürich.
Forschungsschwerpunkte: Politische Theorie und Ideengeschichte; Demokratietheorie; Globalisierung von Recht und Politik.
Publikationen: Studienbuch Politische Philosophie, Zürich: Utb (2008); Demokratie. Das uneingelöste Versprechen, Zürich: Rotpunkt (2006); Konturen der neuen Welt(un)ordnung. Beiträge zu einer Theorie der normativen Prinzipien internationaler Politik, Berlin/New York: De Gruyter (hg. mit Georg Kohler) (2003); Michel Foucault, 2. Aufl. München: Beck (1999); „Der grosse Pöbel- und Sklavenaufstand". Nietzsches Auseinandersetzung mit Revolution und Demokratie, Stuttgart: Metzler (1993).

Prof. em. Dr. Alfons Söllner
lehrte von 1994 bis 2012 politische Theorie und Ideengeschichte an der Technischen Universität Chemnitz.
Forschungsschwerpunkte: Wissenschaftsemigration nach 1933; Geschichte der Frankfurter Schule; Peter Weiss; Totalitarismustheorie; politische Ideengeschichte des 20. Jahrhunderts; Asylpolitik in Deutschland und Europa.

Wichtige Publikationen: Deutsche Frankreich-Bücher aus der Zwischenkriegszeit (Hg.), Baden-Baden: Nomos (2011); Fluchtpunkte. Studien zur politischen Ideengeschichte des 20. Jahrhunderts, Baden-Baden: Nomos (2006); Deutsche Politikwissenschaftler in der Emigration. Ihre Akkulturation und Wirkungsgeschichte, samt einer Bibliographie, Opladen: VS (1996).

Prof. Dr. Barbara Zehnpfennig
Professorin für Politische Theorie und Ideengeschichte an der Universität Passau.
Forschungsgebiete: Philosophie und politische Theorie der Antike; amerikanisches Verfassungsdenken; Totalitarismus; Extremismus; Demokratietheorie.
Wichtige Veröffentlichungen: Die „Politik" des Aristoteles (Hg.), Baden-Baden: Nomos (2012); Adolf Hitler, Mein Kampf. Studienkommentar, München: UTB (2011); Platon, Symposion, Hamburg: Meiner (2000) (Übersetzung, Einleitung, wiss. Apparat) (2. Aufl. 2012); Hitlers „Mein Kampf". Eine Interpretation, München: Fink (2000) (3. Aufl. 2006); Platon zur Einführung, Hamburg: Junius (1997) (4. Aufl. 2011); Hamilton, Madison, Jay, Die Federalist Papers (Übersetzung, Einleitung, wiss. Apparat), Darmstadt: Wissenschaftliche Buchgesellschaft (1993), wiederaufgelegt: München: Beck (2007); Reflexion und Metareflexion bei Platon und Fichte, Freiburg: Alber (1987).

Neu im Programm
Politikwissenschaft

Blanke, Bernhard / Nullmeier, Frank / Reichard, Christoph / Wewer, Göttrik (Hrsg.)
Handbuch zur Verwaltungsreform
4., akt. u. erg. Aufl. 2011. XXI, 616 S. Br.
EUR 49,95
ISBN 978-3-531-17546-1

Das Handbuch liefert einen Beitrag zur Einordnung unterschiedlicher Konzepte und Orientierung für die Umsetzung der Verwaltungsreform. In 66 Beiträgen werden vielfältige Ansätze der Verwaltungsreform vorgestellt, ihr Entstehungszusammenhang erläutert, praktische Anwendungsfelder beschrieben und Entwicklungsperspektiven untersucht. Die Beiträge stammen von renommierten WissenschaftlerInnen und erfahrenen PraktikerInnen. Themenblöcke: Staat und Verwaltung, Reform- und Managementkonzepte, Steuerung und Organisation, Personal, Finanzen, Ergebnisse und Wirkungen, Erfahrungen und Perspektiven.

Boeckh, Jürgen / Huster, Ernst-Ulrich / Benz, Benjamin
Sozialpolitik in Deutschland
Eine systematische Einführung
3., grundl. überarb. u. erw. Aufl. 2011.
491 S. Br. EUR 22,95
ISBN 978-3-531-16669-8

Der Band führt systematisch in das breite Spektrum von Geschichte, Strukturen, Problemlagen, Lösungswegen und die europäischen Zusammenhänge von Sozialpolitik in Deutschland sowie in die Theorie des Sozialstaates ein. Der besseren Verständlichkeit dienen ausführliche geschichtliche Dokumente und aktuelle Daten zur sozialen Entwicklung bzw. zur Sozialpolitik. Gibt es Grenzen des Sozialstaates? Diesen sucht sich der Band im geschichtlichen Rückgriff auf die Weimarer Republik systematisch und sozialräumlich zu nähern.

Dingwerth, Klaus / Blauberger, Michael / Schneider, Christian
Postnationale Demokratie
Eine Einführung am Beispiel von EU, WTO und UNO
2011. 236 S. (Grundwissen Politik) Br.
EUR 24,95
ISBN 978-3-531-17490-7

Internationale Organisationen stehen im Zentrum der Diskussion über das „Demokratiedefizit" internationaler Politik. Während politische Entscheidungen zunehmend auf internationaler Ebene getroffen werden, zweifeln Kritiker immer wieder an der Legitimation dieser Entscheidungen. Das Buch führt ein in die Diskussion über demokratisches Regieren „jenseits des Staates", es stellt die Funktionsweise von EU, WTO und UNO vor und diskutiert, inwieweit das Regieren in diesen Organisationen demokratischen Grundsätzen genügt bzw. wie sich Demokratiedefizite beheben lassen.

 Springer VS

The manufacturer's authorised representative in the EU is Springer
Nature Customer Service Centre GmbH, Europaplatz 3, 69115 Heidelberg,
Germany. If you have any concerns regarding our products, please
contact ProductSafety@springernature.com

Printed and bound by CPI Group (UK) Ltd, Croydon, CR0 4YY

23/04/2026

02095592-0008